Los **sonidos** del español

Este manual ofrece una introducción, clara, precisa y puesta al día, al estudio de los sonidos de la lengua española. Sin asumir ningún conocimiento previo de lingüística, el libro explica las nociones fundamentales de fonética (el estudio de los sonidos del habla) y de fonología (el estudio de los sistemas de sonidos de las lenguas) al mismo tiempo que proporciona una descripción detallada de las características fonéticas y fonológicas de la lengua española en sus variedades tanto europeas como latinoamericanas. Los temas que abarca el libro incluyen los sonidos consonánticos y vocálicos, la estructura de la sílaba, elementos de fonética acústica, acento y entonación y variación geográfica en la pronunciación del español. A lo largo del libro se comparan los sistemas de sonidos del inglés con los del español. Los ejercicios que siguen a cada capítulo sirven al lector para consolidar los conocimientos adquiridos y poner en práctica las nociones teóricas. *Los sonidos del español* es un libro que permitirá al estudiante obtener un conocimiento sólido de fonética y fonología españolas y será asimismo de utilidad para los investigadores interesados en estas disciplinas.

Los sonidos descritos en el libro se demuestran por medio de archivos de sonido accesibles en internet en una página web que acompaña al libro.

JOSÉ IGNACIO HUALDE es *Professor* (Catedrático) en el Departamento de Español, Italiano y Portugués y en el Departamento de Lingüística de la University of Illinois at Urbana-Champaign.

Los **sonidos** del español

José Ignacio Hualde
con Sonia Colina

CAMBRIDGE
UNIVERSITY PRESS

University Printing House, Cambridge CB2 8BS, United Kingdom

Published in the United States of America by Cambridge University Press, New York

Cambridge University Press is part of the University of Cambridge.

It furthers the University's mission by disseminating knowledge in the pursuit of education, learning, and research at the highest international levels of excellence.

www.cambridge.org
Information on this title: www.cambridge.org/9780521168236

First published 2014

A catalogue record for this publication is available from the British Library

Library of Congress Cataloguing in Publication data
Hualde, José Ignacio, 1958–
Los sonidos del español / José Ignacio Hualde ; con Sonia Colina.
p. cm.
ISBN 978-0-521-16823-6
1. Spanish language – Phonetics. I. Colina, Sonia. II. Title.
PC4135.H73 2013
461′.5–dc23
2013016899

ISBN 978-0-521-16823-6 Paperback

Additional resources for this publication at www.cambridge.org/hualde

Índice general

Figuras

Tablas

Prefacio

Este libro es una versión en español de *The sounds of Spanish*. No es simplemente una traducción de la primera edición en inglés, sino que se han hecho cambios en la estructura de los capítulos, se han añadido ejercicios y se ha puesto al día la bibliografía. En esta edición en español ha colaborado Sonia Colina, quien, además de traducir más de la mitad del libro, ha escrito las secciones 1.8.1, 4.10 y 11.10.3 (las tres relacionadas con la teoría de la optimidad) y los ejercicios correspondientes.

Quiero dar las gracias a Jesús Jiménez por sus comentarios, sugerencias y correcciones al manuscrito, incluyendo una idea para un ejercicio nuevo. Gracias también por comentarios y correcciones a Natalia Mazzaro y Erik Willis. Deseo expresar mi agradecimiento asimismo a Helen Barton y Helena Dowson de Cambridge University Press, a mi editora de texto Virginia Catmur y, por su trabajo con el índice alfabético, a Christopher Eager.

Abreviaturas y convenciones

#	frontera de palabra
##	pausa o frontera de frase entonativa
/ . . . /	representación fonémica
// . . . //	representación morfofonémica
[. . .]	representación fonética
__C	ante consonante
__V	ante vocal
__##	ante pausa
V__V	entre vocales
C__	después de consonante
V__	después de vocal
#__	inicial de palabra
__#	final de palabra
Ø	conjunto vacío
AFI	Alfabeto Fonético Internacional
and.	andino
andal.	andaluz
ant.	antiguo
aprox.	aproximante
arg.	argentino
ast.	asturiano
bol.	boliviano
C	consonante
car.	caribeño
cast.	castellano
cat.	catalán
colomb.	colombiano
cons.	conservador
esp.	español

f.	femenino
F0	frecuencia fundamental
F1, F2, F3	formantes (concentraciones de energía acústica)
fr.	francés
gal.	gallego
H	tono alto, abreviatura del inglés *high (tone)*
ind.	indicativo
ing.	inglés
innov.	innovador
IPA	siglas en inglés del AFI
it.	italiano
L	tono bajo, abreviatura del inglés *low (tone)*
lat.	latín
lat.am.	latinoamericano
m.	masculino
med.	medieval
mex.	mexicano
mod.	moderno
nmex.	Nuevo México
or.	oriental
par.	paraguayo
pen.	peninsular
pl.	plural
port.	portugués
pres.	presente
RAE	Real Academia Española
RP	siglas en inglés de "Received Pronunciation", es decir, pronunciación normativa del inglés británico
s	segundo
sg.	singular
subj.	subjuntivo
V	verbo; vocal
vasc.	vasco
vibr.	vibrante
VOT	abreviatura del inglés *voice onset time*: tiempo que transcurre entre la apertura de la oclusión de una consonante oclusiva y el comienzo de la vibración de las cuerdas vocales
vulg.	vulgar

El Alfabeto Fonético Internacional

THE INTERNATIONAL PHONETIC ALPHABET (revised to 2005)

CONSONANTS (PULMONIC)

	Bilabial	Labiodental	Dental	Alveolar	Postalveolar	Retroflex	Palatal	Velar	Uvular	Pharyngeal	Glottal
Plosive	p b			t d		ʈ ɖ	c ɟ	k ɡ	q ɢ		ʔ
Nasal	m	ɱ		n		ɳ	ɲ	ŋ	ɴ		
Trill	ʙ			r					ʀ		
Tap or Flap		ⱱ		ɾ		ɽ					
Fricative	ɸ β	f v	θ ð	s z	ʃ ʒ	ʂ ʐ	ç ʝ	x ɣ	χ ʁ	ħ ʕ	h ɦ
Lateral fricative				ɬ ɮ							
Approximant		ʋ		ɹ		ɻ	j	ɰ			
Lateral approximant				l		ɭ	ʎ	ʟ			

Where symbols appear in pairs, the one to the right represents a voiced consonant. Shaded areas denote articulations judged impossible.

CONSONANTS (NON-PULMONIC)

Clicks		Voiced implosives		Ejectives	
ʘ	Bilabial	ɓ	Bilabial	ʼ	Examples:
ǀ	Dental	ɗ	Dental/alveolar	pʼ	Bilabial
ǃ	(Post)alveolar	ʄ	Palatal	tʼ	Dental/alveolar
ǂ	Palatoalveolar	ɠ	Velar	kʼ	Velar
ǁ	Alveolar lateral	ʛ	Uvular	sʼ	Alveolar fricative

VOWELS

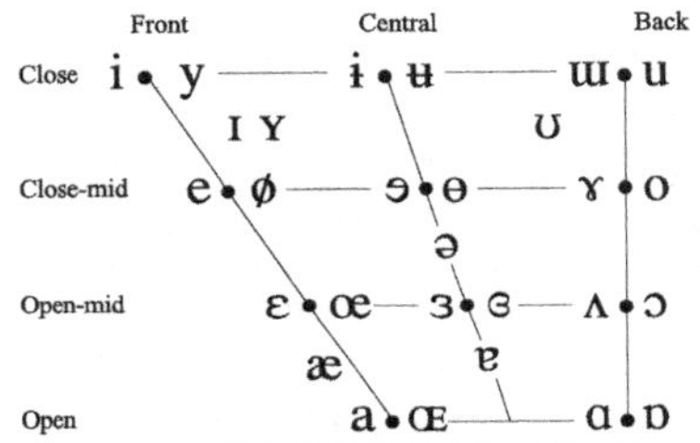

Front — Central — Back

Close: i • y — ɨ • ʉ — ɯ • u
ɪ ʏ ʊ
Close-mid: e • ø — ɘ • ɵ — ɤ • o
ə
Open-mid: ɛ • œ — ɜ • ɞ — ʌ • ɔ
æ ɐ
Open: a • ɶ — ɑ • ɒ

Where symbols appear in pairs, the one to the right represents a rounded vowel.

OTHER SYMBOLS

ʍ Voiceless labial-velar fricative

w Voiced labial-velar approximant

ɥ Voiced labial-palatal approximant

ʜ Voiceless epiglottal fricative

ʢ Voiced epiglottal fricative

ʡ Epiglottal plosive

ɕ ʑ Alveolo-palatal fricatives

ɺ Voiced alveolar lateral flap

ɧ Simultaneous ʃ and x

Affricates and double articulations can be represented by two symbols joined by a tie bar if necessary. k͡p t͡s

SUPRASEGMENTALS

ˈ Primary stress

ˌ Secondary stress ˌfoʊnəˈtɪʃən

ː Long eː

ˑ Half-long eˑ

˘ Extra-short ĕ

| Minor (foot) group

‖ Major (intonation) group

. Syllable break ɹi.ækt

‿ Linking (absence of a break)

DIACRITICS

Diacritics may be placed above a symbol with a descender, e.g. ŋ̊

Diacritic	Example	Diacritic	Example	Diacritic	Example
Voiceless	n̥ d̥	Breathy voiced	b̤ a̤	Dental	t̪ d̪
Voiced	s̬ t̬	Creaky voiced	b̰ a̰	Apical	t̺ d̺
Aspirated	tʰ dʰ	Linguolabial	t̼ d̼	Laminal	t̻ d̻
More rounded	ɔ̹	Labialized	tʷ dʷ	Nasalized	ẽ
Less rounded	ɔ̜	Palatalized	tʲ dʲ	Nasal release	dⁿ
Advanced	u̟	Velarized	tˠ dˠ	Lateral release	dˡ
Retracted	e̠	Pharyngealized	tˤ dˤ	No audible release	d̚
Centralized	ë	Velarized or pharyngealized	ɫ		
Mid-centralized	e̽	Raised	e̝ (ɹ̝ = voiced alveolar fricative)		
Syllabic	n̩	Lowered	e̞ (β̞ = voiced bilabial approximant)		
Non-syllabic	e̯	Advanced Tongue Root	e̘		
Rhoticity	ɚ a˞	Retracted Tongue Root	e̙		

TONES AND WORD ACCENTS

LEVEL			CONTOUR		
e̋ or	˥	Extra high	ě or	˩˥	Rising
é	˦	High	ê	˥˩	Falling
ē	˧	Mid	e᷄	˦˥	High rising
è	˨	Low	e᷅	˩˨	Low rising
ȅ	˩	Extra low	e᷈	˧˦˧	Rising-falling
↓		Downstep	↗		Global rise
↑		Upstep	↘		Global fall

1 Introducción

1.1 El principio fonémico

Una propiedad fundamental de las lenguas humanas es la existencia de dos niveles de estructuración o análisis (Hockett 1960). Por una parte tenemos secuencias de sonidos con significado y, por otra, a un nivel inferior, sonidos que de por sí no significan nada. Así en, por ejemplo, *Encontré dos moscas y tres peces en la sopa*, podemos reconocer secuencias con significado: cada una de las palabras que escribimos dejando espacio entre ellas, e incluso algunas unidades de significado inferiores a la palabra, como la *-é* final de *encontré*, que nos indica quién es el sujeto y cuál es el tiempo verbal, y las terminaciones *-s* de *moscas* y *-es* de *peces*, que marcan el plural. Las unidades mínimas de significado son lo que llamamos **morfemas**[1]. Así decimos que la palabra *encontré* contiene dos morfemas, *encontr-é*, y la palabra *dos* contiene uno. Pero aparte de este análisis en morfemas, en un segundo nivel de análisis encontramos que todas las palabras de una lengua determinada se componen de unidades que en sí mismas carecen de significado, un pequeño número de sonidos contrastivos, consonantes y vocales, de cuya combinación resultan todas las palabras de la lengua. Por ejemplo, en la palabra *sopa*, reconocemos cuatro segmentos o sonidos que, de por sí, no significan nada: /s-o-p-a/. Estos sonidos contrastivos de los que se componen las palabras de una lengua son lo que llamamos **fonemas**. Decimos que son sonidos contrastivos porque, si cambiamos alguno por otro, obtenemos una palabra diferente, por ejemplo *sepa*, *sota*, o algo que no es una palabra, pero podría serlo, como *sipa* o *nopa*. Lo mismo ocurre si alteramos su orden: *sopa* → *paso*, *sapo*, *opas*, etc.[2]

[1] Las palabras en negrita son las que se incluyen en el glosario. Utilizamos esta convención la primera vez que se menciona la palabra en el texto y cuando se ha considerado que puede ser útil para el lector.

[2] Un morfema puede contener solo un fonema, como la /s/ del plural en *mosca-s*, e incluso una palabra entera puede consistir de un único fonema como la conjunción *y* /i/.

Es importante recalcar que los fonemas no significan nada por sí mismos. Aunque en *sopa*, *posa*, *paso* y *sapo* podemos reconocer los cuatro mismos fonemas, estas palabras no comparten nada en cuanto a su significado. Tres de los fonemas de *sopa* aparecen también en *mosca*, pero las dos palabras tampoco tienen nada en común en cuanto al significado. Lo importante de los fonemas es que son elementos contrastivos, que si cambiamos un fonema por otro o alteramos su orden no tenemos ya la misma palabra.

Las diferentes lenguas del mundo difieren en sus sonidos y en cuántos fonemas tienen, pero el número de fonemas es siempre pequeño, si consideramos el número de palabras que existen, el tamaño del vocabulario constituido por diversas combinaciones de estas consonantes y vocales. En español hay solo cinco fonemas vocálicos y menos de veinte fonemas consonánticos (el número de fonemas exacto depende de la variedad dialectal que consideremos). El inglés tiene algunos fonemas consonánticos más, unos veinticuatro, y más del doble de fonemas vocálicos que el español. El número de fonemas del español se acerca a la media de las lenguas del mundo, que es veinticinco (Maddieson 1984). Casos extremos son la lengua amazónica pirahã, hablada en Brasil, que solo tiene diez fonemas, incluyendo siete consonantes y tres vocales, y, al otro extremo, la lengua !xú, de la familia khoi-san de Africa meridional, con 119 fonemas (ver Trask 1996, en el epígrafe "Phoneme system").

Además de fonemas segmentales, esto es, consonantes y vocales, las lenguas humanas pueden tener también contrastes entre palabras que dependen de rasgos **suprasegmentales** o **prosódicos**, tales como el **acento** y el **tono**. En español el acento de palabra es contrastivo o fonémico, como vemos por el hecho de que *paso*, con acento en la primera sílaba, y *pasó*, con acento en la segunda, son palabras diferentes. Al cambiar el lugar del acento tenemos un cambio en el significado.

Por otra parte, al contrario que en chino mandarín o en yoruba, por dar un par de ejemplos, el tono no es léxicamente contrastivo en español. Digamos *pan* con contorno tonal descendente o ascendente seguimos teniendo la misma palabra. Podemos usar un contorno ascendente en una pregunta como *¿(Quieres) pan?* y otro descendente en la declarativa *(Quieres) pan*. Aunque tenemos un cambio de significado, este no afecta a la identidad de las palabras, al contrario que la posición del acento, sino al valor pragmático de la oración. Decimos que es un hecho de **entonación**.

1.2 Sonidos y símbolos: representación ortográfica y fonémica

La escritura alfabética está basada en la posibilidad de identificar los sonidos contrastivos o fonemas del idioma. En una ortografía fonémica ideal habría una relación de uno a uno entre fonema y letra: cada letra representaría un fonema diferente y cada fonema se escribiría con una letra diferente. Por supuesto, en la práctica, las ortografías que se usan en las lenguas que utilizan un alfabeto se apartan en mayor o menor medida de este ideal, por todo tipo de motivos, que señalaremos brevemente para el español en el apéndice A.

En la ortografía convencional del español hay una correspondencia casi perfecta en una dirección: de la forma escrita a la pronunciación. Generalmente hay una única manera de leer una secuencia de letras dada. Esto es así con poquísimas excepciones (que mencionamos en la sección 1.3). Cualquiera que haya aprendido el valor de las letras y combinaciones de letras del alfabeto español puede pronunciar de manera adecuada cualquier texto escrito en español sin necesidad de conocer todas las palabras o incluso sin entender lo que está leyendo. Al contrario que en inglés, los hispanohablantes no necesitan consultar el diccionario para ver cómo se pronuncia una palabra que han visto escrita y no conocen, a no ser que se trate, quizás, de un nombre extranjero o una palabra de otro idioma.

En la otra dirección, de sonido a letra, hay más dificultades. No es el caso que los hispanohablantes siempre sepan cómo se escriben todas las palabras. Esto es así porque el mismo sonido o combinación de sonidos puede escribirse de más de una manera en varios casos.

Dado que el objeto de este libro es la pronunciación, necesitamos una forma más exacta de representar los sonidos que la que nos ofrece la ortografía normativa del español. Hay también otros motivos para usar un sistema de transcripción diferente de la ortografía ordinaria. Las diversas variedades regionales o **dialectos** del español presentan diferencias en cuanto a su pronunciación, pero estas diferencias están frecuentemente ocultas bajo una ortografía común. Además necesitaremos comparar los sonidos del español con los del inglés y otros idiomas, por lo que nos hace falta usar un sistema de transcripción independiente de la ortografía de cada lengua. Por estos motivos utilizaremos un alfabeto fonético; en concreto, el alfabeto fonético internacional.

Cuando hablemos de fonemas, los pondremos entre rayas inclinadas, para indicar claramente que nos estamos refiriendo a fonemas, no a la ortografía convencional; cuando sea conveniente para mayor claridad, las grafías se indican entre paréntesis angulares. Así, por ejemplo, diremos que la transcripción fonémica de la palabra que se escribe *halo* es /álo/, dado que la grafía <*h*> no se pronuncia; es decir, no representa ningún fonema. Así transcribiremos también, por ejemplo, *casa* como /kása/ y *queso* como /késo/, para dejar claro que estas dos palabras empiezan con el mismo fonema, aunque en la ortografía convencional tengamos letras diferentes. Notemos también que en nuestras transcripciones fonémicas marcaremos el acento de palabra incluso cuando no se indica en la ortografía convencional del español puesto que, como ya sabemos, el acento de palabra es fonémico en español.

Con muy ligeras adaptaciones, que explicamos después en la sección 1.6, los símbolos que vamos a utilizar son, como hemos dicho, los del alfabeto fonético internacional o AFI (sus siglas en inglés son IPA). Algunos de los símbolos de este alfabeto son letras ordinarias del alfabeto latino (aunque a veces no tienen el mismo valor que en español). Así, estamos utilizando el AFI al usar /k/ en /kása/, /késo/ y /kílo/. El AFI, como veremos, utiliza también algunos símbolos especiales diferentes de las letras del alfabeto latino. Como la ortografía del español no se aparta demasiado del principio fonémico, nuestras representaciones fonémicas en general no diferirán demasiado de las ortográficas. Las diferencias serían mucho más grandes en el caso del inglés o del francés. Así lo que en inglés se escribe *knee* 'rodilla' se representa fonémicamente como /ni/ y la palabra francesa escrita *eau* 'agua' es /o/.

1.3 Algo más sobre la ortografía del español

Aunque la ortografía del español es razonablemente efectiva, se aparta del principio fonémico en algunos aspectos. En la dirección *escritura → pronunciación* solo hay un par de detalles en que la pronunciación no es totalmente predecible. En la otra dirección, *pronunciación → escritura*, por otra parte, además de que existen algunos casos en que el mismo fonema se representa sistemáticamente de manera diferente en contextos fonológicos diferentes, también hay casos en que el mismo fonema se representa de manera diferente en el mismo contexto fonológico en palabras diferentes. Estos últimos son los auténticos problemas de la ortografía española.

1.3.1 Letras con más de un valor fonémico

Hay solo un par de casos en que la manera en que se pronuncia una palabra no es predecible a partir de la ortografía. Uno de ellos es la pronunciación de la letra <*x*> en unos pocos topónimos y nombres propios como *México*, donde tiene un valor muy diferente al que normalmente se asigna a esta letra. El otro caso es el de algunas secuencias de vocales en las que, como veremos en la sección 4.4, algunos hablantes tienen un contraste no reflejado en la ortografía. Para algunos hispanohablantes (pero no para todos) las palabras *duelo* y *dueto*, por ejemplo, se diferencian en el número de sílabas que contienen.

1.3.2 Fonemas que se representan ortográficamente con letras diferentes en contextos diferentes

Hay más problemas en la dirección opuesta: de fonema a letra. Algunos fonemas se escriben con letras diferentes en contextos diferentes, como el fonema /k/, que se escribe con <*qu*> ante <*e*>, <*i*> y con <*c*> en otros contextos, aparte de poderse escribir también con <*k*> en palabras técnicas y de otros idiomas. Encontramos complicaciones similares en la representación ortográfica del fonema /ɡ/, con el cual encontramos además el uso de la diéresis para indicar que la <*u*> se pronuncia en las secuencias <*güi*>, <*güe*>.

fonema /k/ *quiso* /kíso/, *queso* /késo/
casa /kása/, *cosa* /kósa/, *cuna* /kúna/
kilo /kílo/

fonema /ɡ/ *guerra* /ɡér̃a/, *guiso* /ɡíso/
garra /ɡár̃a/, *gorra* /ɡór̃a/, *gusano* /ɡusáno/
agüita /aɡuíta/, *halagüeño* /alaɡuéɲo/

Otra pequeña complicación es que la letra <*y*> se usa para representar el fonema /i/ cuando es conjunción y también después de vocal en diptongos finales de palabra, como en *rey*, pero no en medio de palabra, como en *reina*, donde tenemos exactamente el mismo diptongo.

El español tiene dos sonidos **vibrantes** o **róticos**: una vibrante múltiple /r̃/, como en *guerra* /ɡér̃a/, *roca* / r̃óka/, *honra* /ónr̃a/ y una vibrante simple /ɾ/ como en *pero* /péɾo/. Estos dos sonidos solo contrastan en posición intervocálica interior de palabra (es decir, entre dos vocales dentro de una palabra), donde la vibrante múltiple se escribe como <*rr*> y la simple como <*r*>. Notemos, sin embargo, que <*r*> se usa también para representar la vibrante múltiple en inicial de palabra (*roca, rey*) y después de las consonantes /n/, /l/, /s/ (*enredo, alrededor, israelita*), posiciones en las que no se encuentra nunca la vibrante simple.

1.3.3 Fonemas que se escriben de manera diferente en el mismo contexto

Los verdaderos problemas ortográficos para los usuarios del español derivan del hecho de que en algunos casos el mismo fonema se escribe de manera diferente en palabras diferentes, pero que presentan el mismo contexto fonológico.

(a) Para empezar, el mismo fonema se escribe de tres maneras diferentes en *dije*, *gente* y *México*. Siguiendo las convenciones del AFI indicaremos este fonema como /x/ en representaciones fonológicas: /díxe/, /xénte/, /méxiko/. En la ortografía convencional del español, como sabemos, este sonido se escribe siempre <*j*> en las secuencias /xa/, /xo/, /xu/ (como en *jarra, jota, junto*), excepto en algún topónimo como *Oaxaca*. Las secuencias /xe/, /xi/, por otra parte, y dejando a un lado el caso de *México*, pueden escribirse con <*j*> como en *paje, jinete, jirafa*, o con <*g*> como en *gesto, genial, girar, página*, sin ningún criterio obvio que determine la elección y con alternancias como en *recoger, recojo*. Este es uno de los mayores problemas ortográficos para los hispanohablantes y ha habido varias propuestas para simplificar la ortografía en este punto. Entre los años 1844 y 1927 en Chile se adoptó la propuesta del gramático Andrés Bello de eliminar las secuencias ortográficas <*ge*>, <*gi*> y escribir siempre <*je*>, <*ji*>. El poeta Juan Ramón Jiménez (1881–1958) también hizo lo mismo, como en su *Antolojía poética* y sus *Poemas májicos y dolientes*.

(b) La ortografía del español distingue entre las letras <*b*> y <*v*>, aunque para la mayoría de los hispanohablantes esta distinción ortográfica no corresponde a la pronunciación: *beso* y *vaso*, por ejemplo, empiezan con el mismo fonema: /béso/, /báso/ y tenemos también la misma secuencia fonológica a pesar de la diferencia en la ortografía en *combate* y *conversa*, por ejemplo. En el apéndice A explicamos cuales fueron los criterios que empleó la Real Academia Española (RAE) para determinar cuáles palabras se escriben con <*b*> y cuáles con <*v*>.[3]

(c) Hoy en día la gran mayoría de los hispanohablantes pronuncian la <*y*> ortográfica de *yeso, haya* y la <*ll*> de *llega, halla* de la misma manera. En general representaremos este fonema como /ɟ/: /ɟéso/, /áɟa/, /ɟéga/. Este es pues otro caso en que el mismo fonema se escribe de manera diferente en palabras diferentes. Hace algún tiempo, sin embargo, esta diferencia ortográfica representaba un contraste de pronunciación. Hay zonas de España y de Sudamérica en que <*y*> y <*ll*> se pronuncian todavía de manera diferente (véase la sección 10.2.2), aunque incluso en estas regiones el contraste se está perdiendo ya en las generaciones más jóvenes por lo general. El saber qué palabras se escriben con <*y*> y qué palabras se escriben con <*ll*> constituye, pues, otra fuente de problemas ortográficos para la mayoría de los hispanohablantes.

[3] Algunos hablantes bilingües cuya otra lengua tiene el fonema /v/ a veces lo transfieren al español en palabras relacionadas. Esto ocurre tanto en Estados Unidos entre hablantes bilingües en español e inglés como en Mallorca y en algunas otras zonas del dominio lingüístico catalán en que existe este fonema. Como se explica en el apéndice A, en sus primeras normas ortográficas la RAE recomendaba distinguir entre <*b*> y <*v*> en la pronunciación y hay hablantes, sobre todo en algunos países de Latinoamérica, que, especialmente leyendo y en otros estilos formales, siguen esta norma. Hoy en día la RAE ya no recomienda esta pronunciación.

(d) En el estándar peninsular se distinguen dos fonemas, /s/ *saco, sebo, sien* y /θ/ *zapato, cebo, cien*. El contraste es similar al que hay en inglés entre los sonidos iniciales de *sink* y *think*. La ortografía del español representa este contraste, aunque con la particularidad de que /θ/ se representa generalmente con <*c*> en las secuencias <*ce*>, <*ci*> y con <*z*> en otros contextos (además, encontramos <*ze*>, <*zi*> en palabras técnicas; compárense *encima* 'sobre' y *enzima* 'tipo de proteína', y algún nombre propio como *Zenón*).

La mayoría de los hispanohablantes, sin embargo, no tienen este contraste. El español latinoamericano solo tiene el fonema /s/, escrito de una manera en, por ejemplo, *saco*, y de otra en, por ejemplo, *zapato*. Tampoco existe este contraste fonémico en español de Canarias ni en el de partes de Andalucía. Para la mayoría de los hablantes nativos de español, pues, las diferentes maneras de escribir el fonema /s/ son otra complicación ortográfica.

En español peninsular se pronuncia generalmente como /s/ también la <*x*> ortográfica de palabras como *experto* y *auxilio*.

(e) Finalmente, como hemos mencionado ya, la letra <*h*> es siempre muda en español y no representa ningún fonema (salvo en la combinación <*ch*>). Las secuencias *haber* y *a ver*, por ejemplo, son idénticas en su pronunciación, /abéɾ/ (lo que, incidentalmente, resulta en frecuentes confusiones ortográficas).

Excepto por estas complicaciones, relativamente pequeñas comparadas con las que encontramos en la ortografía de otras lenguas, la ortografía del español es fonémica.

Ofrecemos el inventario de los fonemas del español en la tabla 1.1, junto con su representación en la ortografía convencional. Los términos que utilizamos para agrupar los fonemas en clases serán explicados en otros capítulos.

En la tabla 1.2 se señalan los principales contrastes fonémicos que se encuentran en algunas variedades del español, pero no en otras.

1.4 Fonemas y alófonos

Como ya hemos dicho, el español, al igual que el resto de las lenguas humanas, utiliza un número relativamente pequeño de elementos fónicos contrastivos o fonemas. Un fonema dado, sin embargo, no se produce siempre de la misma manera. La pronunciación de todos los sonidos depende de factores como los otros sonidos con los que está en contacto, el estilo de habla, la rapidez de elocución, etc. De hecho nos acercaremos bastante a la verdad si decimos que la

Tabla 1.1 Fonemas del español y correspondencias ortográficas (español latinoamericano general)

Fonema	Grafía	Ejemplos
Vocales		
/a/	*a*	*casa* /kása/
/e/	*e*	*mesa* /mésa/
/i/	*i, y*	*pino* /píno/, *y* /i/
/o/	*o*	*copa* /kópa/
/u/	*u*	*cuna* /kúna/
Consonantes oclusivas		
/p/	*p*	*pelo* /pélo/
/b/	*b, v*	*boca* /bóka/, *vaca* /báka/
/t/	*t*	*toro* /tóɾo/
/d/	*d*	*dama* /dáma/
/k/	*c, qu, k*	*capa* /kápa/, *queso* /késo/, *kilo* /kílo/
/ɡ/	*g, gu*	*garra* /gár̄a/, *guerra* /gér̄a/
Consonantes africadas		
/ʧ/	*ch*	*chico* /ʧíko/
Consonantes fricativas		
/f/	*f*	*foca* /fóka/
/s/	*s, c(e,i), sc(e,i), z*	*saco* /sáko/, *cena* /séna/, *escena* /eséna/, *azul* /asúl/
/x/	*j, g(e,i), x*	*jota* /xóta/, *gente* /xénte/, *mexicano* /mexikáno/
/ʝ/	*y, ll*	*yeso* /ʝéso/, *llano* /ʝáno/
Consonantes nasales		
/m/	*m*	*mes* /més/
/n/	*n*	*nada* /náda/
/ɲ/	*ñ*	*año* /áɲo/
Consonantes laterales		
/l/	*l*	*loco* /lóko/
Consonantes vibrantes		
/ɾ/	*r*	*coro* /kóɾo/
/r̄/	*rr, r*	*corro* /kór̄o/, *rosa* /r̄ósa/, *honra* /ónr̄a/

La *h* ortográfica no representa ningún fonema (es muda): *harina* /aɾína/, excepto en algunas palabras extranjeras, en que puede pronunciarse como /x/: *saharaui* /saxaɾáui/

La letra *x* generalmente (pero no siempre) representa el grupo /ks/: *taxi* /táksi/.

La letra *w* solo aparece en palabras extranjeras, en las que generalmente representa el alófono consonántico del fonema /u/, *hawaiano* /xauaiáno/ o a veces /b/, *wagneriano* /bagneɾiáno/.

Tabla 1.2 Contrastes fonémicos que solo se dan en algunos dialectos

(1.) /s/ vs. /θ/: solo en español peninsular (centro y norte, partes del sur)		
/θ/	*z, c(e,i)*	*cena* /θéna/, *escena* /esθéna/, *azul* /aθúl/
/s/	*s*	*saco* /sáko/
(2.) /ʝ/ vs. /ʎ/: solo en Paraguay, región andina y partes de España		
/ʝ/	*y*	*vaya* /báʝa/
/ʎ/	*ll*	*valla* /báʎa/

misma secuencia de fonemas no se pronuncia nunca dos veces de manera totalmente idéntica, ni siquiera en repeticiones de la misma palabra por el mismo hablante. Para nuestros propósitos, de todas formas, podemos dejar a un lado la mayor parte de esta variación (que, por otra parte, puede ser muy importante para los ingenieros interesados en el reconocimiento del habla). Hay, sin embargo, aspectos de variación que son sistemáticos en una lengua dada y que no se encuentran necesariamente en otras lenguas. Son estos aspectos de variación en el sistema de la lengua los que nos interesan primordialmente.

Consideremos, por ejemplo, la palabra *candado*. En términos de fonemas, podríamos transcribir esta palabra como /kandádo/. Pero notemos que los hispanohablantes generalmente pronuncian los dos ejemplos del fonema /d/ en esta palabra de manera diferente. Para la primera /d/, la punta de la lengua hace contacto firme con la raíz de los dientes superiores. Es lo que llamamos una consonante **oclusiva**; en concreto, una oclusiva **dental**, dado que el contacto es, en parte, con los dientes. Para la segunda /d/, por otra parte, no hay tal contacto firme. El ápice se aproxima a los dientes superiores pero sin adherirse a ellos. Es una consonante **aproximante**. De hecho, entre dos vocales (y en otros contextos que especificaremos), el fonema /d/ en español se parece mucho más al sonido que se representa en inglés como <*th*> en palabras como *though* /ðo/ 'sin embargo', *brother* /ˈbrʌðər/ 'hermano', *gather* /ˈgæðər/ 'reunir' (pero no en *think* /θɪŋk/ 'pensar') que al que se representa como <*d*> en esta lengua. Emplearemos el símbolo [ð] para referirnos a este sonido. Decimos que el fonema /d/ en español tiene dos variantes o **alófonos**, [d] y [ð]. Nótese que empleamos corchetes (paréntesis cuadrados) [ ] para representar alófonos. También empleamos corchetes en la transcripción de palabras y frases enteras cuando, yendo más allá de representar los sonidos contrastivos o fonemas, incluimos también detalles alofónicos, no contrastivos. Volviendo a nuestro ejemplo, podemos decir que la palabra /kandádo/ normalmente se pronuncia [kandáðo], con dos alófonos diferentes del fonema /d/.

Acabamos de decir que todos los fonemas se ven afectados por su contexto, dando lugar a variantes alofónicas. La cantidad de detalle alofónico que incluimos en la transcripción de un enunciado dependerá de los aspectos de pronunciación que queramos resaltar. Una transcripción fonética que incluye un gran número de detalles no contrastivo se conoce como **transcripción fonética estrecha**, mientras que una **transcripción fonética ancha** incluye solo algunos detalles de interés especial.

En nuestro ejemplo /kandádo/, la primera vocal frecuentemente presenta algún grado de nasalización, debido a la influencia de la /n/ siguiente. Podemos notar este detalle añadiendo el diacrítico de nasalización sobre la vocal, [ã]. El fonema /n/ normalmente también modifica su articulación en este contexto, tomando un punto de articulación dental antes de /d/. Esto lo podemos indicar por medio de otro diacrítico, una especie de pequeño dientecillo bajo la consonante nasal, [n̪]. Finalmente, en la terminación /-ado/ el alófono aproximante de /d/ frecuentemente tiene muy corta duración y se articula con muy poco movimento del ápice. Indicaríamos esto con una pequeña [ᶞ] superescrita. Así, pues, una transcripción de una pronunciación típica de /kandádo/ más estrecha de la que hemos dado antes sería [kãn̪dáᶞo] (no incluimos el diacrítico de dental bajo la [d], porque este sonido siempre o normalmente es dental en español, aunque lo incluiríamos, por ejemplo, para contrastarlo con la [d] del inglés, que tiene un punto de articulación más posterior). En general, nuestras transcripciones fonéticas serán bastante anchas, entre otros motivos, porque en este libro estamos interesados principalmente en describir los rasgos de la pronunciación del español que son comunes en el habla de grandes grupos de hablantes, más que en pequeños detalles en que pueden diferir dos realizaciones de la misma frase por el mismo hablante, por ejemplo.

Volviendo a nuestro ejemplo, los hispanohablantes generalmente no son conscientes de que pronuncian la consonante /d/ de dos maneras diferentes, oclusiva [d] y aproximante [ð], según el contexto fónico. Estas son dos pronunciaciones sistemáticamente diferentes, pero no contrastivas, del mismo fonema /d/. Un motivo por el que los hispanohablantes no tienen consciencia de esta diferencia en la pronunciación es que /d/ en posición inicial de palabra, como en *día*, se pronuncia como oclusiva en algunos contextos, incluyendo en posición inicial de frase y después de nasal, *con días* [kon̪días], y como la consonante aproximante [ð] en otros contextos, incluyendo después de vocal, como en *para días* [paraðías]. Así, pues, tenemos variación en la pronunciación de la palabra que es predecible y no afecta a su significado.

La diferencia entre [d] y [ð] en español no es contrastiva, pero es sistemática. Una pronunciación como [ládo], con [d] oclusiva, no puede ser algo diferente

Tabla 1.3 Ejemplo de fonema con dos alófonos en distribución complementaria

Fonema	Alófono	Contexto
/d/	[d]	después de pausa, /l/ y /n/
	[ð]	en los demás contextos

de [láðo], solo puede ser una pronunciación algo extraña de la misma palabra *lado* /ládo/; por ejemplo, una pronunciación muy enfática o quizá producida por alguien que habla español como segunda lengua.

Los sonidos [d] y [ð] son dos alófonos del fonema /d/ en español que se encuentran en **distribución complementaria**: un alófono, [d], ocurre en ciertos contextos (generalmente después de pausa, /n/ y /l/) y el otro en el resto de los contextos (en la pronunciación quizá más extendida). Se dice que dos alófonos de un fonema están en distribución complementaria cuando ocurren en contextos diferentes: un alófono ocurre en ciertos contextos y el otro en los demás (véase la tabla 1.3).[4]

El inglés tiene dos sonidos bastante parecidos – aunque no idénticos – a los dos alófonos de la /d/ española. Estos son los sonidos iniciales de *dough* /do/ 'masa' y *though* /ðo/ 'aunque'. En inglés, sin embargo, se trata de dos fonemas diferentes. Vemos pues que dos sonidos que son variantes alofónicas de un solo fonema en una lengua pueden ser fonemas diferentes en otra lengua.

Para dar otro ejemplo comparando el español y el inglés, en inglés hay un contraste entre un fonema /s/ que ocurre en *Sue* /su/, *rice* /raɪs/ 'arroz', y otro fonema /z/ que se encuentra en palabras como *zoo* /zu/ 'zoológico', *rise* /raɪz/ 'subir'. La existencia de estos **pares mínimos** muestra que /s/ y /z/ son en efecto fonemas diferentes en inglés. Ambos sonidos también ocurren en español, pero con un estatus muy diferente: el sonido [z] es solo una posible realización de /s/ ante ciertas consonantes (ante consonantes sonoras), como en *desde* /désde/ [dézðe], *mismo* [mízmo], etc. (menos comúnmente también entre vocales) y no contrasta nunca con [s]. Concluimos que en español, al contrario que en inglés, el sonido [z] no es un fonema distinto, sino solo una variante alofónica del fonema /s/ en ciertos contextos específicos. Véase la tabla 1.4.

[4] Los fonemas /b/ y /g/ también tienen alófonos oclusivos [b], [g] y aproximantes [β], [ɣ], en distribución complementaria, como podemos ver en ejemplos como *ambos* [ámbos], *envía* [embía] frente a *sabe* [sáβe], *lava* [láβa], para el fonema /b/, y *tengo* [téŋgo], *lago* [láɣo], para /g/. Estudiaremos este fenómeno en detalle en el capítulo 7.

Tabla 1.4 Estatus fonémico de los sonidos [s] y [z] en inglés y en español: dos fonemas distintos en inglés, pero alófonos del mismo fonema en español

Inglés: dos fonemas, /s/ y /z/

Fonemas	
/s/	*Sue, price, rice*
/z/	*zoo, prize, rise*

Español: [z] es un alófono de /s/

Fonemas	Alófonos	Contextos
/s/	[z]	ante consonante sonora: *desde, mismo, rasgo*
	[s]	en los demás contextos: *saco, ese, pasta, dos*

Consideremos un ejemplo más de dos sonidos que son meros alófonos del mismo fonema en español pero fonemas diferentes en inglés. Muchos hispanohablantes (por ejemplo en Asturias, Andalucía, el Caribe y Perú) pronuncian la *-n* final de palabras como *pan*, *son*, *atún*, con el sonido final que se encuentra en palabras inglesas como *king* /kɪŋ/ 'rey', *song* /sɔŋ/ 'canción'; esto es, con una **nasal velar**, cuyo símbolo en el AFI es [ŋ]: [páŋ], [atúŋ]. Otros hablantes (por ejemplo, en México, Buenos Aires o Madrid) pronuncian las mismas palabras con [n] final: [pán], [atún]. Todos los hablantes pronuncian *panes* [pánes], *atunes* [atúnes] con [n]. En inglés, remplazar [n] por [ŋ] en una palabra puede dar lugar a una diferencia de significado, como en *king* /kɪŋ/ 'rey' y *kin* /kɪn/ 'pariente'. En español, por el contrario, esto no pasa nunca; la nasal velar [ŋ] es un alófono del fonema /n/ que algunos hablantes utilizan en posición final de palabra. Para aquellos hablantes que pronuncian /pán/ como [páŋ] pero /pánes/ como [pánes], los dos sonidos [n] y [ŋ] son alófonos de /n/ en distribución complementaria, dado que ocurren en contextos diferentes: [ŋ] ocurre a final de palabra y [n] antes de vocal.

Hemos considerado varios casos en español en que dos alófonos se encuentran en distribución complementaria. Es también posible que dos (o más) alófonos se encuentren en **variación libre** o **estilística**. Este es el caso cuando el hablante puede pronunciar un mismo fonema en el mismo contexto fonológico de más de una manera dependiendo, quizá, del grado de formalidad de la interacción. Por ejemplo, en muchos dialectos del español, tanto en el sur de la Península Ibérica como en Canarias y amplias zonas de Latinoamérica, el fonema /s/ tiene un alófono [h] ante consonante y a final de palabra, de modo que *este* /éste/ puede pronunciarse [éhte] y *los amigos* puede ser [lohamíɣoh].

Este fenómeno, que se conoce como **aspiración** de la /s/, es uno de los aspectos más importantes de variación dialectal en español (véase la sección 8.2.5.2). Para la mayoría de los hispanohablantes que aspiran la /s/ ante consonante o a final de palabra, este es un fenómeno variable. Un hablante determinado puede pronunciar, por ejemplo, *los ata* como [loháta] una vez y decir [losáta] unos segundos después. En general, cuanto más informal sea el contexto habrá una mayor probabilidad de que se aspire o pierda la /s/.

1.5 Fonología y fonética

Tradicionalmente el estudio de los sonidos empleados en la comunicación humana se divide en dos disciplinas, fonología y fonética. El campo de estudio de la fonología son los sonidos contrastivos de la lengua (los fonemas) y las oposiciones sistemáticas que se establecen entre ellos en las diversas lenguas. Por ejemplo estamos haciendo fonología cuando decimos que /s/ y /z/ son dos fonemas diferentes en inglés y que, además, estos dos segmentos difieren en un rasgo (sordo/sonoro) que se usa en esta lengua para distinguir toda una serie de pares de consonantes (/f/ y /v/, /θ/ y /ð/, /p/ y /b/, /t/ y /d/, etc.).

El campo de la fonética, por otra parte, es el estudio de los aspectos físicos de los sonidos del habla. La descripción de los gestos con la lengua, los labios y otros articuladores que se realizan para la producción de diferentes sonidos del habla se conoce como **fonética articulatoria**. Con la ayuda de tecnología apropiada (hoy en día sobretodo programas de *software*) es posible estudiar también las características físicas de las ondas sonoras producidas al articular diferentes sonidos. Este es el campo de la **fonética acústica**.

Aunque, en términos prácticos, es difícil estudiar fonología sin atender a los aspectos fonéticos de las unidades fonológicas y hacer fonética sin tomar en cuenta qué sonidos son contrastivos en la lengua, la fonología y la fonética son dos campos de estudio diferenciados, cada uno de ellos con sus revistas especializadas, puestos académicos, etc. En general, los fonólogos se interesan principalmente en la elaboración de modelos de la representación mental que tienen los hablantes del sistema de sonidos de su lengua (lo que muchas veces hace que los análisis fonológicos sean bastante especulativos). Para estos propósitos emplean sistemas simbólicos y abstractos, que han llegado a un alto nivel de sofisticación.[5] El énfasis en gran parte de la teorización fonológica tiene que ver con cuestiones de simplicidad, economía y elegancia en el

[5] Para el español, buenos ejemplos son Alarcos (1965), como representante de la escuela fonológica conocida como estructuralismo europeo (o de la Escuela de Praga), y J. Harris (1969, 1983), que ilustra la aplicación al español de la teoría de la fonología generativa.

formalismo que se usa en la descripción de los fenómenos fonológicos. Los fonetistas, por otra parte, suelen estar más interesados en desarrollar metodologías experimentales que puedan resultar en un conocimiento más exacto de todos los aspectos del habla y emplean métodos estadísticos para enfrentarse con la naturaleza variable de la pronunciación de los sonidos. En años recientes, ha surgido una nueva escuela de pensamiento, conocida como Fonología de Laboratorio, que intenta unificar las dos disciplinas de la fonética y la fonología.[6]

En este libro los aspectos fonológicos y fonéticos se presentan juntos. En nuestra presentación de la pronunciación del español incorporamos los resultados de muchas décadas de investigación tanto en fonética como en fonología española aunque, por una parte, evitamos todo formalismo fonológico innecesario y, por otra, no entraremos en los detalles de experimentos concretos sobre la fonética del español.

Como hemos indicado ya en secciones previas, utilizaremos dos tipos de representación: transcripciones fonémicas, en las que se representan las unidades contrastivas de la lengua, y transcripciones fonéticas, que serán más anchas o más estrechas según los aspectos que queramos enfatizar, pero que naturalmente no incluirán nunca todos los detalles de pronunciación, dado que eso es simplemente imposible con un alfabeto.

Algunos lingüistas incluyen las alternancias y **reglas morfofonológicas** en el campo de la fonología, mientras que otros opinan que estos fenómenos son parte de la morfología, una rama diferente del estudio de la lengua cuyo objeto de estudio es la estructura de las palabras. Ejemplos de reglas morfofonológicas del español son la formación del plural (p.ej. *palo-s, sol-es*) y la alternancia entre diptongo y vocal que tenemos en *puedo/podemos, puerta/portal*, etc. En este libro, las principales reglas morfofonológicas del español serán consideradas en el capítulo 11, separadamente de los fenómenos puramente fonológicos.

Una opinión bastante extendida entre los lingüistas es que la división de trabajo entre fonología y fonética (o entre fonólogos y fonetistas) se basa en una distinción paralela entre dos tipos de estructura en el objeto de estudio, los sonidos de las lenguas humanas: estructura fonológica y estructura fonética. Desde esta perspectiva, las unidades del nivel fonológico serían contrastivas, categóricas y convencionalizadas, mientras que el nivel fonético contendría

[6] Un resumen de la perspectiva de la Fonología de Laboratorio se puede encontrar en Pierrehumbert, Beckman y Ladd (2001). Puntos de vista bastante compatibles pueden verse en Bybee (2001) y Solé, Beddor y M. Ohala (2007).

entidades no contrastivas, gradualmente diferenciadas y universales.[7] Muchos aspectos no contrastivos de la pronunciación serían consecuencia de las propiedades físicas de los órganos utilizados en la comunicación oral y, por tanto, en principio automáticos y universales.

Como ya sabemos, algunos aspectos subfonémicos, alofónicos, de la pronunciación son claramente específicos para cada lengua; es decir, se encuentran en la lengua A, pero no en la lengua B. Estos fenómenos entrarían dentro del campo de la fonología en la medida en que pueden ser conceptualizados como creación de unidades alofónicas claramente diferenciadas. Por ejemplo, el fenómeno alofónico de la aspiración de /s/ que encontramos en muchas variedades del español se puede conceptualizar como la transformación del sonido que esperaríamos (si el proceso no existiera), [s], en un sonido diferente, [h]. Esta transformación puede ser interpretada como la operación de una regla fonológica /s/ → [h] que se aplica en ciertos contextos y estilos. De manera semejante, el hecho de que las consonantes españolas /b/, /d/ y /g/ se realicen como las aproximantes [β], [ð] y [ɣ], respectivamente, es un fenómeno de alofonía específico del español que se puede expresar por medio de una regla que reemplaza un símbolo por otro y por tanto caería dentro del dominio de la fonología. Por otra parte, otros detalles más específicos de pronunciación que, desde la perspectiva que estamos exponiendo, se consideran condicionados fisiológicamente (y, por tanto, universales), y que no resultan en alófonos diferenciados, son relegados al campo de la fonética. Por ejemplo, en la producción del fonema /k/, el dorso de la lengua produce una constricción más avanzada o más retrasada según las características de la vocal siguiente: más avanzada ante vocal anterior y más retrasada ante vocal posterior. Esto lo podemos observar al pronunciar una palabra como *Quico* /kíko/. En la medida en que esta coarticulación es un efecto automático y universal cae fuera del dominio de la fonología y dentro del campo de la fonética universal.

La distinción entre los niveles fonológico (entendido como convencionalizado, aprendido) y fonético (entendido como universal, automático), sin embargo, parece menos clara ahora que hace unas décadas. Veámoslo con un ejemplo. En muchas lenguas las vocales tienden a ser algo más largas ante consonantes sonoras que ante consonantes sordas. En inglés, por ejemplo, la vocal de *mad* es más larga que la de *mat* y la vocal de *bid* es más larga que la de *bit*. Este es un rasgo predecible y no contrastivo: la duración mayor de la vocal

[7] Una diferencia categórica implica que no hay término medio: o es una categoría o es la otra. Las letras del alfabeto están en oposición categórica y también lo están los fonemas. Una diferencia gradual, por el contrario, admite categorías intermedias. Podemos tener muchos grados de gris y también, a nivel fonético, por ejemplo, grados de nasalización, de sonorización o de reducción de un gesto articulatorio.

de *mad* y *bid* es el resultado de que la consonante siguiente sea /d/ y no /t/. Sin embargo, todavía tenemos la "misma" vocal. No es el caso que este efecto de la consonante siguiente resulte en un contraste fonológico entre vocales largas y breves en inglés. El efecto es gradual, no categórico. El alargamiento de las vocales ante consonantes sonoras (o su acortamiento ante consonantes sordas) se encuentra también en otras lenguas y es posible encontrar una explicación física para este fenómeno. De todo esto podríamos concluir que se trata de un efecto fonético: no contrastivo, automático, gradual y universal. Sin embargo, resulta que aunque en francés, otra lengua que ha sido estudiada en este aspecto, las vocales son también más largas ante consonantes sonoras que ante sordas, la diferencia de duración entre vocales en estos dos contextos es sistemáticamente menor en francés que en inglés (Mack 1982, Keating 1984). Por tanto, hemos de concluir que los hablantes de inglés y francés tienen que aprender a producir la diferencia de duración apropiada entre vocales en estos dos contextos en su lengua concreta. El efecto tiene una base física, pero los detalles de su implementación son específicos de cada lengua y son parte de lo que los hablantes han de aprender como parte de su "acento" nativo. Volviendo al otro ejemplo que hemos dado, también encontramos diferencias entre lenguas en el grado en que /k/ se coarticula con la vocal siguiente, de hecho hay aquí diferencias incluso entre dialectos del español, aunque la presencia de algún grado de coarticulación sea esperable en cualquier lengua.

En términos más generales, no hay argumentos fuertes para postular un nivel de fonética universal, que permitiría a cualquiera adquirir una pronunciación nativa de otra lengua una vez que hubiera aprendido los fonemas y reglas fonológicas de esa lengua. El hecho es que es poco frecuente que dos sonidos análogos se pronuncien exactamente de la misma manera en dos lenguas que no están en contacto. A veces la diferencia es más obvia, como en el caso de /t/ en inglés y en español (véase la sección 7.3). En otros casos la diferencia es más sutil, pero generalmente se puede encontrar. La adquisición de un acento nativo en una segunda lengua supone aprender a controlar un gran número de detalles de pronunciación en que la segunda lengua difiere de la nativa. La mayoría de este aprendizaje ha de ser inconsciente y solo puede tener lugar mediante la experiencia comunicativa con hablantes nativos. Por otra parte, la mayoría de estos detalles de pronunciación no suelen afectar a la comunicación de manera importante.

1.6 El Alfabeto Fonético Internacional: ventajas e inconvenientes

La comunidad de investigadores interesados en el estudio de los sonidos empleados en el habla, a través de la Asociación Fonética Internacional, ha desarrollado un alfabeto, conocido como alfabeto fonético internacional o AFI (en inglés sus siglas son IPA), cuyo objetivo es permitir la transcripción de los sonidos de todas las lenguas humanas de una manera no ambigua y fácilmente comprensible para cualquier fonetista, aunque no conozca la lengua en cuestión.

La existencia de este alfabeto es muy conveniente. En principio, permite a cualquiera que haya aprendido este alfabeto leer transcripciones de palabras en cualquier lengua con cierto grado de seguridad; esto es, haciendo todas las distinciones que son lingüísticamente relevantes para los hablantes de esa lengua. El AFI también permite comparar fácilmente los sistemas de sonidos de lenguas y dialectos diferentes, al emplear los mismos símbolos con un valor constante. Por estos motivos, el alfabeto que estamos utilizando en las transcripciones de este libro es el AFI, con algunas pequeñas modificaciones que explicamos a continuación.[8]

En libros y artículos que se ocupan solo o principalmente de una única lengua, los autores a veces modifican ciertos aspectos del AFI que pueden ser particularmente inconvenientes para la lengua que es el objeto de estudio. Aquí también nos desviaremos del AFI en un par de puntos menores. En primer lugar, el AFI utiliza el símbolo [r] para representar la vibrante múltiple alveolar (o *trill*) de una palabra como *perro* en español, y utiliza un símbolo diferente [ɾ] para representar la vibrante simple (o *flap*) de *pero* (o el sonido de la *tt* ortográfica en el inglés americano *better*). Para la transcripción del español esto puede ser algo confuso. Dadas las convenciones ortográficas del español, una transcripción como [pero] sugiere inmediatamente la palabra *pero*, en vez de *perro*, que es lo que quiere representar. Para evitar este problema, añadiremos un diacrítico, una barra, sobre el símbolo de la vibrante múltiple. Así transcribiremos *perro* como [pér̄o] y *pero* como [péɾo], reservando el símbolo [r], sin diacrítico, para una consonante "rótica" sin especificar.[9]

La otra modificación del AFI que adoptamos es que indicaremos el acento léxico mediante un acento agudo sobre la sílaba tónica, *casa* [kása], en vez de usar una rayita vertical delante de la sílaba tónica [ˈkasa], como requiriría la aplicación estricta de las convenciones del AFI. Para el español esto hace las cosas más claras y más sencillas, sobre todo por lo que se refiere a contrastes en secuencias vocálicas. Así el contraste que algunos hablantes presentan entre *du-e-to* (en tres sílabas) y *due-lo* (en dos) lo trascribiremos

[8] En vez de usar algún otro alfabeto fonético, como el de la *Revista de Filología Española*, que fue específicamente diseñado para la transcripción del español y enfatiza las diferencias que encontramos entre dialectos y variedades de esta lengua.

[9] En esto seguimos una propuesta de modificación del AFI en Whitley (2003).

como [duéto] vs. [du̯élo], mientras que usando las normas del AFI se representaría como [duˈeto] vs. [ˈdu̯elo], que sugiere una diferencia en la posición del acento.[10]

Para indicar **deslizantes** o *glides*, como en los sonidos subrayados en *pienso, peine, suelo, aula*, el AFI ofrece dos opciones: una es usar los símbolos [j], [w]; la otra, que adoptamos aquí, es indicar que estos sonidos forman sílaba con la vocal adyacente mediante un diacrítico subscrito: [pi̯énso], [péi̯ne], [su̯élo], [áu̯la]. En algunas tradiciones de transcripción, incluyendo la de la *Revista de Filología Española*, se utilizan símbolos diferentes para las semiconsonantes (deslizantes prevocálicas): [pjénso], [swélo] y para las semivocales (deslizantes postvocálicas): [péi̯ne], [áu̯la]. Como acabamos de decir, en este libro no haremos tal distinción.

Un problema de otro tipo es que el AFI a veces tiene distintos símbolos para indicar diferencias de pronunciación que no son contrastivas en la lengua que se está describiendo. En estos casos, debe hacerse una elección entre dos o más alternativas. Por ejemplo, en español la pronunciación de <*y*> en palabras como *yeso* y *mayo* (y también de <*ll*> para la mayoría de los hispanohablantes) puede variar desde un sonido parecido al del inglés *Yale* /jeɪl/ a otro que se asemeja más al del inglés *jail* /dʒeɪl/ 'cárcel', incluso si dejamos a un lado pronunciaciones más radicalmente diferentes como las que encontramos en español de Argentina. El AFI ofrece varios símbolos que podrían corresponder a diversas realizaciones de este fonema en español: [j], [ʝ], [ɟ], [ɟ͡ʝ] con diversos grados de constricción y fricción, aparte de las más **estridentes** representadas por [ʒ], [ʤ], [ʃ] que encontramos también en algunas variedades. Mientras que en la transcripción de pronunciaciones concretas, sean del mismo o de diferentes hablantes, todos estos símbolos pueden ser útiles, cuando solo estamos interesados en representar el fonema o en ofrecer una transcripción fonética "típica", hemos de escoger un símbolo concreto. En este libro transcribiremos *yeso* como [ʝéso] para hacer referencia a una pronunciación general no específica que consideramos la más común en español.

El caso en que la lengua tiene más contrastes en una cierta dimensión fonética de los que se representan por símbolos diferentes en el AFI es menos complejo, dado que puede resolverse mediante el uso de diacríticos añadidos a los símbolos básicos del AFI.

Finalmente, es importante recordar que cuando comparamos lenguas no podemos hablar casi nunca de sonidos exactamente idénticos, sino solo de sonidos análogos (Pierrehumbert, Beckman y Ladd 2001).

[10] En el AFI el acento agudo sobre una vocal indica tono alto.

1.7 Representaciones subyacentes

Nos hemos referido antes a las alternancias morfofonológicas, casos en que el mismo morfema o unidad de significado aparece con formas diferentes en diferentes palabras, como es el caso de la raíz verbal en *piens-o, pens-amos* o el del sufijo de plural, *casa-s, pared-es*. En algunas escuelas lingüísticas se propone un nivel de análisis en que cada morfema recibe una representación única siempre que la alternancia sea predecible a partir del contexto fonológico. Por ejemplo, como la alternancia en el caso de *pienso/ pensamos* viene condicionada por la posición del acento, podemos proponer representaciones morfofonémicas del tipo //pEns-o//, //pEns-amos//, donde //E// es un símbolo abstracto para representar una vocal que se pronuncia como /ie/ cuando recibe el acento y como /e/ cuando no lo recibe (véase la sección 11.3). De la misma manera, podríamos proponer que el sufijo del plural es siempre //-s// y que en //paɾed-s// se aplica una regla de epéntesis o inserción de /e/ entre las dos consonantes (véase la sección 11.7). De esta manera podemos proponer tres niveles de análisis, morfofonológico (o morfofonémico), fonológico (o fonémico) y fonético, como ilustramos a continuación:

Representación morfofonémica:	//paɾed-s//
Representación fonémica:	/paɾédes/
Representación fonética:	[paɾéðes]

En el modelo teórico conocido como fonología generativa (clásica) (Chomsky y Halle 1968; para su aplicación al español, véase J. Harris 1969) se prescinde del nivel fonémico y se postulan dos niveles de análisis: una representación **subyacente** de carácter morfofonémico y una representación superficial. El análisis fonológico dentro de este modelo teórico consiste en postular una serie de reglas ordenadas que permitan pasar de la representación subyacente a la representación superficial. Así, en nuestro ejemplo, las reglas de epéntesis de /e/, de **espirantización** de /d/ y de asignación de acento transforman la representación subyacente //paɾed-s// (normalmente notado /paɾed-s/, al no reconocerse un nivel fonémico en este modelo) en la forma de superficie [paɾéðes]. En la sección 11.10 volveremos sobre el tema de las representaciones subyacentes morfofonológicas y los problemas que plantean.

En el capítulo 5 nos referiremos también a las representaciones de la llamada Escuela de Praga o fonología estructuralista europea, que además de fonemas utilizan otras entidades de análisis algo más abstractas (Trubetzkoy 1939; para su aplicación al español, véase Alarcos 1965).

1.8 Tendencias contemporáneas en fonología

Como en otros campos de investigación, en el estudio de la fonología encontramos acercamientos teóricos divergentes y una continua evolución en el desarrollo teórico. En este libro haremos referencia a teorías fonológicas que han venido desarrollándose durante mucho tiempo, como el estructuralismo praguense y la fonología generativa clásica, que acabamos de mencionar en la sección anterior, y también a teorías más recientes. En esta sección resumimos brevemente los postulados de dos teorías fonológicas que gozan de bastante auge en la actualidad y a las que haremos referencia en otros capítulos: la teoría de la optimidad y la fonología articulatoria.

1.8.1 La teoría de la optimidad *(por Sonia Colina)*

Un desarrollo importante a partir de la fonología generativa clásica que comienza hacia 1990 ha sido la teoría de la optimidad, conocida también por las siglas OT (*Optimality Theory*; véase Prince y Smolensky 1993, McCarthy y Prince 1993; en español se ha usado también la abreviación *TOp*, Núñez-Cedeño et al., en prensa). Como en la fonología generativa clásica, esta teoría se ocupa en gran medida del análisis de las alternancias morfofonológicas. Al contrario que en el generativismo tradicional, no se postulan reglas para traducir entre representación subyacente y representación superficial, sino que se acude a restricciones, en principio universales, entre las que se establece una jerarquía de importancia para cada lengua. Las restricciones jerarquizadas se encargan de seleccionar la representación superficial óptima entre los posibles "candidatos", es decir, el análisis de la forma subyacente que incurre el menor número de violaciones de las restricciones posible o bien violaciones de restricciones de rango inferior.

Los estudios de la (morfo-)fonología del español en el modelo de la teoría de la optimidad son numerosos. Podemos citar, entre otros, muchos de los artículos en el volumen editado por Martínez-Gil y Colina (2006). Asimismo, Colina (2009) pasa revista a fenómenos fonológicos y morfofonológicos del español desde el punto de vista de la estructura silábica y el marco de la teoría de la optimidad. No podemos ser exhaustivos por la gran cantidad de estudios realizados y porque continúan apareciendo. En la sección 4.10 haremos uso de este modelo teórico al discutir la silabificación en español. También veremos aspectos de morfofonología desde la perspectiva de la teoría de la optimidad en la sección 11.10.3.

1.8.2 Fonología articulatoria

La teoría de la fonología articulatoria (*articulatory phonology*; véase Browman y Goldstein 1986, 1991, 1992) deja a un lado la morfofonología para interesarse por los procesos de alofonía y su posible fonologización en el cambio lingüístico. En este modelo teórico las unidades básicas de análisis no son los fonemas, sino los gestos articulatorios, de cuya combinación resultan los fonemas y las sílabas. Explicaremos algunas ventajas de este modelo para dar cuenta de los procesos fonológicos más comunes en la sección 5.9.

La teoría de la fonología articulatoria es un ejemplo de un acercamiento al estudio de los sistemas de sonidos de las lenguas humanas conocido como Fonología de Laboratorio (o fonología experimental – algunos ven una diferencia entre ambos términos). Esta perspectiva se caracteriza por un énfasis en el estudio cuantitativo y experimental de los fenómenos fonológicos, borrando así en gran medida la distinción entre fonética y fonología, como ya hemos mencionado en la sección 1.4.

1.9 Noción de lengua estándar. ¿Hay una pronunciación estándar del español?

Las lenguas como el español y el inglés, que se usan en el sistema educativo, en los medios de comunicación, el gobierno, el comercio, etc., suelen tener una forma estándar o normativa. Esta es la variedad para la que se escriben gramáticas y diccionarios. En el caso del inglés hay pequeñas diferencias entre normas nacionales. Así, la norma americana difiere de la británica en unos pocos detalles ortográficos (damos la forma americana primero: *center* ~ *centre*, *color* ~ *colour*, *analyze* ~ *analyse*, etc.), algo de vocabulario y unas pocas construcciones gramaticales. Las diferencias de pronunciación entre las normas nacionales o regionales de la lengua inglesa son algo mayores. Por lo que respecta al español, la Real Academia Española, que cuenta con academias correspondientes en todos los países hispanohablantes, tiene la misión de asegurar la existencia de una norma panhispánica, como se refleja en su lema "limpia, fija y da esplendor", que plasma y difunde a través de las gramáticas y diccionarios que publica. El éxito de la Real Academia en sus esfuerzos por fijar la norma y mantener la unidad del idioma es más evidente en algunos aspectos que en otros. El más claro logro en la estandarización de la lengua se encuentra en la ortografía. Las normas ortográficas propagadas por la

Real Academia son aceptadas a través del mundo hispanohablante.[11] No encontramos hoy en día ni siquiera pequeñas diferencias como las que existen entre la ortografía británica y la estadounidense. En otros aspectos fuera de la ortografía, sin embargo, sí que encontramos alguna variación.

Se podría decir que cada país hispanohablante tiene su propia norma nacional, generalmente basada en el uso lingüístico de la clase media-alta de la capital, lo que se conoce como "la norma culta" de la capital del país. En la lengua escrita hay diferencias geolectales a veces notorias en géneros como el periodístico y las novelas realistas, pero estas son casi inexistentes, por el contrario, en la prosa científica y académica. Como en inglés y en otras lenguas, las diferencias entre normas nacionales son mayores en la pronunciación. Por motivos prácticos, como la enseñanza del español como lengua extranjera y la síntesis del habla, sin embargo, la experiencia demuestra que es normalmente suficiente distinguir una norma de pronunciación latinoamericana y otra peninsular. Más aún, la diferencia entre estas dos normas es bastante limitada. A nivel de fonemas hay una única diferencia. Como ya hemos visto, la norma latinoamericana tiene un solo fonema /s/ en lugar de los dos fonemas /s/ y /θ/ de la norma peninsular. Esta diferencia es relativamente importante. Mientras que en España se espera que los hablantes de la norma estándar mantengan este contraste, en Latinoamérica el uso de la distinción entre /s/ y /θ/ marca la pronunciación del hablante como claramente extranjera. Hay otras diferencias de detalle fonético, que serán explicadas en otros capítulos, que tienen que ver, entre aspectos, con la pronunciación de la /s/ y de la /x/. El contraste entre los fonemas /ʎ/ (*calle*) y /ʝ/ (*mayo*), que formaba parte de la norma peninsular, así como de la de algunos países sudamericanos como Colombia, Ecuador y Paraguay, pero no de otros países como México y Puerto Rico, por ejemplo, ya no merece ser enfatizado. Al haberse perdido en las zonas urbanas y en las generaciones más jóvenes, este contraste fonémico en muchas áreas ha pasado a considerarse como rasgo rural o anticuado de pronunciación y no se espera en el habla de los que han aprendido español como segunda lengua.

La norma peninsular oral se basa en la pronunciación de los hablantes educados de Madrid y el norte de Castilla, incluyendo ciudades como Burgos y Valladolid. Algunos rasgos del habla coloquial de Madrid, como el debilitamiento de /s/ ante algunas consonantes (como en *esquina*, *espera*) y la elisión de /d/ en los participios en *-ado* no son parte del estándar formal (pero tampoco están realmente estigmatizados en España). La pronunciación

[11] Aunque la función de la RAE es fundamentalmente normativa, recientemente esta corporación ha producido también un estudio de fonética y fonología descriptiva/teórica del español (RAE 2011). Desafortunadamente, al no contener referencias bibliográficas, esta obra es de escasa utilidad en el ámbito académico. Véase la evaluación que hace de esta obra Colantoni (2012).

educada de Madrid se acepta como estándar incluso en áreas como Andalucía donde la pronunciación autóctona es bastante diferente. Así muchos hablantes educados de ciudades como Sevilla, Granada y Cádiz, por ejemplo, mantienen el contraste entre /s/ y /θ/, aunque la pronunciación local que aprendieron de sus padres no tenga tal contraste. A este respecto es interesante notar que en las Islas Canarias es mucho más raro encontrar hablantes que hagan este contraste. Es decir, en Canarias la norma peninsular española es claramente una norma externa, diferente de la norma canaria.

En cuanto al español latinoamericano, es posible definir una norma latinoamericana general. Este es el modelo lingüístico empleado en canales televisivos con difusión por toda Latinoamérica y los Estados Unidos, en productos para la enseñanza del español como segunda lengua en que se ofrece una opción de español latinoamericano y también en modelos de habla sintética como la empleada en contestadores automáticos. Este patrón de pronunciación latinoamericana se basa en la norma culta de capitales de tierras altas como la Ciudad de México y Bogotá, que carece de debilitamiento de /s/ y otras consonantes finales de sílaba. Esta pronunciación se considera en general "correcta" o "neutra" a través de Latinoamérica, mientras que la norma peninsular se considera "correcta" pero foránea.

Todo esto no significa, sin embargo, que no haya otras normas locales que tengan prestigio en el ámbito nacional o regional. En concreto, la pronunciación estándar argentina, utilizada en los medios de difusión de este país, tiene rasgos propios como la fricativa sonora /ʒ/ (en *mayo*, *calle*) y frecuente aspiración de /s/ preconsonántica, además de contornos entonativos característicos.

1.10 Castellano y español

Para concluir este capítulo introductorio conviene aclarar algún término referido a la lengua objeto de estudio en este libro. La lengua en la que este libro está escrito y cuya fonética y fonología estudiaremos se conoce con dos nombres: castellano y español. Se conoce como castellano porque en su origen fue la lengua hablada en el reino de Castilla. Esto es, es el resultado de la evolución concreta del latín que inicialmente tuvo lugar en el territorio originario del reino de Castilla, alrededor de la ciudad de Burgos. Esta fue una entre muchas evoluciones regionales del latín dentro de la Península Ibérica (creando un **continuum dialectal**), las llamadas lenguas iberorrománicas que, además del castellano, incluyen las lenguas románicas de los otros reinos peninsulares: galaico-portugués, leonés, navarro, aragonés, catalán (cuya filiación como lengua iberorrománica o galorrománica se discute) y las variedades románicas habladas en territorio bajo dominación musulmana, conocidas en su conjunto como **mozárabe**. Para el período medieval el nombre adecuado para la lengua es pues el de castellano (antiguo).

Al convertirse el reino de Castilla en política, cultural y militarmente dominante en la Península, su lengua corrió pareja fortuna, pasando a conocerse también como lengua española, al expandirse fuera de las fronteras del reino de Castilla. El resultado es que tenemos ahora dos nombres para la misma lengua: *castellano* y *español*. En áreas bilingües de España se suele utilizar sobre todo el nombre *castellano* en oposición a la lengua local, *catalán*, *gallego* o *euskera* (*vasco*), por ejemplo. En zonas monolingües se utilizan ambos nombres, quizá más *español*, especialmente cuando se opone a lenguas como el francés, el inglés, etc. La existencia de dos nombres permite también el uso de un nombre u otro por motivos ideológicos relacionados con sentimientos nacionalistas de uno u otro tipo.

En Latinoamérica el nombre que se usa depende del país o de la región. Así mientras que en México o Puerto Rico se utiliza el término *español*, en Perú o Argentina se prefiere *castellano*. Es posible que en el período inmediatamente posterior a la independencia en algunos países se evitara el término *español*, para enfatizar la ruptura con España, mientras que el término *castellano* se veía como políticamente más neutro. Hoy en día, sin embargo, se trata simplemente de costumbres establecidas en cada zona.

Es interesante notar que los sefarditas de Turquía y otras áreas tradicionalmente han conocido su lengua como *espanyol*, lo que, al entrar en contacto en época reciente con la lengua de Latinoamérica y España, les plantea el problema de cómo denominar a estas otras variedades lingüísticas diferentes de la suya. En obras especializadas, el español sefardita se conoce como *judeoespañol* (hoy en día a veces también como *ladino*, término que tradicionalmente se usaba solo con referencia a la lengua litúrgica escrita; véase Sephiha 1979).

En inglés se usa frecuentemente el término *Castilian Spanish* para referirse a la norma peninsular, en oposición fundamentalmente a *Latin American Spanish*. Traducido, *español castellano* resulta más bien redundante, dado que, como hemos dicho, estos son dos términos sinónimos. En este libro utilizaremos términos como *español peninsular centro-norteño* o *centro-septentrional*, para referirnos al español hablado en el norte y centro de España, que incluye zonas tanto históricamente castellanas como otras que no lo son ni lo han sido nunca, como Aragón. Hoy en día Castilla no es ninguna entidad política, sino que el antiguo reino está repartido administrativamente entre varias regiones autónomas, entre las que tampoco hay unidad dialectal.

EJERCICIOS

1 *hada*, /áda/ y [áða] son tres representaciones de la misma palabra en español. ¿Qué término se utiliza para cada una de ellas?

2 ¿Tienen todas las variedades del español el mismo número de fonemas? Explíquelo detalladamente.

3 Provea pares mínimos para ilustrar las siguientes oposiciones fonémicas en español: /p/-/b/, /t/-/d/, /k/-/g/, /n/-/ɲ/, /ɾ/-/r̄/.

4 ¿Es posible encontrar pares mínimos para /n/-/ŋ/ en español? Justifique su respuesta.

5 En español, la letra subrayada representa esencialmente el mismo sonido en *lado, palo, mal, sol*, mientras que en inglés encontramos sonidos bastante diferentes en *light* /laɪt/ [laɪt] 'luz', *low* /lo/ [loʊ] 'bajo', por una parte, y *ball* /bɔl/ [bɔɫ] 'pelota', *pal* /pæl/ [pæɫ] 'amigo', por otra. ¿Es este un contraste fonémico en inglés? ¿Cómo explicaría la diferencia entre el inglés y el español en este aspecto?

6 Haga una lista exhaustiva de casos en que el mismo fonema se escribe de más de una manera en la ortografía del español, dando ejemplos.

7 Dé cinco pares mínimos que demuestren que la posición del acento léxico es fonémica en español.

8 ¿Están en contraste fonémico en español los sonidos [b] y [β]?

9 Los préstamos semi-adaptados de otros idiomas pueden introducir fonemas marginales en el inventario fonémico de una lengua. Examine la distribución de los sonidos [ʃ] (inglés *show*) y [ts] en la variedad del español que mejor conozca y argumente acerca de su carácter fonémico o alofónico.

10 ¿Le parece correcta la siguiente afirmación?: "/h/ es un fonema en español, porque *ola* y *hola* tienen significados diferentes".

11 ¿Qué argumentos puede dar a favor y en contra de la reforma ortográfica en español para hacer la ortografía más consistente con el principio fonémico?

12 ¿Cuáles de los siguientes ejemplos son pares mínimos? (a) *mesa – masa*, (b) *mesa – pesa*, (c) *beso – pesó*, (d) *acerbo – acervo*, (e) *quedo – quedó*.

13 Busque ejemplos en internet que demuestren confusión ortográfica y explíquelos en términos de la relación existente entre ortografía y fonema. Un

ejemplo podría ser una secuencia como "*vamos haber que pasa*". Este ejemplo, ortográficamente incorrecto, ilustra dos aspectos en que la ortografía del español se aleja del principio fonémico. ¿Cuáles son?

14 En la teoría de la fonología generativa clásica existen como componentes básicos la representación subyacente, una serie de reglas ordenadas y la representación superficial. ¿Cuáles son los componentes básicos correspondientes en la teoría de la optimidad (OT)?

2 Consonantes y vocales

2.1 Consonantes y vocales

En el estudio de los sonidos de una lengua se acostumbra a distinguir entre vocales y consonantes, puesto que estos dos tipos de sonidos difieren tanto en su articulación como en su distribución. Las consonantes se producen creando con los articuladores algún obstáculo u obstrucción al paso del aire que sale de los pulmones. Las vocales, por otra parte, se producen sin este impedimento. Generalmente se utilizan parámetros diferentes en el análisis y clasificación de los sonidos vocálicos y consonánticos.

2.2 Descripción y clasificación de las sonidos consonánticos

En la producción de los sonidos consonánticos un órgano articulatorio, el articulador activo (por ejemplo, el labio inferior, el ápice o punta de la lengua o el dorso de la lengua) se desplaza hasta hacer contacto o formar una constricción con otro órgano, el articulador pasivo (por ejemplo, el labio inferior, los dientes superiores delanteros, la región alveolar, el paladar o el velo). En la figura 2.1 se identifican los principales articuladores que intervienen en la producción de los sonidos del español.

Según los articuladores que intervienen en la formación del obstáculo a la salida del aire y el tipo de constricción creado tendremos consonantes diferentes. En concreto, en la clasificación y descripción de las consonantes se emplean tres parámetros: el modo de articulación, el punto de articulación y la acción de las cuerdas vocales.

2.2.1 Modo de articulación

Este parámetro hace referencia al tipo de obstáculo que se crea en la articulación de la consonante. Fundamentalmente hay tres posibilidades

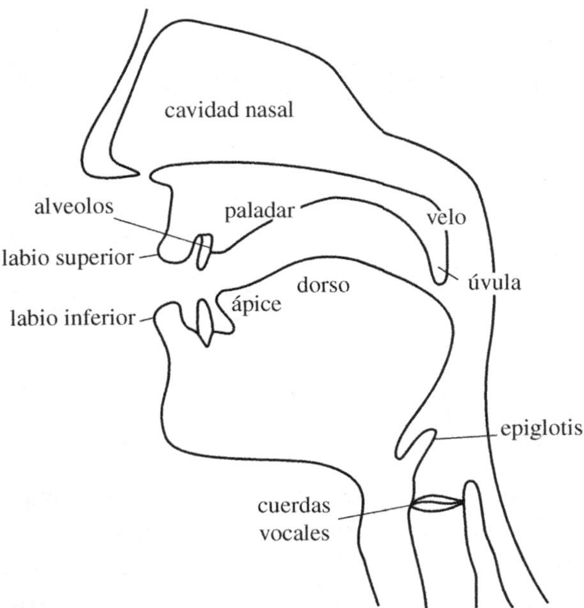

Fig. 2.1 Articuladores

básicas en la formación del obstáculo: el articulador activo puede hacer contacto firme con el pasivo, bloqueando completamente por un instante el paso del aire; el articulador activo puede acercarse mucho al pasivo pero dejando un pequeño canal por el que pasa el aire con turbulencia, o el articulador activo puede solamente aproximarse al activo, dejando un canal más amplio entre los dos por el que sale el aire sin turbulencia. Combinando estas tres acciones básicas del articulador activo con ciertas modificaciones obtenemos la siguiente clasificación, que incluye siete modos de articulación:

(a) Oclusivas. Consonantes en cuya articulación hacen contacto firme los articuladores, deteniéndose totalmente el flujo del aire. Si pronunciamos despacio una secuencia que contiene una oclusiva, como [ápa], notaremos que hay un momento en que el paso del aire está totalmente bloqueado. Estas consonantes se denominan también (ex)plosivas, pues causan una pequeña explosión al aflojarse la constricción y salir el aire.[1] A esta clase pertenecen los sonidos [p t k] como en *pan* [pán], *tan* [tán], *can* [kán], así

[1] En algunas lenguas hay también consonantes implosivas (casi siempre sonoras), en que el aire fluye hacia dentro de la boca al abrirse la oclusión. Por ejemplo, el q'anjob'al, lengua maya de Guatemala, tiene una [ɓ] implosiva, que en la ortografía de esta lengua se representa como <*b'*>. Otra clase de oclusivas que no tiene el español son las sordas eyectivas o glotalizadas egresivas, producidas con oclusión glotal simultánea. Estas se dan en aimara, en algunas variedades del quechua y también, por ejemplo, en q'anjob'al, donde <*q'*> representa una eyectiva uvular, cuyo símbolo fonético es también [q'].

como los alófonos [b d g] de los fonemas /b d g /, como en *cambio* [kámbio], *anda* [án̪da], *vengo* [béŋgo] (véase la sección 7.1).

El fonema /ʝ/ como en *yeso* /ʝéso/ tiene un alófono oclusivo [ɟ] en muchas variedades del idioma, sobre todo en posición inicial de enunciado y después de ciertas consonantes (véase más abajo, en el epígrafe "Africadas", y la sección 8.3).

(b) Fricativas. En la producción de estas consonantes no se interrumpe totalmente el paso del aire. Por el contrario, el aire se escapa a través de una estrecha constricción entre los articuladores, produciéndose turbulencia o fricción. Ejemplos de fricativas en español son [f] como en *feo* [féo], [s] como en *ese* [ése] y [x] como en *ajo* [áxo]. Como ya sabemos, el fonema /s/, además de su alófono [s], tiene otros dos alófonos frecuentes en final de sílaba, [z] como en *mismo* [mízmo] y, en áreas con aspiración, [h], como en *este* [éhte]. El sonido [h] también ocurre en lugar de [x] en ciertos dialectos. Tanto [z] como [h] son también sonidos fricativos.

También son consonantes fricativas [θ], en español peninsular: *hace* [áθe]; [ʒ], sonido usado predominantemente por las generaciones de mayor edad en la zona de Buenos Aires y Montevideo en palabras como *mayo* [máʒo], *ella* [éʒa]; y el sonido [ʃ], que es más común entre los hablantes más jóvenes de la misma área en los mismos casos, *mayo* [máʃo]. Este sonido [ʃ] puede corresponder también a la <*ch*> ortográfica en zonas del sur de España, Nuevo México, Panamá y Chile, como en *macho* [máʃo] (en lugar del más común [máʧo]).

Podemos notar que los sonidos fricativos pueden ser continuados: [ffff], [ssss], [xxxx], [ʒʒʒʒ], mientras que si prolongamos la oclusión en, por ejemplo, [pa] o [ta] solo obtenemos un período de silencio más largo (solo oímos la [p] o la [t] al deshacer la oclusión). Véase el capítulo 9.

(c) Aproximantes. Si la constricción producida por los articuladores no es suficientemente estrecha como para producir fricción, hablamos de consonantes aproximantes, con lo cual se hace referencia al hecho de que el articulador activo solo se acerca o aproxima al pasivo. La [ð] del inglés, como en *gather* 'reunir', *brother* 'hermano', es una fricativa, mientras que la consonante intervocálica en el español *cada* [káða] es una aproximante que puede ser realizada con muy poca constricción. Podemos indicar esta diferencia en nuestras transcripciones añadiendo un diacrítico subscrito a la aproximante del español, indicando con ello una mayor apertura que la de una fricativa: *cada* [káð̞a]. De manera más general, entre vocales y en algunos otros contextos, los fonemas /b d g/ del español tienen alófonos aproximantes, como ya sabemos. Para simplificar las transcripciones, generalmente usaremos los símbolos [β ð ɣ] sin diacríticos: *sabe* [sáβe], *lava* [láβa], *pide* [píðe], *lago* [láɣo].

La consonante [ʝ], como en *mayo* [máʝo], tiene un grado de constricción muy variable y, según el dialecto, puede ser clasificada como fricativa o como aproximante, dejando a un lado realizaciones con oclusión completa, para las que utilizaremos el símbolo [ɟ].

(d) Africadas. Estos son sonidos consonánticos cuya articulación incluye dos fases: oclusión y suelte fricativo. El español tiene solo un fonema africado, [ʧ], como en *chapa* [ʧápa]. En algunas zonas (Panamá, Chile, sur de Andalucía, norte de México, etc.) la oclusión se debilita, resultando en la fricativa [ʃ]. De manera marginal en español, encontramos también la africada [ʦ], como en *quetzal* [keʦál], semejante al sonido en el alemán *Zeit* 'tiempo' y en vasco *beltz* 'negro'. Otras africadas comunes en otras lenguas son las sonoras [ʣ] como en el italiano *mezzo* 'medio' y [ʤ] como en el italiano *gente* o el inglés *judge*. Tenemos una africada labial [p͡f] en el alemán *Pferd* 'caballo' (aunque en muchas variedades del alemán tiende a simplificarse en fricativa). Ambas partes de la africada han de compartir el mismo punto de articulación. Una secuencia como [ks], como en *taxi* [táksi], no es una africada.

Por motivos articulatorios, en la zona postalveolar/prepalatal las lenguas suelen tener africadas, [ʧ],[ʤ], en vez de oclusivas. También en la zona mediopalatal, las oclusivas suelen producirse con fricción en la apertura o suelte. Así, el alófono oclusivo de /ʝ/, que generalmente notamos en este libro como [ɟ], suele producirse como una africada [ɟ͡ʝ] con una segunda fase de fricción más o menos prolongada. Esto también es cierto con respecto a la correspondiente oclusiva palatal sorda [c] que se encuentra de manera variable como alófono de /ʧ/ en Canarias y se da también, por ejemplo, en vasco, en que se representa ortográficamente como <*tt*>, como en *Bittor* [bícor] 'Victor'. El análisis espectrográfico suele mostrar una clara fase de fricción después de la oclusión.

(e) Nasales. Estas consonantes, como las oclusivas, se producen con oclusión completa a través del canal oral, pero permiten el escape del aire a través de la cavidad nasal. Esto se logra mediante el descenso del velo. En inglés se utiliza a veces el término *nasal stop* para estas consonantes, en contraste con *oral stop* (= oclusiva oral). El español tiene tres fonemas nasales /m/, /n/, /ɲ/, como en *cama* [káma], *cana* [kána], *caña* [káɲa] (véase el capítulo 9). Es fácil de verificar que en la pronunciación de [m] los labios están completamente cerrados como para [p] y [b], pero podemos producir el sonido [mmmm] porque hay paso del aire por la cavidad nasal. Otra consonante nasal que hemos mencionado ya en el primer capítulo es la velar nasal [ŋ], como en el ing. *king* [kɪŋ]. Esta nasal ocurre en todas las variedades del español ante consonante velar, como en *tengo* [téŋgo] y en los llamados dialectos "velarizantes" también en posición final de palabra, como en *pan* [páŋ]. La asimilación de nasales al punto de articulación de una consonante inmediatamente siguiente produce otros sonidos nasales alofónicos, que discutiremos algo después en la sección 2.2.2 y, en más detalle, en la sección 9.2.

(f) Laterales. Estos son sonidos consonánticos producidos con contacto entre los articuladores en la parte central de la cavidad oral, pero permitiendo el flujo del aire a través de uno o ambos lados. Todas las variedades del español tienen un fonema lateral como en *lado* [láðo], *palo* [pálo], *mal* [mál], en cuya realización hay contacto del ápice con la región alveolar, con paso libre del aire por los lados de la lengua.

Además, algunos hablantes tanto de España como de la zona andina y del Paraguay tienen otro fonema lateral /ʎ/, en palabras que ortográficamente tienen <*ll*>, como en *pollo* [póʎo] (para la mayoría de los hablantes hoy en día, [póʝo]). Véase la sección 10.2.2.

En el AFI estos sonidos se definen como "aproximantes laterales". Esto es porque, aunque presentan contacto completo en la parte central de la boca, lo definitorio es que los lados de la lengua solo se aproximan a los dientes.

(g) Vibrantes (róticas). En español hay dos fonemas vibrantes, la vibrante múltiple de *carro* [kár̄o] y la vibrante simple de *caro* [káɾo]. La vibrante simple se produce con un solo contacto rápido del ápice con la zona alveolar. La vibrante múltiple se produce con dos o más contactos rápidos. Estas son solo las realizaciones prototípicas de estos fonemas, que conocen varias realizaciones diferentes; véase la sección 10.3.3. Para hacer referencia a estos sonidos se emplea también el término *rótica*, que significa simplemente "sonido de r" (de la letra griega *rho*).

En la tabla 2.1 resumimos lo que acabamos de decir sobre el modo de articulación de las consonantes del español. Si consideramos solo el alófono prototípico de cada fonema para el propósito de su clasificación, podemos clasificar los fonemas del español según su modo de articulación como hacemos en la tabla 2.2. "Prototípico" no significa necesariamente "más común", dado que para /b d g/ los alófonos continuantes o aproximantes tienen una distribución más extensa que los alófonos oclusivos.[2]

En este libro utilizaremos, además de los mencionados, otros términos más inclusivos que hacen referencia al modo de articulación. El término consonante **líquida** se usa para incluir laterales y vibrantes, una clase para la que es útil tener

[2] De hecho algunos autores prefieren representar estos fonemas del español como /β ð ɣ/ (p.ej. Eddington 2011), lo que, por otra parte, resulta en un sistema fonológico menos simétrico.

Tabla 2.1 Modo de articulación

Oclusivas
[p] *pan* [pán]
[t] *tan* [tán]
[k] *can* [kán]
[b] *con barro* [kombáro̅]
[d] *con dos* [kon̪dós]
[g] *con gana* [koŋgána]
[ɟ] *enyesa* [enʲɟésa]

Fricativas
[f] *feo* [féo]
[θ] pen. *cena* [θéna]
[s] *sal* [sál]
[z] *mismo* [mízmo]
[j] *playa* [plája]
[x] *ajo* [áxo]
[h] andal., car., etc. *este* [éhte]; car., etc. *ajo* [áho]
[ʃ] arg. (innov.) *playa* [pláʃa]; nmex. *mucho* [múʃo]
[ʒ] arg. (cons.) *playa* [pláʒa]

Aproximantes
[β] *sabe* [sáβe], *lava* [láβa]
[ð] *cada* [káða]
[ɣ] *lago* [láɣo]

Africadas
[ʧ] *hacha* [áʧa]

Nasales
[m] *cama* [káma]
[n] *cana* [kána]
[ɲ] *caña* [káɲa]
[ŋ] *tengo* [téŋgo], andal., car., etc. *pan* [páŋ]

Laterales
[l] *lado* [láðo]
[ʎ] pen. cons., and. *llora* [ʎóɾa]

Vibrantes
[ɾ] *toro* [tóɾo]
[r̄] *torre* [tór̄e], *reto* [r̄éto]

Tabla 2.2 Fonemas consonánticos del español clasificados por su modo de articulación

Oclusivas	**Nasales**
/p/ /t/ /k/ /b/ /d/ /g/	/m/ /n/ /ɲ/
Fricativas	**Laterales**
/f/ (/θ/) /s/ (/ʒ/) /j/ /x/	/l/ (/ʎ/)
Africada	**Vibrantes**
/ʧ/	/r̄/ /ɾ/

Los fonemas en paréntesis se encuentran solo en algunos dialectos.

un nombre. Por ejemplo, en español los únicos grupos de consonantes que son posibles a principio de sílaba son los que incluyen una líquida como segundo elemento. Las líquidas y nasales juntas forman el grupo de las **resonantes** (o **sonorantes**, una etiqueta que no se debe confundir con la etiqueta de *sonoras*) y se oponen a las **obstruyentes** (oclusivas, fricativas y africadas).

2.2.2 Punto de articulación

El parámetro de punto de articulación se utiliza para clasificar los sonidos consonánticos teniendo en cuenta los articuladores que se emplean en su ejecución.

(a) Bilabial. La consonante oclusiva [p] como en *pan* [pán] se produce por contacto entre los dos labios. Decimos que es una consonante bilabial. También son bilabiales la oclusiva [b] como en *sin boca* [simbóka] y *un vaso* [úm báso] y la aproximante [β] como en *la boca* [laβóka], *tu vaso* [tuβáso] (ambos alófonos del fonema /b/). La consonante nasal [m], como en *mes* [més], también tiene un punto de articulación bilabial. Las nasales adoptan un punto de articulación bilabial ante consonante bilabial como vemos en el ejemplo *un vaso* [úm báso].

(b) Labiodental. En la producción de la consonante fricativa [f] el articulador activo es también el labio inferior que se mueve para hacer contacto con el borde de los dientes superiores (articulador pasivo). Según su punto de articulación, esta es una consonante labiodental. Muchas lenguas europeas tienen un contraste entre dos fricativas labiodentales, una sorda [f] y otra sonora [v]. En español, [v] no tiene valor fonémico. Puede aparecer como alófono de /b/ en algunas variedades y también como alófono de /f/ en alguna palabra como *afgano* [avɣáno]. Una nasal labiodental [ɱ] ocurre ante [f] como en *énfasis* [éɱfasis].

(c) Interdental. En las consonantes interdentales el ápice o punta de la lengua se coloca entre los dientes superiores e inferiores. El español peninsular tiene una fricativa interdental [θ] que tiene valor fonémico: *servicio* /seɾbíθio/ [seɾβíθi̯o], *ceniza* [θeníθa] (en español latinoamericano no existe este fonema y la pronunciación general de estas palabras es [seɾβísi̯o], [senísa]).

El inglés, por otra parte, tiene dos fonemas fricativos interdentales, sordo /θ/ y sonoro /ð/, como en *thought* 'pensamiento' y *though* 'aunque', respectivamente, aunque estas consonantes se pueden articular también con la punta de la lengua detrás de los dientes superiores, según el dialecto y el hablante, en vez de como propiamente interdentales (Ladefoged y Maddieson 1996: 143). Como ya hemos mencionado, en español hay una aproximante [ð], más exactamente [ð̞], como alófono de [d]. En la producción de esta consonante el ápice se acerca al borde de los dientes superiores (Navarro Tomás 1977: 99).

(d) Dental. En las consonantes dentales el articulador pasivo es la cara interna de los dientes incisivos superiores. En las oclusivas dentales del español, [t], [d], el articulador activo es el ápice y la parte inmediatamente contigua del dorso (la lámina) y el contacto se extiende por la zona entre la base de los incisivos y la parte carnosa contigua (los alveolos). Estrictamente estas son, pues, consonantes dento-alveolares o, mencionando también el articulador activo, lamino-dento-alveolares (Martínez Celdrán, Fernández Planas y Carrera Sabaté 2003). Por simplicidad, utilizaremos el término tradicional *dental* para referirnos al punto de articulación de estas consonantes, que es suficientemente preciso a efectos clasificatorios (dando por sentado que el contacto no es solo con los dientes sino que se extiende también detrás de ellos). En inglés el punto de articulación de estas consonantes es menos avanzado, como veremos a continuación. Las resonantes /n/ y /l/ se hacen dentales ante consonante dental, como en *un tío* [ún̪ tío], *un día* [ún̪ día], *el tío* [el̪tío], *el día* [el̪día].

(e) Alveolar. En la articulación de las consonantes alveolares el articulador pasivo es la región alveolar, la zona elevada inmediatamente detrás de los dientes superiores. Las consonantes del español [n], [l], [ɾ] y [r̄] generalmente se articulan como ápico-alveolares; esto es, con contacto entre el ápice y la zona alveolar.

En inglés las consonantes oclusivas [t], [d] son también ápico-alveolares. En una transcripción contrastiva estrecha podríamos transcribir el español *ten* como [t̪én], con un diacrítico dental bajo la primera consonante para especificar que su punto de articulación es diferente del que tiene la palabra inglesa *ten* [t^{h}ɛn] 'diez' (otra diferencia es que el fonema /t/ del inglés es aspirado en esta posición). En general, es este libro utilizaremos el diacrítico de dental solo bajo consonantes que normalmente tienen un punto de articulación diferente (alveolar) en español, pero se hacen dentales por asimilación; pero no para [t] y [d], que siempre son dentales en este idioma. Como podemos ver en la tabla del AFI (al principio del libro), los símbolos del AFI son ambiguos entre las articulaciones dental y alveolar.

Otra consonante alveolar es [s]. Esta consonante tiene articulaciones algo diferentes en diferentes dialectos del español. En la parte norte de la Península Ibérica encontramos una fricativa ápico-alveolar, con el ápice alzado hacia la zona alveolar. En casi toda Latinoamérica y el sur de España, por otra parte, el ápice está curvado hacia los dientes inferiores en la producción de esta consonante y la constricción se realiza con el predorso o lámina de la lengua. Esta articulación predorso-alveolar o lámino-alveolar es también la más común en inglés y en francés. En general, utilizaremos el símbolo [s] para ambas articulaciones. Cuando sea necesario (en la comparación entre dialectos) podemos añadir un diacrítico: [s̺] ápico-alveolar, [s̻] predorso-alveolar. La diferencia entre estas articulaciones se ilustra en las figuras 2.2a–b.

(f) Prepalatal (postalveolar). Las fricativas [ʃ] (como en el ing. *she* 'ella', *nation* 'nación', fr. *chez* 'en casa de') y [ʒ] (como en ing. *measure* 'medida', fr. *jamais* 'nunca') y las africadas correspondientes [ʧ] (esp. *choza*, ing. *church* 'iglesia') y [ʤ] (ing. *jail* 'cárcel') se articulan con una constricción formada

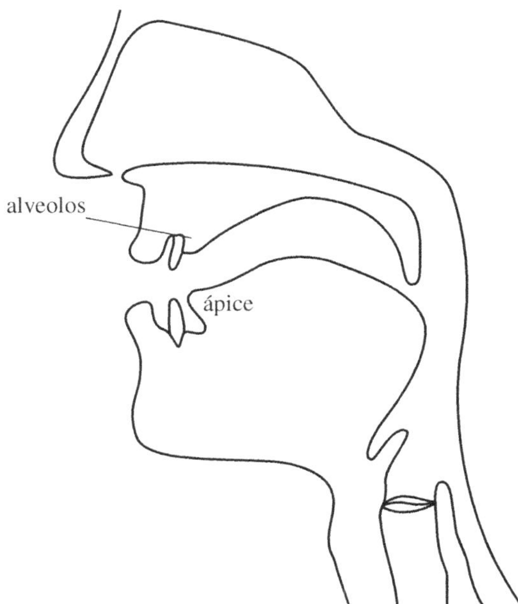

Fig. 2.2a Tipo de /s/ apical. El ápice se acerca a la región alveolar detrás de los incisivos superiores. Esta articulación es característica del norte y centro de la Península Ibérica

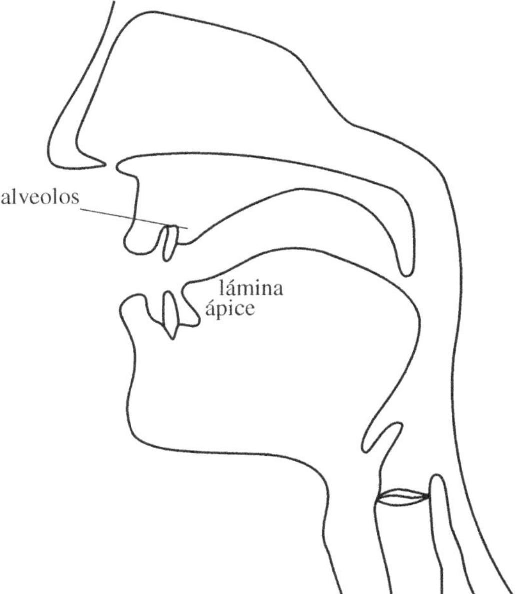

Fig. 2.2b Tipo de /s/ predorsal (laminal). El ápice se coloca detrás de los dientes inferiores y la constricción se produce con el predorso de la lengua. Este es el tipo de articulación de /s/ más común en español latinoamericano

entre la parte delantera del dorso de la lengua y una parte extensa de la parte anterior de la boca entre la zona alveolar y el paladar. En la tabla de consonantes del AFI este punto de articulación se denomina postalveolar. Una denominación alternativa, que adoptamos en este libro, es prepalatal. (Un tercer nombre es palato-alveolar.)

(g) Palatal. En la pronunciación hoy en día más común del fonema escrito <*y*>, <*ll*> en posición prevocálica (como en *yo, mayo, llama, ella*) el dorso de la lengua se alza hacia el paladar (o techo de la boca). Si hay contacto completo obtenemos una oclusiva palatal sonora [ɟ] o, si tiene suelte fricativo, una africada [ɟ͡ʝ]. Sin contacto completo obtendremos una fricativa o aproximante [ʝ]. Esto es, la consonante patalal sonora /ʝ/ (con alófonos [ɟ], [ɟ͡ʝ], [ʝ]) tiene un punto de articulación más retrasado que la africada sorda <*ch*> /ʧ/ en la mayoría de los dialectos del español.

La nasal <ñ> /ɲ/ es también una consonante palatal, así como la lateral /ʎ/ que corresponde a <*ll*> en dialectos lleístas. La zona de contacto de estas consonantes es bastante extensa (Recasens et al. 1993).

(h) Velar. Las oclusivas [k] y [g] se articulan con la parte de detrás del dorso en contacto contra la parte de detrás del paladar, el velo. Su punto de articulación es más avanzado ante [i], [e] y más retrasado ante [o], [u]. Para [ɣ], como en *lago* /lágo/ [láɣo], la articulación es en la misma región velar que para [g] y [k], pero el postdorso solo se acerca al velo, sin hacer contacto completo.

La pronunciación más común del fonema que representamos como /x/ es un fricativa velar, como en *ajo* [áxo], algo más adelantada ante vocal anterior como en *gente* [xénte]. Esta es la pronunciación que se encuentra en, por ejemplo, México, Péru y Argentina. En el norte de España su punto de articulación es algo más retrasado, postvelar o incluso uvular, lo que le da una cualidad más estridente.[3]

(i) Glotal (laríngeo). La obstrucción en la producción de una consonante puede tener lugar también en la glotis, que es el espacio entre las cuerdas vocales. El inglés tiene una oclusiva glotal [ʔ] como pronunciación alofónica frecuente del fonema /t/ en palabras como *button* 'botón' y una fricativa glotal [h], que constituye un fonema independiente en esta lengua. El español no tiene oclusiva glotal, pero la fricativa glotal o laríngea [h] (y su variante sonora [ɦ]) se encuentra comúnmente en lugar de [x] velar en muchas áreas dialectales, incluyendo Centroamérica, el Caribe, Colombia y partes del sur de España, *ajo* [áɦo]. Por otra parte, [h] ~ [ɦ] es un alófono de /s/ en dialectos con aspiración: *este* [éhte], *es alto* [éh álto] ~ [éɦ álto].

[3] Los sonidos uvulares tienen una constricción formada por la parte de atrás del dorso de la lengua y la úvula o campanilla. Este es el punto de articulación de la <*r*> francesa.

Tabla 2.3 Punto de articulación

Punto de articulación	Articulador activo	Articulador pasivo	Ejemplos
bilabial	labio inferior	labio superior	[p] [b] [β] [m]
labiodental	labio inferior	incisivos superiores	[f] [v] [ɱ]
dental	ápice	base de los incisivos superiores	[t] [d] [ð]
interdental	ápice	borde de los incisivos superiores	[θ]
alveolar	ápice/predorso	alveolos	[n] [l] [ɾ] [r̄] [s] [z]
prepalatal	predorso	región postalveolar	[ʃ] [ʧ] [ʒ] [ʤ]
palatal	dorso	paladar	[j] [ɟ] [ɲ] [ʎ]
velar	postdorso	velo	[k] [g] [ɣ] [x] [ŋ]
glotal	glotis (cuerdas vocales)		[h] [ɦ]

En la tabla 2.3 se ofrece un resumen de los puntos de articulación que hemos definido con ejemplos de consonantes del español (incluimos variantes alofónicas y consonantes que solo se dan en algunas variedades).

2.2.3 Actividad de las cuerdas vocales: consonantes sordas y sonoras

El tercer parámetro que se utiliza para la clasificación de las consonantes es la actividad de las cuerdas vocales durante la producción de la consonante. Las cuerdas o pliegues vocales son un par de grupos de cartílagos y músculos a ambos lados de la laringe. El espacio entre las cuerdas vocales se conoce como glotis.

Cuando las cuerdas vocales se juntan, se incrementa la presión subglotal, lo que causa que se separen al salir el aire de los pulmones hacia el exterior. Al bajar la presión del aire, sin embargo, otras fuerzas actúan para juntar las cuerdas vocales otra vez, dando lugar a un rápido proceso de vibración. El resultado es un sonido sonoro (véase, por ejemplo, Laver 1994: 191–194, Hayward 2000: 222–226). Si, por otra parte, separamos las cuerdas vocales, no vibrarán al pasar el aire por ellas, y el resultado será un sonido sordo.

Si nos colocamos los dedos índice y pulgar sobre la garganta, en el lugar donde se sitúa la llamada nuez de Adán, y alternamos entre la producción de [ssss] y de [zzzz] (como en el inglés *z̲oo* /zu/ 'zoológico'), notaremos la vibración en la pronunciación de [z], pero no en la de [s]: la consonante [z] es sonora y la consonante [s] es sorda. Podemos hacer el mismo experimento con otros pares de fricativas o aproximantes con el mismo punto de articulación, como [ʃ] y [ʒ], [f] y [v] o [x] y [ɣ]. En todos los casos la primera consonante del par es sorda y la segunda es sonora. El contraste entre [p] y [b], [t] y [d], [k] y [g] es también entre consonante sorda y sonora.

Tanto en español como en inglés el contraste entre consonantes sordas y sonoras está limitado a las obstruyentes. Las consonantes resonantes (líquidas y nasales) y las vocales son normalmente sonoras. Sin embargo, el ensordecimiento de vocales finales de enunciado, ante pausa, es común en el habla de algunos hablantes. También como fenómeno alofónico, en variedades andaluzas, entre otras, la aspiración de /s/ puede resultar en una copia sorda de una nasal o lateral siguiente, *mismo* /mísmo/ [mím̥mo], *isla* /ísla/ [íl̥la], etc. (nótese el uso del diacrítico subscrito para indicar el ensordecimiento).

En inglés el uso contrastivo de la distinción entre sorda y sonora es más sistemático que en español, dado que, además del contraste entre las dos series de oclusivas, sordas /p t k/ y sonoras /b d g/, el inglés tiene también dos series paralelas de fricativas sordas /f θ s ʃ/ y sonoras /v ð z ʒ/ y el par de africadas sorda /ʧ/ y sonora /ʤ/ con los mismos puntos de articulación. Recordemos que en español los sonidos [z] y [v] solo tienen valor alofónico.

Acabamos de decir que en las oclusivas, tanto el inglés como el español tienen un contraste entre una serie sorda /p t k/ y otra sonora /b d g/, con los tres mismos puntos de articulación. Si bien el contraste fonológico es el mismo en las dos lenguas, fonéticamente, en lo que concierne a su realización, la naturaleza del contraste es bastante diferente en cada lengua. Como veremos en la sección 7.3, en inglés el contraste tiene que ver principalmente con la aspiración de la serie /p t k/, mientras que en español estas consonantes no son aspiradas.

2.3 Inventario consonántico del español

Podemos ahora clasificar los principales sonidos consonánticos del español usando los rasgos de punto de articulación, modo de articulación y actividad de las cuerdas vocales (sorda o sonora), como mostramos en la tabla 2.4. Hay que tener en cuenta que ningún dialecto del español posee todos estos sonidos. En otros capítulos introduciremos algunos sonidos adicionales.

Si consideramos solo el alófono principal o prototípico de cada fonema, obtenemos la distribución de la tabla 2.5, en que los fonemas que se encuentran solo en algunos dialectos aparecen entre paréntesis.

Podemos obtener una tabla más simple y sistemática, válida para la mayoría de las variedades del español, agrupando ciertos puntos de articulación. En la tabla 2.6 agrupamos los siguientes puntos de articulación: bilabial y labiodental

Tabla 2.4 Principales sonidos consonánticos en español

	Bilabial	Labiodental	Interdental	Dental	Alveolar	Prepalatal	Palatal	Velar	Glotal
Oclusivas	p b			t d			ɟ	k g	
Fricativas		f v	θ		s z	ʃ ʒ	j	x	h ɦ
Aprox.	β			ð				ɣ	
Africadas						ʧ ʤ			
Nasales	m	ɱ		n̪	n	nʲ	ɲ	ŋ	
Laterales				l̪	l	lʲ	ʎ		
Vibr. simple					ɾ				
Vibr. múltiple					r̄				

Consonantes sordas a la izquierda, sonoras a la derecha

Tabla 2.5 Fonemas consonánticos en español

	Bilabial	Labiodental	Interdental	Dental	Alveolar	Prepalatal	Palatal	Velar	Glotal
Oclusivas	p b			t d				k g	
Fricativas		f	(θ)		s	(ʒ)	(j)	x	
Africadas						ʧ			
Nasales	m				n		ɲ		
Laterales					l		(ʎ)		
Vibr. simple					ɾ				
Vibr. múltiple					r̄				

Consonantes sordas a la izquierda, sonoras a la derecha
/θ/ solo en español peninsular
/ʎ/ solo en algunas variedades peninsulares y sudamericanas
/ʒ/ solo en español de Argentina
/j/ fonema de estatus cuestionable

(bajo labial); dental e interdental (bajo dental); prepalatal y palatal (bajo (pre)palatal).

Para comparar, en la tabla 2.7 se muestran los fonemas consonánticos del inglés.[4]

[4] Entre los fonemas consonánticos del inglés, el estatus de la nasal velar es discutible. Dado que este segmento solo aparece en posición postvocálica y, además, no encontramos la secuencia [ŋg] en posición final de palabra, algunos lingüistas han propuesto que [ŋ] es simplemente la realización fonética de /ng/. Si aceptamos este análisis, hay que hacer referencia a la morfología para explicar contrastes como los que tenemos entre *finger* 'dedo', *longer* 'más largo' [ŋg] y *singer* 'cantante' [ŋ].

Tabla 2.6 Fonemas consonánticos en español, reorganizados

	Labial	Dental	Alveolar	(Pre)palatal	Velar
Oclusivas	p b	t d			k g
Fricativas	f	(θ)	s	(j)	x
Africadas				tʃ	
Nasales	m		n	ɲ	
Laterales			l	(ʎ)	
Vibr. simple			ɾ		
Vibr. múltiple			r̄		

Consonantes sordas a la izquierda, sonoras a la derecha
Labial incluye bilabial y labiodental
Dental incluye dental e interdental
(Pre)palatal incluye prepalatal y palatal

Tabla 2.7 Fonemas consonánticos del inglés

	Labial	Dental	Alveolar	Prepalatal	Velar	Glotal
Oclusivas	p b		t d		k g	h
Fricativas	f v	θ ð	s z	ʃ ʒ		
Africadas				tʃ dʒ		
Nasales	m		n		(ŋ)	
Lateral			l			
Rótica aprox.			ɹ			

Consonantes sordas a la izquierda, sonoras a la derecha

2.4 Descripción y clasificación de las vocales: el sistema vocálico del español

Para la descripción de las vocales los principales rasgos que se utilizan tienen que ver con la posición de la lengua y la forma de los labios.

- Según la lengua esté elevada, en posición neutra o descendida tendremos una vocal alta, media o baja.
- Si consideramos la dimensión horizontal, tenemos vocales anteriores, centrales y posteriores. En la articulación de las vocales anteriores la lengua se mueve hacia la parte delantera de la boca, para las posteriores se retrae y en las centrales ocupa una posición intermedia.
- El tercer rasgo que normalmente se utiliza en la clasificación de las vocales es la forma de los labios: redondeados o extendidos lateralmente para la producción de la vocal.

Tabla 2.8 Vocales del español

	Anteriores	Central	Posteriores
Altas	i		u
Medias	e		o
Baja		a	
	No redondeadas		Redondeadas

El español tiene un sistema simple y común en las lenguas del mundo. Hay cinco fonemas vocálicos /i e a o u/, que se clasifican como se muestra en la Tabla 2.8. Como vemos, la forma de los labios es redundante en español con respecto a la posición retraída o no de la lengua: las vocales posteriores /u/, /o/ se articulan con los labios redondeados y las otras tres con los labios sin redondear.

Consideraremos las vocales del español y la organización de los sistemas vocálicos en más detalle en la sección 6.1, donde veremos también otros rasgos que pueden usarse para clasificar las vocales.

2.5 Deslizantes (*glides*): semiconsonantes y semivocales

En palabras como *pienso*, *puente*, la vocal de la primera sílaba va precedida por una **semiconsonante** [i̯] (palatal), [u̯] (labiovelar), respectivamente, que forma diptongo con ella. En la primera sílaba de *peine*, *deuda*, por otra parte la vocal va seguida por una **semivocal** [i̯], [u̯]. La diferencia entre semiconsonantes y semivocales es solo una diferencia de posición: una semiconsonante precede a la vocal, mientras que una semivocal va inmediatamente después. En algunas tradiciones se utilizan los símbolos [j], [w] para las semiconsonantes y [i̯], [u̯] para las semivocales, pero en este libro no haremos tal distinción. Para referirnos a semiconsonantes y semivocales juntas utilizaremos el término **deslizante**, traducción del inglés *glide*. El estatus fonológico de las deslizantes en español se discute en la sección 4.4. Adelantemos que, en general, se pueden considerar alófonos de las vocales altas /i/, /u/, aunque hay algunas complicaciones. (Pensemos por ejemplo en la silabificación de *huimos* vs. *fuimos*.)

Como veremos también en el capítulo 4, las vocales medias también pueden realizarse como deslizantes en habla coloquial (indicamos la realización deslizante con un diacrítico debajo de la vocal): *po-e-ta* → *po̯e-ta*, *lí-ne-a* → *lí-ne̯a*. En estos casos está claro que se trata de una realización alofónica de la vocal.

Para referirnos a vocales y deslizantes como una sola clase utilizaremos el término **vocoide**.

2.6 Diferencias dialectales en el inventario fonémico

Hay pocas diferencias en el número de fonemas en las diversas variedades del español y estas han sido mencionadas ya en secciones anteriores. Por conveniencia, las resumiremos aquí.

Quizá la diferencia más notable sea que la norma peninsular, como la mayoría de las variedades peninsulares, tiene un contraste entre una fricativa interdental sorda /θ/, como en *cima*, y una fricativa ápico-alveolar sorda /s/, como en *sima*. Este contraste fonológico no existe en español latinoamericano, ni en español de Canarias, ni en partes del sur de España. En dialectología hispánica la existencia de un único fonema /s/ (generalmente articulado como predorso-alveolar) en lugar del contraste /θ/ - /s/ se conoce como **seseo**. En partes de Andalucía (así como de Centroamérica y alguna zona del Caribe, véase Canfield 1962: 79) el único fonema que existe en lugar de los dos de la norma peninsular tiene una articulación dental, lo que lo hace más similar perceptualmente a /θ/ que a /s/. Este fenómeno se conoce como **ceceo**. La existencia del contraste entre los dos fonemas se conoce como distinción /s/ - /θ/.

Tradicionalmente, la pronunciación normativa del español tanto en España como en varios países sudamericanos (pero no, por ejemplo, en México), incluía un contraste fonémico entre la lateral palatal /ʎ/, correspondiente a la <*ll*> ortográfica, y una palatal no lateral /ʝ/, correspondiente a <*y*> ante vocal, p.ej. *calló* /kaʎó/ vs. *cayó* /kaʝó/. La preservación de este contraste se conoce como **lleísmo** en dialectología hispánica, mientras que la pérdida del contraste con un solo fonema /ʝ/ se denomina **yeísmo**. Hoy en día la pronunciación lleísta está perdiendo terreno rápidamente, pero el contraste se mantiene aún en el habla de partes del norte de España, así como en partes de Colombia, Ecuador, Perú, Bolivia y Paraguay, aparte de algunos pequeños focos aislados en otras regiones. De todas maneras, incluso en estas áreas los hablantes jóvenes y de zonas urbanas tienden a ser yeístas.

La pronunciación como [ʒ] tanto de <*ll*> como de <*y*>, como en la norma argentina, se conoce como *yeísmo rehilado* o *žeísmo*. Además de Argentina y Uruguay, este fenómeno se da en partes del sur de España y en algunas otras regiones. Como ya hemos mencionado, en Argentina el žeísmo está evolucionando hacia un nuevo fenómeno de *šeísmo*, con cambio de [ʒ] a [ʃ] en las generaciones más jóvenes. En español de Argentina, por otra parte, muchos hablantes tienen un claro contraste entre palabras escritas con <*y*> prevocálica o <*ll*> y palabras escritas con <*hi-*>, <*-i-*>, lo que da lugar a oposiciones como en *yerba (mate)* [ʒérβa] o [ʃérβa] vs. *hierba* [i̯érβa]. Este contraste es menos evidente o inexistente en otros dialectos (véase la sección 8.3 para más detalles).

EJERCICIOS

1 Para las siguientes palabras, dé el símbolo fonético correspondiente a la grafía subrayada e indique su modo de articulación.

Ejemplo: *sabe* [β] aproximante

mesa, esquina, cesto, rojo, poco, liga, barro, suave, llega, aro, pongo, leche

2 Para las siguientes palabras, dé el símbolo fonético correspondiente a la grafía subrayada e indique su punto de articulación.

Ejemplo: *sabe* [β] bilabial

deja, hijo, boina, chico, encaje, suelo, cielo, niña, mano, faro, lluvia, yegua

3 Indique si la letra subrayada representa un sonido sordo o sonoro y dé el símbolo fonético correspondiente.

meta, miedo, sueldo, loro, velo, marca, arco, campo, fiera, mayo, ocho

4 Dé el símbolo fonético y describa los segmentos subrayados (modo de articulación, punto de articulación y caracterización sonora/sorda). En casos de variación dialectal, escoja consistentemente un dialecto específico.

Ejemplo: *sabe* [β] aproximante bilabial sonora

roca, vela, lago, cinco, envase, año, perro, tengo, lejos, erguido, valle, vergel

5 Indique si la letra subrayada representa una vocal, una deslizante o una consonante.

hielo, pienso, pinto, treinta, reímos, reino, Juan y Pedro, soy, hoyo, yeso

6 Dé el símbolo fonético y una palabra como ejemplo para las siguientes definiciones.

Ejemplo: aproximante bilabial sonora: [β] *sabe*

vocal alta anterior
lateral alveolar
vibrante simple alveolar
nasal palatal
nasal labiodental
aproximante velar sonora
fricativa interdental sorda
africada prepalatal sorda
deslizante labiovelar
fricativa alveolar sonora
vibrante múltiple alveolar

3 Caracterización acústica de las principales clases de sonidos del español

3.1 Introducción

El valor comunicativo de los gestos articulatorios que hemos descrito en el capítulo previo descansa primariamente en las distintas maneras en que la posición de los articuladores modifica el paso del aire, produciendo ondas sonoras diferentes.[1] Estas ondas sonoras, rápidos cambios en la presión del aire propagados como olas en un estanque, impactan los órganos auditivos del oyente, quien los interpretará como portadores de significado si conoce la lengua.

En este libro, los sonidos del español se describen sobre todo desde una perspectiva articulatoria. Sin embargo, en este capítulo haremos referencia también a las características acústicas de los principales tipos de sonidos del habla. Mientras que en el pasado el estudio acústico del habla requería aparatos complejos y caros, hoy en día existen programas de *software* de bajo precio o incluso gratuitos que los lectores de este libro pueden utilizar para analizar su propia pronunciación y otras grabaciones. Estos programas de análisis del habla proporcionan una representación visual de las ondas sonoras y permiten varias operaciones de análisis y filtrado. Todas las figuras de este capítulo y la mayoría del libro han sido producidas con el programa Praat (desarrollado por Paul Boersma y David Weenink, www.praat.org; véase Boersma 2001).

En las siguientes secciones señalaremos las principales características visuales que nos permiten identificar en un espectrograma las distintas clases de segmentos. En otros capítulos se dará algo más de información sobre las características acústicas de sonidos específicos.[2]

[1] Primariamente pero no completamente. La información visual que nos da el movimiento de los labios es también muy importante en la percepción, como demuestra el llamado "efecto McGurk" (McGurk y MacDonald 1976).

[2] Una exposición detallada de fonética acústica está fuera de los límites marcados para este libro. Algunas referencias excelentes son Laver (1994), Ladefoged (1992, 1996), Johnson (2003) y Hayward (2000). Para el análisis espectrográfico de los sonidos del español véase Quilis (1981) y Martínez

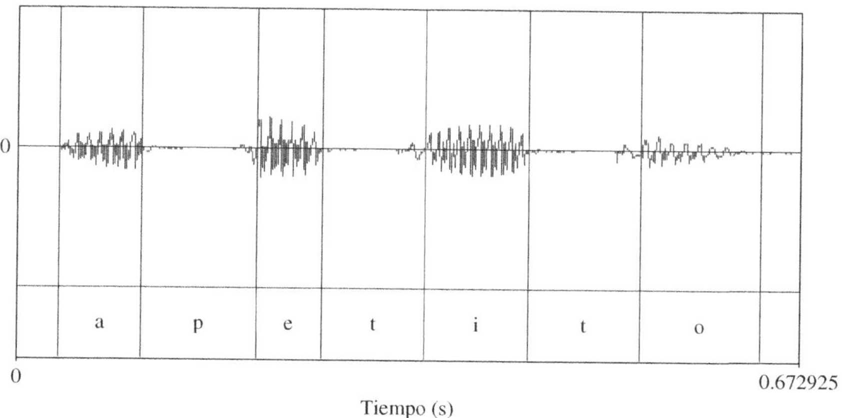

Fig. 3.1 Onda sonora (oscilograma) de una producción de la palabra *apetito*

3.2 Vocales y oclusivas sordas

Dos tipos de sonidos del habla máximamente diferentes entre sí son las vocales y las oclusivas sordas. En la figura 3.1 podemos observar la onda sonora (el oscilograma) de una producción de la palabra *apetito* /apetíto/. En esta representación, la dimensión horizontal corresponde al tiempo (en segundos), mientras que la amplitud de la onda (su desplazamiento vertical con respecto a la línea cero, que representa la presión normal del aire) muestra la cantidad de energía o intensidad a cada momento (aumento o disminución de presión, por encima o debajo de la línea cero, respectivamente). La amplitud general de la onda dependerá de lo fuerte que hablemos (o lo cerca que tengamos el micrófono), pero los diferentes sonidos también difieren en su amplitud relativa. En general, las vocales producen ondas con mayor amplitud que los segmentos colindantes.

Observemos primero en la figura 3.1 las secciones correspondientes a las tres oclusivas sordas. En la articulación de estas consonantes los órganos articulatorios hacen contacto completo bloqueando totalmente el paso del aire por un instante. En la figura, este momento de silencio se refleja en la ausencia de energía durante la fase de oclusión de las tres oclusivas.

En la producción de las vocales, como en las de otros sonidos sonoros, la corriente de aire que sale de los pulmones causa la vibración de las cuerdas vocales, es decir, que se abran y cierren rápidamente (véase la sección 2.2.3). En la articulación de las vocales la corriente de aire pasa sin obstáculo por la

Celdrán (1998). Para el inglés americano, lengua a la que nos referiremos en varias ocasiones, véase Olive et al. (1993).

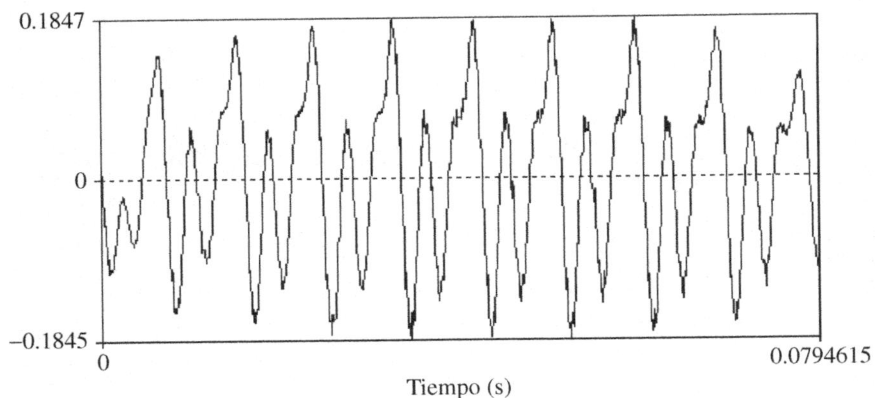

Fig. 3.2 Onda cuasi-periódica de /i/ en *apetito*

cavidad oral y es modulada de diversas maneras según el tamaño de las cavidades anterior y posterior creadas por la posición de la lengua.

La vibración compleja de las cuerdas vocales puede compararse con la producida cuando tocamos la cuerda de una guitarra. En la figura 3.1 las secciones correspondientes a las vocales son observables como ondas cuasi-periódicas; esto es, como ondas con un patrón que se repite, en las que cada repetición corresponde a una vibración de las cuerdas. Esto se puede ver mejor en la figura 3.2, que muestra solo el oscilograma de la tercera vocal en la figura 3.1, /i/.

El número de repeticiones o ciclos por unidad de tiempo de una onda periódica se conoce como su frecuencia. La frecuencia se da en ciclos por segundo, *hertz* o hercios (abreviado Hz). En la figura 3.3, tenemos la onda de otra vocal, /a/. La duración de este segmento aparece en la parte inferior de la figura como 0.100175 segundos, o apenas algo más de una décima de segundo. Si contamos los picos de amplitud en la figura podemos ver que la onda se repite exactamente diez veces en este intervalo de tiempo. En un segundo habría pues 100 ciclos. Decimos entonces que la frecuencia fundamental de esta onda es de unos 100 ciclos por segundo o 100 Hz. Las diferencias de frecuencia fundamental se trasladan en diferencia de tono percibido. Cuanto más alta es la frecuencia fundamental de una onda, más alto es el tono que oímos. La frecuencia fundamental de una onda periódica depende de la velocidad de vibración o apertura y cierre de las cuerdas vocales.

En la figura 3.2 y la figura 3.3 podemos ver que sobrepuestos sobre el ciclo de mayor amplitud (la frecuencia fundamental) hay otros componentes periódicos de frecuencias más altas. Estos componentes se conocen como armónicos y son siempre múltiplos íntegros de la frecuencia fundamental. La amplitud de los armónicos por encima de la frecuencia fundamental revela de qué vocal se trata.

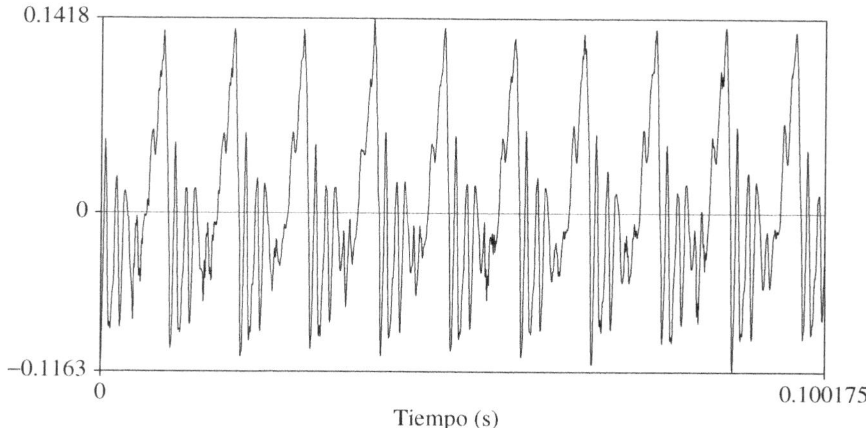

Fig. 3.3 Oscilograma de la vocal /a/ producida con una frecuencia fundamental de unos 100 Hz. En la figura hay 100 ciclos en una décima de segundo

Nótese que las vocales /i/ (figura 3.2) y /a/ (figura 3.3) tienen diferentes patrones de armónicos, que aparecen como picos y valles en cada ciclo.

Además de la información que obtenemos mediante la inspección visual de ondas sonoras, podemos obtener información adicional sobre los sonidos del habla mediante el análisis de los espectrogramas. Un espectrograma es una representación de la señal acústica que nos da más detalle al permitirnos observar la distribución de la energía a diferentes frecuencias. Esto nos permite, por ejemplo, distinguir más claramente entre una vocal y otra. La figura 3.4 es un espectrograma producido a partir de la onda sonora en la figura 3.1. En un espectrograma, como en una onda sonora, el eje horizontal indica el tiempo. El eje vertical, por otra parte, indica diferentes frecuencias (en la figura 3.4, por ejemplo, desde 0 Hz a 5000 Hz) y un color más oscuro indica mayor intensidad en las frecuencias correspondientes.

En la figura 3.4 podemos ver que la energía de las vocales se concentra en ciertas bandas de frecuencias (en las zonas más oscuras). Las bandas horizontales más oscuras se conocen como **formantes**. Cada formante es un haz de armónicos. Como veremos en el capítulo 6, cada vocal tiene una distribución de formantes característica. Por ejemplo, el primer formante es más alto para /a/ que para cualquier otra vocal.

Para las oclusivas de /apetíto/ en la figura 3.4, podemos observar que el espectrograma está completamente en blanco durante la oclusión. El suelte o explosión de la oclusión consonántica queda reflejado en una línea vertical seguida de un corto intervalo de energía aperiódica (sin un patrón reiterado definido) o "ruido", antes de comenzar los formantes de la vocal siguiente.

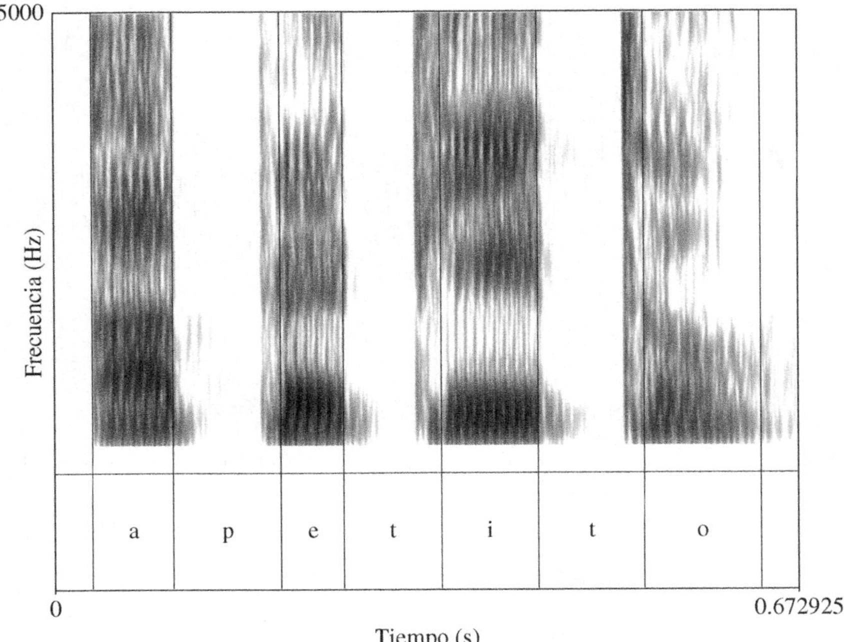

Fig. 3.4 Espectrograma de *apetito*. Las vocales se caracterizan por la presencia de formantes (barras horizontales más oscuras). Cada oclusiva sorda tiene un período de silencio (en blanco en el espectrograma) seguido de energía no periódica durante la explosión

El centro de energía en la barra vertical, así como la forma de las transiciones de los formantes de las vocales adyacentes, nos dan información sobre el punto de articulación de la consonante.

3.3 Fricativas y africadas

La "firma visual" de las fricativas es muy diferente tanto de la de las oclusivas como de la de las vocales. En las fricativas sordas, la energía acústica no tiene su fuente en la vibración de las cuerdas vocales, sino en el estrechamiento del paso del aire creado por los articuladores en la cavidad oral, que produce turbulencia. Las fricativas tienen una onda sonora no repetitiva o aperiódica, la posición de cuyo centro de energía (de la zona más oscura en el espectrograma) en frecuencias más altas o más bajas depende de su punto de articulación. En la figura 3.5 tenemos la onda sonora de una producción de la palabra *ositos* /osítos/. Obsérvese la gran diferencia que hay entre las secciones de la onda sonora de esta palabra que corresponden a los dos casos de la fricativa /s/ y las porciones que corresponden a las vocales y a la oclusiva /t/.

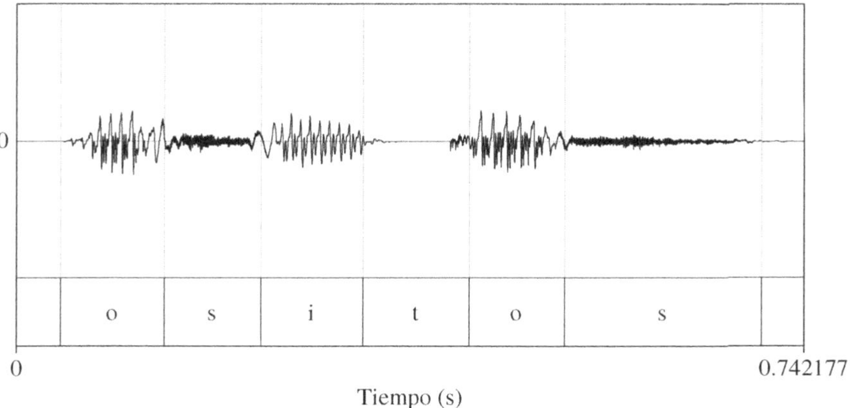

Fig. 3.5 Oscilograma de una producción de la palabra *ositos*

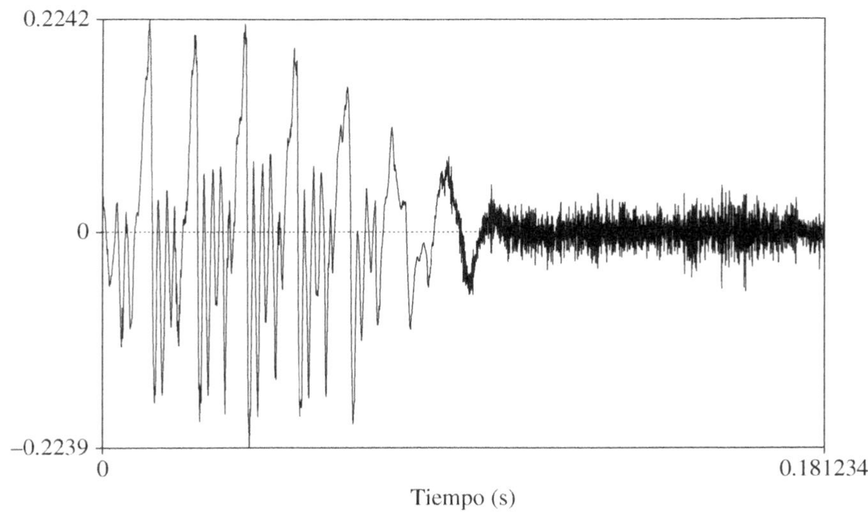

Fig. 3.6 Oscilograma de /-os/ de la fig. 3.5

En la figura 3.6 hemos ampliado parte de los dos últimos segmentos, /-os/, de modo que pueda verse de manera aún más clara la diferencia que hay entre la onda periódica de la vocal /o/ y la onda aperiódica (sin patrón definido) de la fricativa /s/.

La figura 3.7 es un espectrograma de /osítos/ obtenido de la misma señal que la figura 3.5. Nótese que para /s/ la energía se distribuye de manera no organizada, sin formantes, en la parte superior del espectrograma. El oscilograma aparece también en la parte superior de la figura, por encima del espectrograma.

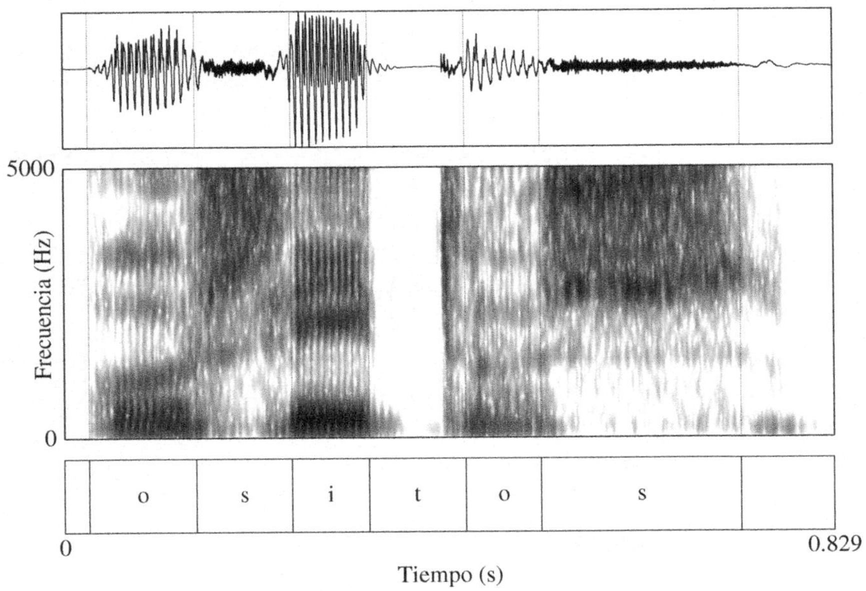

Fig. 3.7 Oscilograma y espectrograma de /osítos/

Las africadas combinan oclusión con suelte fricativo. Las dos fases (el momento de silencio, seguido de fricción similar a la de la fricativa /s/ en la figura 3.7) pueden verse en el espectrograma de *hacha* /áʧa/ en la figura 3.8.

3.4 Oclusivas sonoras y alófonos aproximantes de /b d g/

Los fonemas oclusivos sonoros de /b d g/ en español, como sabemos, se realizan sin oclusión completa en muchas posiciones, incluyendo la intervocálica. Su grado de constricción puede variar considerablemente. Cuanto más abierta sea su articulación, más se parecerá su espectrograma al de las vocales y más difícil será encontrar en el espectrograma las fronteras entre consonante y vocales colindantes. En la figura 3.9 tenemos un espectrograma de una producción de la frase *sabe todo* /sábe tódo/ [sáβe tóðo].

Las características espectrográficas de las oclusivas sonoras en posición intervocálica pueden ser ilustradas con un ejemplo del inglés, dado que normalmente no ocurren en español. En la figura 3.10 se comparan una producción del español *ave* /ábe/, que contiene una aproximante sonora [áβe], con una producción de la palabra inglesa *abbey* 'abadía' pronunciada por un anglohablante. Nótese que en la /b/ del ejemplo inglés la única energía observable aparece en la parte inferior del espectrograma. Esto es lo que se conoce como **banda o barra de sonoridad** e indica que el segmento es sonoro. Todos los

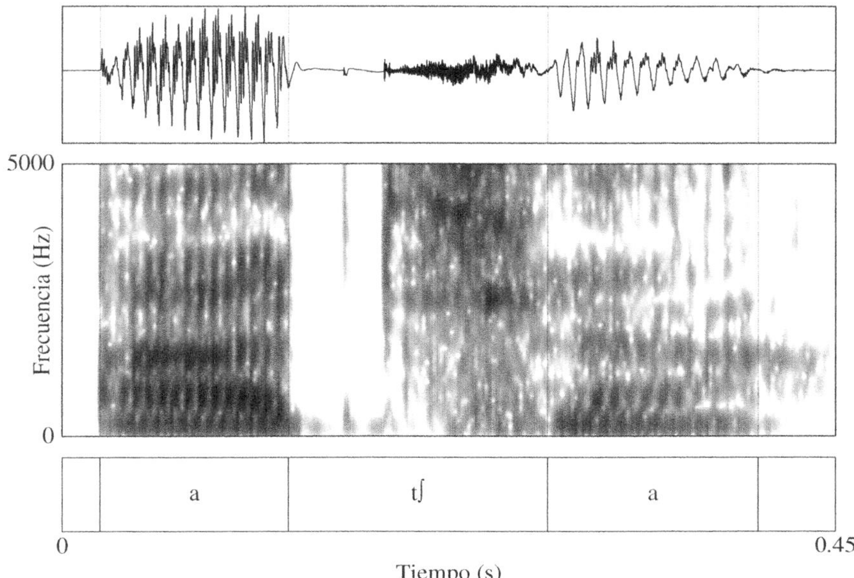

Fig. 3.8 Oscilograma y espectrograma de una producción de *hacha* /átʃa/. Obsérvense las dos fases durante la producción de la africada

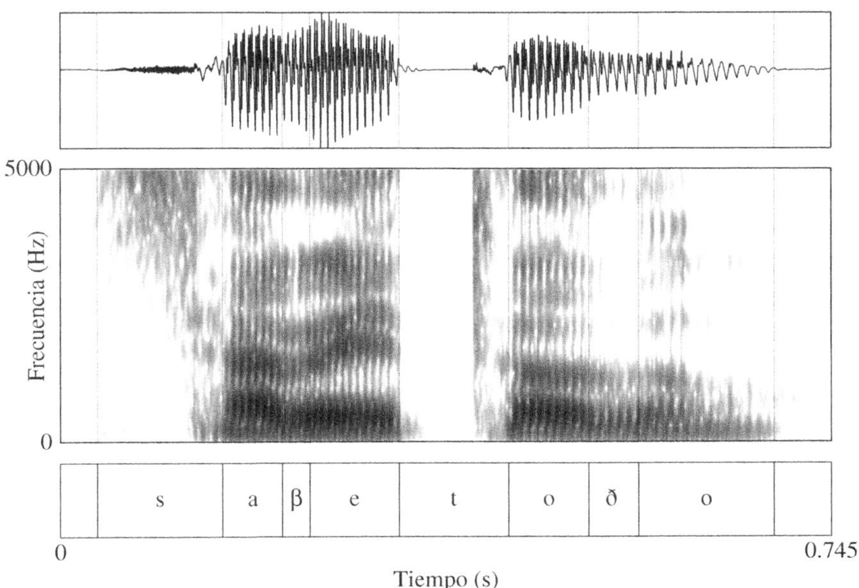

Fig. 3.9 Oscilograma y espectrograma de una producción de *sabe todo*

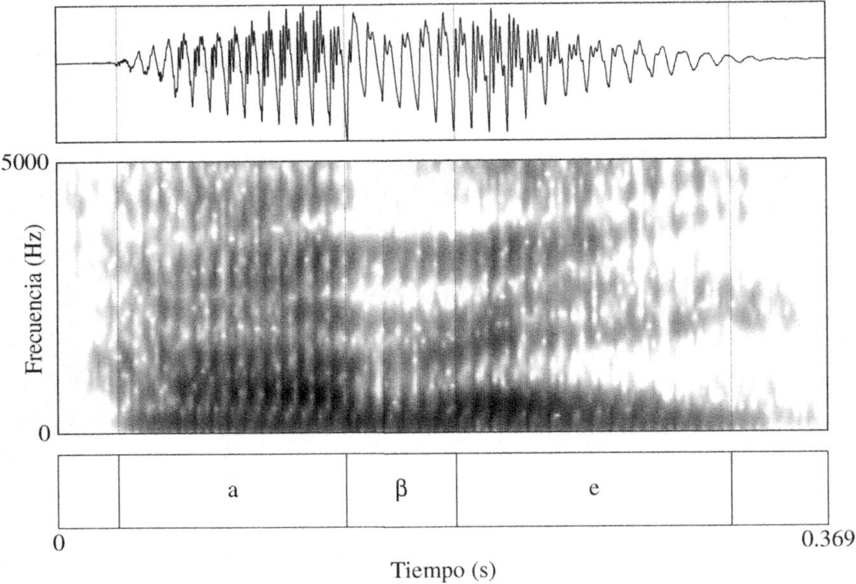

Fig. 3.10a Oscilograma y espectrograma de una producción de *ave* /ábe/ [áβe]

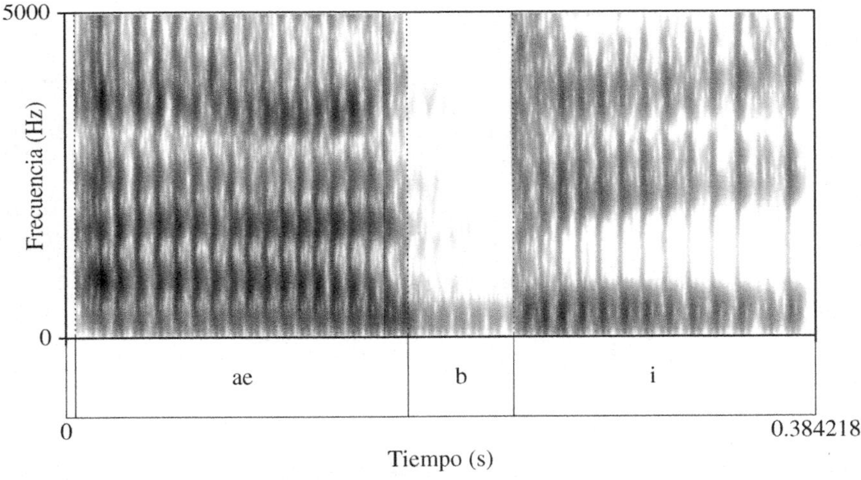

Fig. 3.10b Espectrograma de una producción de la palabra inglesa *abbey* /'æbi/ 'abadía'

segmentos sonoros tienen esta banda de energía a bajas frecuencias. En la /b/ del inglés, que ha sido realizada como oclusiva sonora, esta es la única energía visible en el espectrograma. En el ejemplo del español, por otra parte, el fonema /b/ ha sido realizado como la aproximante [β] y esto se refleja en la presencia de formantes como los de las vocales colindantes, si bien algo menos intensos.

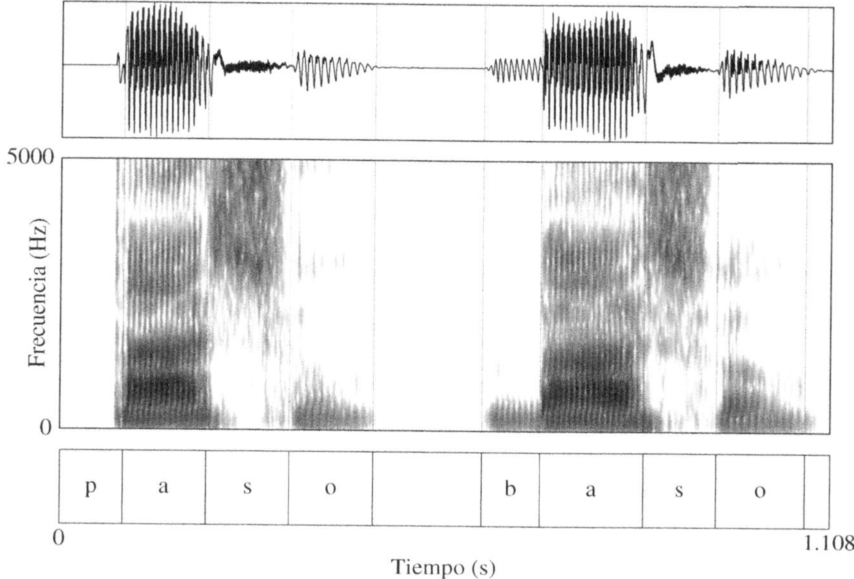

Fig. 3.11 Oscilograma y espectrograma de una producción de las palabras *paso* /páso/ y *vaso* /báso/

En la figura 3.11 se comparan *paso* /páso/ y *vaso* /báso/. En posición inicial absoluta, a principio de enunciado, /b/ es una oclusiva. Nótese que /b/ tiene banda de sonoridad, que indica vibración durante la oclusión (como la /b/ de *abbey* en la figura 3.10b), mientras que esta banda de sonoridad no aparece en /p/. Por otra parte, la apertura de /p/ se marca por una breve aspiración (mucho más breve que la de la consonante /p/ del inglés en la misma posición).

3.5 Consonantes resonantes

El breve contacto del ápice en la vibrante simple resulta en un espectrograma similar al de una oclusiva sonora, pero muy breve. La secuencia de breves contactos en la vibrante múltiple produce una serie de espacios en blanco (excepto por la banda de sonoridad) en el espectrograma. Las dos vibrantes, simple y múltiple, se ilustran en la figura 3.12 con las palabras *para* /páɾa/ y *parra* /pára/. En este caso, la vibrante múltiple de *parra* ha sido producida con tres contactos.

Las nasales y laterales también tienen formantes, aunque menos intensos que los de las vocales adyacentes. En la figura 3.13 ofrecemos el espectrograma de una producción de *la lana* /lalána/.

En otros capítulos daremos algún detalle más sobre las características acústicas de cada sonido o clase de sonidos, según los vayamos estudiando.

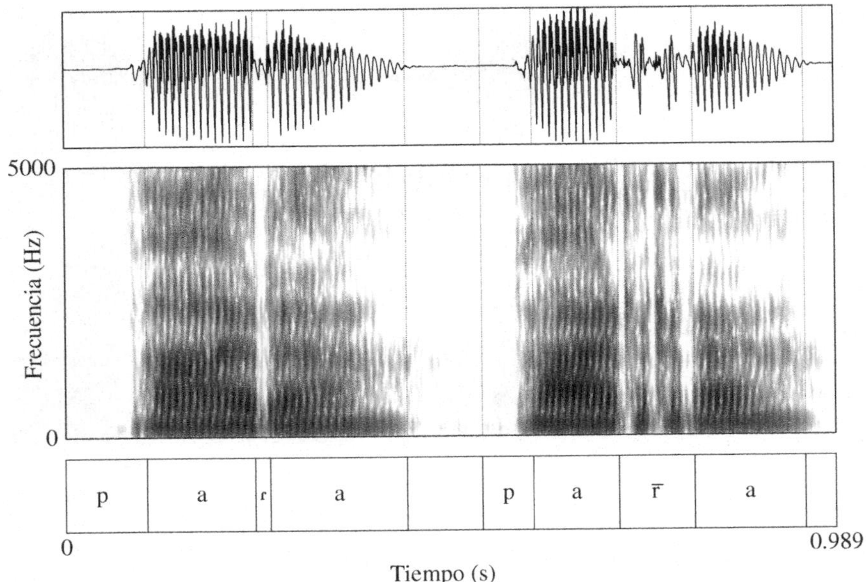

Fig. 3.12 Oscilograma y espectrograma de una producción de las palabras *para* /pára/ y *parra* /pár̄a/. Obsérvese la breve oclusión intervocálica en *para* y las tres oclusiones en esta producción de *parra*

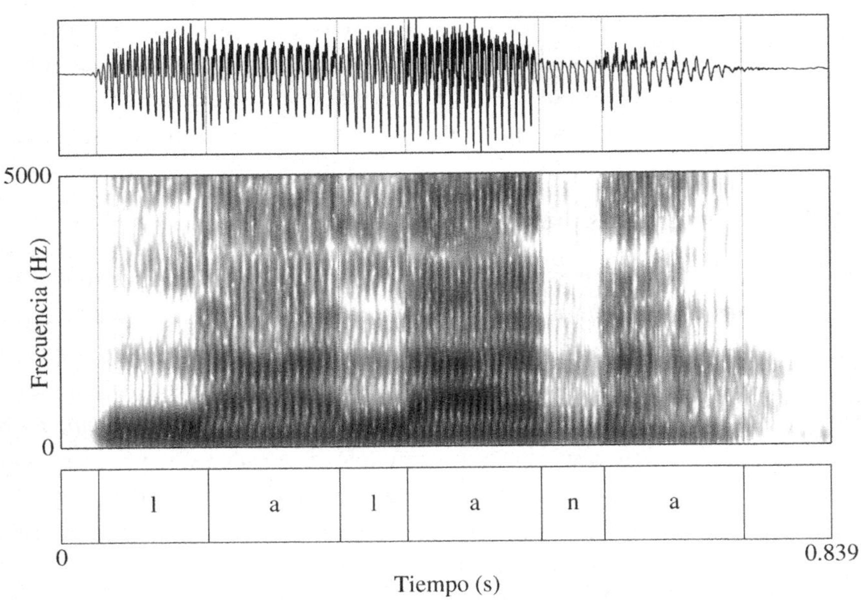

Fig. 3.13 Oscilograma y espectrograma de una producción de *la lana*

EJERCICIOS

1 Obtenga un programa de análisis del habla por internet (el más utilizado es Praat) y un micrófono y trate de reproducir las figuras de este capítulo grabando su propia habla.

2 ¿Corresponden los espacios en blanco en un espectrograma a los espacios entre palabras en un texto escrito? Obtenga un espectrograma de la frase *compré un paquete* y coméntelo.

3 En un programa como Praat es posible obtener una representación de la frecuencia fundamental de una onda sonora. Grabe los ejemplos *mira la luna* y *son pocos osos* y obtenga la curva de frecuencia fundamental (en Praat con la función *Show pitch*). Notará que en uno de los ejemplos la curva aparece interrumpida en varios lugares; ¿por qué?

4 Grabe dos o tres ejemplos de palabras que contrasten por la posición del acento, como *hábito, habito* y *habitó* en el contexto "digo __ para ti". Segmente cada vocal y consonante y discuta las diferencias observables en frecuencia fundamental, intensidad y duración.

4 La sílaba

4.1 Introducción

Las consonantes y las vocales se agrupan fonológicamente en sílabas. El concepto de sílaba es importante en la estructura fónica del español. Muchos procesos fonológicos en esta lengua muestran más claramente su naturaleza cuando consideramos la estructura de la sílaba (véase A. Alonso 1945, J. Harris 1983, Colina 2009).

En términos prácticos, la división correcta de las palabras al final de un renglón requiere poder identificar los límites de sílaba. También es importante saber cómo dividir en sílabas para las reglas de acento ortográfico. La tradición poética del español se basa asimismo en el cómputo de sílabas en el verso. Todo esto requiere acuerdo entre los usuarios de la lengua española acerca de cuántas sílabas hay en un texto o enunciado y dónde se hallan exactamente los límites entre sílabas. La estructura del español hace que este acuerdo sea más sencillo de obtener que en una lengua como el inglés. Como veremos, las únicas dificultades reales se encuentran en la división silábica de secuencias de **vocoides** (y en este punto las reglas de la Real Academia simplifican adrede la realidad fonológica del idioma). Como hemos dicho ya, emplearemos el término *vocoide* para referirnos a vocales y deslizantes (semiconsonantes y semivocales) indistintamente.

4.2 Estructura silábica

Una sílaba está constituida por segmentos agrupados en torno a un núcleo, que es el elemento de mayor abertura o cumbre de sonoridad (término que definimos más adelante). En español el **núcleo** de la sílaba es siempre una vocal. Esto no es así necesariamente en otras lenguas. Así en inglés la segunda sílaba de palabras como *bottle* 'botella' y *button* 'botón' tienen como núcleo una consonante: /ˈbɒtl̩/, /ˈbʌtn̩/.

En español, pues, mínimamente una sílaba consta de una vocal, como en las palabras *a, o, y*, o en la primera sílaba de palabras como *a-re-na, hu-ma-no*. La vocal, que constituye el núcleo de la sílaba, puede ir precedida y/o seguida por segmentos menos abiertos. En *tú, sí*, el núcleo está precedido por una consonante, que forma el **ataque** o arranque de la sílaba (en inglés, *onset*). En la primera sílaba de *pla-ne-ta* hay un grupo consonántico como ataque. Los grupos de ataque silábico pueden tener como máximo dos consonantes en español. Además, la estructura de estos grupos está muy restringida: los grupos de ataque silábico constan siempre de una oclusiva o /f/ seguida de líquida, /ɾ/ o /l/. Una consonante también puede aparecer después del núcleo, como **coda**, como tenemos en *tres* y en *plan*. Muy pocas veces encontramos grupos de coda en español. Algunos ejemplos con estos grupos son *pers-pi-caz* y *bí-ceps*. En los grupos de coda en español la segunda consonante es siempre /s/ (salvo que en español peninsular podemos tener /θ/ en algunos apellidos como *Sanz*). En la pronunciación de palabras extranjeras y tecnicismos con otros grupos de coda la tendencia es a simplificarlos. Por ejemplo, en *Nueva York* la última consonante puede omitirse en la pronunciación (cf. también *pos(t)velar*, etc.).

Núcleo y coda constituyen juntos la **rima** de la sílaba. La división básica de la sílaba es, pues, entre ataque (opcional) y rima. La rima, por su parte, consta de un núcleo obligatorio y una coda opcional.

El núcleo en español, además de una vocal, puede contener como "satélite" una deslizante, esto es, una semiconsonante precediendo a la vocal, como en *prue-ba*, o una semivocal después de la vocal, como en *vein-te*. También, menos frecuentemente, una sílaba puede contener ambas deslizantes, semiconsonante y semivocal, como en *buey* y en la segunda sílaba de *cam-biáis*. Resumimos los hechos en la tabla 4.1, con ejemplos de todas las estructuras silábicas posibles en español.

Para entender la estructura de la sílaba y los fenómenos de silabificación o silabeo es útil acudir a la noción de escala de **sonoridad**.[1] Los fonemas de una lengua pueden ser ordenados a lo largo de una escala de sonoridad de más abiertos o vocálicos a más cerrados o consonánticos. Para el español podríamos proponer una escala como la que damos en la tabla 4.2. Escalas semejantes se han propuesto para otras lenguas, con pequeñas diferencias en el número de niveles que es útil distinguir.

En la escala que damos en la tabla 4.2, para ser cumbre de sonoridad un segmento ha de tener un valor de 4 o mayor. Los vocoides altos (sonoridad 4) pueden ser o cumbres silábicas, como en *pí-e*, o satélites (deslizantes), como en *pi̯e*. Las vocales medias (sonoridad 5) son siempre cumbres silábicas en

[1] Este es un concepto con una larga tradición en el campo de la fonología diferente del uso de esta palabra en la distinción sordo/sonoro. Véase Clements (1990).

Tabla 4.1 Ejemplos de estructura silábica en español

	Rima		
Ataque	Núcleo	Coda	
	á		*a*
	ái̯		*hay*
t	ú		*tú*
m	á	s	*más*
tɾ	é	s	*tres*
pl	á	n	*plan*
b	ái̯	s	*vais*
b	i̯é	n	*bien*
b	u̯éi̯		*buey*
b	i̯ái̯	s	*(cam)biáis*

Tabla 4.2 Escala de sonoridad en español

6	vocal baja	a
5	vocales medias	e o
4	vocales altas	i u
3	líquidas	l (ʎ) ɾ r̄
2	nasales	m n ɲ
1	obstruyentes	f (θ) s ʝ ʧ x b d g p t k

pronunciación cuidada, pero pueden hacerse deslizantes en habla menos cuidadosa, como en *lí-ne-a* → *lí-ne̯a* (véase la sección 4.5.3). La vocal baja /a/ (sonoridad 6) solo puede aparecer como cumbre silábica.

Una sílaba tiene una única cumbre de sonoridad. Esta es la propiedad que define lo que es una sílaba. Dentro de la sílaba, la cumbre o pico (vocal nuclear) es el elemento más abierto o de mayor sonoridad. Otros elementos se agrupan alrededor de la vocal de más sonoros a menos sonoros según se van alejando del centro de la sílaba a la periferia. Así en los grupos de ataque silábico las líquidas (sonoridad 3) están más cerca del núcleo que las obstruyentes (sonoridad 1); en secuencias de segmentos como *tre-* y *pla-*, por ejemplo, hay un incremento de sonoridad desde el primer segmento en el ataque silábico hasta la vocal nuclear. Secuencias como *rte- lpa-*, por otra parte, no podrían ser **tautosilábicas**, dado que muestran un descenso de sonoridad del primer segmento al segundo, seguido de un ascenso desde el segundo segmento al tercero. Debemos concluir también que entre las consonantes en un grupo de

Tabla 4.3 Ejemplos de sílabas con indicación de la posición de cada segmento en la escala de sonoridad

p	l	i	e	t	r	a	n	s
1	3	4	5	1	3	6	2	1

ataque silábico debe haber una diferencia de dos grados en la escala de sonoridad, dado que en español no hay grupos de obstruyente + nasal (nótese que en una palabra como *neumático*, de la raíz griega *pneuma-*, la *p-* ha sido eliminada incluso de la ortografía).

Las deslizantes (alófonos no silábicos de las vocales altas) tienen más sonoridad que las consonantes y por tanto están más cerca de la vocal nuclear. Por ejemplo, la primera sílaba de *plie-gue* tiene un ascenso uniforme de sonoridad del elemento más cerrado, la obstruyente /p/, al más abierto, la vocal /e/. En la primera sílaba de *trans-por-tar*, tenemos un ascenso de sonoridad hasta la /a/ y un descenso en la rima: véase la tabla 4.3.

4.3 Reglas de silabificación: consonantes

4.3.1 La regla CV

Una primera regla general para la división de palabras y frases en sílabas es que una consonante se silabifica siempre con la vocal siguiente. Una secuencia del tipo VCV (vocal-consonante-vocal) se silabifica V-CV, como en *a-la, a-mo*. Esta regla no tiene ninguna excepción en español.[2] Hay que recordar a este respecto que la <*rr*> ortográfica representa una única consonante /r/. Así, *perro* es [pé.r̄o] (en representación fonética se utiliza un punto para indicar límites entre sílabas) y ortográficamente la división al final de un renglón de texto sería *pe-rro*. Esto se aplica también a las otras secuencias de dos letras que representan un único fonema, <*ch*> y <*ll*>: *co-che* [kó.ʧe], *va-lla* [bá.ʝa]. Una falta de correspondencia entre fonología y ortografía la tenemos con la letra <*x*> cuando representa la secuencia /ks/, como en *taxi, examen*: fonológicamente, tenemos [ták.si], [ek.sá.men]; ortográficamente, por otra parte, la división ha de ser *ta-xi, e-xa-men*.

[2] Algunos hablantes, sin embargo, pronuncian *an-he-lo, ad-he-rir*, con corte silábico entre consonante y vocal siguiente inducido por la presencia de la <*h*> ortográfica. Esta es una pronunciación minoritaria que la Real Academia condena como incorrecta (RAE 1973: 45). La pronunciación más frecuente de estas palabras es [a.né.lo], [a.ðe.ɾíɾ] (sobre su división en sílabas a efectos ortográficos, véase el *Diccionario panhispánico de dudas* de la RAE). Por otra parte, hay que tener en cuenta que en el caso de palabras con prefijo las reglas ortográficas del español dan la opción de dividir en sílabas a final de renglón de acuerdo con la pronunciación, p.ej. *de-satar*, o de acuerdo con la morfología, *des-atar*.

4.3.2 Grupos consonánticos

Una secuencia de dos consonantes se silabifica como grupo de ataque silábico solo si es uno de los grupos que pueden ocurrir a principio de palabra. Como hemos mencionado ya, estos grupos tienen siempre la estructura oclusiva o /f/ + /ɾ/ o /l/. En terminología tradicional se llaman grupos de ***muta cum liquida***. Consecuentemente, tenemos *o-tro, la-bro, co-pla*, pero *ar-te, cuen-ta*.

El mismo principio se aplica a la silabificación de secuencias internas de tres o cuatro consonantes. Como grupo de ataque silábico unido a un núcleo solo podemos tener como mucho dos consonantes, un grupo de *muta cum liquida*, y las demás consonantes se silabifican en la coda de la sílaba precedente: *com-pro, en-tra-da, cons-truc-ción*. Podemos concluir que, cuando dividimos una palabra en sílabas, cada sílaba debe tener la estructura que podría tener una palabra monosilábica (aunque este principio no se respeta en el caso de /ɾ/ intervocálica, como en *ca-ra*, dado que esta consonante está excluida de la posición inicial de palabra en español). En este respecto, es importante recordar que en español, al contrario que en inglés y otras lenguas europeas, las palabras no pueden empezar con /sC-/.[3] En consecuencia, estas secuencias se dividen siempre entre sílabas cuando ocurren en interior de palabra: *mos-ca, cons-ta*.

En la tabla 4.4 se ofrecen ejemplos de todos los grupos de ataque silábico posibles en español. Nótese que, aunque casi todas las secuencias de oclusiva + líquida crean posibles grupos de ataque, hay una excepción, la secuencia /dl/. A principio de palabra esta secuencia no ocurre en ninguna palabra del español y en las pocas palabras en que ocurre en posición media se silabifica como **heterosilábica**, en sílabas diferentes: *ad-lá-te-re*. La exclusión de este grupo está sin duda motivada por la gran semejanza fonética entre las dos consonantes /d/ y /l/. En cuanto a /tl/, este grupo no se encuentra en posición inicial en palabras de origen latino, pero en español de México aparece en un número relativamente alto de palabras de origen náhuatl, tanto topónimos como *Tlalnepantla*, como en otras palabras como *tlapalería* y *tlecuil*. En posición media, donde el grupo aparece en unas pocas palabras de origen latino, encontramos diferencias dialectales en su silabificación. En toda Latinoamérica, las Canarias y el noroeste de la Península Ibérica esta secuencia

[3] El símbolo C se utiliza en este libro para hacer referencia a una consonante sin especificar. De la misma manera, utilizamos V para representar cualquier vocal, sea en representaciones fonológicas o en ortográficas.

Tabla 4.4 Grupos de ataque silábico

/pɾ/ *pron-to, siem-pre*	/pl/ *plu-ma, so-plo*
/bɾ/ *bro-ma, a-bro*	/bl/ *blan-co, pue-blo*
/tɾ/ *tram-pa, vien-tre*	/tl/ *tle-cuil* (mex.), *a-tlas* (~ *at-las*)
/dɾ/ *dra-ma, ce-dro*	–
/kɾ/ *cre-ma, lu-cro*	/kl/ *cli-ma, bi-ci-cle-ta*
/gɾ/ *gra-mo, lo-gro*	/gl/ *glo-ria, é-glo-ga*
/fɾ/ *fru-ta, su-fro*	/fl/ *flor, in-flo*

se silabifica como grupo de ataque: *a-tlas, a-tlán-ti-co, a-tle-ta*. En la mayor parte de España, sin embargo, este no es un posible grupo de ataque silábico y su silabificación es heterosilábica: *at-las, at-lán-ti-co, at-le-ta* (con posible debilitamiento de la /t/ en posición final de sílaba).

4.3.3 Codas

Las consonantes en posición final o interna de palabra no silabificables en el ataque se adjuntan como coda a un núcleo precedente. Como hemos mencionado ya, la coda en español en palabras nativas o nativizadas puede contener una consonante o, como máximo, dos, en grupos donde la segunda consonante es siempre /s/ (o /θ/ en algunos apellidos en español peninsular). La mayoría de las consonantes son infrecuentes en la coda. Las codas más comunes están subrayadas y en negrita en la tabla 4.5.

La africada /ʧ/ no se encuentra en la coda, salvo en posición final de palabra en unos pocos préstamos recientes como *match* y en una pronunciación común de <*-ch*> final en apellidos catalanes como *Blanch, Llorach* (aunque esta ortografía catalana tradicional representa /-k/). Un préstamo como *guachimán* (del inglés *watchman*), usado en algunos países latinoamericanos, muestra la adaptación de /ʧ/ en coda interna.

Como se puede deducir de los ejemplos de la tabla 4.5, la mayoría de los tipos de coda que podemos encontrar son de hecho poco comunes. Solo las consonantes dentales y alveolares en la tabla 4.6 son realmente normales en posición de coda.

Es evidente que en español hay un claro desequilibrio entre las posiciones de ataque y coda por lo que respecta a la distribución de las consonantes. La posición de coda permite solo un número muy limitado de oposiciones entre consonantes. Podemos notar los siguientes procesos de neutralización en la coda (que se estudian en más detalle en los capítulos correspondientes).

Tabla 4.5 Codas posibles en español

En posición interior	En posición final
Oclusiva	
ap-to	*club*
ab-do-men	*ver-da**d***
ét-ni-co	*déficit*
ad-jun-to	*frac*
ac-to	
sig-no	
Fricativa	
af-ga-no	*chef*
*me**z**-cla*	*na-ri**z***
*ba**s**-to*	*ja-má**s***
	boj
Nasal	
*ca**n**-to*	*pa**n***
	ál-bum
Líquida	
*a**l**-to*	*sa**l***
*ca**r**-ta*	*ma**r***
Oclusiva + /s/	
abs-ten-ción	*bí-ceps*
ads-cri-bir	*ro-bots*
ex-tra /éks.tɾa/	*tó-rax* /tó-ɾaks/
Fricativa + /s/	
	chefs
Nasal + /s/	
ins-truc-tor	*yens*
	Sanz /-ns/ ~ pen. /-nθ/
Líquida + /s/	
pers-pi-caz	*pós-ters*
	vals

Las más frecuentes están subrayadas y en negrita.

Tabla 4.6 Codas comunes en español

en posición interna	/-s/, (/-θ/), /-N/*, /-l/, /-ɾ/
en posición final	/-d/, /-s/ (/-θ/), /-n/, /-l/, /-ɾ/

* /N/ representa una nasal con el mismo punto de articulación que la consonante siguiente.

Algunos de estos procesos son generales, otros están restringidos a algunas variedades geográficas o sociales (A. Alonso 1945):

(a) Oclusivas. La tabla 4.5 incluye a las oclusivas como posibles codas. Sin embargo, como podemos ver en la tabla 4.6, solo una oclusiva, la /d/, es común en posición final de palabra. Hay varios procesos de neutralización que afectan a las oclusivas en la coda. Generalmente se pierde el contraste fonológico entre sordas y sonoras, a pesar de diferencias ortográficas. La /d/ final también se pierde o reduce frecuentemente. Estos y otros procesos se estudian en la sección 7.2.4.
(b) Fricativas. La fricativa /s/, y también /θ/ en variedades con este fonema, se aspira o elide en la coda en un gran número de dialectos: véase la sección 8.2.5.2. Las fricativas se pueden también asimilar en sonoridad a una consonante sonora siguiente. En la coda, /f/ aparece solo en un pequeñísimo número de palabras y se ve sometida a los mismos procesos. También la /x/ tiene una incidencia léxica muy escasa en coda silábica. La única palabra común entre estas es *reloj*, que muchos hablantes pronuncian como *reló*.
(c) Africadas. Como ya hemos señalado, la africada /ʧ/ no se encuentra en la coda, salvo en préstamos no adaptados.
(d) Nasales. No hay contraste entre nasales en la coda. A final de palabra solo encontramos /n/, que se asimila al punto de articulación de la consonante siguiente. Dentro de palabra, una nasal siempre tiene el mismo punto de articulación que la consonante siguiente. Véase la sección 9.2.
(e) Líquidas. En cuanto a las róticas, no hay contraste entre vibrante simple y múltiple en la coda. Además, tanto en el Caribe como en áreas de Andalucía y Extremadura el contraste entre laterales y vibrantes puede neutralizarse en esta posición. Véase la sección 10.4.

Por lo que respecta a los grupos de coda, debemos decir que los únicos que encontramos son los que se incluyen en la tabla 4.5. Otros grupos que esperaríamos que resultaran de la concatenación de morfemas se simplifican. Así, por ejemplo, de *esculp-ir* tenemos *escultor* y no ***esculptor*.[4] En segundo lugar, en grupos con /s/ como segunda consonante es frecuente la elisión de la

[4] El uso convencional del asterisco precediendo a una palabra u oración presenta alguna ambigüedad. En gramática sincrónica se utiliza para indicar que una forma es agramatical. En lingüística histórica, por otra parte, indica una forma no atestiguada, pero que se supone que debió existir en algún momento de la historia de la lengua. Para mayor claridad empleamos aquí dos asteriscos en el primero de estos dos sentidos.

consonante precedente, como en *extra* [éstra], *tra(n)sporte, o(b)stáculo*, etc. Según el área geográfica esta simplificación puede ser común en todos los estilos o restringida a estilos informales.

4.3.4 Adaptación de secuencias iniciales de palabra en préstamos

El español no permite grupos de ataque del tipo /sC-/. De manera totalmente regular, las palabras patrimoniales que tenían este grupo inicial de palabra en latín han añadido una *e-*, como en SPĪNA > *espina*. Este proceso de **epéntesis** es todavía un fenómeno completamente productivo. En préstamos del inglés y otras lenguas con /sC-/ inicial se inserta siempre una /e-/ al principio: *slogan* > *eslogan, stress* > *estrés, standard* > *estándar*, etc. Incluso cuando no se ha añadido en la ortografía, esta vocal epentética suele estar siempre presente en pronunciación corriente en español: *stop* [estóp], *un snob* [ún eznóβ] (aunque su reducción temporal y elisión es también posible en estilos conversacionales, p.ej. *está bien* [stá βi̯én]).

Otros grupos iniciales como *ps-, pn-, mn-, pt-, x-* (por /ks-/), en préstamos del griego fundamentalmente, se simplifican mediante la elisión de la primera consonante. En algunos casos, pero no siempre, la ortografía oficial refleja la pronunciación, habiendo eliminado una consonante etimológica: *salmo* (de *psalmus*), *pseudo* ~ *seudo, psicología* ~ *sicología, neumático* (del griego *pneuma-*), *mnemónico* ~ *nemónico, pterodáctilo* [teɾoðáktilo], *xenófobo* [senófoβo].

4.4 Reglas de silabificación: vocoides (vocales y deslizantes)

La única complicación que realmente encontramos en la estructura silábica del español tiene que ver con la silabificación de secuencias de vocoides. Una secuencia de dos vocoides se puede silabificar en **hiato**, esto es, en sílabas separadas, como en *vía* [bí.a], *leo* [lé.o], o como **diptongo**, en una única sílaba, como en *pie* [pi̯é], *fue* [fu̯é]. Las secuencias de vocoides pueden llegar a ser bastante complicadas en español, como vemos en ejemplos como *buey, cambiáis, huías, instruíais*. Como máximo podemos agrupar tres vocoides en la misma sílaba, formando un **triptongo**. En los triptongos léxicos del español la vocal nuclear esta precedida por una deslizante y seguida por otra. En los ejemplos que acabamos de ofrecer, la silabificación es *buey* (en una sola sílaba, [bu̯éi̯]), *cam-biáis, hu-í-as, ins-tru-í-ais.*

En general, la silabificación de secuencias de dos vocoides es predecible a partir de las siguientes reglas:

(a) Las secuencias de vocoides no altos /a e o/ se silabifican en hiato:

/ea/	*te-a-tro, ve-a-mos*	/oa/	*bo-a-to, to-a-lla*
/ee/	*le-e-mos, de-he-sa*	/oo/	*mo-ho-so, lo-o*
/eo/	*be-o-do, le-o-nes*	/oe/	*po-e-ta, co-he-te*
/ae/	*sa-e-ta, tra-es*		
/ao/	*a-ho-ra, ca-os*		
/aa/	*al-ba-ha-ca, Sa-a-ve-dra*		

(b) Si la secuencia contiene un vocoide alto acentuado /í ú/ precedido o seguido de otro no alto /a e o/, se silabifica como hiato:

/ía/	*tí-a, Ma-rí-a*	/aí/	*ca-í-da, a-hí*
/íe/	*son-rí-e, Dí-ez*	/eí/	*le-í-do, re-í*
/ío/	*frí-o, es-tí-o*	/oí/	*bo-hí-o, o-í*
/úa/	*pú-a, e-va-lú-a*	/aú/	*a-ú-lla, a-ú-na*
/úe/	*ac-tú-e, e-va-lú-e*	/eú/	*re-ú-ne, re-hú-ye*
/úo/	*bú-ho, dú-o*	/oú/	*co-ú-so, aus-tro-hún-ga-ro*

Las secuencias de sonoridad creciente, del tipo /ía/, en que la vocal alta acentuada va primero, se encuentran sobre todo a final de palabra. En posición interna son poco frecuentes y tienden a hacerse diptongos con desplazamiento del acento. Estas dos posibilidades se encuentran en palabras como *pe-rí-o-do* o *pe-rio-do* [pe.ri̯ó.ðo], *po-li-cí-a-co* o *po-li-cia-co* (y otras palabras con la misma terminación).

(c) Las secuencias de dos vocoides altos iguales, que son muy infrecuentes, se silabifican como hiato, sin importar la posición del acento:

/ii/ *ti-í-to* (diminutivo de *tío*), *chi-í-ta, an-ti-i-ta-lia-no, ni-hi-lis-ta*
/uu/ *du-un-vi-ro, me-nu-u-cho* (despectivo de *menú*)

Fuera de los tres casos mencionados en (a)–(c), la regla general es la silabificación de la secuencia como diptongo. Podemos distinguir dos subcasos:

(d) Las secuencias en que una /i u/ sin acento es adjacente a /a e o/ se silabifican generalmente como diptongos. En español tenemos tanto **diptongos crecientes**, en que la secuencia crece en sonoridad o abertura, de elemento más cerrado a más abierto (deslizante + vocal), como **diptongos decrecientes**, con la configuración opuesta (vocal + deslizante):

Diptongos crecientes

/ia/	*i-ta-lia-no, fe-ria*	/ua/	*cuan-do, re-cua*
/ie/	*pien-so, pie*	/ue/	*prue-ba, te-nue*
/io/	*i-dio-ma, pre-mio*	/uo/	*cuo-ta, fa-tuo*

Diptongos decrecientes

/ai/	*vai-ni-lla, hay*	/au/	*jau-la, tau-ri-no*
/ei/	*vein-te, rey*	/eu/	*neu-tro, Eu-ro-pa*
/oi/	*boi-na, hoy*	/ou/	*bou*[5]

En su preferencia por los diptongos crecientes sobre los hiatos, el español claramente contrasta con el inglés (y en parte con algunas otras lenguas románicas; véase Chitoran y Hualde 2007). Así, por ejemplo, en español tenemos diptongos en *Vie-na, In-dia-na, San-Die-go*, mientras que en inglés estas mismas palabras tienen secuencias heterosilábicas, *Vi-en-na, In-di-a-na, San-Di-e-go*.

(e) Las secuencias en que dos vocales altos diferentes están en contacto son también generalmente diptongos:

/iu/	*viu-da, ciu-dad*
/ui/	*cui-da, rui-do, fui*

Estas secuencias tautosilábicas de vocales altas se pronuncian generalmente como diptongos crecientes (deslizante + vocal) (véase Navarro Tomás 1977: 67, Quilis 1993: 179). Notemos, por ejemplo, que *viuda* rima con *suda* y no con *vida*, lo que indica que la vocal nuclear en el diptongo es /u/; mientras que *cuida* rima con *vida*. La excepción es la palabra *muy*. Cuando incrementamos la duración de esta palabra por énfasis, el elemento que se alarga es la /u/: *es muuuy bueno*; mientras que, en otros casos, sería el segundo vocoide el que ve incrementada su duración: *claro que lo cuiiida*.

La descripción en (a)–(e) puede hacerse de manera más concisa: todos los vocoides no altos y los altos acentuados son cumbres silábicas. Las secuencias en que un vocoide alto sin acento está en contacto con otro vocoide son diptongos (excepto por las secuencias /ii/, /uu/, que son muy poco frecuentes).

[5] Este diptongo es raro. Además del ejemplo dado, que es un préstamo del catalán y hace referencia a un tipo de embarcación de pesca, lo encontramos solo en apellidos y topónimos de origen catalán o gallego-portugués como *Masnou, Sousa, Bousoño, Ourense*.

Esto es, la distribución de deslizantes se puede predecir a partir de la regla de diptongación que damos en la tabla 4.7. Las secuencias que no presentan el contexto para esta regla se silabifican como hiatos (en sílabas separadas) en pronunciación cuidada.

Según la regla dada en la tabla 4.7, los diptongos y los hiatos deberían estar en distribución complementaria. Hay, sin embargo, algunos contrastes entre deslizante y vocal alta en el mismo contexto, o, lo que es lo mismo, entre diptongo e hiato (Hualde 1997, Aguilar 1999, 2010, Hualde y Prieto 2002, Cabré y Prieto 2006, entre otros). Esto es porque la regla en la tabla 4.7 tiene algunas excepciones léxicas. Considérense los pares de palabras en la tabla 4.8.

Los ejemplos en la columna de la derecha de la tabla 4.8 se pronuncian siempre como diptongos. Esto es lo que uno esperaría, dado que presentan el contexto para la regla de diptongación. Los ejemplos en la columna de la izquierda pueden también pronunciarse como diptongo, según el estilo, pero, crucialmente, tienen también una pronunciación en hiato en algunos dialectos. Estas palabras son excepciones a la regla general.

Dado que las palabras como *dueto* (columna de la izquierda en la tabla 4.8), con posible hiato, son considerablemente menos frecuentes que las del tipo *duelo*, con diptongo obligatorio, nos referiremos a ellas como palabras con hiato excepcional e indicaremos su silabificación anómala en nuestras representaciones fonológicas: *dueto* /du.éto/, *pié* (de *piar*) /pi.é/, *huimos* /u.ímos/, etc. Excepto por este grupo de palabras con hiato excepcional, la silabificación en español es predecible. En concreto, las deslizantes puede considerarse alófonos de las vocales altas cuando son adyacentes a otra vocal y no llevan el acento. Lo que ha de ser indicado como excepcional a nivel léxico es que algunos vocoides altos constituyen núcleos de sílabas separadas en contextos en que deberían ser realizados como deslizantes según la regla general (RAE 1973: 58, Hualde 1997, J. Harris y Kaisse 1999, etc.)

Para resumir: las secuencias de dos vocales se silabifican en hiato si ninguna de las dos es alta (p.ej. *poeta*) o si una es alta pero lleva el acento (p.ej. *caída*). Cuando tenemos una vocal alta sin acento en contacto con otra vocal diferente, por otra parte, la silabificación regular es como diptongo (p.ej. *baile, duelo, siendo*), pero esta regla tiene algunas excepciones léxicas (*dueto, riendo*). En secuencias de dos vocales altas con acento en una de ellas, se prefiere también el diptongo (*cuida, viuda, fuimos*), pero hay excepciones (*huimos*).

Lo que acabamos de decir se muestra también en la tabla 4.9, donde se ofrecen representaciones fonológicas de palabras regulares y excepcionales.

Todo esto se refiere a la silabificación en estilo cuidado o a nivel léxico. Como veremos en la sección 4.5.3, muchas secuencias silabificadas como hiato en este estilo pueden reducirse a diptongos en pronunciación menos cuidadosa.

Tabla 4.7 Regla de diptongación

/i /, /u / → [i̯], [u̯] si no recibe el acento y es adyacente a otra V
Ejemplos: /péine/ [péi̯ne] (diptongo decreciente), /piénsa/ [pi̯énsa] (diptongo creciente)

Tabla 4.8 Ejemplos de contrastes en la silabificación de secuencias de vocoides

Hiato excepcional (excepciones a la regla de diptongación)		Diptongo (por aplicación de la regla de diptongación)
dueto [du.é.to]	vs.	*duelo* [du̯é.lo]
pie [pi.é] (de *piar*)*	vs.	*pie* [pi̯é]
riendo [r̄i.én.do]	vs.	*siendo* [si̯én.do]
mi diana [mi.ði.á.na]	vs.	*mediana* [me.ði̯á.na]
fio [fi.ó]	vs.	*dio* [di̯o]
huimos [u.í.mos]	vs.	*fuimos* [fu̯í.mos]
enviamos [em.bi.á.mos]	vs.	*envidiamos* [em.bi.ði̯á.mos]
reiré [r̄e.i.ɾé]	vs.	*reiné* [r̄ei̯.né]

* Sobre el acento gráfico en monosílabos y pseudomonosílabos, véase la sección 12.10.3.

Tabla 4.9 Ejemplos de silabificación de secuencias de vocoides

Forma ortográfica	Representación fonológica	Silabificación
poeta	/poéta/	[po.é.ta]
caída	/kaída/	[ka.í.ða]
baile	/báile/	[bái̯.le]
duelo	/duélo/	[du̯é.lo]
dueto	/du.éto/	[du.é.to]
siendo	/siéndo/	[si̯én̪.do]
riendo	/r̄i.éndo/	[r̄i.én̪.do]
hoy	/ói/	[ói̯]
oí	/oí/	[o.í]

4.4.1 Distribución léxica de los hiatos excepcionales

Como acabamos de explicar, las deslizantes (semiconsonantes o semivocales) [i̯ u̯] son alófonos de las vocales altas /i u/ cuando estas son adyacentes a otra vocal y no llevan el acento sobre sí mismas. Como hemos mencionado también, esta regla tiene, sin embargo, algunas excepciones (que no son las mismas en todas las variedades geográficas o para todos los hablantes). Es por ello que (para algunos hablantes) encontramos contrastes de silabificación como en *du-e-to* (con hiato excepcional) y *du̯e-lo*, y en *pi-e* (pretérito de *piar*) y *pi̯e* (parte del cuerpo) y los otros pares que damos en la tabla 4.8.

El caso es que las excepciones a la regla de diptongación no están distribuidas en el léxico de manera caótica. En esta sección consideraremos cuáles son los contextos que favorecen la aparición de hiatos excepcionales. Una advertencia importante es que la distribución léxica de los hiatos excepcionales está sujeta a un alto grado de variación no solo dialectal sino incluso idiolectal. En general, los hiatos son más frecuentes en español peninsular que en español latinoamericano. Pero incluso dentro de la misma área dialectal los hablantes a menudo difieren en sus intuiciones respecto a qué palabras pueden pronunciarse con hiato y cuáles no entre las que presentan el contexto para la regla de diptongación. Para un hablante determinado, puede haber también diferencia en cuanto a la fuerza de sus intuiciones en casos concretos (Simonet 2005). De todas maneras, la posible aparición de hiatos excepcionales, es decir, de excepciones léxicas a la regla de diptongación de la tabla 4.7, se limita a ciertos contextos específicos.

(1) En primer lugar, una secuencia en el contexto de la regla de diptongación puede ser excepcionalmente silabificada como hiato si en otra palabra morfológicamente relacionada la vocal alta de la secuencia lleva el acento (y, por tanto, necesariamente forma hiato), como en los siguientes ejemplos (todos los ejemplos de la lista permiten silabificación en hiato para algunos hablantes):

Secuencias de sonoridad creciente

por-fi-a-ban	cf. *por-fí-an*
en-vi-a-mos	cf. *en-ví-a*
es-pi-an-do	cf. *es-pí-a*
gui-ar	cf. *guí-a*
ri-a-da	cf. *rí-o*
du-e-to	cf. *dú-o*
di-ur-no	cf. *dí-a*

Secuencias de sonoridad decreciente

re-i-ré	cf. *re-ír*
o-i-ré	cf. *o-ír*
hu-i-rí-a	cf. *hu-ir*
pro-hi-bir	cf. *pro-hí-be*

Debemos advertir que, aunque el hiato es posible en las formas verbales que hemos dado y en otras semejantes, es totalmente imposible en otros verbos que ortográficamente presentan una secuencia idéntica, como *cam-bia-ban* (cf. *cambia*), *en-vi-dia-mos* (cf. *envidia*), *lim-pian-do* (cf. *limpia*), *rei-na-ré* (cf. *reinar*), etc., pero cuyo paradigma verbal no incluye formas con acento sobre la vocal alta.

Muy pocas palabras con hiato excepcional presentan secuencias de sonoridad decreciente (tipo /ai/). El hiato en el infinitivo en verbos con raíces monosilábicas, como *reír*, *oír*, *huir*, puede ser transferido al futuro y condicional sin afectar a otras formas verbales. Así el hiato del infinitivo *oír* afecta la pronunciación del futuro *o-i-ré* y del condicional *o-i-rí-a*, pero no la de la forma de subjuntivo *oi-ga-mos*, que sigue el patrón de *oi-go*.

(2) En segundo lugar, podemos tener hiato con una vocal alta no acentuada si hay un límite de morfema entre los dos vocoides. Este es el caso de los compuestos, especialmente si la segunda vocal en la secuencia recibe el acento, como en *boquiancho* [i.á]. Es menos común tener hiato si el acento cae en otro lugar, como en *boquiabierto* [i̯á].[6] A través de frontera de prefijo podemos tener hiato en *b*[i.é]*nio* (cf. *v*[i̯é]*nto*, *V*[i̯é]*na*, que siguen la regla general). La presencia de una frontera de sufijo permite el hiato excepcional en algunas palabras. En particular, después de /u/ los sufijos derivativos *-oso*, *-al*, *-ario*, entre otros, pueden dar lugar a hiato excepcional: *virt*[u.ó]*so*, *respet*[u.ó]*so*, *man*[u.á]*l*, *punt*[u.á]*l*, *est*[u.á]*rio*, *sant*[u.á]*rio*, *jes*[u.í]*ta*. Los infinitivos en *-uar* (*evaluar*, *puntuar*) y *-uir* (*construir*, *influir*) también permiten el hiato.[7]

(3) Hay también algunas otras palabras con hiato excepcional que no cumplen ninguna de las dos condiciones morfológicas que hemos mencionado. La distribución de estos casos está, sin embargo, fuertemente restringida (Hualde 1999, Hualde y Chitoran 2003):

(a) Son casi siempre secuencias de sonoridad creciente (p.ej. /i.a/, pero no /a.i/).
(b) Casi siempre ocurren a principio de palabra (condición de inicialidad).[8]

[6] Pensado (1999: 4457) da los ejemplos *barbihecho*, con hiato, y *barbiespeso*, con diptongo.

[7] Sin embargo, después de velar, se rechaza el hiato con /u/. Así, aunque la mayoría de los adjetivos en *-ual* pertenecen al grupo con hiato excepcional en el dialecto peninsular que aquí se describe, esto no se aplica a *ling*[u̯á]*l*. De la misma manera, la terminación *-uente* permite el hiato en ejemplos como *congr*[u.é]*nte*, pero no en *consec*[u̯é]*nte*, donde sigue directamente a una consonante velar. Como se menciona en el texto, los infinitivos en *-uar* también tiene hiato excepcional: *act*[u.á]*r* (cf. *actúa*), *eval*[u.á]*r* (cf. *evalúa*) y muchos otros, pero esto no se suele aplicar a los infinitivos en /-kuár/: *evacuar*, *adecuar*, *licuar* y *oblicuar*, que se pronuncian con diptongo (Quilis 1993: 183). Con estos verbos frecuentemente hay inseguridad o fluctuación en su acentuación. Así la RAE ofrece tanto *adecúa* como *adecua*.

[8] Con muy raras excepciones, una de las cuales es *embrión*.

(c) El acento cae o en la segunda vocal en hiato o en la sílaba siguiente (condición acentual).
(d) La mayoría de estas palabras tiene una de las dos secuencias /i.a/ o /i.o/.

De nuevo, nuestra ejemplificación sigue lo que parecen ser los patrones más comunes en el centro-norte de España, pero no coinciden necesariamente con las intuiciones de todos los hablantes de esta área y menos aún de otros dialectos.

La condición acentual puede observarse en ejemplos como los siguientes:

b[i.ó]logo	rad[i̯ó]logo
d[i.á]na	med[i̯á]na, Ind[i̯á]na
l[i.á]na	ital[i̯á]na

En cuanto a la condición acentual, esta se refleja en el hecho de que muchos hablantes de la variedad dialectal que estamos describiendo silabifican, por ejemplo, *di-**á**logo* y, con algo menos de seguridad, también *di-al**o**go*, frente a *di̯a-log**ó***, o también *di-**á**metro*, pero *di̯a-me-tr**a**l* (véase Simonet 2005). Esta condición también opera en casos de hiato condicionado morfológicamente, de manera que el hiato de ***dú**-o* se mantiene en *du-**a**l, du-**e**to* y *du-al**i**smo*, pero no en *du̯alid**a**d*, donde el acento está más alejado de la secuencia. No parece haber nunca hiato excepcional después del acento (p.ej. en palabras como *r**a**dio, hist**o**ria*).

Recordemos que nos estamos refiriendo a condiciones necesarias, pero no suficientes. Un hablante concreto puede preferir, por ejemplo, *li-**a**na, pi-**a**no, pi-**o**jo* con hiato, pero *vi̯**a**je* [bi̯áxe] con diptongo obligatorio. Las condiciones que hemos mencionado nos dicen en qué contextos podemos encontrar un hiato excepcional, pero no que bajo esas condiciones hayamos de encontrar siempre hiato.

La frecuencia relativa de diptongos e hiatos en palabras que cumplen tanto la condición de inicialidad como la condición acentual más estricta en la variedad dialectal que consideramos aquí se ilustra en la tabla 4.10. Esta tabla se basa en una búsqueda en el diccionario y, por tanto, excluye formas verbales que no sean de infinitivo. En el caso de grupos de palabras relacionadas por derivación de manera transparente, ofrecemos en la tabla solo una palabra para cada raíz, por lo general. Como podemos ver, aunque el hiato con vocal alta es excepcional, en determinados contextos es muy frecuente en esta variedad. En otros dialectos, sin embargo, la mayoría de las palabras de la tabla tienen diptongo.[9]

[9] Hay también hablantes de la zona de la Península representada en la tabla para los cuales algunas de las palabras que damos con diptongo tienen silabificación en hiato. Colocamos un asterisco detrás de las más comunes entre estas según nuestras observaciones, p.ej. *cruel**.

Tabla 4.10 Tendencias en la distribución léxica de hiatos excepcionales y diptongos en palabras con secuencia inicial acentuada (español peninsular)

Hiato	Diptongo
/i.á/	/iá/
ciática criada crianza diablo diábolo diácono diáfano dial diálisis diálogo diámetro diana diantre diáspora diástole fiable fiambre fiasco grial guiar hiato liana liar miaja miasma piano piara piastra quiasmo riacho riada tiara triángulo triásico viable vianda viario viático	*diamante viaje**
/i.ó/	/ió/
biólogo biombo bióxido criollo dióxido fiordo guión ion lioso miope piojo prior prioste quiosco Rioja	*diócesis dios iota viola*
/i.ú/	/iú/
diurno	*triunfo viudo*
/i.é/	/ié/
bienio cliente diedro riel riera trienio	*bien Bierzo bies ciego cielo cien ciénaga ciencia cieno cierne cierre cierto ciervo cierzo Diego diente Diesel diestra dieta diez diezmo fiebre fiel fieltro fiemo fiera fierro fiesta griego grieta hierba hierro liebre liendre lienzo miedo miel miembro mientes mientras miércoles mierda mies niebla nieto nieve pie piedra piel piélago pienso pierna pieza pliegue prieto quiebra quien quieto riego rienda siega siembra siempre sien siena sierpe sierra siervo siesta siete tiemblo tiempo tiento tierno tierra tieso tiesto viejo viento vientre viernes*
/u.á/	/uá/
dual truhán zuavo	*cuadriga cuadro cuádruple cuajo cual cuan cuanto cuáquero cuarta cuarzo cuasi cuate gua guaba guagua guaira gualdo guanche guano guante guapo guarda guardia guarro guasa guata Juan quark quasar suave*
/u.é/	/ué/
cruento dueto fluencia	*bueno buey clueca cruel* cuesco cuesta cuestión cueva cuévano duelo duende dueño fuego fuelle fuente fuera fuero fuerte grueso güero hueco huelga huella huérfano huero huerta hueso huésped huevo juego juerga jueves juez luego luengo mueble mueca muela muelle muérdago muermo muerte muesca muestra nuera nuestro nueve nuevo nuez prueba pueblo puente puerco puerro puerta puerto puesto rueca rueda ruedo ruego sueco suegra suela sueldo suelo suelto sueño suero suerte suéter suevo trueno trueque tuerca tuerto tueste tuétano vuelco vuelo vuelta vuestro zueco*
/u.í/	/uí/
druida fluir fruir gruir huir luir pruina suizo	*buitre juicio muy ruido* ruin* ruina**

Las palabras seguidas por un asterisco admiten también el hiato para algunos hablantes.

4.4.2 Origen histórico del contraste entre diptongo e hiato

El latín clásico carecía de diptongos crecientes. Estos diptongos tienen uno de dos orígenes principales en español:

(a) En primer lugar, muchas secuencias que eran heterosilábicas han sido reducidas a diptongos. Se puede hablar de una "tendencia antihiática" que ha causado la reducción de la mayor parte de los hiatos históricos con vocal alta **átona** a diptongo en español y otras lenguas románicas (Quilis 1993: 184, Lloyd 1987: 320, Penny 2002: 60).[10] Esto ha afectado también a secuencias que estaban originalmente separadas por una consonante que se perdió:

PRETI-U(M)[11] > *preci̯o*
ITALI-A > *Itali̯a*
RUGITU(M) > *ru-ido* > *ru̯ido*
CRŪDĒLE(M) > *cru-el* > *cru̯el*

Sin embargo, este proceso ha sido excepcionalmente bloqueado en algunas palabras por razones morfológicas (efectos de paradigma o presencia de ciertas fronteras morfémicas) y en "posición fuerte" (en posición inicial y bajo la condición acentual: en secuencias tónicas o inmediatamente antes). Estas son las palabras que hoy en día presentan hiato excepcional. La "fuerza" de estas posiciones puede deberse a los patrones rítmicos de la lengua, que darían una duración relativamente mayor a la tónica y la sílaba inmediatamente pretónica (véase Hualde y Chitoran 2003).

(b) Por un proceso general, las vocales medias-bajas tónicas /ɛ/, /ɔ/ del latín vulgar (que a su vez derivan de las medias breves del latín clásico; véase la sección 11.3) dieron lugar a los diptongos [i̯e], [u̯e] del español:

T[ɛ́]RRA > *t*[i̯é]*rra*
P[ɔ́]RTA > *p*[u̯é]*rta*

Entre las palabras con este origen histórico, no encontramos ningún caso de hiato excepcional. Como, por otra parte, la mayoría de los casos de *ie, ue*

[10] En muchos casos el diptongo creciente fue eliminado después por palatalización de la consonante precedente con absorción de la deslizante, como tenemos en VĪNEA> *vini̯a* > *viña*.

[11] De acuerdo con una convención establecida, las formas dadas como étimos latinos de nombres en español (en mayúsculas pequeñas) suelen corresponder al acusativo latino, sin la -M final del acusativo singular, que sabemos que desapareció de la pronunciación en una fecha bastante temprana y que generalmente dejaremos de escribir a partir de ahora. Una excepción la constituyen algunos nombres neutros como lat. LAC 'leche' cuyo acusativo también era LAC. En este caso se supone que *leche* viene de una forma no clásica *LACTE que se creó por analogía con el genitivo LACTIS y con otras formas de la declinación. Un ejemplo más de esto es *NŌMINE > *nombre*, cuyas formas en latín clásico son el nominativo y el acusativo NŌMEN, el genitivo NŌMINIS, etc.

Tabla 4.11 Resilabificación de CV a través de frontera de palabra

[pó.ko.s‿a.mí.ɣos]	*pocos amigos*
[kó.me.n‿a.kí]	*comen aquí*
[má.l‿i.ta.li̯á.no]	*mal italiano*
[sa.βé.ɾ‿ál.ɣo]	*saber algo*
[klú.β‿es.pa.ɲól]	*club español*
[ʧé.f‿aɾ.xen̪.tí.no]	*chef argentino*

El arco indica la resilabificación uniendo consonante y vocal.

derivan de este proceso, eso explica por qué el hiato es raro con estas secuencias. Podemos tener un hiato excepcional en una palabra como *cliente*, que tenía hiato en latín, pero no en palabras en que *ie*, *ue* proceden de una vocal única.

La tendencia a reducir hiatos a diptongos todavía opera en habla conversacional, con mayor o menor intensidad según el dialecto (véase la sección 4.5.3 más abajo).

4.5 Procesos de resilabificación y contracción silábica

4.5.1 Resilabificación de consonantes a través de fronteras de palabra y de prefijo

Una consonante final de palabra normalmente se resilabifica con una vocal siguiente inicial de palabra en habla conexa (VC#V → V.CV), como se muestra en los ejemplos de la tabla 4.11 (donde indicamos la resilabificación uniendo consonante y vocal con un arco).

Ejemplos como *las alas* y *la salas* ("le echas sal") son, pues, homófonos (en dialectos sin aspiración), dado que en el primero de estos dos ejemplos la /s/ final del artículo se resilabifica como ataque silábico.[12]

De todas maneras, las consonantes finales de palabra pueden debilitarse incluso antes de vocal. En concreto, la /s/ se puede aspirar o perder y la /n/ se puede velarizar en este contexto fonológico en variedades con estos fenómenos: *la*[h] *alas, poco*[h] *amigos, come*[ŋ] *aquí*. La aspiración de /s/ final de palabra es, sin embargo, menos frecuente antes de vocal inicial de palabra, en el contexto de

[12] Este proceso de resilabificación explica formas no normativas como *amoto* (por *moto*) y *arradio* (por *radio*). Sustantivos como *moto* y *radio* son raros porque son femeninos terminados en *-o* (esto se debe a que originalmente se trata de formas acortadas: *la motocicleta, la radiofonía*, y en muchos países latinoamericanos la palabra *radio* es masculina). Algunos hablantes interpretan las secuencias del tipo *una moto, una radio* como *un amoto, un arradio*, lo que les lleva a producir *el amoto, el arradio* con el artículo definido.

Tabla 4.12 Resilabificación de C#V vs. no resilabificación de C#C

Con resilabificación	Sin resilabificación
[klú.βes.pa.ɲól] *club español*	[klúβ.latíno] *club latino*
	[klúβ.r̄ománo] *club romano*
[ʧé.far.xen.tí.no] *chef argentino*	[ʧéf.lu.si.tá.no] *chef lusitano**
	[ʧéf.r̄ú.so] *chef ruso*

*O también [ʧév.lu.si.tá.no], [ʧév.r̄ú.so] (en este contexto se puede sonorizar la /f/).

resilabificación, que antes de consonante. Por ejemplo, en el estudio de Terrell (1978; véase también Bybee 2000), la /s/ final de palabra se mantuvo como [s] solo de manera ocasional en posición preconsonántica (en 11% de los casos, el mismo porcentaje que en coda interna), mientras que su mantenimiento fue casi sistemático ante vocal (88%; véase la sección 8.2.4).

En cuanto a la /n/ final de palabra, puede velarizarse en algunas variedades incluso ante vocal. En esas variedades la frase *e*[ŋ] *aguas* puede contrastar con la palabra *e*[n]*aguas* y la frase *e*[ŋ] *ojos* puede constituir un par mínimo con la palabra *e*[n]*ojos* (R. Hyman 1956). Estos hechos, sin embargo, han sido cuestionados y es muy posible que todas las variedades con velarización de /n/ no se comporten de manera igual en este respecto.

Por lo que respecta a /r/ final de palabra, esta consonante se realiza siempre como la vibrante simple /ɾ/ cuando se resilabifica, *sabe*[ɾ] *algo*,[13] mientras que antes de consonante, encontramos realizaciones que pueden clasificarse tanto como pertenecientes a la vibrante simple como a la múltiple y que representamos como [r], *sabe*[r] *poco* (véase la sección 10.3).

La resilabificación a través de frontera de palabra afecta a las secuencias C-V. Una consonante final de palabra no se resilabifica con otra consonante inicial de la palabra siguiente ni siquiera cuando el resultado sería un grupo de *muta cum liquida* bien formado. Es decir, el ataque silábico no se maximiza a través de frontera de palabra, como mostramos en la tabla 4.12.

Las secuencias /b.l/, /f.l/ en los ejemplos de la tabla 4.12 son claramente diferentes de los grupos internos /bl/, /fl/ (véase más abajo la sección 4.6). La diferencia es todavía mayor en el caso en que la segunda consonante es una vibrante, dado que las vibrantes iniciales de palabra son siempre múltiples.

Las deslizantes iniciales de palabra cuentan como consonantes, no como vocales, para el propósito de las reglas de resilabificación. Es decir, no hay resilabificación de consonantes finales antes de deslizante inicial de palabra.

[13] Excepto en el español de algunos hablantes bilingües de vasco.

Tabla 4.13 No resilabificación de C+ deslizante entre palabras

Con resilabificación	Sin resilabificación
[la.sí.xas] *las hijas*	[laz.ʝéɾ.βas] *las hierbas*
[ko.nú.mo] *con humo*	[koŋ.gu̯é.kos] *con huecos*

Las consonantes finales en la columna de la derecha de la tabla 4.13 sufren los mismos procesos de asimilación y debilitamiento que encontramos en posición preconsonántica. La deslizante que proviene del fonema /i/ sufre refuerzo articulatorio en posición de ataque silábico, con diferentes resultados según el dialecto (véase la sección 8.3). Así, en *las hierbas* /las iéɾbas/ la deslizante se refuerza a fricativa o africada y condiciona la sonorización de la /s/ [lazʝéɾβas] o su debilitamiento [lahʝéɾβah], también según el dialecto. Los mismos efectos se encuentran en relación con la deslizante procedente de /u/. Así, en el ejemplo *con huecos*, la deslizante se refuerza normalmente en [gu̯] y la nasal se asimila al punto de articulación velar: [koŋgu̯ékos].

Las fronteras morfológicas de prefijos transparentes y productivos como *sub-* y *des-* se comportan igual que las fronteras de palabra en cuanto a la silabificación, permitiendo la resilabificación de la consonante final ante vocal (*su-ba-tó-mi-co, de-sar-me*), pero no ante consonante o deslizante (*sub-lin-gual, des-hie-lo*). Esto resulta en algunos contrastes interesantes en silabificación, que se examinan en la sección 4.6.

En una minoría de los dialectos con aspiración (p.ej. en algunas variedades andaluzas), la /s/ del prefijo *des-* se puede aspirar ante vocal, como en *desarme* [dehárme]. Esto también se aplica a un ejemplo como *nosotros* [nohótro], analizable como *nos+otros*. En cuanto a la división ortográfica en sílabas, es posible encontrar las dos posibilidades: *de- sarme* o *des- arme, no- sotros* o *nos- otros* (RAE 1999: 88).

4.5.2 Contracción silábica a través de límite de palabra

En habla normal, es frecuente en español que las secuencias de vocoides se agrupen en una sola sílaba a través de límites de palabra (Navarro Tomás 1977: 147–158). Esto es especialmente común cuando una palabra que termina en vocal átona está seguida por otra palabra que también empieza por vocal átona, como en los ejemplos de la tabla 4.14. Este fenómeno, que se conoce en poesía como **sinalefa**, afecta tanto a secuencias que contienen /i u/ átonas (que se silabifican como tautosilábicas dentro de palabra) como a secuencias con vocales medias y bajas (que son heterosilábicas en habla cuidada).

Tabla 4.14 Contracción de secuencias vocálicas entre palabra

mi hermano	/mi ermáno/	[mi̯er.má.no]
tu abuelo	/tu abuélo/	[tu̯a.βu̯é.lo]
esta historia	/ésta istória/	[és.tai̯s.tó.ri̯a]
la unión	/la unión/	[lau̯.ni̯ón]
se acaba	/se akába/	[se̯a.ká.βa]
lo entiendo	/lo entiendo/	[lo̯en.ti̯én.do]
este ornamento	/éste ornaménto/	[és.te̯or.na.mén.to]
una hormiga	/úna ormíga/	[ú.nao̯r.mí.ɣa]
cámara oscura	/kámara oskúra/	[ká.ma.rao̯s.kú.ra]

Como se muestra en los ejemplos, tanto las vocales altas como las medias pueden convertirse en deslizantes a través de fronteras de palabra. La más alta o cerrada de las dos vocales en la secuencia es la que tiende a reducirse más en duración, produciendo así la percepción como semivocales. En el caso de las vocales medias, estas pueden también realizarse como auténticas deslizantes [i̯], [u̯] en el habla coloquial de algunas zonas, p.ej. *se acaba* [si̯akáβa].

La vocal átona /e/ puede ser elidida también en habla coloquial en contacto con otra vocal si es final de palabra, como en *est(e) individuo, nombr(e) antiguo, tien(e) orgullo, los qu(e) utilizan*, o es inicial de palabra en sílaba cerrada, como en *casi (e)stamos, ya (e)ntraron* (Monroy Casas 1980: 70–78, Quilis 1993: 172, nota 21).

En el caso en que encontramos una secuencia de dos vocales idénticas, estas se pueden reducir a la duración de una única vocal de manera que, por ejemplo, *estaba hablando* /estába ablándo/ puede sonar [estáβaβlán̪do], es decir, igual que *estaba blando*. Incluso tres vocales átonas seguidas iguales pueden contraerse a la duración de una sola vocal como en *iba a Alicante* /íba a alikánte/ [iβalikán̪te] (ejemplo de Monroy Casas 1980: 65). Más exactamente, estas secuencias de vocales idénticas están sometidas a reducción gradual en su duración y en algunos casos su duración no es mayor que la de una sola vocal en el mismo contexto. Algunos ejemplos más:

te esperamos	/te esperámos/	[tesperámos]
lo ocultamos	/lo okultámos/	[lokul̪támos]
estaba aquí	/estába akí/	[estáβakí]

También es posible, aunque menos frecuente, tener contracción si una o ambas vocales es tónica, en cuyo caso podemos encontrar fenómenos de reducción acentual:

ha estado	/á estádo/	[áestáðo] ~ [ae̯stáðo]
está aquí	/está aquí/	[estákí] ~ [estakí]
pedí otra	/pedí ótra/	[peði̯ótra]

La contracción silábica es particularmente frecuente entre palabras con fuerte conexión sintáctica, tales como determinantes y sustantivos o pronombres clíticos y verbos.

La tradición poética del español toma en cuenta la posibilidad de tener sinalefa para contar las sílabas en un verso. Por ejemplo, *te ofrecemos nuestra espada* generalmente contará como ocho sílabas (con dos sinalefas):

teo-fre-ce-mos-nues-traes-pa-da = 8 sílabas

Sin embargo, en consonancia con la opcionalidad de la contracción silábica en habla normal, tampoco se excluye la posibilidad de que esta misma frase pueda contar como nueve o incluso diez sílabas.

4.5.3 Reducción de secuencias vocálicas dentro de palabra en habla coloquial

En el habla rápida o coloquial, las secuencias heterosilábicas dentro de la misma palabra pueden sufrir los mismos procesos de reducción que las que ocurren a través de límite de palabra, especialmente en posiciones en que no reciben relieve entonativo. La reducción a una sola sílaba puede afectar a secuencias que contienen solo vocales medias y bajas (que, como sabemos, forman hiato en habla cuidada), a secuencias de vocales idénticas de cualquier altura y también a palabras con hiato léxico excepcional, como se muestra con ejemplos en la tabla 4.15. En la tradición poética la contracción dentro de palabra se conoce como **sinéresis**.

Como consecuencia de este proceso de reducción silábica, en habla coloquial puede neutralizarse el contraste entre, por ejemplo, *va riendo* [bár̄i.éndo], con hiato excepcional, y *barriendo* [bar̄i̯éndo], para los hablantes que tienen este contraste.[14] De la misma manera, se puede perder también el contraste entre secuencias de vocales idénticas y una sola vocal, p.ej., *azahar, azar*; *paseemos, pasemos*.

La posibilidad de tener contracción de secuencias internas depende del dialecto y, en cierta medida, también de la palabra concreta. Como se muestra en la tabla 4.15, la reducción de vocales medias antes de otra vocal puede hacer que se realicen como las deslizantes [i̯], [u̯]. Esta reducción puede llevar, por tanto, a la neutralización entre vocales medias y altas en este contexto. Quizá porque el fenómeno puede ocasionar confusiones ortográficas (p.ej. ¿Se

[14] Ejemplo de Alarcos (1965: 155).

Tabla 4.15 Reducción de secuencias heterosilábicas en habla coloquial

	Habla cuidada	Reducción
(1) Vocales no altas diferentes		
toalla	[to.á.ja]	[to̯á.ja] ~ [tu̯á.ja]
almohada	[al.mo.á.ða]	[al.mo̯á.ða] ~ [al.mu̯á.ða]
peleamos	[pe.le.á.mos]	[pe.le̯á.mos] ~ [pe.li̯á.mos]
(2) Vocales idénticas		
albahaca	[al.βa.á.ka]	[al.βá.ka]
creemos	[kɾe.é.mos]	[kɾé.mos]
(3) Hiatos excepcionales		
enviamos	[em.bi.á.mos]	[em.bi̯á.mos]
liaba	[li.á.βa]	[li̯á.βa]

escribe *pelear* o *peliar*, *rumear* o *rumiar*?) estas realizaciones han sido objeto de estigmatización, aunque su estigmatización es mayor en España que en Latinoamérica. Mientras que en España reducciones del tipo /ea/ [i̯a] se consideran propias del habla rural (Navarro Tomás 1977: 68), en muchas zonas de Latinoamérica son comunes en el habla educada. Recordemos que el español peninsular muestra también mayor tendencia a preservar hiatos excepcionales. Podemos encontrar, pues, falta de correspondencia entre ortografía y silabificación en ambos sentidos: en algunas variedades (y estilos) hay más contrastes que los sugeridos por la ortografía y en otras menos:

	peninsular	p.ej. colombiano
pelear	*pel*[e.a]*r*	*pel*[i̯a]*r*
enviar	*env*[i.a]*r*	*env*[i̯a]*r*
cambiar	*camb*[i̯a]*r*	*camb*[i̯a]*r*

Como se muestra en los ejemplos, para (algunos) hablantes de español peninsular en habla cuidada hay hiato tanto en *pelear*, con una secuencia /ea/, como en *enviar*, que tiene un hiato excepcional /i.a/ (cf. *envía*). (Como hemos mencionado antes, las palabras con hiato excepcional permiten también silabificación en diptongo, pero, crucialmente, no viceversa; de modo que en este dialecto la palabra *enviar* puede pronunciarse sea en tres, sea en dos sílabas, pero *cambiar* solo puede tener dos sílabas.) En el mismo estilo, sin embargo, muchos hablantes de español colombiano y otros dialectos latinoamericanos frecuentemente producen todas estas secuencias con diptongo y las tres palabras en nuestro ejemplo pueden rimar.

En cuanto a las secuencias de dos vocales idénticas, aunque tienden a reducirse a la duración de una sola vocal en muchas palabras, p.ej. *alcohol* [alkól], Navarro Tomás (1977: 153–154) nota que en palabras menos frecuentes, como *mohoso* y *loor*, la vocal doble tiende a preservarse en el estilo de habla que es objeto de su descripción.

El caso más extremo de reducción afecta a los hiatos con vocales altas acentuadas. Estos hiatos pueden hacerse también secuencias tautosilábicas si no reciben prominencia entonativa. Por ejemplo, *serían las tres y media* puede realizarse como [seɾi̯án lastɾési méðia̯]. El desplazamiento del acento observable en este caso es paralelo al que podemos notar en diacronía en ejemplos como VIGINTĪ > *v*[e.í]*nte* > *v*[éi̯]*nte*, RĒGĪNA > *r*[e.í]*na* > *r*[éi̯]*na*.[15] Hoy en día el adverbio *ahí* tiene tanto una pronunciación con hiato [a.í], como otra con diptongo [ái̯], sobre todo en posición no final de frase: *ahí está*. El adverbio *ahora*, además de su pronunciación cuidada [a.ó.ɾa], presenta una pronunciación coloquial [áo̯ɾa] o [áu̯ɾa], según el dialecto. En español mexicano algunas pronunciaciones con reducción de hiato han adquirido un significado especializado. Así, mientras que [ma.és.tɾo] es la palabra normal para "maestro de escuela", la forma reducida [mái̯s.tɾo] se usa para "(maestro) albañil". Véase la sección 14.3.1.

4.5.4 Secuencias de tres o más vocoides

Algunas secuencias de tres o más vocoides pueden reducirse también a una sola sílaba (y contar como tal en poesía).

Las sílabas que resultan de este proceso de contracción pueden ser mucho más complejas que las que existen a nivel léxico. Recordemos que a nivel léxico los únicos diptongos posibles son los que contienen [i̯], [u̯] y que como máximo puede haber una deslizante a cada lado de la vocal nuclear. En la tabla 4.16 se ofrecen ejemplos de secuencias de tres o más vocoides que se pueden contraer en habla rápida.

Como se explicó en la sección 4.2, una sílaba tiene una única cumbre de sonoridad, con descenso de sonoridad a partir de esta. Como consecuencia, solamente las secuencias de vocoides con una única cumbre de sonoridad son reducibles a una sola sílaba. Si consideramos el grado de abertura de las vocales en cada secuencia está claro que los ejemplos en la tabla 4.16 satisfacen el criterio de presentar una curva uniforme de sonoridad. Esto se hace explícito en la tabla 4.17.[16]

[15] También en judeoespañol *g*[ái̯]*na* < *gallina*.

[16] Nótese que dentro de la curva de sonoridad podemos encontrar "mesetas", como en el ejemplo *petról**eo** **a**rgentino*, donde la cumbre /a/ está precedida por dos vocales medias. Lo que no es posible es subir, bajar y subir de nuevo en sonoridad dentro de la misma sílaba. Recordemos también que en secuencias de dos vocales medias átonas la primera es la más débil.

Tabla 4.16 Contracción de secuencias de tres o más vocoides entre palabras

Habla cuidada	Secuencia	Reducción
al-go-au̯s-te-ro	/o-au/	*al-go̯au̯s-te-ro*
áre-a-es-tre-cha	/e-a-e/	*á-re̯ae̯s-tre-cha*
im-pe-ri̯o-in-glés	/io-i/	*im-pe-ri̯oi̯n-glés*
Vic-to-ri̯a-Eu̯-ge-ni̯a	/ia-eu/	*Vic-to-ri̯ae̯u̯-ge-ni̯a*
pe-tró-le-o-ar-gen-ti-no	/e-o-a/	*pe-tró-le̯o̯ar-gen-ti-no*
e-té-re-o-ais-lan-te	/e-o-ai/	*e-té-re̯o̯ai̯s-lan-te*

Tabla 4.17 Ejemplos de curvas de sonoridad en secuencias de vocoides reducibles a una sola sílaba

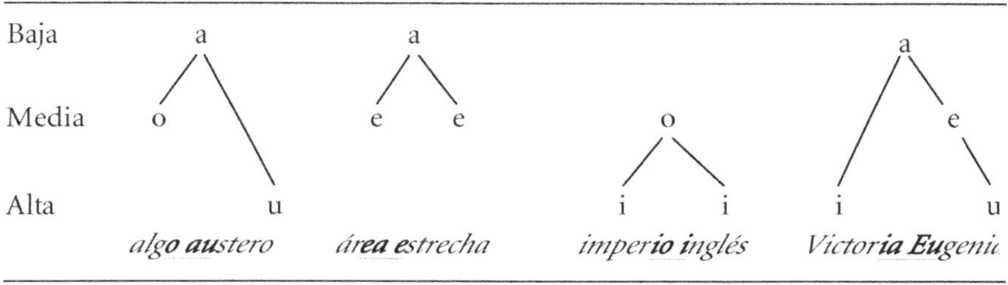

Por otra parte, no es posible tener reducción a una sola sílaba cuando hay más de una cumbre de sonoridad en la secuencia, como en los ejemplos en la tabla 4.18a.

Como podemos ver en la tabla 4.18b, en esta secuencias no reducibles a una sola sílaba la sonoridad desciende desde una cumbre y vuelve a ascender, lo que resulta en dos cumbres de sonoridad en la secuencia.

4.6 Contrastes de silabificación

En español encontramos contrastes de silabificación en dos casos. Primero, la presencia de un límite de prefijo transparente actúa como barrera para la silabificación de dos tipos de secuencias de segmentos que son tautosilábicas cuando ocurren en otros contextos dentro de palabra: (a) secuencias de oclusiva más líquida y (b) secuencias de consonante y deslizante. Se dan ejemplos en la tabla 4.19.

Además de ejemplos como *deshielo*, con una estructura morfológica obvia que explica su silabificación, también encontramos la consonante [j] en posición postconsonántica en unos pocos ejemplos con estructura menos

Tabla 4.18a Secuencias no reducibles a una sola silaba

Habla cuidada	Secuencia	Reducción (dos sílabas)
una-u-otra	/a-u-o/	*una-u̯o-tra*
sale-y-entra	/e-i-e/	*sale-yen-tra*
rey-antiguo	/ei-a/	*re-yan-ti-gu̯o*

Tabla 4.18b Ejemplos de curvas de sonoridad en secuencias de vocoides no reducibles a una sola sílaba

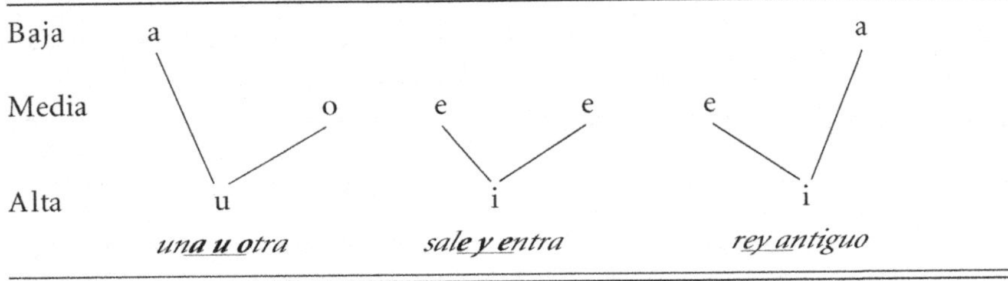

Tabla 4.19 Contrastes de silabificación

(a) Grupos de oclusiva + líquida		
sublingual /sub.linguál/	vs.	*sublime* /sublíme/
subregión /sub.r̄exión/	vs.	*sobrino* /sobríno/
(b) Grupos de consonante + deslizante		
deshielo /des.iélo/ [dez.jélo]	vs.	*desierto* /desiérto/ [desi̯érto]
deshuesa /des.uésa/ [dez.ɣu̯ésa]	vs.	*resuena* /r̄esuéna/ [r̄esu̯éna]

transparente, como *cónyuge* (vs. *boniato*) y *abyecto* (vs. *abierto*). Como se discute en la sección 8.3, estos casos también derivan de prefijación histórica.

Por otra parte, como vimos antes, hay un contraste entre secuencias donde una vocal alta sin acento se realiza regularmente como deslizante y excepciones léxicas a la regla. El espectrograma en la figura 4.1 ilustra el contraste entre hiato excepcional (*la liana*) y diptongo (*italiana*).

4.7 Contacto silábico

Toda palabra consta de una o más sílabas bien formadas. Consecuentemente, la estructura fonológica de las palabras deriva en parte de la estructura de la sílaba. Hay, sin embargo, otras restricciones y generalizaciones que afectan a

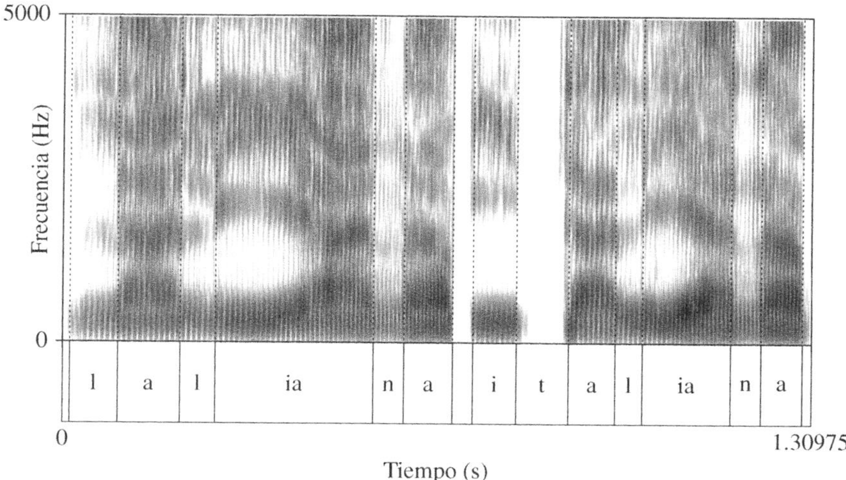

Fig. 4.1 Espectrograma de los ejemplos *la liana*, con hiato excepcional [i.á] e *italiana*, con diptongo regular [i̯á]. Nótese la duración mucho mayor de la secuencia en *liana*, que contiene una vocal [i] claramente segmentable antes de [a]

las posibles secuencias de segmentos entre sílabas dentro de la palabra. Nos referiremos a estas generalizaciones como reglas de contacto silábico.

Una de estas reglas es que el español carece en general de secuencias de consonantes idénticas (**geminadas**) dentro de la palabra, al contrario que el latín o el italiano. No hay palabras como **[ál.la], **[és.so], **[áp.pa], etc. Hay muy pocas excepciones a esta regla. Con /bb/ tenemos *obvio*, *subvención* y con /nn/ *perenne* y el término científico *pinnípedo*. Si incluimos el prefijo productivo *in-* dentro del dominio de la palabra, entonces tenemos algunos ejemplos más con /nn/ y con la secuencia asimilada [mm], p.ej. *innombrable*, *inmortal* [immortál]. No encontramos ninguna otra geminada. El prefijo *des-* se convierte regularmente en *de-* antes de *s-*, como en *desalar*. (Para la realización de estas secuencias a través de frontera de palabra, véase la sección siguiente.)

La tendencia es que una consonante en la coda tenga más sonoridad que la consonante siguiente en posición de ataque silábico. Esto es solo una tendencia, pues /s/ puede ir seguida por una consonante de más sonoridad como en *isla*, *mismo*, etc. La relativa poca frecuencia de oclusivas en posición final de sílaba está de acuerdo con esta tendencia. Más aún, en secuencias de dos oclusivas a través de frontera de sílaba encontramos una restricción en cuanto al punto de articulación de las consonantes. En estas secuencias la segunda consonante es siempre dental y la primera no puede serlo. Así, pues, encontramos las secuencias /pt/, /kt/ como en *apto*, *acto*, pero no las secuencias inversas **/tp/, **/tk/. Las únicas excepciones se encuentran en préstamos recientes

Tabla 4.20 Consonantes iguales a través de frontera de palabra

(a) Grupos reducibles a la duración de una única consonante	
/ss/ → ~ [s]	*ojos **s**ecos, lo**s** **s**acos*
/θθ/→ ~ [θ]	*pa**z** **c**ercana, lu**z** **c**egadora*
/dd/ → ~ [ð]	*eda**d** **d**e oro, ciuda**d** **d**estruida*
/ɾr̄/ → ~ [r̄]	*vende**r** **r**opa, Ma**r** **R**ojo*
(b) Grupos realizados con mayor duración que una única consonante	
/nn/ → [n:]	*avió**n** **n**uevo, come**n** **n**abos*
/ll/ → [l:]	*pape**l** **l**iviano, ma**l** **l**ago*

El símbolo "~" ha de ser interpretado como "se acerca a la duración de".

del inglés (*fútbol, básquetbol, rugby*) y a través de frontera de prefijo, transparente (*adposición, subcomisión*) u opaca (*adverbio, advertir*).

Otra restricción es que las nasales interiores de palabra son siempre homorgánicas con una consonante siguiente. No hay palabras con secuencias como **/mt/[17] (para la pronunciación de palabras tomadas de otros idiomas como *hámster, Ámsterdam*; véase la sección 9.2). Las únicas excepciones se encuentran con la secuencia /mn/, que ocurre en ejemplos como *himno, columna* y *alumno*.

4.8 Secuencias de consonantes idénticas a través de límite de palabra

A través de límite de palabra, cuando se encuentran dos consonantes idénticas (o casi idénticas en el caso de /ɾr̄/), el grupo tiende a reducirse en duración (Navarro Tomás 1977: 175–176, Quilis 1993: 375–376). El grado de reducción, sin embargo, no es igual para todos los grupos. En concreto, los grupos /ss/, /θθ/, /dd/ y /ɾr̄/ muestran una tendencia mucho mayor que /nn/ y /ll/ a ser reducidos a la duración de una única consonante; véase la tabla 4.20.

Las consonantes que padecen la mayor reducción temporal en estos grupos son, pues, las que tienen una realización continuante (incluyendo /d/, que se realiza como [ð] en este contexto; véase la sección 7.1). Las consonantes /n/ y /l/, que se producen con contacto completo entre los articuladores, por otra parte, se pronuncian más claramente como largas o geminadas cuando ocurren en secuencias a través de frontera de palabra. Esto también se aplica a los ejemplos de /nn/ interior de palabra que discutimos en la sección previa.

[17] Cuando surgieron por evolución histórica estas secuencias se alteraron por asimilación de la nasal, COMITE > **comde* > *conde*, LĪMITE > **limde* > *linde*, o mediante epéntesis, como en NŌMINE > **nomne* > **nomre* > *nombre* dependiendo de la secuencia (véase, p.ej., Penny 2002: 87–90).

En un experimento con habla leída reportado en Hualde (2005), se encontró una diferencia de duración entre /s/ y /ss/ (p.ej. *sabe **siempre**, tenga **solo*** vs. *sabes **siempre**, tengas **solo***) y entre /r̄/ and /ɾr̄/ (p.ej. *salí **rápido**, dormí **roncando*** vs. *salir **rápido**, dormir **roncando***), pero esta diferencia fue solo de unos 20 ms de media en ambos casos, mucho menor que la diferencia entre /n/ y /nn/ (p.ej. *dará **nada**, come **nueces*** vs. *darán **nada**, comen **nueces***), que fue de más de 50 ms en las medias.[18]

4.9 La silabificación en español desde la perspectiva generativa (con reglas ordenadas)

En esta sección y la siguiente analizamos los hechos de silabificación del español en el marco de dos modelos teóricos, el de la teoría generativa tradicional, que postula reglas ordenadas, y, en la sección siguiente, el de la teoría de la optimidad.

Es posible concebir la división en sílabas como el resultado de un proceso de silabificación consistente en la aplicación de una serie de reglas ordenadas. Para el español podemos proponer las siguientes reglas, que son semejantes a las que se aplican en otras muchas lenguas:[19]

R1: Márquese toda vocal como núcleo silábico.
R2: Adjúntese una consonante que precede al núcleo como ataque (Regla CV).
R3: Adjúntese al ataque una segunda consonante a la izquierda solo si el resultado es uno de los grupos consonánticos de ataque permisibles (Maximización de ataque).
R4: Adjúntense las consonantes sin silabificar como coda (Regla de coda).

En la siguiente derivación incluimos entre paréntesis los elementos silabificados después de la aplicación de cada regla:

	/entrádas/
R1:	(e)ntr(á)d(a)s
R2:	(e)nt(rá)(da)s
R3:	(e)n(trá)(da)s
R4:	(en)(trá)(das)

[18] En este experimento la duración media de /n/ fue 73 ms y la de /nn/, 125 ms. Nótese que la duración de /nn/ es con todo menos del doble de la duración de /n/. Para los otros segmentos que se investigaron, las duraciones medias fueron /s/ = 102 ms vs. /ss/ = 123 ms, /r̄/ = 56 ms, /ɾr̄/ = 79 ms.

[19] Véase Harris 1983, Hualde 1989b, 1992 para análisis más detallados y algo diferentes del que resumimos aquí.

Este sistema de reglas produce resultados incorrectos cuando tenemos secuencias de vocales, pues todas ellas serían silabificadas como hiatos, en sílabas separadas. Para obtener los resultados correctos necesitamos incorporar la regla de diptongación que dimos en la tabla 4.7 (que, como sabemos, tiene excepciones léxicas). Ordenando esta regla justo después de R1 (como R1') e incorporando las deslizantes al núcleo obtenemos los resultados correctos:

R1': En una secuencia VV, una vocal alta no acentuada adyacente a otra vocal distinta se produce como deslizante y se incorpora a la misma sílaba que la otra vocal formando un núcleo complejo (Regla de diptongación).

	/miéntras/	/kláustro/
R1:	m(i)(é)ntr(a)s	kl(á)(u)str(o)
R1':	m(i̯é)ntr(a)s	kl(áu̯)str(o)
R2:	(mi̯é)nt(ra)s	k(láu̯)st(ro)
R3:	(mi̯é)n(tra)s	(kláu̯)s(tro)
R4:	(mi̯én)(tras)	(kláu̯s)(tro)

Los hechos de resilabificación a través de frontera de palabra (y de prefijo) que hemos considerado en la sección 4.5 suponen la reaplicación en el nivel de la frase de la regla R2, pero no de la regla R3, modificando la silabificación a nivel léxico:

(pa)(pél) (os)(kú)(ro) → (pa)(pé) (los)(kú)(ro)

4.10 La sílaba en la teoría de la optimidad (*por Sonia Colina*)

En la teoría de la optimidad, como dijimos en la sección 1.8.1, las reglas ordenadas se reemplazan por restricciones universales y una jerarquía propia de cada lengua. En términos generales, las restricciones pertenecen a dos clases: fidelidad (*faithfulness*) y marcadez (*markedness*). Las primeras evalúan la relación entre el **aducto** (I = *input*) (representación subyacente) y el **educto** (O = *output*) (representación superficial), penalizando cualquier modificación o diferencia entre ambas representaciones. DEP-IO y MAX-IO son ejemplos de restricciones de fidelidad: DEP-IO penaliza la presencia de elementos en el educto con los que no se corresponde nada en la representación subyacente (es decir, prohibición de epéntesis) y MAX-IO penaliza los elementos presentes en el aducto sin unidades correspondientes en el educto (es decir, prohibición de elisión). Las restricciones de marcadez prohíben estructuras marcadas, tales como las sílabas sin arranque consonántico en el caso de ATAQUE o las sílabas con una coda (*CODA = no coda):

Tabla 4.21 Ejemplo de selección de forma superficial en la teoría de la optimidad: *ala* /ala/ [a.la]

	Dep-IO	Max-IO	Ataque
(a) al.a			**!
(b) la		*!	
(c) pa.la	*!		
☞(d) a.la			*

Véase la nota 20 abajo.

Ataque: Todas las sílabas deben tener ataque consonántico.
*Coda: Las sílabas son abiertas (no tienen coda).

Veamos, para empezar, un ejemplo sencillo. La forma subyacente /ala/ admite, entre varios, los siguientes análisis (es decir, posibles eductos): (a) [al.a]; (b) [la]; (c) [pa.la]; (d) [a.la]. Entre estas cuatro representaciones superficiales posibles, (a) y (d) difieren en la silabificación de la consonante intervocálica, mientras que los ejemplos (b) y (c) son formas con elisión y epéntesis respectivamente. En (c) el segmento epentético es [p], pero podría ser cualquier otro. El educto para el aducto /ala/ será el candidato que mejor satisfaga las restricciones universales y la jerarquía propia del español. Las restricciones pertinentes para nuestro ejemplo son Ataque, Dep-IO, Max-IO. Dado que la forma superficial en español es [a.la], la jerarquía correcta debe ser Dep-IO, Max-IO >> Ataque. Es decir, puesto que una sílaba sin arranque no se repara ni con epéntesis, ni con elisión, las restricciones que prohíben tales soluciones deben tener mayor rango en la jerarquía que Ataque. Véase la tabla 4.21.

Como se muestra en la tabla 4.21, el candidato (d), marcado con el símbolo ☞, solo contiene, en comparación con los otros, una violación de la restricción de más bajo rango, ya que solo le falta un arranque en la primera sílaba.[20]

Para dar cuenta de la silabificación de secuencias de segmentos más complejas, hemos de postular otras restricciones más, incluyendo las siguientes, además de las ya consideradas (véase Colina 2006, 2009):

[20] La selección de candidatos normalmente se representa en una tabla en la que estos aparecen en la columna de la izquierda y las restricciones en la fila superior, de izquierda a derecha, según su rango en la jerarquía. Una restricción a la izquierda de una línea continua tiene mayor rango (es decir, domina) a la que está a la derecha; el que estén separadas por una línea de puntos quiere decir que no existe prueba de rango entre ambas. El incumplimiento de una restricción se indica con un asterisco; cuando el incumplimiento de una restricción en concreto hace innecesario continuar con la evaluación de un candidato, porque ya ha sido eliminado, se indica con un asterisco y un signo de exclamación. Una vez que un candidato ha sido eliminado, los casilleros a su derecha aparecen con sombreado más oscuro.

*Coda Compleja (= no coda compleja): Las codas deben ser simples.
*Ataque Complejo: Los ataques consonánticos deben ser simples.
MSD (distancia máxima de sonoridad): Los componentes de un arranque complejo deben observar la distancia máxima de sonoridad; es decir, el primer componente debe ser una de las consonantes menos sonoras y la segunda una de las más sonoras (es decir, oclusiva o /f/ + líquida).

El que un ataque complejo sea preferible a uno simple precedido por una coda (p.ej., [kó.pla] y no **[kóp.la]) se explica por medio de *Coda >> *Ataque Complejo (es preferible evitar una coda que evitar un ataque complejo) y la condición de que tal grupo consonántico debe ser uno de los permisibles en español indica que la restricción MSD se de mayor rango que *Coda, es decir, *MSD >> *Coda (p.ej. [ís.la], con coda en la primera sílaba, es preferible a **[í.sla] que evita la coda, pero a costa de crear un grupo de ataque que no respeta la distancia de sonoridad entre la primera y la segunda consonante). Como hemos visto ya, la posibilidad de elisión y/o inserción depende del rango de las restricciones relevantes (Max-IO y Dep-IO) con relación a otras (p.ej., Max-IO, Dep-IO >> Ataque = sílabas sin arranque en español).

Hasta este punto la discusión de los modelos teóricos de la sílaba y formación de sílabas ha tratado exclusivamente del nivel de la palabra. La consideración del nivel postléxico y la silabificación entre palabras trae a colación datos interesantes para la teoría fonológica en cuyo entendimiento se ha avanzado bastante desde la introducción de la teoría de la optimidad. Nos referimos a la resilabificación. Como vimos en la sección 4.5, en español, una consonante intervocálica se silabifica con la segunda vocal tanto en el interior de una palabra como entre palabras (postléxicamente): *a-las*, *la-sa-las*. Si hay dos consonantes, es preferible silabificarlas juntas como arranque complejo de la segunda sílaba. Esto, sin embargo, solo ocurre en el interior de palabra, no entre palabras: *ha-blar*; *pub-lin-do*, ***pu-blin-do*. Vimos en la sección 4.9 que en un modelo derivativo con reglas ordenadas la explicación consiste en decir que la regla del arranque se aplica en el interior de la palabra (nivel léxico) y entre palabras (nivel postléxico). Por el contrario, la regla de formación de arranques complejos solo se aplica en el interior de la palabra (solo en el nivel léxico).

La teoría de la optimidad, como es habitual, se sirve de restricciones universales y jerarquías propias de cada lengua. En este caso, es necesario mencionar una restricción nueva, a la que nos referiremos con el término "alinear", que exige que el extremo izquierdo de la palabra coincida con el de la sílaba.

Tabla 4.22 Resilabificación en la teoría de la optimidad

	ATAQUE	ALINEAR	*CODA
☞(a) la.s |a.las		*	*
(b) las .|a.las	*!		**

	ATAQUE	ALINEAR	*CODA
☞(a) a.blar	*		*
(b) ab.lar	*		**!

	ATAQUE	ALINEAR	*CODA
☞ (a) pub.| lin.do			**
(b) pu.b | lin.do		*!	*

Véase la nota 20 en la página 87.

La jerarquía *ATAQUE >> ALINEAR >> *CODA explica las generalizaciones relativas a la resilabificación. Véase la tabla 4.22.

Una diferencia importante en cuanto a la explicación proporcionada por el modelo de la optimidad es que nos permite entender que la falta de resilabificación de una segunda consonante tiene una motivación clara, que va más allá de la simple aplicación de una regla. La resilabificación refleja una preferencia universal por las sílabas con arranque (expresada en la restricción ATAQUE). En otras palabras, el motivo por el que el español tiene resilabificación es la necesidad de proporcionar un ataque a una sílaba que, bajo otras circunstancias, no lo tendría: *las-a-las*. Cuando la sílaba en cuestión ya tiene arranque, no es necesaria la resilabificación: *pub-lin-do*. En el contexto entre palabras existe un factor adicional que no está presente en el interior de las mismas y que marca la diferencia entre *ha-blar* y *pub-lin-do*. Este es el margen de palabra y su relación con el margen de sílaba: lo ideal es que ambos coincidan. Tal alineamiento se puede sacrificar para obtener una sílaba con ataque, como en *la.s#a-las*, pero no tiene razón de ser si la palabra ya tiene ataque, como en *pub-#lin-do*. Obsérvese también que los alófonos no silábicos de las vocales (deslizantes) entre palabras responden a la necesidad de tener el mayor número posible de sílabas con ataque, aunque se tenga que sacrificar la coincidencia de los márgenes silábico y de palabra.

EJERCICIOS

1 La conjunción *y* presenta una variante alomórfica *e* antes de /i/, como en *geografía e historia*. Considere ahora la forma de la conjunción en las siguientes frases, según sus intuiciones o haciendo una búsqueda en internet:

nieve __ hielo, cal __ yeso, diptongo__ hiato, leones __ hienas

¿Cómo explicaría los hechos?

2 Divida los siguientes ejemplos en sílabas:
destrucción, extraordinario, balaustrada, estropeáis
boina, mohíno, feísimo, peine, bohío, caíais, muestreo, hawaiano

3 Silabifique las siguientes frases, primero en habla cuidada y después aplicando todas las contracciones posibles, como en el modelo que le damos. Indique las deslizantes con el diacrítico correspondiente (media luna debajo):

poeta italiano	*po-e-ta-i-ta-li̯a-no*	*po̯e-tai̯-ta-li̯a-no*
puedo estar		
pierde aceite		
fuente hermosa		
viene Emilio		

4 Una de las reglas de acento ortográfico en español es que todas las esdrújulas llevan acento escrito. Silabifique los siguientes ejemplos empleando la silabificación cuidada, que es la que se toma en cuenta para las reglas ortográficas, y explique por qué estas palabras tienen o no tienen tilde.
petróleo, monopolio, área, baila, imperio, línea, continuo

5 En la tradición poética hispánica, los versos que son métricamente equivalentes tienen el mismo número de sílabas hasta la última sílaba tónica. Por ejemplo, la estrofa tradicional más común tiene versos de siete sílabas hasta el último acento. Si el verso termina en palabra llana, el resultado son ocho sílabas hasta el final del verso. Si la última palabra es aguda, el verso tiene exactamente siete sílabas. Finalmente, si la última palabra del verso es esdrújula, ha de tener nueve sílabas. Es tradicional usar el patrón no marcado con acento penúltimo como punto de referencia. Así, la medida que acabamos de describir se conoce como *octosílabos*. La siguiente estrofa, con las que empieza la “Canción del pirata” de José de Espronceda (1808–1842), está compuesta de octosílabos, lo que significa que los versos cuarto y octavo deben tener exactamente siete sílabas (tradicionalmente siete más una silenciosa), dado que terminan en aguda. Cuente las sílabas indicando todas

las contracciones que deben hacerse para obtener el número correcto de sí labas en cada caso. Le damos los dos primeros versos ya contados:

Con diez cañones por banda, *con-diez-ca-ño-nes-por-ban-da* = 8
viento en popa, a toda vela, *vien-toen-po-paa-to-da-ve-la* = 8
no corta el mar, sino vuela
un velero bergantín.
Bajel pirata que llaman,
por su bravura, el Temido,
en todo el mar conocido
del uno al otro confín.

Ahora cuente las sílabas de esta otra estrofa, del mismo poema:

¿Qué es mi barco? mi tesoro,
¿qué es mi dios? la libertad,
mi ley, la fuerza y el viento,
mi única patria, la mar.

La palabra *riela* en el primer verso de la siguiente estrofa, también del mismo poema, tiene hiato excepcional. Cuente las sílabas:

La luna en el mar riela,
en la lona gime el viento
y alza en blando movimiento
olas de plata y azul.

Las siguientes estrofas, de Luis de Góngora (1561–1627), también están compuestas de octosílabos. Cuente las sílabas:

Ciego que apuntas y atinas,
Caduco dios, y rapaz,
Vendado que me has vendido,
Y niño mayor de edad,
Por el alma de tu madre
– Que murió, siendo inmortal,
De envidia de mi señora –,
Que no me persigas más.
Diez años desperdicié,
los mejores de mi edad,
en ser labrador de amor
a costa de mi caudal.
Como aré y sembré, cogí.
Aré un alterado mar,
sembré una estéril arena,
cogí vergüenza y afán.

6 Considere la figura 4.2, que contiene oscilogramas y espectrogramas del trío *pie* [pi̯é] (parte del cuerpo), *pie* [pi.é] (pretérito de *piar*) y *píe* [pí.e] (subjuntivo de *piar*), en este orden. ¿Qué diferencias nota?

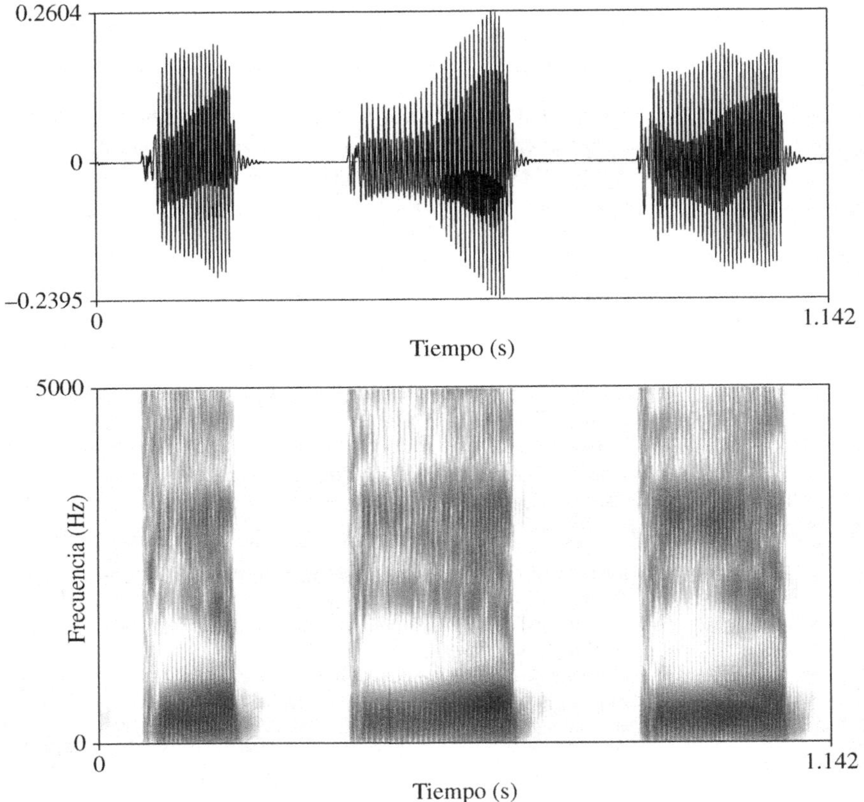

Fig. 4.2 Oscilograma y espectrograma de los ejemplos *pie* (sustantivo), *pie* (yo) y *píe*

7 Indique cómo se silabificarían las siguientes palabras en el modelo de reglas ordenadas.

loco, cuaderno, atrapado, aplastar

8 ¿Se le ocurre algún aspecto en que la explicación de cómo se forman las sílabas en español no es completamente satisfactoria?

9 Indique cómo se explicaría la silabificación de las palabras del ejercicio 7 en el modelo de la optimidad.

loco, cuaderno, atrapado, aplastar

10 En la tabla 4.21 vimos que para /ala/ el español selecciona [a.la]. En la teoría de la optimidad tal resultado implica las restricciones universales Ataque, Dep-IO, Max-IO y la jerarquía específica del español Dep-IO, Max-IO $\gg$ Ataque. ¿Cuáles serían las jerarquías necesarias para explicar dos lenguas hipotéticas que seleccionan [la] y [pa.la], respectivamente, como formas superficiales de /ala/?

5 Principales procesos fonológicos

5.1 Introducción

En este capítulo definimos los principales tipos de procesos fonológicos, dando ejemplos tanto del español contemporáneo como de la evolución histórica de la lengua. Por proceso fonológico entendemos cualquier fenómeno que afecta a la realización de los fonemas en un contexto determinado de manera significativa. En el caso de los tipos más importantes de procesos fonológicos, como pueden ser la neutralización y la asimilación, consideraremos las soluciones analíticas que han sido propuestas por diversas escuelas fonológicas.

5.2 Neutralización de contrastes fonémicos

Hemos definido los fonemas como sonidos contrastivos en una lengua determinada. Hay, sin embargo, situaciones en que dos sonidos que en general se encuentran en oposición fonémica dejan de contrastar en un contexto específico. Para dar un ejemplo del inglés, está claro que en inglés /p/ y /b/ son fonemas diferentes y es fácil encontrar pares mínimos que prueban la existencia del contraste. El contraste se encuentra a principio de palabra (*pit* 'hoyo, hueso (de fruta)' vs. *bit* 'un poco'), entre vocales (*rapid* 'rápido' vs. *rabid* 'rabioso') y a final de palabra (*lap* 'regazo' vs. *lab* 'laboratorio'). Por otra parte, sin embargo, no hay tal contraste después de /s/ inicial de palabra. Existen palabras como *spot* 'mancha, lugar', *speak* 'hablar', *spate* 'aluvión', y muchas otras con estas secuencias iniciales, pero no ***sbot*, ***sbeak*, ***sbate*. Más aún, si existiera una palabra escrita *sbot*, se pronunciaría igual que *spot*. No hay posible contraste entre /p/ y /b/ en este contexto en inglés. Decimos que en inglés el contraste entre /p/ y /b/ se pierde o neutraliza después de /s/ inicial (y esto también se aplica a /t/ vs. /d/ y a /k/ vs. /g/).

Una generalización importante en la fonología del español es que muchos contrastes fonológicos que encontramos en posición de ataque silábico se neutralizan en posición de coda (A. Alonso 1945).

Empezando con las consonantes nasales, en posición inicial de sílaba encontramos tres fonemas que contrastan en punto de articulación: bilabial /m/, alveolar /n/ y palatal /ɲ/ (como en *cama, cana* y *caña*). Este contraste no se encuentra, sin embargo, en posición de coda. En codas internas de palabra, es decir, ante consonante, no hay posible contraste, dado que la nasal adopta el punto de articulación de la consonante siguiente:[1] *campo* [kámpo], *énfasis* [éɱfasis], *tanto* [tán̪to], *ansia* [ánsi̯a], *ancho* [ánʲʧo], *hongo* [óŋgo], etc. Esto es, [kampo], por ejemplo, es una palabra posible en español, pero ni **[kanpo] ni **[kaɲpo] son palabras posibles en este idioma; estas pueden ser solo pronunciaciones anómalas de [kámpo]. De igual manera, tenemos [tan̪to] pero no **[tamto], etc. El contraste entre los tres fonemas nasales se neutraliza en esta posición (véase la sección 9.2.1). Esta neutralización en punto de articulación se extiende también a las nasales finales de palabra. En posición final encontramos solo la nasal /n/ (producida como [ŋ] en dialectos con velarización). Examinando cualquier diccionario del español podemos comprobar que la única nasal en final de palabra es *-n*, excepto por algún préstamo no asimilado. Esto es diferente del inglés, donde encontramos un contraste entre tres fonemas, que podemos ilustrar, por ejemplo, con *sum* /sʌm/ 'suma', *sun* /sʌn/ 'sol' y *sung* /sʌŋ/ 'cantado'. Al igual que en posición de coda interna, las nasales finales de palabra también se asimilan en punto de articulación a una consonante siguiente (véase la sección 9.2.2).

En cuanto a las oclusivas, el contraste entre los dos miembros, sordo y sonoro, de cada par /p/ - /b/, /t/ - /d/, /k/ - /g/ es de nuevo firme a principio de sílaba, pero lo es mucho menos en la coda. Un patrón común de neutralización es la pérdida del contraste sordo/sonoro. Por ejemplo, a pesar de la diferencia ortográfica, la *p* en la coda de la primera sílaba de *apto, óptimo, óptica*, no se pronuncia de manera diferente que la *b* de *obtener, obstáculo*. En ambos grupos de palabras tenemos [β] en estilo conversacional y [p] en pronunciación enfática (con posibles realizaciones intermedias entre estas dos): *apto* [áβto] ~ [ápto], *obtengo* [oβtéŋgo] ~ [optéŋgo]. Una palabra hipotética ***abto* no se diferenciaría de *apto* en su pronunciación. Esta es una neutralización de sonoridad. (En algunos dialectos encontramos otras neutralizaciones entre oclusivas en la coda; véase la sección 7.2.4.)

Las vibrantes presentan una situación especial en español, dado que el contraste entre vibrante simple /ɾ/ y múltiple /r̄/ está limitado a la posición

[1] Con la excepción del grupo /mn/, como en *alumno*.

intervocálica interior de palabra. Pero, dejando otros contextos aparte (véase la sección 10.2), hay neutralización en posición de coda, como con las otras clases de consonantes mencionadas en los párrafos precedentes. No hay posible contraste entre, por ejemplo, [párte] y [pár̄te]. Estas solo pueden ser dos realizaciones de la misma palabra *parte*, sea por el mismo hablante con distintos grados de énfasis o sea en variedades dialectales diferentes. Podemos decir que en esta posición encontramos una vibrante que puede variar entre simple y múltiple de manera no contrastiva y que en una transcripción fonética ancha podemos representar como [r]: [párte].

Otro proceso de neutralización que tiene una cierta importancia en dialectología española es la neutralización de líquidas que encontramos en el sur de España y en el Caribe. Como consecuencia de esta neutralización palabras como *harto* y *alto* pueden ser homófonas (véase la sección 10.4).[2]

5.2.1 Neutralización y escuelas fonológicas

Cuando encontramos que un contraste entre fonemas queda neutralizado en una posición determinada, desde un punto analítico tenemos el problema de a cuál de los fonemas asignar las pronunciaciones que resultan en esta posición.

¿Es, por ejemplo la nasal bilabial [m] de *campo* [kámpo] una realización del fonema /m/ o de /n/? (¿o quizás incluso del tercer fonema nasal /ɲ/, dado que no hay posible contraste?) ¿Y la nasal labiodental [ɱ] de *énfasis* [eɱfásis]? ¿Y la nasal velar de *tengo* [téŋgo] a qué fonema corresponde?

Dentro de la escuela fonológica conocida como estructuralismo europeo (que tiene sus raíces en el Círculo o Escuela de Praga, un grupo de investigadores que estuvo activo durante las primeras décadas del siglo XX), la solución general en casos de neutralización es postular un **archifonema**. Un archifonema representa el resultado de la neutralización de dos o más fonemas en un contexto determinado y estaría caracterizado fonológicamente por las propiedades comunes a los elementos neutralizados. Por ejemplo, en el caso que estamos considerando, postularíamos un archifonema nasal /N/ (los archifonemas se representan con mayúsculas por convención).

Diríamos que en español, en posición de coda, los tres fonemas nasales, bilabial /m/, alveolar /n/ y palatal /ɲ/, se remplazan por el archifonema /N/, cuyo punto de articulación no es contrastivo o fonológicamente pertinente

[2] En dialectos lleístas (es decir, con el fonema /ʎ/), el contraste entre las dos laterales, la lateral alveolar /l/ y la lateral palatal /ʎ/ (como en *ola* /óla/ vs. *olla* /óʎa/), se neutraliza también en la coda.

Tabla 5.1 El archifonema nasal (estructuralismo europeo)

Representación ortográfica	Representación fonológica	Representación fonética
campo	/káNpo/	[kámpo]
énfasis	/éNfasis/	[eɱfásis]
tanto	/táNto/	[tán̪to]
ansia	/áNsia/	[ánsi̯a]
ancho	/áNʧo/	[ánʲʧo]
anca	/áNka/	[áŋka]
pan	/páN/	[pán] ([páŋ])

(véase Alarcos 1965, Quilis 1993, entre otros). Es importante notar que el archifonema nasal /N/ no es un cuarto fonema nasal, sino el resultado de la neutralización de los tres fonemas nasales. Véase la tabla 5.1.

En acercamientos generativos a la fonología que incorporan el principio de **subespecificación** (en inglés, *underspecification*), la solución fonológica es similar a la que ofrece el estructuralismo europeo: en la coda tenemos una nasal cuyo punto de articulación no está especificado subyacentemente y se obtiene en la representación superficial mediante la aplicación de una regla (véase, por ejemplo, Harris 1984).

En otros acercamientos teóricos, no se emplean archifonemas y todas las realizaciones fonéticas se asignan necesariamente a uno u otro de los fonemas postulados para la lengua. En nuestro ejemplo, las nasales en posición de coda estarían representadas en todos los casos por uno de los tres fonemas nasales del español.

La solución que adoptaremos en este libro es escribir /n/ en posición final de palabra (p.ej. *pan* /pán/ [pán] ~ en dialectos velarizantes [páŋ]), dado que, cuando se resilabifican antes de vocal, las nasales en final de palabra son claramente realizaciones de /n/: *pa*[n] *amargo*. En cuanto a la posición preconsonántica interior de palabra, escribiremos /ɴ/, interpretando este símbolo como nasal cuyo punto de articulación viene dado por el de la consonante siguiente; p.ej. /káɴpo/, /éɴfasis/, etc.

Consideremos ahora otros casos de neutralización que ya hemos mencionado. En la norma peninsular (la variedad descrita por Navarro Tomás 1977, Alarcos 1965, Quilis 1993, etc.) y otros dialectos en que el contraste sordo/sonoro se neutraliza en la coda, se postulan los archifonemas /B D G/ en posición de coda en el análisis estructuralista praguense: *apto* /áBto/ [áβto] ~ [ápto], *técnica* /téGnika/ [téɣnika] ~ [téknika], *digno* /díGno/ [díɣno] ~ [díkno], etc. De nuevo, en un análisis generativo con subespecificación se adoptaría una solución similar: una oclusiva no especificada para el rasgo de sonoridad.

En cuanto a las vibrantes, la solución praguense a nivel fonológico es postular un archifonema /R/ que representa la neutralización de vibrante simple y múltiple en la coda: *parte* /páRte/, *amor* /amóR/. En este libro, por el contrario, representaremos las vibrantes finales de palabra como simples en representaciones fonémicas. Esto se justifica por el hecho de que esta es su realización sistemática cuando se resilabifican como en *da*[ɾ] *otro*. Como en el caso de las nasales, la elección de fonemas es menos obvia en el caso de la posición preconsonántica interior de palabra. Asignamos estas vibrantes también al fonema /ɾ/, que corresponde a su realización más común como [ɾ], entendiéndose que hay una regla que permite el refuerzo opcional en vibrante mútiple de /ɾ/ en esta posición, tanto dentro de palabra como en final de palabra sin resilabificación: /páɾte/ [páɾte] ~ [pár̄te], /amóɾ/ [amóɾ] ~ [amór̄], pero *amor herido* /amóɾ eɾído/ [amóɾeɾíðo] (sin posible refuerzo en este último caso). Como hemos dicho ya, emplearemos también el símbolo [r], sin diacrítico, para representar una realización fonética ambigua entre la vibrante simple y la múltiple, [párte].

Además de la neutralización de los dos fonemas vibrantes en posición de coda, tampoco hay contraste entre estos dos fonemas en otros contextos que no sean el intervocálico interior de palabra. En posición inicial de palabra solo encontramos la vibrante múltiple. Hay [r̄áta], pero **[ɾáta] no es una palabra posible en español. Con todo, dentro del discurso *a Roma* [ar̄óma] contrasta con *aroma* [aɾóma]. (La distribución de las vibrantes se describe en detalle en la sección 10.3.) En un análisis estructuralista praguense ortodoxo también se postularía el archifonema /R/ en este contexto, /Ráta/, con realización obligatoria del archifonema como vibrante múltiple en posición inicial de palabra, [r̄áta] (Alarcos 1965: 98, 183–184, Canellada y Kuhlmann Madsen 1987: 13). En otros análisis estructuralistas, sin embargo, se asume que en este caso lo que ocurre es que tenemos **distribución defectiva** de un fonema: la vibrante simple está excluida de la posición inicial de palabra. A nivel fonémico tendríamos /r̄áta/, sin postularse un archifonema en este caso (Quilis 1993: 42).

Terminamos esta sección ofreciendo un análisis fonémico completo del sistema consonántico del español según los postulados del estructuralismo europeo. La variedad conservadora (lleísta) del español peninsular descrita por Navarro Tomás, Alarcos, Quilis y otros autores tendría el inventario que se muestra en la tabla 5.2.

Si consideramos solo las consonantes en posición de coda, por otra parte, vemos que el inventario de segmentos contrastivos en esta posición es mucho más reducido. En términos de fonemas y archifonemas tenemos el inventario de la tabla 5.3.

Tabla 5.2 Fonemas consonánticos del español peninsular conservador

	Labial	Dental	Alveolar	(Pre)palatal	Velar
Oclusivas	p b	t d			k g
Fricativas	f	θ	s	j	x
Africadas				ʧ	
Nasales	m		n	ɲ	
Laterales			l	ʎ	
Vibr. simple			ɾ		
Vibr. múltiple			r̄		

Consonantes sordas a la izquierda, sonoras a la derecha

Tabla 5.3 Sistema de consonantes en contraste fonológico en posición de coda en español peninsular (fonemas y archifonemas – análisis estructuralista europeo)

	Labial	Dental	Alveolar	(Pre)palatal	Velar
Oclusivas	B	D			G
Fricativas	f	θ	s		x
Nasal			N		
Lateral			L		
Vibrante			R		

Otros dialectos tienen inventarios algo diferentes y pueden tener también un grupo diferente de archifonemas, dado que las neutralizaciones que se aplican en posición de coda no son idénticas en todas las variedades del idioma. En concreto, en dialectos andaluces y caribeños donde *alto* = *harto*, se postularía un archifonema líquido en un análisis praguense, que representaría la neutralización de /l/, /ɾ/ y /r̄/.

5.3 Asimilación

La asimilación es un proceso por el cual un segmento (consonante o vocal) adquiere rasgos de otro segmento, haciéndose más similar a este. La mayoría de las asimilaciones son anticipatorias; es decir, consisten en que un segmento anticipa algún aspecto de la articulación de otro segmento siguiente. Un ejemplo sería la labialización de la nasal en *u*[m] *pato*. Aunque con menos frecuencia, encontramos también asimilaciones en la dirección opuesta (asimilación perseverativa). Tanto consonantes como vocales pueden participar en asimilaciones.

5.3.1 Asimilación de consonante a consonante

En la fonología del español tenemos dos procesos importantes de asimilación que afectan a las secuencias de consonantes. Primero, como acabamos de mencionar (y se discute en detalle en el capítulo 9), las nasales asimilan su punto de articulación al de una consonante siguiente, como en *tengo* [téŋgo]. Las laterales se asimilan también en punto de articulación, pero no a todas las consonantes (véase la sección 10.2).

Un segundo proceso de asimilación importante es la asimilación en sonoridad de las fricativas en muchas variedades del español, como en *isla* [ízla] (véase la sección 8.2.5.1)

El tipo más radical de asimilación es la asimilación total, cuando un segmento se hace idéntico a otro. Por ejemplo, en algunas variedades del español cubano y chileno las líquidas en la coda se asimilan completamente a ciertas consonantes siguientes, como en *pulga* [púgga] (véase la sección 10.4). En andaluz, la /s/ en la coda puede asimilarse en punto y modo de articulación pero reteniendo su carácter sordo, como en *costa* [kó^{h}tta], *isla* [íl̥la], *mismo* [mim̥mo] (véase la sección 8.2.5.2).

El hecho de que el prefijo de negación *in-* aparezca como *i-* ante líquidas, como en *ilegal, ilógico*, tiene su origen en un proceso de asimilación total en latín: *in+legalis* > *illegalis* (con /ll/ geminada en latín).

Todos los ejemplos que hemos considerado aquí son casos en que una consonante en la coda se asimila a otra que ocupa la posición de ataque en la sílaba siguiente. Este parece ser el tipo de asimilación entre consonantes más común en las lenguas del mundo.

Casi siempre la asimilación entre consonantes requiere adyacencia estricta entre las dos. Solo de manera infrecuente encontramos asimilación a distancia. Cuando esto ocurre afecta sobre todo a las líquidas y a las sibilantes, como en vasc. *sasoi* < esp. *sazón* (en lugar de ***sazoi*, cf. *arrazoi* 'razón').

5.3.2 Asimilación de consonante a vocal

El proceso más común por el que una consonante se asimila a una vocal o deslizante es la palatalización. La palatalización generalmente afecta o a las dentales/alveolares o a las velares, que se hacen palatales o prepalatales ante deslizante o vocal anterior. La palatalización de las labiales es menos común. También es menos común la palatalización perseverativa.

En la historia del español y de las otras lenguas románicas ha habido importantes procesos de palatalización (el latín carecía de consonantes (pre)palatales). Muchas consonantes alveolares y dentales han palatalizado ante deslizante palatal, como en SENIŌRE > *señor*. Las velares latinas se han palatalizado no solo ante deslizantes sino también ante las vocales /i/, /e/, como en GEMMA /gemma/ > esp. *yema*. Se puede encontrar discusión detallada de estos procesos de palatalización en manuales sobre la historia de la lengua española (véase, por ejemplo, Penny 2002: 61–72). El portugués de Brasil muestra un proceso notorio de palatalización de dentales como regla sincrónica de alofonía: antes de /i/, la consonante /t/ se realiza como [ʧ] y la consonante /d/ como [ʤ], como en los ejemplos *tia* [ʧía], *dia* [ʤía].

En español moderno quizá el proceso de palatalización alofónica más llamativo se encuentra en la variedad chilena, donde la fricativa velar /x/ se convierte en una fricativa palatal [ç] ante vocal anterior o deslizante, como en *mujer* [muçéɾ], *gente* [çéṉte].

La palatalización de dentales y alveolares resulta de la sobreposición temporal del gesto consonántico realizado con el ápice y la elevación y adelantamiento del dorso requeridos para producir la vocal siguiente. Las velares, por otra parte, comparten su articulador activo con las vocales, dado que requieren constricción dorsal. Así, pues, las velares necesariamente se coarticulan en alguna medida con las vocales. Cuando esta coarticulación sobrepasa un cierto punto, el resultado es la producción de alófonos claramente palatales, como es el caso con la fricativa velar /x/ en chileno.

Ya hemos dicho que en la mayoría de los casos la palatalización está condicionada por un segmento siguiente, es anticipatoria. Sin embargo, menos comúnmente encontramos palatalización perseverativa, causada por una vocal anterior precedente. En muchos dialectos vascos, por ejemplo, las laterales y nasales alveolares y a veces otras consonantes alveolares y dentales se palatalizan después de /i/: *mutila* [mutiʎa] 'el niño', *mina* [miɲa] 'el dolor', *ditut* [dicut] 'los tengo' ([c] = oclusiva palatal sorda) (véase, por ejemplo, Hualde 1991b, 2003b). Si comparamos palabras portuguesas como *noite, oito, leite, muito, feito*, con sus correspondientes españolas *noche, ocho, leche, mucho, hecho*, notaremos que en la evolución del español /t/ se palatalizó después de deslizante palatal. En judeoespañol tenemos un cambio histórico de /s/ final a /ʃ/ después de deslizante palatal, que es absorbida por la sibilante en el proceso: /kantáis/ > /kantáʃ/, /sóis/ > /sóʃ/. Para dar otro ejemplo de palatalización progresiva, en alemán la distribución de la fricativa velar sorda [x] (*ach-Laut*) y la fricativa palatal sorda [ç] (*ich-Laut*) está condicionada por el segmento precedente, no por la vocal siguiente, al contrario que en el español de Chile.

5.3.3 Asimilación de vocal a vocal

Mientras que los procesos de asimilación que afectan a las consonantes generalmente tienen lugar bajo condiciones de adyacencia estricta, como dijimos antes, la asimilación entre vocales ocurre muy frecuentemente a través de consonantes (es decir, a distancia).

En la evolución del español, una deslizante palatal (conocida como **yod**) en la sílaba siguiente a menudo tuvo influencia sobre la cualidad de la vocal de la sílaba tónica, elevando su altura. Así, por dar solo un ejemplo, la presencia de la yod es la razón por la cual tenemos una vocal más alta en la primera sílaba de *lluvia* que en *llover*.

La elevación de la vocal tónica causada por una vocal alta final se conoce en lingüística románica como **metafonía**. En muchos dialectos italianos (si bien no en italiano estándar), la metafonía es notoria en los **paradigmas flexivos**. También en algunas variedades asturianas encontramos casos llamativos de alternancias metafónicas, como la que se observa en el par /gáta/ 'gata' ~ /gétu/ 'gato' (véase el apéndice B).

En los ejemplos de asimilación de vocal a vocal que acabamos de mencionar solo una vocal sufre asimilación (en nuestros ejemplos, la tónica). A veces, sin embargo, una vocal provoca asimilación en altura, en anterioridad/posterioridad o en otro rasgo en todas las vocales incluidas en un cierto dominio, como, p.ej., la palabra. En estos casos hablamos de **armonía vocálica**. La armonía vocálica es común en muchas lenguas del mundo, incluyendo el turco, el húngaro, el finés y muchas lenguas bantúes.

En el contexto hispánico, algunos dialectos montañeses (hablados en la región española de Cantabria) presentan un proceso de armonía por el cual todas las vocales pretónicas en la palabra fonológica, incluyendo **clíticos**, se hacen altas cuando la tónica es alta, dando lugar a alternancias como *cogeré* /koxeɾé/ ~ *cogería* /kuxiɾía/ (véase Penny 1969a, 1978, y la sección 6.4.2). En andaluz oriental (y murciano) también han notado varios autores la existencia de un proceso de armonía de abertura, p.ej. *monótono* [monótono], *monótonos* [mɔnɔ́tɔnɔ] (véase la sección 6.4.1).

5.3.4 Asimilación de vocal a consonante

La asimilación de las vocales a las consonantes adyacentes es generalmente menos evidente que la de las consonantes a las vocales, permaneciendo normalmente al nivel de pequeños efectos fonéticos. En inglés ciertas consonantes en la coda, incluyendo las líquidas y la nasal velar tienen un efecto notable sobre la cualidad de la vocal precedente. Además, las vocales son considerablemente más largas ante consonante sonora que sorda (como en *mad* /mæd/ 'loco' vs. *mat* /mæt/ 'estera'). En español estos efectos son mucho menores. Por otra parte, la abertura de /e/ y /o/ y el adelantamiento de /a/ ante /s/ en andaluz oriental es un caso llamativo de asimilación de vocal a consonante. En otras variedades del español, ciertas consonantes tienen también un efecto en la alofonía de las vocales medias (véase la sección 6.1).

Un fenómeno común de asimilación de vocal a consonante es la nasalización de vocales en contacto con consonante nasal. En español las vocales se nasalizan en alguna medida en contacto con consonantes nasales, especialmente si la vocal va precedida y seguida de nasal, como la segunda vocal de la palabra *semana* y ante consonante nasal en la coda, como en *canto*. En variedades andaluzas y caribeñas, entre otras, la nasalización ante nasal (velar) en la coda puede ser considerable y la vocal nasalizada puede ser incluso el único indicio de una nasal final, p.ej. *están* [ehtã]. En inglés americano las vocales pueden también presentar un grado notable de nasalización antes de nasal, pudiéndose también perder la oclusión nasal en este contexto si sigue una segunda consonante, como en *can't* [kæ̃t] 'no puede' (véase Beddor 2009).

Procesos de este tipo (nasalización de vocal con elisión de la consonante que la provoca) dieron lugar a vocales nasalizadas como fonemas contrastivos en lenguas como el portugués y el francés.

5.4 Disimilación

La disimilación es el proceso opuesto a la asimilación. Es un fenómeno por el cual una consonante o vocal se hace más diferente de otro segmento cercano (es decir, no necesariamente adyacente). En latín, por ejemplo, el sufijo -ĀLIS, empleado en la formación de adjetivos a partir de sustantivos, como en ANNĀLIS, CAPITĀLIS, AEQUĀLIS, etc., se disimila en -ĀRIS después de otra /l/, especialmente si esta consonante precede inmediatamente al sufijo, como en SINGULĀRIS (no **SINGULĀLIS).[3] La distribución de los alomorfos *-al* y *-ar* en español todavía está determinada en gran medida por esta regla: *terrenal, celestial, temporal*, etc. vs. *angular, regular, similar*, etc. Considérense, por ejemplo, los adjetivos referidos a puntos de articulación: *labial, dental, palatal* vs. *alveolar, velar, uvular*.

En la categoría de procesos disimilatorios podemos incluir también la elisión de uno de dos segmentos iguales o similares dentro de la palabra, como en el inglés *feb(r)uary* /ˈfɛbjuˌɛri/ 'febrero'.

3 Véase la nota 4 en la página 63.

La disimilación es un fenómeno relativamente infrecuente y en español moderno no tenemos ninguna regla sistemática de disimilación, aunque hay algún caso aislado en la morfofonología de la lengua, además de la alternancia *-al* ~ *-ar* heredada del latín. Uno de estos ejemplos es la elisión de *-s* en la primera persona del plural de los verbos antes del pronombre clítico *nos*, como en *vamos*, pero *vámonos* (no ***vámosnos*).

Desde una perspectiva sincrónica, el que tengamos la secuencia *se lo* (*se la*, etc.) cuando esperaríamos ***le lo* puede entenderse como una disimilación: *le di el libro a Juan* → *se lo di* (no ***le lo di*). Históricamente, sin embargo, esta regla tiene un origen bastante diferente (véase Penny 2002: 136).

5.5 Debilitamiento y elisión

En buena parte, la evolución fonológica consiste en la reducción de gestos articulatorios (incluyendo la asimilación como un tipo de reducción). El punto último en un proceso de reducción de un segmento es su elisión completa. Por ejemplo, en la evolución del latín AMĪCA [ami:ka] al español *amiga* [amíɣa], podemos distinguir dos fenómenos de debilitamiento o **lenición**: la sonorización de la oclusiva intervocálica y la reducción en magnitud del gesto consonántico, de manera que los articuladores solo se aproximan, en lugar de hacer contacto produciendo oclusión completa: [amí:ka] > [amíga] > [amíɣa]. Si comparamos también con el francés *amie*, notaremos que en esta lengua ha habido una etapa más en el proceso de reducción: la elisión del segmento velar.

Las reducciones aparecen primero en los estilos más coloquiales, de donde pueden extenderse a estilos más formales y últimamente pueden llegar a formar parte de la pronunciación normativa. Cuando desaparece finalmente la pronunciación antigua decimos que ha habido un cambio fonológico.

Continuando con la lenición de las oclusivas sordas del latín, hoy en día en muchas variedades del español, en los participios en *-ado* (del latín -ĀTUM) una pronunciación coloquial en [-ao], o incluso [-au̯], compite con otra más formal en [-aðo]. Para ilustrar con un ejemplo, la evolución ha sido AMĀTUM > [amátu] > [amádo] > [amáðo] > [amáo] > [amáu̯]; las tres pronunciaciones últimas se encuentran todas, por ejemplo, en el norte de España, mientras que las pronunciaciones de más a la izquierda ya no son posibles.

En varios dialectos del español estamos asistiendo a un segundo proceso de sonorización variable de las sordas intervocálicas en estilo coloquial, con aproximantización (o espirantización) simultánea de estos segmentos, como en *lo que pasa* [loɣeβása] (véase Hualde, Simonet y Nadeu 2011, Torreira y

Ernestus 2011 y la bibliografía dada en estos artículos). Este proceso todavía no se ha fonologizado.

Un caso de debilitamiento consonántico en español que ha recibido una atención considerable es la aspiración y pérdida de /s/ en posición final de sílaba o palabra. En partes de la República Dominicana, donde este proceso está particularmente avanzado, las pronunciaciones tanto con [s] como con [h] se consideran formales en cierta medida, dado que la pronunciación más coloquial elimina este segmento totalmente. El mismo proceso de lenición de /s/ produjo la pérdida de este segmento en francés hace ya varios siglos, como podemos ver si comparamos palabras españolas como *fiesta*, *espina*, *pasta*, *escuela*, *esposa* y muchas otras con sus equivalentes en francés, que para los ejemplos dados son *fête, épine, pâte, école, épouse.*

Teniendo en cuenta el análisis sincrónico de la fonología, nos conciernen dos tipos de fenómenos (y esto se aplica a otros tipos de procesos de cambio fonológico también). En primer lugar, podemos tener casos de variación sincrónica, libre o estilística. Por ejemplo, el debilitamiento de /s/ es parte de la fonología sincrónica del español contemporáneo, dado que las tres formas [espína] ~ [ehpína] ~ [epína] se encuentran en variedades del español, pero no es parte de la fonología del francés, dado que no hay resto de la /s/ etimológica en ninguna pronunciación de *épine*. En el caso del francés, se trata de un proceso puramente diacrónico, un cambio fonológico en la historia de esta lengua.

En segundo lugar, desde una perspectiva sincrónica nos importan también los casos en que un proceso de debilitamiento ha resultado en alófonos diferentes en distribución complementaria, como es el caso de la lenición de /b d g/ en español.

5.6 Refuerzo articulatorio

Los procesos de refuerzo articulatorio son relativamente raros. Desde un punto de vista histórico, el hecho de que en comienzo de palabra en español las vibrantes sean múltiples se debe a un refuerzo articulatorio (dado que en latín eran simples).

Como ya hemos mencionado antes, la espirantización de /b d g/ en español es esencialmente un proceso de lenición o debilitamiento. Sin embargo, en partes de Centroamérica y Colombia encontramos realizaciones oclusivas de estas consonantes en muchos contextos donde en otros dialectos tenemos aproximantes (véase la sección 7.2.3). Tanto desde el punto de vista histórico como desde una perspectiva sincrónica es posible analizar la alofonía de estas consonantes como debida a un proceso de refuerzo. En el caso concreto de la [u̯-] latina encontramos que se ha consonantizado, lo cual implica refuerzo.

Consideremos, por ejemplo, la evolución del latín VACCA [u̯ákka] al español /báka/.

El proceso de refuerzo más importante en la fonología del español es el que afecta a las deslizantes iniciales de sílaba. La deslizante palatal puede tener realizaciones fricativas y oclusivas en palabras como *hielo, deshielo*, y la deslizante labiovelar se puede reforzar con una consonante velar, como en *huevo* [gu̯éβo], *whisky* ~ *güisqui*, etc. (véase la sección 8.3).

5.7 Epéntesis

Epéntesis es la inserción de un segmento. El elemento epentético puede ser una vocal o una consonante. En inglés americano se introduce una oclusiva en secuencias de nasal + fricativa de manera que, por ejemplo, *prince* 'príncipe' puede ser homófono con *prints* 'imprime', y *sense* 'sentido' con *cents* 'centavos' (cf. también *Thompson* < *Thom* + *son* 'hijo', *some*[p]*thing* 'algo', etc.). El origen de esta consonante epentética puede verse en la coordinación de los gestos articulatorios. En concreto, si se cierra el paso del aire a la cavidad nasal antes de abrirse la oclusión oral de la consonante nasal, el resultado es la percepción de una oclusiva oral homorgánica (véase Browman y Goldstein 1986, 1991, 1992). En español una oclusiva epentética insertada como elemento de transición entre nasal o lateral y vibrante ha sido fonologizada en el futuro y condicional de verbos irregulares como *pondré* (*poneré* > *ponré* > *pon**d**ré*), *tendré, saldré*, etc. Históricamente encontramos epéntesis de oclusiva oral entre /m/ y una vibrante siguiente en ejemplos como NŌMINE > *nomne* (por elisión de la vocal postónica) > *nomre* (por disimilación) > *nombre* (por epéntesis), HOMINE > *hombre*, HUMERU > *hombro*, FAMINE > *hambre*, FĒMINA > *hembra*, etc.

El análisis espectrográfico muestra que en grupos de ataque suele haber una breve vocal entre oclusiva y vibrante. Esta vocal epentética se conoce con el término sánscrito **svarabhakti**, adaptado al español como elemento esvarabático. Este elemento transicional ha sido ocasionalmente fonologizado como vocal, como en el antiguo español *corónica* por *crónica* y variantes dialectales como *tíguere* por *tigre* (véase Quilis 1993: 337–342, Colantoni y Steele 2005).

El fenómeno sincrónico de epéntesis más notorio en la fonología del español es la inserción de la vocal /e/ antes de /s/ inicial de palabra seguida de consonante: /sC/ → /esC/. Esta regla la podemos observar en la adaptación de préstamos, como *stress* → *estrés*, *snob* → *esnob*, *standard* → *estándar*, así como en el aprendizaje por parte de hispanohablantes de lenguas como el inglés, que admiten el grupo inicial /sC/ (véase la sección 4.3.4).

5.8 Metátesis

Metátesis es la trasposición o intercambio de lugar entre dos segmentos. A veces encontramos fenómenos de metátesis por medio de los cuales se evita una secuencia que es anómala en la lengua. Para dar un ejemplo, del lat. SPATULA deberíamos tener **espadla* por evolución regular. La secuencia poco común /dl/ sin embargo sufrió metátesis y la palabra es *espalda*. En el español del llamado Siglo de Oro, el mismo cambio de /dl/ a /ld/ se aplicaba regularmente a los imperativos de *vos(otros)* seguidos de pronombres clíticos de tercera persona: *comedlos* → *comeldos*. Hoy en día esta regla de metátesis ya no tiene vigencia y, en su lugar, la secuencia /dl/ se evita remplazando estos imperativos con la forma correspondiente del infinitivo en pronunciación coloquial. Así, *comedlos* se pronuncia generalmente igual que *comerlos*.

Como vimos antes, la secuencia /nr/ sufrió epéntesis interna en formas de futuro como *ponré* > *pondré*. Otra solución que encontramos en el español del Siglo de Oro es la metátesis de esta secuencia, *porné*. Aunque en el caso de estas formas verbales la opción con metátesis no es la que acabó prevaleciendo, tenemos metátesis histórica de /nr/ a /rn/ en palabras como GEN(E)RU > *yerno*, TEN(E)RU > *tierno*, etc. (compárese el francés *gendre*, *tendre*, así como el esp. *engendrar*, con epéntesis).

Como fenómeno no estándar en Aragón y otras regiones encontramos metátesis de vibrante como segundo elemento desde un grupo de ataque de una sílaba posterior hasta la sílaba inicial de la palabra cuando el resultado es también un grupo de *muta cum liquida*, como en *probe* por *pobre*, *Grabiel* por *Gabriel*, etc. El mismo tipo de metátesis, pero en dirección opuesta, lo encontramos en CRUSTA > *costra* (cf. ing. *crust*), CREPĀRE > *quebrar* y CROCODĪLU > *cocodrilo* (cf. ing. *crocodile*). Notemos también el intercambio de líquidas en evoluciones como PERICULU > *peligro*, MIRACULU > *milagro*.

5.9 Consecuencias de la sobreposición de gestos articulatorios

Muchos fenómenos aparentemente muy diferentes y que clasificaríamos como casos de asimilación, epéntesis y elisión pueden deberse a cambios en la coordinación y magnitud de los gestos articulatorios (Browman y Goldstein 1986, 1991, 1992).

Consideremos, para empezar, la asimilación en sonoridad de las fricativas. Como ya sabemos, en español la /s/ y otras fricativas se sonorizan parcial o totalmente ante consonante sonora. Para una secuencia como /sg/, como en la palabra *rasgo*, hemos de producir dos gestos ordenados temporalmente en la cavidad oral: primero una constricción con el ápice (o lámina) en la región

gestos orales	fricativa alveolar	aproximante dorsovelar
cuerdas vocales	-------------------^^^^^^^^^^^^^^^^ separadas vibrando	
	s	ɣ

Panel A

gestos orales	fricativa alveolar		aproximante dorsovelar
cuerdas vocales	--------^^^^^^^^^^^^^^^^^^^^^^^^ separadas vibrando		
	s	z	ɣ

Panel B

Fig. 5.1 Sonorización parcial de /s/ como anticipación de la actividad de las cuerdas vocales. Panel A: coordinación exacta entre gestos orales y laríngeos. Panel B: anticipación del comienzo de la vibración de las cuerdas vocales

alveolar, que produce fricción al pasar el aire, y después una elevación del dorso hacia el velo para la aproximante [ɣ]. En la laringe, las cuerdas vocales primero están separadas y luego se juntan iniciando su vibración. Con sincronización perfecta entre los gestos orales y el gesto laríngeo (Panel A), de modo que la vibración comienza al terminar el gesto ápico-alveolar, tenemos una secuencia [sɣ]. Si la coordinación temporal no es perfecta y la vibración de las cuerdas vocales comienza antes de deshacerse la constricción alveolar, tendremos sonorización parcial de la sibilante, que puede ser completa si la sobreposición de gestos laríngeos y orales se incrementa más allá de lo que representa el Panel B.

Es fácil también ver cómo la asimilación en punto de articulación de las nasales resulta de la coordinación entre los gestos articulatorios orales y la elevación del velo para cerrar el paso del aire a través de la cavidad nasal. Por ejemplo, si en un grupo /nb/, como en *con barcos* /kon bárkos/, el velo está todavía en posición de descenso cuando comienza la oclusión labial de la /b/, el resultado será la percepción de [m], es decir, una secuencia [n͡mb]. El ocultamiento perceptual y reducción de la oclusión ápico-alveolar da como resultado [mb]. Notemos que la oclusión labial puede también sobreponerse

gestos orales	oclusión ápico-alveolar	
		oclusión labial
cav. nasal (velo)	[ABIERTA]	[CERRADA]
	n	b

Panel A

gestos orales	oclusión ápico-alveolar		
		oclusión labial	
cav. nasal (velo)	[ABIERTA]		[CERRADA]
	n	m	b

Panel B

gestos orales	oclusión ápico-alveolar			
		oclusión labial		
cav. nasal (velo)	[ABIERTA]			[CERRADA]
	n	n͡m	m	b

Panel C

Fig. 5.2 Asimilación de nasales. Panel A: coordinación perfecta de gestos orales (oclusión apical seguida de oclusión labial) y cierre del paso del aire por la cavidad nasal. Panel B: se obtiene la segunda oclusión antes de la elevación del velo. Panel C: incremento de la sobreposición del gesto labial con el apical, pudiéndose producir la elisión perceptual del gesto apical

(parcialmente) a la ápico-alveolar. Si está oculto en la percepción (si no se oye), el gesto ápico-alveolar puede desaparecer en la producción (es decir, el oyente puede interpretarlo como ausente), dando lugar a un cambio diacrónico. Véase la figura 5.2.

Como último ejemplo, consideremos ahora la epéntesis histórica de oclusiva en secuencias de nasal + vibrante como en (/nómine/ > /nómne/ >) /nómɾe/ > /nómbɾe/, (/teneɾé/ >) /tenɾé/ > /tendɾé/. A pesar de que la epéntesis es a primera vista un fenómeno fonológico muy diferente de la asimilación, en este caso la mejor explicación es también que ha habido un cambio en la coordinación de gestos articulatorios (Ohala 1974, Browman y Goldstein 1991). En, por ejemplo, /mɾ/ si se cierra el paso del aire a través de la cavidad nasal mientras se mantiene todavía la oclusión labial, obtendremos un sonido [b] epentético. Esto se ilustra en la figura 5.3.

gestos orales	oclusión labial	vibr. simple ápico-alveolar
cav. nasal (velo)	[ABIERTA]	[CERRADA]
	m	ɾ

Panel A

gestos orales	oclusión labial		vibr. simple ápico-alveolar
cav. nasal (velo)	[ABIERTA]	[CERRADA]	
	m	b	ɾ

Panel B

Fig. 5.3 Oclusiva excrecente. Panel A: primero se produce una oclusión labial con paso del aire por la cavidad nasal. Después hay una vibrante ápico-alveolar coordinada con la elevación del velo, que cierra el paso a la cavidad nasal. Panel B: el paso a la cavidad nasal se cierra antes de abrirse la oclusión labial, lo que produce la percepción de una oclusiva labial intrusiva [b]

EJERCICIOS

1 En catalán encontramos solo oclusivas sordas en posición final de palabra. Es decir, el contraste entre oclusivas sordas y sonoras se neutraliza en esta posición. Esto se ilustra para los tres puntos de articulación en los ejemplos de la tabla 5.4 (como en español, las oclusivas sonoras se realizan como aproximantes entre vocales).

Tabla 5.4 Ejemplos de la neutralización del contraste entre oclusivas sordas y sonoras en catalán

Masc.		Fem.		
tip	[típ]	*tipa*	[típə]	'harto, -a'
llop	[ʎóp]	*lloba*	[ʎóβə]	'lobo, -a'
gat	[gát]	*gata*	[gátə]	'gato, -a'
mut	[mút]	*muda*	[múðə]	'mudo, -a'
ric	[r̄ík]	*rica*	[r̄ikə]	'rico, -a'
amic	[əmík]	*amiga*	[əmíɣə]	'amigo, -a'

En un posible análisis estructuralista praguense (véase la tabla 5.5), los seis fonemas oclusivos del catalán se remplazarían en posición final por los tres archifonemas /B D G/ en representaciones fonológicas, expresándo se así el hecho de que no hay oposición sorda/sonora en esta posición.

Tabla 5.5 Análisis estructuralista praguense de la neutralización del contraste entre oclusivas sordas y sonoras en catalán

(a) Representaciones fonológicas (fonemas y archifonemas)

/tipə/,	/ʎobə/,	/gatə/,	/mudə/,	/r̄ikə/,	/əmigə/
/tiB/,	/ʎoB/,	/gaD/,	/muD/,	/r̄iG/,	/əmiG/

(b) /B D G/ se realizan como sordas

Estos tres archifonemas se realizan fonéticamente como los miembros sordos de los pares neutralizados (excepto ante consonante sonora, donde pueden sufrir asimilación en sonoridad y otros rasgos, como en *amic̲ dolent* [əmíɣðulén] 'amigo malo'; para los propósitos de este ejercicio, dejamos este contexto aparte, y también dejamos a un lado el análisis fonémico de la vocal neutra [ə]).

En un análisis generativo, por otra parte (véase la tabla 5.6), la naturaleza sorda o sonora de la consonante final de palabra en representación subyacente se determina considerando formas relacionadas morfológicamente, como, en este caso, el femenino. En este análisis las formas de superficie se obtienen aplicando una regla de ensordecimiento en posición final.

Tabla 5.6 Análisis generativo de la neutralización del contraste entre oclusivas sordas y sonoras en catalán

(a) Representaciones fonológicas

/tipə/,	/ʎobə/,	/gatə/,	/mudə/,	/r̄ikə/,	/əmigə/
/tip/,	/ʎob/,	/gat/,	/mud/,	/r̄ik/,	/əmig/

(b) Regla de ensordecimiento: oclusiva → sorda, en contexto final de palabra.

En un tercer análisis fonológico menos abstracto, todas las formas masculinas en la columna de la izquierda de la tabla 5.4 terminarían en los fonemas sordos /p t k/, mientras que, como en los otros dos análisis, algunas de las formas femeninas tienen oclusivas sordas intervocálicas y otras oclusivas sonoras. Este es esencialmente el análisis expresado por la ortografía del catalán en estas palabras. Para ser completo, este análisis debería añadir una generalización o restricción estableciendo que no puede haber oclusivas sonoras en final de palabra y la observación de que en muchos grupos de palabras relacionadas morfológicamente los fonemas sordos finales /-p -t -k/ alternan con /-b- -d- -g-/ en posición intervocálica, pero en otros muchos no lo hacen. Podemos referirnos a este análisis como análisis fonémico clásico (véase la tabla 5.7).

Tabla 5.7 Análisis fonémico clásico de la neutralización del contraste entre oclusivas sordas y sonoras en catalán

(a) Representaciones fonológicas

/tipə/,	/ʎobə/,	/gatə/,	/mudə/,	/r̄ikə/,	/əmigə/
/tip/,	/ʎop/,	/gat/,	/mut/,	/r̄ik/,	/əmik/

(b) Restricción: no hay oclusivas sordas finales

(c) En algunos grupos de palabras con la misma raíz, /-p -t -k/ corresponden a /-b- -d- -g-/

Compare estos tres análisis. ¿Le parece que alguno de los tres sea superior a los otros dos? ¿Por qué?

2 La palabra *candado* deriva del lat. CATENĀTUM. Podemos asumir la siguiente derivación histórica: CATENĀTU(M) > *cadenado* > *cadnado* > *candado*. ¿Qué tipo de proceso tenemos en el último paso? Considere ahora el siguiente desarrollo histórico: lat. PRIMĀRIU(M) > *primairo* > *primeiro* > *primero*. ¿Tienen algo en común las evoluciones de estas dos palabras?

3 Una adaptación fonológica común en España del préstamo inglés *pub* [pʰʌb] es [páf]. ¿Cómo se explica esta adaptación?

4 En muchos dialectos de la lengua vasca el artículo definido es *-a* en ciertos contextos y *-e* en otros. Las dos formas del artículo están en distribución complementaria, como se puede ver en los ejemplos de la tabla 5.8 (en

Tabla 5.8 Formas del artículo definido singular en algunos dialectos de la lengua vasca

gizon	'hombre'	*gizona*	'el hombre'
lagun	'amigo'	*lagune*	'el amigo'
azal	'piel'	*azala*	'la piel'
min	'dolor'	*mine*	'el dolor'
eder	'hermoso/a'	*ederra*	'el/la hermoso/a'
etxe	'casa'	*etxea*	'la casa'
mendi	'montaña'	*mendie*	'la montaña'
baso	'bosque'	*basoa*	'el bosque'
esku	'mano'	*eskue*	'la mano'
txakur	'perro'	*txakurre*	'el perro'
enbor	'tronco'	*enborra*	'el tronco'
mutil	'niño'	*mutile*	'el niño'

ortografía vasca convencional). ¿Puede definir el contexto de la alternancia? ¿Qué tipo de proceso fonológico es este? En vasco no hay género gramatical, por lo que el artículo puede corresponder tanto a *el* como a *la* en las traducciones que se ofrecen.

5 Explique la asimilación de la nasal en el ejemplo *sin cartas* en términos de coordinación gestual.

6 En judeoespañol encontramos regularmente formas como *pedrer* 'perder', *kodreriko* 'corderico', *vedre* 'verde', *akodrarse* 'acordarse'. ¿Qué tipo de cambio fonológico es el que ilustran estos ejemplos? ¿Cuál es el contexto?

6 Vocales

6.1 El sistema vocálico español desde una perspectiva tipológica

El español tiene un sistema vocálico simple y simétrico, consistente en cinco vocales. Dichas vocales se pueden organizar esquemáticamente por medio de un triángulo, como se muestra en la tabla 6.1. En cuanto a la dimensión vertical, tenemos dos vocales altas /i u/, dos medias /e o/ y una baja /a/. Con respecto a la dimensión horizontal, existen dos vocales anteriores /i e/, una central /a/ y dos posteriores /u o/. Las vocales posteriores se pronuncian con redondeamiento de los labios, con lo cual el rasgo redondeado sirve para caracterizar las vocales /o u/ en oposición a las otras tres.

Los sistemas vocálicos más comunes en las lenguas del mundo son los de cinco vocales y, entre ellos, los sistemas simétricos, como el del español, constituyen la mayoría (Disner 1984: 136, Maddieson 2011).

Como vemos, el rasgo redondeado, relacionado con la forma de los labios, es redundante para las vocales posteriores del español. Esto es lo más común tipológicamente. La razón por la cual las vocales posteriores suelen ir acompañadas del redondeamiento de los labios es obvia si uno considera que tanto la retracción del cuerpo de la lengua como el redondeamiento y extensión hacia afuera de los labios tienen el efecto de agrandar la cavidad anterior de la boca, contribuyendo así a crear el mismo efecto acústico. Sin embargo, no siempre son redondeadas las vocales posteriores y no redondeadas las anteriores. Algunas lenguas como el francés y el alemán tienen vocales anteriores redondeadas, como, por ejemplo, en el francés *tu* /ty/ 'tú', *feu* /fø/ 'fuego';[1] asímismo, el japonés tiene un sistema de cinco vocales /i e a o ɯ/, en el cual cuatro de las vocales tienen aproximadamente la misma cualidad que en español, pero la quinta es alta, posterior y no redondeada.

[1] En España, el dialecto gascón del Valle de Arán tiene el fonema alto anterior y redondeado /y/, por ejemplo, en *luna* /lyna/ 'luna'.

Tabla 6.1 Las vocales del español (fonemas)

	Anteriores	Central	Posteriores
Altas	i		u
Medias	e		o
Baja		a	
	No redondeadas		Redondeadas

Tabla 6.2 Sistema vocálico simétrico de siete vocales (latín tardío/romance temprano)

Altas	i						u
Medias cerradas		e				o	
Medias abiertas			ɛ		ɔ		
Baja				a			

Un sistema vocálico también simétrico pero más sencillo, con tres vocales /i a u/, es el de las lenguas andinas quechua y aimara. En las lenguas con este tipo de inventario las vocales medias son frecuentemente variantes alofónicas de las altas. Este es el caso en muchos dialectos del quechua y aimara, en las que [e], [o] son alófonos de los fonemas /i/, /u/, respectivamente; por ejemplo, en contacto con una consonante uvular, como en quechua /aʎqu/ [aʎqo] 'perro'. El español bilingüe de los hablantes nativos de quechua y aimara a veces muestra fluctuaciones entre [e] y [i] y entre [o] y [u]. Tal comportamiento se puede entender fácilmente ya que el sistema nativo de estos hablantes carece de contraste fonémico entre estos pares de vocales.

Los sistemas simétricos de siete vocales también son bastante comunes, aunque no tanto como los de cinco. El sistema vocálico moderno del español proviene de uno de siete vocales, como se muestra en la tabla 6.2, que se desarrolló en el período del latín tardío/romance temprano en la mayoría de las zonas del romance central y occidental. En comparación con el español moderno, este sistema exhibía un contraste de abertura/altura adicional, ya que en las sílabas tónicas diferenciaba entre las vocales medias altas /e o/ y las medias bajas /ɛ ɔ/.[2] En sílabas átonas no finales, el sistema era ya entonces el mismo que el del español moderno.

[2] El sistema de siete vocales del latín tardío resultó de la evolución de un sistema previo de diez vocales con cinco cualidades diferentes y con duración contrastiva: /iː i eː e aː a o oː u uː/.

Tabla 6.3 Sistema vocálico simétrico de nueve vocales

Altas cerradas	i								u
Altas abiertas		ɪ						ʊ	
Medias cerradas			e				o		
Medias abiertas				ɛ		ɔ			
Baja					a				

Este inventario de siete vocales todavía existe en italiano estándar y, con algunas modificaciones, en portugués y catalán. En español, las vocales medias abiertas se convirtieron sistemáticamente en los diptongos [i̯e], [u̯e] por un proceso de "ruptura" de la vocal, p.ej.: *tɛrra* > *tierra*, *pɔrta* > *puerta*. De acuerdo con esta evolución, las vocales /e o/ del español moderno se parecen más cualitativamente a las vocales medias cerradas del catalán y portugués que a las abiertas, en general. Sin embargo, dependiendo del contexto fonético, los alófonos de los fonemas vocálicos medios del español pueden ser más abiertos o cerrados. Por ejemplo, la vocal /e/ suele ser más alta y más cerrada cuando precede a una consonante palatal, como, por ejemplo, en *pecho*, y es bastante abierta en contacto con una vibrante múltiple y antes de /x/, como en *perro*, *lejos*. Sin embargo, incluso en este contexto /e/ no es tan abierta como la realización típica del fonema /ɛ/ de otras lenguas romances (o la vocal abierta media del inglés en *bed* 'cama'). Las mismas observaciones se pueden hacer con relación a la vocal media posterior.

Hay sistemas con más grados de altura vocálica. El resultado de añadir un nuevo contraste en la dimensión vertical es un sistema vocálico triangular de nueve vocales, como se observa en la tabla 6.3.

El sistema vocálico del inglés tiene forma de cuadrilátero, ya que posee dos vocales bajas /æ/ and /ɑ/ que contrastan en la dimensión horizontal, siendo una anterior y la otra posterior. Con la adición de una vocal central, no redondeada, de altura media, obtenemos el sistema vocálico de las variedades conservadoras del inglés americano general, como se muestra en la tabla 6.4, que incluye un ejemplo de cada fonema vocálico.

La variedad normativa del inglés británico conocida como *received pronunciation* o **RP** tiene además otra vocal central /ɜː/ alargada, en palabras como *bird* 'pájaro'.[3] Por el contrario, en muchas variedades norteamericanas ha desaparecido la distinción entre /ɔ/ y /ɑ/, de forma que no existe contraste

[3] Hay varios análisis fonológicos posibles de la vocal de *bird* 'pájaro' en inglés americano general. En un análisis sería fonológicamente una secuencia /ʌr/. En otros análisis se postula una vocal rótica transcrita como /ɚ/ o como /ɝ/.

Tabla 6.4 Sistema vocálico en sílabas tónicas de la variedad conservadora del inglés americano general

Altas cerradas	i *beet*					u *food*
Altas abiertas	ɪ *bit*					ʊ *foot*
Medias cerradas	e (eɪ) *bait*				o (oʊ) *boat*	
Medias abiertas		ɛ *bet*	ʌ *but*	ɔ *bought*		
Bajas		æ *bat*	ɑ *cot*			

entre *caught* 'atrapado' y *cot* 'cuna' o entre los nombres *Dawn* y *Don*. Otras variedades de la lengua inglesa tienen también inventarios de vocales diferentes.

Lo que hemos dicho hasta este punto nos permite ver, en términos generales, cómo están organizados los sistemas vocálicos del inglés y del español y cómo se distribuyen los fonemas en el espacio vocálico de ambas lenguas; sin embargo, es importante tener en cuenta que las vocales para las que hemos usado el mismo símbolo en las dos lenguas no son exactamente equivalentes en cuanto a su realización fonética. Es raro el caso en el que dos fonemas vocálicos son exactamente idénticos en dos lenguas diferentes que no se encuentran en una situación de contacto. Con respecto a la comparación que queremos realizar aquí, el hecho es que, aunque el inglés tiene el doble de vocales que el español, ninguna vocal del inglés se corresponde exactamente con ninguna de las vocales del español. En la sección siguiente incluimos una comparación más detallada.

Los tres rasgos de altura de la lengua, retraimiento y forma de los labios no son los únicos que se usan en las lenguas del mundo para distinguir entre fonemas vocálicos. En algunas, como las lenguas románicas francés y portugués, las vocales contrastan en nasalización. Por ejemplo, en francés, *beau* /bo/ 'hermoso', con una vocal oral, contrasta con *bon* /bõ/ 'bueno', con una vocal nasalizada. Por el contrario, en español (y en inglés), la nasalización es un rasgo alofónico: las vocales se nasalizan parcialmente en contacto con consonantes nasales. Cuando en una secuencia de vocal-nasal como /an/, el velo desciende, permitiendo así que el aire pase por la cavidad nasal antes de la formación de la oclusión nasal, la vocal se convierte en una vocal parcialmente nasalizada, [ãn], tal como se explica en la sección 5.9. Desde el punto de vista histórico, los fonemas vocálicos nasalizados a menudo tienen su origen en el debilitamiento de una consonante final de sílaba, lo que tiene como consecuencia la nasalización de la vocal precedente (este es el origen de las vocales nasales del francés y del portugués). Esta misma evolución se puede observar en los dialectos del Caribe y de Andalucía en los que una palabra como /pán/ se puede pronunciar [pãŋ] ~ [pã]. En teoría, una posible consecuencia de estos cambios sería la introducción en estos dialectos de vocales nasales contrastivas, si [pã] llegara a ser la única pronunciación común. En guaraní (lengua nacional del Paraguay, juntamente con el español), en las palabras que terminan en una vocal acentuada nasalizada, la nasalización se transmite a todas las vocales y otros segmentos por medio de un proceso de armonía. Por lo tanto, esta lengua posee un contraste entre vocales orales y nasales exclusivo de la posición tónica final, que tiene como resultado una oposición entre nasalidad y oralidad en el ámbito de la palabra.

Las vocales son generalmente sonoras, pero algunas lenguas (incluidas algunas lenguas indígenas de México) tienen además vocales glotalizadas o con murmullo (*breathy voice*). En español y en inglés el ensordecimiento de las vocales es un fenómeno alofónico que se da en posición final de enunciado en el habla de algunas personas, como consecuencia del descenso de la entonación a un tono muy bajo. En inglés y con menos frecuencia en español, podemos tener también glotalización alofónica de vocales al principio del enunciado o incluso a veces entre palabras, representada por la presencia de pulsos glotálicos irregulares.

También existen sistemas vocálicos que poseen un contraste fonémico entre vocales producidas con retracción y adelantamiento de la raíz de la lengua. Se pueden encontrar ejemplos en varias lenguas africanas que tienen procesos de armonía vocálica en este rasgo. Para algunos autores, el fenómeno de armonía vocálica en andaluz oriental, que consideraremos en la sección 6.4.1, sería también de este tipo.

El grado relativo de tensión o relajación de la articulación se usa a veces como un rasgo para clasificar las vocales. Algunos fonólogos utilizan la tensión o relajación de la lengua en lugar del desplazamiento vertical de la lengua (es decir, la altura) para diferenciar entre los dos miembros de los pares /i/ - /ɪ/, /e/ - /ɛ/, /o/ - /ɔ/, /u/ - /ʊ/, en los que la primera vocal es tensa y la segunda laxa (por ejemplo, /i/ es un vocal alta, anterior y tensa y /ɪ/ es alta, anterior y laxa). Lo que caracterizaría a las vocales tensas es que son producidas con mayor tensión muscular y precisión que las laxas o relajadas.

Finalmente, un rasgo que se encuentra a menudo con función fonémica en los sistemas vocálicos es la duración. El latín clásico tenía un contraste entre cinco vocales largas y cinco cortas: /i e a o u/ y /iː eː aː oː uː/, que, con el tiempo, dio lugar en la mayor parte de las lenguas de la zona romance central y occidental al sistema de siete vocales visto anteriormente. El japonés es otra lengua, entre otras muchas en el mundo, que hace uso de la duración fonémica en las vocales. En los pares de vocales medias y altas del inglés enumeradas en el párrafo anterior (p.ej. /i/ - /ɪ/), el primer miembro – la vocal tensa – es normalmente más largo, lo que ha llevado a algunos fonólogos a interpretar el contraste como fundamentalmente una cuestión de duración vocálica, más que de apertura o tensión. El español no tiene duración vocálica fonémica, pero puede tener secuencias de vocales idénticas, como *cree, moho, azahar* (vs. *azar*), etc.; cf. *pasé, pasee, paseé* (Lorenzo 1972, Monroy Casas 1980: 60–64).

6.2 Comparación de las vocales del español y del inglés

Como mencionamos anteriormente, ninguna de las cinco vocales del español es exactamente igual a ninguna de las del inglés. Una dificultad que encontramos si queremos hacer una comparación detallada entre el sistema vocálico de las dos lenguas son las importantes diferencias que hay entre variedades del inglés en cuanto a la pronunciación de las vocales. Mientras que en español, con un sistema vocálico sencillo, la variación fonológica afecta en la mayor parte a las consonantes, en inglés, la mayoría de las diferencias se encuentran en la pronunciación de las vocales. Por lo tanto, la comparación que hacemos aquí no siempre será válida para todos los dialectos.

Mientras que el español tiene dos vocales altas /i u/, el inglés tiene cuatro /i ɪ u ʊ/ (*beet* 'remolacha', *bit* 'poco', *boot* 'bota', *foot* 'pie'). Las vocales inglesas /i u/ son más largas que sus equivalentes en español y también se observa en ellas un ligero deslizamiento similar al de un diptongo: compárese, por ejemplo, el español *sí* [si], *su* [su] (vocales puras, sin deslizamiento) con el inglés *see* [si^{i}] 'ver', *Sue* [su^{u}] 'Sue' (más largas, con un ligero deslizamiento). Algunas descripciones de la vocal inglesa /i/ indican que parte de una posición algo más inferior que la vocal española /i/, deslizándose hasta llegar a la posición aproximada de esta última (Stockwell y Bowen 1965: 95).

Con relación a la /u/, en muchas variedades del inglés está teniendo lugar un cambio importante por el cual esta vocal se está adelantando, haciéndose centralizada e incluso anterior, [ʉ^{u}]. La comparación de los cuadros vocálicos (basados en valores medios de formantes) que incluye Ladefoged (2001: 43–44) para una variedad conservadora de inglés americano grabada en los años cincuenta y para el dialecto contemporáneo del inglés de California es muy reveladora en este aspecto: la articulación de /u/ de los hablantes jóvenes es mucho más centralizada (menos retraída). Otro estudio reciente que compara las características acústicas de las vocales inglesas de cuatro hablantes (supuestamente jóvenes) de inglés americano general y de las vocales de cuatro hablantes de Madrid también muestra una realización de la /u/ en inglés claramente adelantada en comparación con la /u/ del español

(Bradlow 1995).[4] El mismo proceso de adelantamiento de la /u/ está teniendo lugar en inglés británico y parece estar incluso más avanzado en el de Australia y Nueva Zelanda. Este cambio en la pronunciación de esta vocal inglesa ha atraído el interés de los investigadores (véase Harrington et al. 2008, 2011).

Con respecto a las vocales medias, una importante diferencia entre las dos lenguas es que en inglés /e o/ (*bait* 'cebo', *goat* 'cabra') tienen tendencia a la diptongación en [eɪ̯], [oʊ̯], convirtiéndose en diptongos más o menos claros, según el dialecto. En inglés americano general la /e/ es, con bastante consistencia, un diptongo claro; sin embargo, /o/ no es siempre un diptongo (Olive et al. 1993: 33). En la pronunciación normativa del inglés británico, por otro lado, la vocal que representamos como /o/ es de hecho [əʊ̯], con un núcleo centralizado y solo un poco redondeado (Roach 2000: 23). Por el contrario, en español /e o/ son monoptongos puros. De hecho, el español tiene un contraste fonológico entre /e/ y /ei/: *ves* [bés], *veis* [béi̯s]; *pena* [péna], *peina* [péi̯na]; *le* [le], *lee* [lée], *ley* [léi̯]. La /e/ del inglés, [eɪ̯] (como en *bait* 'cebo', *pain* 'pena', *bay* 'bahía', *café* 'café'), es un sonido intermedio en cuanto al grado de diptongación entre el monoptongo del español /e/ (*pena, ve, café*) y el diptongo /ei/ (*peina, ley, carey*). Por otra parte /e/ contrasta en inglés con una vocal más baja, /ɛ/ (como en *bet* 'apuesta'), sin deslizamiento. El español no tiene este contraste y algunas realizaciones de /e/, por ejemplo, en contacto con /r̄/ y /x/ (*perro, lejos*), a menudo se parecen más a la /ɛ/ que a la /e/ del inglés.

La vocal media del español /o/ es también siempre una vocal pura, a diferencia de su homóloga en inglés, y contrasta con /ou/, a pesar de que el diptongo /ou/ es poco común en español; compárese el español *gota, bote, cono* con el inglés *goat* /got/ ing. am. [goʊ̯t] ~ RP [gəʊ̯t] 'cabra', *boat* /bot/ 'bote', *cone* /kon/ 'cono'.

Finalmente, en la zona inferior del sistema, el inglés tiene un contraste entre una vocal anterior baja /æ/ (*man* 'hombre', *bad* 'malo', *bat* 'murciélago') y una vocal baja posterior /ɑ/ (inglés americano general *cod* 'bacalao', *pot* 'olla, tiesto'; inglés británico RP *card* 'tarjeta', *part* 'parte'). El español tiene una sola vocal baja /a/, que se parece más a la /ɑ/ del inglés americano que a /æ/, aunque es menos retraída, y ocupa una posición central entre anterior y posterior.

Para las otras vocales del inglés no existen fonemas similares en español. La tabla 6.5 resume la comparación entre las vocales del español y las del inglés americano.

[4] Dado que en este dialecto del inglés, la /i/ parece ser más periférica que la /i/ del español, Bradlow (1995: 1919) concluye que, comparadas con las del español, las vocales del inglés se articulan con la lengua en una posición más adelantada. Esta afirmación no se aplica necesariamente a otras variedades del inglés.

Tabla 6.5 Comparación de las vocales del español y del inglés americano

		Español	Inglés
Vocales altas	Anterior	/i/: corta, sin deslizamiento/diptongo.	Contraste entre dos fonemas: /i/ (*beat* 'ritmo'): larga, algo deslizante. /ɪ/ (*bit* 'poco'): corta, más baja, más centralizada.
	Posterior	/u/: corta, sin deslizamiento/diptongo y más retraída que /u/ en inglés.	Contraste entre dos fonemas: /u/ (*food* 'comida'): larga, algo deslizante. /ʊ/ (*book* 'libro'): corta, más baja. Las dos a menudo más centralizadas que /u/ en español.
Vocales medias	Anterior	/e/: vocal pura, contrasta con el diptongo /ei/: *pena* vs. *peina*. Alófonos un poco más altos o más bajos según el contexto.	Contraste entre dos fonemas: /e/ (*bait* 'cebo', *made* 'hecho'): más alta, se pronuncia como una vocal diptongada [eɪ̯], con una deslizante postvocálica más corta que en el diptongo español /ei/ [ei̯]. /ɛ/ (*bet* 'apuesta'): más baja, más corta, sin deslizamiento.
	Posterior	/o/: vocal pura, contrasta con el diptongo /ou/: *Sosa* vs. *Sousa*. Alófonos un poco más altos o más bajos según el contexto.	Contraste entre dos/tres fonemas: /o/ (*boat* 'bote', *go* 'ir'): más alta, a menudo se pronuncia como una vocal diptongada [oʊ̯], con una deslizante postvocálica más corta que en el diptongo español /ou/ [ou̯]. /ɔ/ (*dog* 'perro', *dawn* 'amanecer'): más baja, más corta. En muchas variedades de Norte América hay neutralización con /ɑ/. /ʌ/ (*cut*): central, no redondeada.
Vocales bajas		/a/: central	Contraste entre dos fonemas: /æ/ (*mad* 'loco'): anterior. /ɑ/ (*pod* 'vaina'): posterior.

Además de las diferencias en el inventario vocálico, una diferencia muy importante entre el español y el inglés es la reducción de las vocales en las sílabas átonas de esta última lengua. En inglés solo algunas vocales pueden aparecer en las sílabas átonas y la reducción a una vocal neutra [ə] (llamada *schwa*) en posiciones no acentuadas es un fenómeno muy extendido. Estos hechos se reflejan en numerosas alternancias: p.ej., *telegraph* [ˈtɛləˌgræf] 'telégrafo', *telegrapher* [təˈlɛgrəfɚ] 'telegrafista'; *object* 'objeto' [ˈɑbdʒɪkt] vs. *object* 'objetar' [əbˈdʒɛkt] (transcripciones basadas en Kenyon y Knott 1953).[5] En español, sin embargo, solo existen diferencias cualitativas muy pequeñas entre las vocales tónicas y átonas, al menos en el habla cuidada y dejando aparte reducciones que pueden ocurrir en el habla más rápida y coloquial (Quilis y Esgueva 1983, Martínez Celdrán y Fernández Planas 2007: 188). La cualidad de las vocales es básicamente la misma, por ejemplo, en *número* [número], *numero* [numéro] y *numeró* [numeró]. El español contrasta con "parientes cercanos" como el catalán y el portugués en su resistencia a la reducción en posiciones no acentuadas; cf. el español *a la casa* [alakása] vs. el correspondiente catalán *a la casa* [ələkázə], y se parece más a otros como el italiano estándar.

6.3 Caracterización acústica de las vocales del español

Como indicamos en la sección 3.2, el espectrograma de los sonidos vocálicos se caracteriza por la presencia de barras horizontales oscuras, llamadas **formantes**, que representan concentración de energía en ciertos niveles. Los dos primeros formantes (F1 y F2) proporcionan información que sirve para identificar las cinco vocales del español. La figura 6.1 incluye un espectrograma de la pronunciación de las sílabas /pi pe pa po pu/ por parte del autor. En ella el formante F1 asciende de /i/ a /a/ y a continuación desciende: i < e < a > o > u. El formante F2, sin embargo, alcanza su punto más elevado para /i/ y luego desciende gradualmente: i > e > a > o > u.

En la tabla 6.6 se muestran los valores medios de los formantes de las cinco vocales españolas obtenidos por Quilis y Esgueva (1983) en un estudio espectrográfico en el que analizaron datos de dieciséis hablantes de España y Latinoamérica, todos ellos varones. Cada hablante produjo varios ejemplos de cada vocal (en posiciones tónicas y átonas, siempre en contacto con consonantes labiales) en palabras incluidas en frases marco.[6]

[5] En las transcripciones del inglés indicamos acento primario y secundario con los diacríticos del AFI.

[6] Esta fuente también incluye datos de siete mujeres. Bradlow (1995) presenta datos parecidos correspondientes a las vocales acentuadas, precedidas de labial y seguidas de dental, de cuatro hablantes varones del español de Madrid. Martínez Celdrán (1995, 1998: 41–43) incluye los valores de los formantes de cinco varones. Ladefoged (2001: 35–36, 41–42) representa por medio de un gráfico los formantes de las cinco vocales del español en posición tónica en el contexto /m_s/ (*masa, mesa, misa, mosca, musa*), al parecer en la pronunciación de un solo hablante.

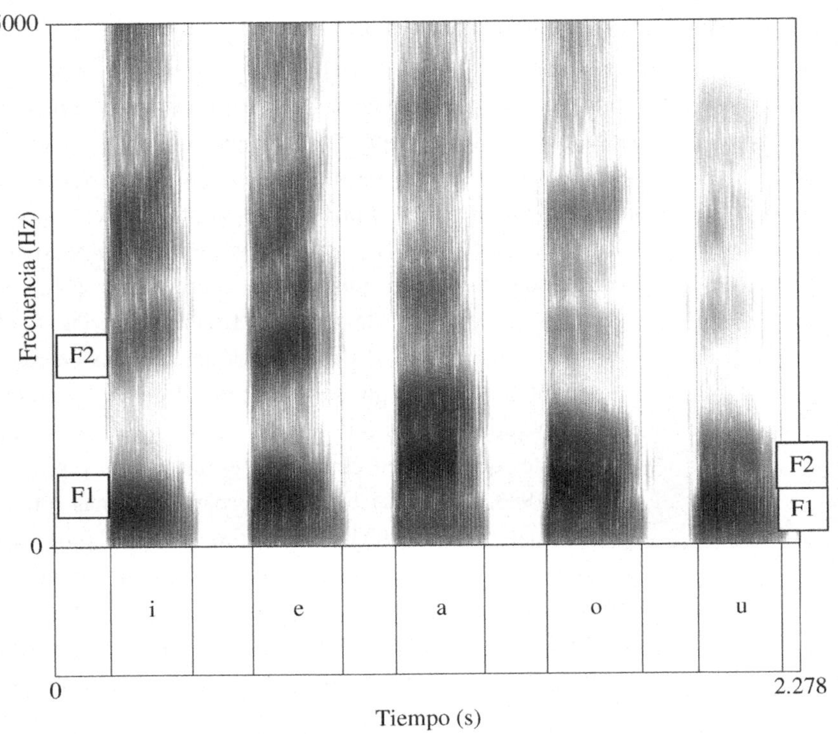

Fig. 6.1a Espectrograma de /pi pe pa po pu/. Los formantes primero y segundo (F1 y F2) son los más relevantes para identificar las vocales

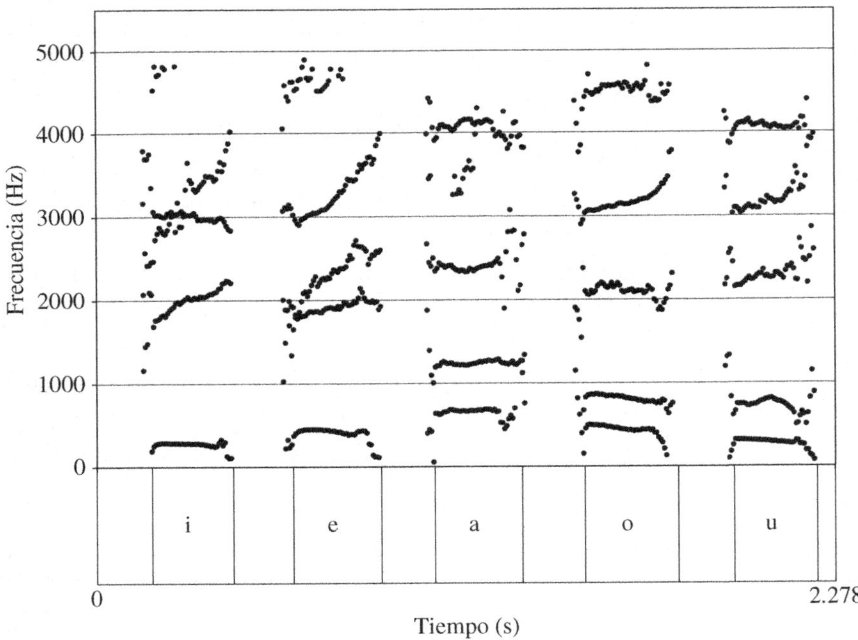

Fig. 6.1b Valores medios de los formantes del espectrograma en la Fig. 6.1a (extraídos automáticamente en Praat)

Tabla 6.6 Vocales del español

Fonemas	F1	F2
/i/	264,5	2317,5
/e/	435,8	1995,01
/a/	657,28	1215
/o/	474,5	888,4
/u/	293,5	669,08

Valores medios en Hz de F1 y F2 (basados en los datos de dieciséis hablantes varones de Quilis y Esgueva 1983: 244).

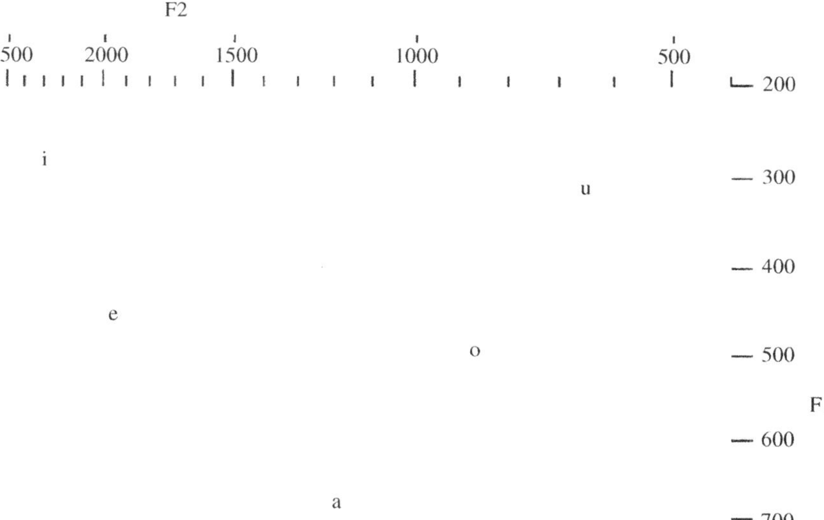

Fig. 6.2 Cuadro de formantes de las vocales del español, basado en los datos de la tabla 6.6; los datos han sido extraídos de Quilis y Esgueva 1983, y representan las medias de dieciséis hablantes varones. Los valores de F1 (en el eje vertical) y F2 (en el eje horizontal) son en Hz.

Como se muestra en la tabla 6.6 y en la figura 6.1, la altura del primer formante o F1 es inversamente proporcional a la altura vocálica; es decir, cuanto más baja sea la vocal, más alto será su F1: el F1 tiene su valor más alto para la /a/ y el más bajo para las vocales altas. El segundo formante o F2, por otra parte, es directamente proporcional al grado de anterioridad o de palatalización de la vocal. Cuanto más anterior sea la vocal, más alto será el valor del F2: /i/ tiene el F2 más alto y /u/ el más bajo.

Si trasladamos los valores de los formantes a un cuadro, obtendremos el triángulo vocálico. Esto se puede ver en la figura 6.2 en la que se han trazado los valores de la tabla 6.6, con el F1 en el eje de las ordenadas o eje vertical y el F2 en el eje de las abscisas o eje horizontal. Los ejes usan una escala logarítmica, dado que esta refleja la percepción humana con más exactitud. Obsérvese que para obtener la orientación correcta para el triángulo se ha situado el punto de origen de las coordenadas en la esquina superior derecha.

6.4 Fenómenos vocálicos dialectales

La cualidad de las vocales es sorprendentemente estable en los dialectos del español. Algunos estudios acústicos recientes han mostrado la existencia de diferencias entre variedades geográficas en la realización fonética de las vocales, pero estas diferencias son bastante pequeñas (Chládková y Escudero 2012). Las diferencias en cualidad vocálica o incluso en inventario fonémico que se advierten en las variedades geográficas y sociales del inglés son inexistentes en español, lo que, sin duda, es debido en parte a la simetría y sencillez del sistema.[7] Se pueden observar desviaciones con respecto a la norma en hablantes de bajo nivel educativo, especialmente en la distribución de las vocales medias y altas en las sílabas pretónicas: p.ej., *cevil* en lugar del estándar *civil*, *midicina* en vez de *medicina*, etc., y dialectalmente también existen diferencias con respecto a la norma en palabras concretas: p.ej., *escuro* en lugar de *oscuro*, *semos* en vez de *somos*, etc.[8]

Un proceso digno de mención es el acortamiento y la elisión de las vocales átonas, especialmente ante /s/: en *buenas noch(e)s, p(ue)s no, mil pes(o)s, un caf(e)sito,* la vocal entre paréntesis puede elidirse perceptualmente. Este fenómeno se ha documentado principalmente en el español mexicano y andino, dos áreas donde, por el contrario, la /s/ final de sílaba no se debilita.[9]

6.4.1 Las vocales del andaluz oriental

En el andaluz oriental, hablado en la provincia de Granada y zonas circundantes de Andalucía y Murcia, la /s/ a menudo se elide a final de palabra. Varios dialectólogos, incluidos lingüistas que son hablantes nativos de estas variedades, mencionan que, aunque la /-s/ no se pronuncie, se mantienen los contrastes morfológicos porque la cualidad de las vocales finales es diferente ante una "/-s/

7 Sin embargo, este no es un factor determinante. En los dialectos del vasco, por ejemplo, hay mucha variación entre las vocales, a pesar del hecho de que la mayoría de los dialectos de esta lengua tienen un sistema sencillo de cinco vocales.

8 En algunos casos, las formas establecidas en el estándar moderno no son las más comunes en el español antiguo. Este es el caso de la mayoría de los infinitivos en *-ir*, en los que las vocales altas se han generalizado en la raíz, en contra de una preferencia previa por las medias, como, por ejemplo, *sufrir* (cast. med. *sofrir*), *escribir* (cast. med. *escrevir*), *cubrir* (cast. med. *cobrir*), etc. (véase Penny 2002: 189–190).

9 Véase Canellada y Zamora Vicente (1960), Lope Blanch (1966), Lipski (1994).

muda" y en posición final absoluta. En concreto, las vocales medias /e/, /o/ tienen alófonos muy abiertos [ɛ], [ɔ] ante "/-s/ muda" y otros mucho más cerrados cuando van en posición final (sin "/-s/ muda"). Esto hace que se pueda mantener la distinción entre el singular y el plural: *libro* [líβɾo̝][10] vs. *libros* [líβɾɔ]; *libre* [líβɾe̝] vs. *libres* [líβɾɛ]. En palabras de Alvar (1991: 235): "en Almería, Jaén y Granada, en el singular *niño* o *pobre* se pronuncian con una vocal final muy cerrada, con lo que el singular queda así marcado, mientras que los equivalentes regionales de *niños* o *pobres* tienen una vocal final muy abierta (por supuesto falta la *-s*), con lo que la marca de abertura sirve para indicar el plural". La vocal baja se hace más anterior o palatalizada en el plural, siendo parecida a la vocal /æ/ del inglés: *libra* [líβɾa] vs. *libras* [líβɾæ]. Este fenómeno parece ser propio de Andalucía oriental y de Murcia y no se da en Andalucía occidental, ni en las Islas Canarias, el Caribe u otras zonas donde también se suele elidir la /-s/.

Además, en Andalucía Oriental, la cualidad abierta o cerrada de la vocal se extiende a la vocal tónica e incluso a la pretónica, especialmente cuando son todas medias: p.ej., *lobos* [lɔ́βɔ] vs. *lobo* [ló̝βo̝]; *peroles* [pɛɾɔ́lɛ]. Este es, por lo tanto, un ejemplo de armonía vocálica, dado que todas las vocales de la palabra se pueden ver modificadas por la cualidad de la vocal final (véase la sección 5.3.3).[11]

6.4.2 Metafonía y elevación de vocales altas en variedades cántabras y asturianas

Algunas variedades locales de Asturias y Cantabria, en el norte de la Península Ibérica, presentan fenómenos de asimilación y armonía vocálica de gran interés tipológico. Al no ser estas variedades propiamente dialectos del español sino codialectos (esto es, evoluciones divergentes del latín hispánico), estos fenómenos los consideramos en el apéndice B.

EJERCICIOS

1 Bradlow (1995), analizando los datos de cuatro varones, hablantes del español de Madrid, obtuvo los valores de los formantes que se muestran en la tabla 6.7 para vocales tónicas en palabras tipo CVCV (donde cada valor representa una

[10] El subíndice de la vocal final es el diacrítico usado por el AFI para indicar una vocal algo más alta.

[11] Alonso et al. (1950: 212) apuntan que la armonía vocálica se observa muy claramente cuando todas las vocales de la palabra tienen la misma cualidad: "Cuando en la palabra van varias vocales idénticas, la cerrazón del singular o la abertura del plural se extienden a toda la palabra, con extraordinaria diferenciación". Desde las investigaciones pioneras de Navarro Tomás (1939) y Alonso et al. (1950), este fenómeno ha atraído la atención de muchos fonólogos, fonetistas y dialectólogos; véase (en orden alfabético): Alarcos Llorach (1958, 1983), Alvar (1955), Gómez Asencio (1977), Hernández-Campoy y Trudgill (2002), Hualde y Sanders (1995), Llorente (1962), Lloret y Jiménez (2009), López Morales (1984), Martínez Melgar (1986, 1994), Morillo-Velarde (1985), Rodríguez-Castellano y Palacio (1948), Salvador (1957–1958, 1977), Sanders (1998), Villena Ponsoda (1987), entre muchos otros.

media de veinte casos: cuatro hablantes x cinco repeticiones). Trace estos valores en un cuadro de formantes. Compare este cuadro con el que se da en el texto para los datos de los hablantes varones del estudio de Quilis y Esgueva (1983). El cuadro se puede hacer usando un programa informático como Microsoft Excel® o manualmente, usando papel cuadriculado.

Tabla 6.7 Vocales del español de Madrid

Fonemas	F1	F2
/i/	286	2147
/e/	458	1814
/a/	638	1353
/o/	460	1019
/u/	322	992

Valores medios en Hz de F1 y F2 (basados en los datos de cuatro hablantes de Bradlow 1995).

2 Bradlow (1995) también obtuvo los valores de los formantes de los once fonemas vocálicos del inglés americano general en palabras del tipo CVC, como se muestra en la Tabla 6.8 (igual que en el ejemplo anterior, cada valor representa una media de veinte casos: cuatro hablantes x cinco repeticiones). Dibuje otro cuadro de formantes con estos valores y compárelo con el que hizo para los datos del español en el ejercicio 1. ¿Hay algunas diferencias

Tabla 6.8 Vocales del inglés americano general

Fonemas	F1	F2
/i/	268	2393
/ɪ/	463	1995
/e/	430	2200
/ɛ/	635	1796
/æ/	777	1738
/ʌ/	640	1354
/ɑ/	780	1244
/ɔ/	620	1033
/o/	482	1160
/ʊ/	481	1331
/u/	326	1238

Valores medios en Hz de F1 y F2 (basados en los datos de cuatro hablantes de Bradlow 1995).

inesperadas entre las posiciones de las vocales del inglés americano en el cuadrilátero vocálico y los nombres utilizados en sus descripciones (posterior/anterior, alta/media/baja)? (Para ver un estudio más extenso de las vocales del inglés americano, consúltese Hillenbrand et al. 1995.)

3 El gran fonetista español Tomás Navarro Tomás (1977) distinguió dos alófonos de la vocal /e/ en distribución complementaria (también de /o/): uno más abierto en palabras tales como *perro, guerra, remo, teja, lejos* y otro más cerrado, en, por ejemplo, *pecho, peña, sello, pesca, vengo*. Otros autores han expresado disconformidad con la descripción de Navarro Tomás, negando la existencia de alófonos diferentes en distribución complementaria (Quilis 1993: 145, Martínez Celdrán 1984: 288–301). Grabe tres repeticiones de cada ejemplo dentro de una frase marco (p.ej., "digo___ para ti") y mida los dos primeros formantes de la /e/ sirviéndose de un programa de análisis acústico. ¿A qué hipótesis dan validez sus datos? ¿Hay realizaciones abiertas y cerradas en distribución complementaria? ¿Se pueden ver tendencias en contextos específicos?

4 En Andalucía oriental un par de palabras como [píno] y [pínɔ] (plural) se distinguen solo por la cualidad de la vocal final. Debido a la existencia de estos "pares mínimos", algunos autores han concluido que en este dialecto del español existe un desdoblamiento (parcial) del sistema fonémico vocálico. Penny (2000: 125–126), por ejemplo, propone un sistema de ocho fonemas vocálicos: /i e ɛ æ a ɔ o u/ para el andaluz oriental (véanse también las referencias en la nota 11). ¿Está de acuerdo con este punto de vista? Considere también los siguientes contrastes en el mismo dialecto:

pino caído	[pínokaío]	*pinos caídos*	[pínɔʰkkaíɔ]
pino grande	[pínoɣránde]	*pinos grandes*	[pínɔxrándɛ]
pino enano	[píno̯enáno]	*pinos enanos*	[pínɔ.enánɔ]

5 Como vimos también en el capítulo 4, en muchas variedades latinoamericanas, una secuencia como /ea/ se puede reducir al diptongo [i̯a]. Esta reducción a diptongo no es, sin embargo, igual de probable en todas las palabras que contienen la secuencia /ea/. Compare las siguientes palabras: *paseamos, poseamos, peleamos, golpeamos, leamos, creamos*. ¿En cuáles de ellas es menos probable el diptongo [i̯a]? ¿Cuál puede ser el motivo? Lo mismo se aplica

a la secuencia /ee/ y su reducción a [i̯e] frente a su reducción a [e]: *paseemos, poseemos, peleemos, golpeemos, leemos, creemos.*

6. Obtenga grabaciones de las palabras españolas *ves* y *veis* y de la inglesa *base* [beɪ̯s] 'base'. Mida los formantes primero y segundo en tres puntos correspondientes aproximadamente al 25%, 50% y 75% de la duración de la vocal o secuencia. Explique los datos obtenidos.

7 Consonantes oclusivas

7.1. Oclusivas sordas y sonoras: alófonos principales

El español tiene dos series de fonemas oclusivos (orales), sordos /p t k/ y sonoros /b d g/. Ambas series contienen los tres mismos puntos de articulación, a saber, bilabial, dental y velar. A pesar del nombre de *consonantes oclusivas* que hemos adoptado para estos fonemas, es importante enfatizar que las *oclusivas* sonoras del español se realizan como aproximantes en la mayoría de los casos. Por otra parte, las oclusivas sordas pueden pronunciarse como sonoras en algunos contextos, en ciertos estilos y dialectos, como explicaremos más adelante. En otras palabras, la caracterización básica de los fonemas no se aplica siempre a todas las variantes alofónicas de los mismos.

En la realización que podemos considerar como normativa o más general, los fonemas /p t k/ se realizan como oclusivas sordas sin aspiración, mientras que cada uno de los fonemas sonoros /b d g/ tiene dos alófonos en distribución complementaria: las oclusivas [b d g] se dan tras pausa, nasales, y, en el caso de /d/, también después de una lateral. En los contextos restantes estas consonantes tienen alófonos aproximantes [β ð ɣ]. En otras palabras, los alófonos oclusivos [b d g] se dan tras pausa y después de una resonante **homorgánica** (dado que, aunque las nasales se asimilan a todas las consonantes que las siguen, /l/ solo presenta asimilación al punto de articulación de las consonantes que se pronuncian con la parte anterior de la lengua, es decir, a la dental /d/, pero no a la labial /b/ o a la velar /g/); véase la tabla 7.1.

La distribución alofónica que acabamos de describir es en cierta medida una idealización y no tiene en cuenta algunos datos dialectales. Pasamos ahora a dar una descripción más detallada del contraste /p t k/ vs. /b d g/ en español basada en el contexto fonológico y teniendo en cuenta la variación dialectal.

Tabla 7.1 Oclusivas sordas y sonoras en español: distribución alofónica más general

/p/	[p]		*pan* [pán], *sopa* [sópa]
/t/	[t]		*tan* [tán], *lata* [láta]
/k/	[k]		*can* [kán], *aquí* [akí]
/b/	[b]	tras pausa, tras nasal	*van* [bán], *ambos* [ámbos]
	[β]	otros contextos	*se van* [seβán], *desván* [dezβán], *calvo* [kálβo], *árbol* [árβol]
/d/	[d]	tras pausa, tras nasal, tras lateral	*dan* [dán], *andan* [án̪dan], *caldo* [kál̪do]
	[ð]	otros contextos	*lo dan* [loðán], *los dan* [lozðán], *arde* [árðe]
/g/	[g]	tras pausa, tras nasal	*ganso* [gánso], *tango* [táŋgo]
	[ɣ]	otros contextos	*hago* [áɣo], *rasgo* [r̄ázɣo], *algo* [álɣo], *orgullo* [orɣúʝo]

7.2 El contraste sordo/sonoro por contexto fonológico

7.2.1 Oclusivas a comienzo de enunciado

En la producción de las oclusivas es necesario coordinar la formación y apertura de la oclusión oral con la actividad de las cuerdas vocales. Si las cuerdas vocales se aproximan y comienzan a vibrar, en preparación para la siguiente vocal o líquida, antes de la apertura de la oclusión, el resultado es una oclusiva sonora. Si el comienzo de la vibración ocurre en el momento de la separación de los órganos que creaban la oclusión o muy poco después, el resultado es una oclusiva sorda. Finalmente, si hay un cierto retraso entre el momento de la explosión y el instante en que las cuerdas vocales empiezan a vibrar, el resultado será un período de aspiración entre la explosión y el comienzo de la vibración de las cuerdas vocales, produciéndose así una oclusiva sorda aspirada.

En la tabla 7.2 se muestra un esquema de estas tres formas de coordinar los gestos articulatorios y la acción de las cuerdas vocales. Los ejemplos corresponden a oclusivas labiales, pero son válidos para los otros puntos de articulación. En algunas lenguas (por ejemplo, el tailandés) cada una de estas combinaciones de gestos orales y glotales se corresponde con un fonema diferente: /b/, /p/ y /p^h/, que se distinguen en cuanto a su **VOT** (tiempo de inicio de la sonoridad, *voice onset time* en inglés: Lisker y Abramson 1964). El español solo hace uso de dos de estos sonidos: uno sonoro [b] (con sonoridad anticipada antes del inicio de la vocal) y otro sordo y sin aspiración [p] (con un lapso de tiempo breve entre el final de la oclusión y el inicio de la sonoridad), que se corresponden respectivamente con los fonemas /b/ y /p/. Los hechos del inglés, en cambio, son bastante diferentes. El

Tabla 7.2 Contrastes de VOT

(1)

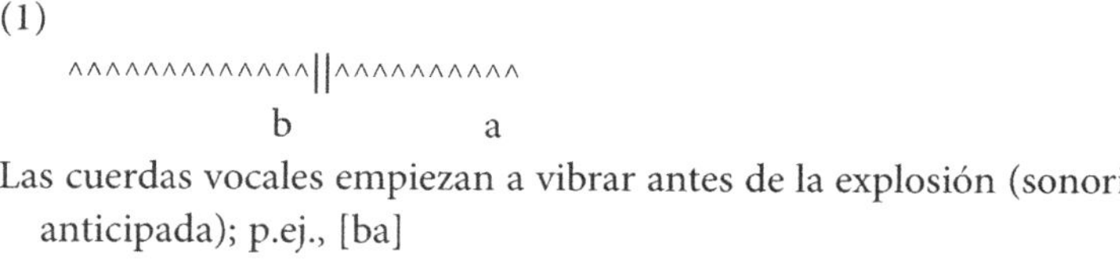

Las cuerdas vocales empiezan a vibrar antes de la explosión (sonoridad anticipada); p.ej., [ba]

(2)

- - - - - - - - - - || - ^^^^^^^^^

p a

Las cuerdas vocales empiezan a vibrar en el momento de la explosión, o muy poco después (lapso corto de sonoridad); p.ej., [pa]

(3)

- - - - - - - - - - || - - - - -^^^^^^^^^

p^h a

Las cuerdas vocales empiezan a vibrar después de la explosión (lapso largo de sonoridad); p.ej., [p^ha]

La doble barra indica el momento en que se abre la oclusión bilabial.

inglés usa tres categorías fonéticas (sonoridad anticipada, lapso corto de sonoridad, lapso largo de sonoridad), a pesar de que, al igual que en español, solo existen dos categorías fonémicas, /b/ y /p/. En la posición inicial de enunciado en concreto, la categoría (2) en la tabla 7.2 (lapso corto de sonoridad) corresponde al fonema /p/ en español, pero es un alófono del fonema /b/ en inglés.

En posición inicial de enunciado, la diferencia entre /b d g/ y /p t k/ es básicamente una cuestión de VOT. En español, las cuerdas vocales empiezan a vibrar para la producción de /b d g/ durante la oclusión, mientras que para /p t k/ el inicio de la sonoridad tiene lugar en el momento de la explosión, o muy poco después de la misma.[1] En la figura 7.1 esta diferencia se aprecia en la barra de sonoridad (energía en la parte más baja del espectrograma que se observa a lo largo de la [b] /báso/ [báso], pero no en la [p] de /páso/ [páso]).

En la figura 7.2, por otra parte, se muestran oscilogramas de la sílaba inicial, [pa] y [ba], de los ejemplos *paso* y *vaso*. Además de la diferencia en VOT, en las oclusivas sordas /p t k/ la separación de los órganos articulatorios es más brusca

[1] Castañeda (1986) obtuvo los siguientes valores medios de VOT en milisegundos para el español peninsular (los valores negativos indican presencia de sonoridad antes del inicio de la explosión, que se considera el valor 0 del VOT): /p/ = 6,5, /t/ = 10,4, /k/ = 25,7, /b/ = −69,8, /d/= −77,7, /g/= −58. Las cifras para cuatro dialectos latinoamericanos en Williams (1977) son parecidas, pero no idénticas, lo que apunta a la posible existencia de diferencias en VOT pequeñas, pero quizá sistemáticas, entre dialectos del español (Rosner et al. 2000).

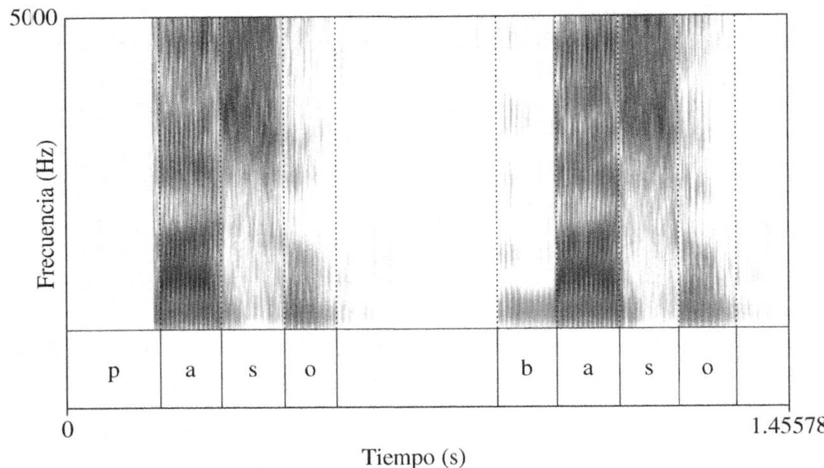

Fig. 7.1 Espectrogramas *paso* /páso/ - *vaso* /báso/. Obsérvese la aspiración muy breve en el momento de la explosión de /p/ y la presencia de una franja de sonoridad (energía en las bandas de frecuencia más bajas) durante la oclusión de /b/.

que en las sonoras /b d g/, lo que produce una transición más nítida en la señal acústica (Williams 1977).

Esporádicamente, /b d g/ en posición inicial de enunciado se pueden producir sin oclusión total. Esto se refleja en el espectrograma en una transición muy gradual entre consonante y vocal, con energía en la zona del espectrograma que corresponde a los primeros formantes desde el comienzo del enunciado.

7.2.2 Oclusivas intervocálicas

Como sabemos, una característica importante de la pronunciación del español es que en posición intervocálica /b d g/ no son oclusivas, sino aproximantes, [β ð ɣ], sin oclusión total y solo con una aproximación de los órganos articulatorios. Navarro Tomás, en su *Manual*, se refiere a estos sonidos con el término *fricativas*, que luego fue adoptado por otros fonetistas y fonólogos del español. Sin embargo, el análisis de espectrogramas revela claramente que estos segmentos no tienen la energía aperiódica o **ruido** que define a las fricativas. El espectrograma de estos sonidos, por otra parte, muestra la presencia de formantes que crean una transición entre las dos vocales colindantes. El término *aproximante* es, por lo tanto, más apropiado para estas consonantes (Martínez Celdrán 1991a).

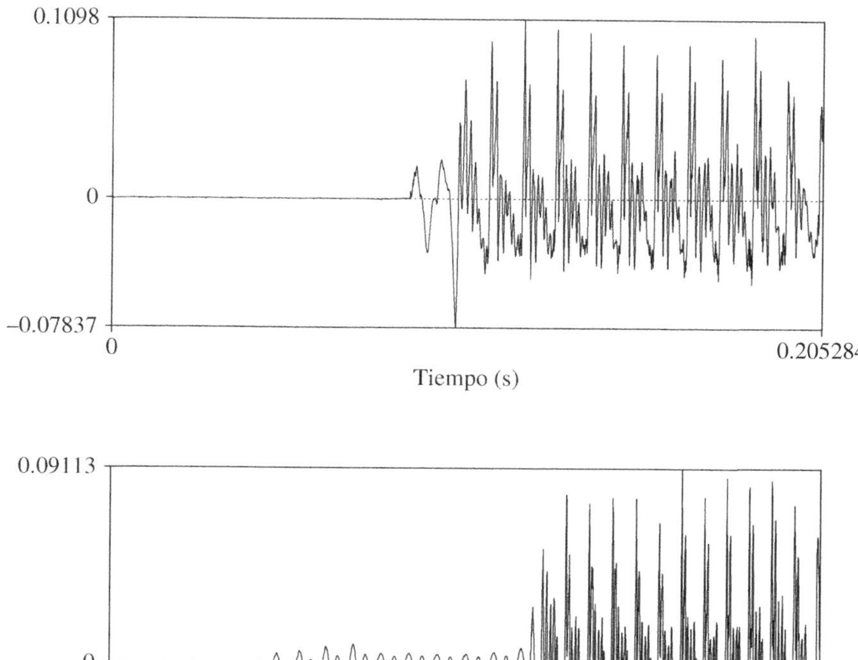

Fig. 7.2 Oscilogramas de [pa] (parte superior) y [ba] (parte inferior)

El análisis espectrográfico también muestra bastante variación en la cantidad de energía periódica en [β ð ɣ], en diferentes ejemplos, indicando variación en el grado de constricción de estos sonidos. Cuanto más abiertos estén los órganos articulatorios, más clara será la estructura de los formantes y más parecidos también serán los espectrogramas a los espectrogramas vocálicos, como ocurre en la segunda /d/ de la figura 7.3.

Algunos trabajos recientes han empezado a investigar qué factores contribuyen a tal variación. Uno de ellos es el acento: /b d g/ tienden a tener articulaciones más abiertas y más parecidas a las vocales cuando siguen a una vocal acentuada que en el ataque de una sílaba tónica. El grado de abertura del segmento precedente también afecta a la consonante (Cole et al. 1998, Ortega-Llebaria 2003, Eddington 2011, Simonet et al. 2012).

Por lo tanto, en posición intervocálica, el contraste es entre /b d g/, realizadas como aproximantes sonoras [β ð ɣ], y /p t k/, normalmente pronunciadas

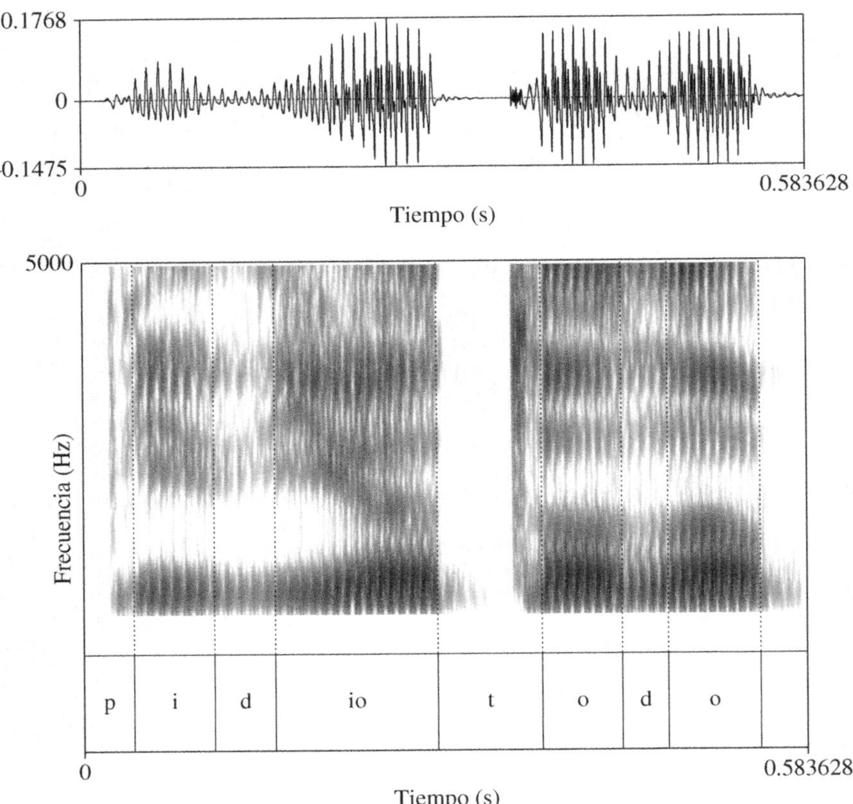

Fig. 7.3 Oscilograma y espectrograma de /pidió tódo/ [piðió tóðo]. En este caso concreto, la segunda /d/ fue pronunciada con una constricción menor.

como oclusivas sordas [p t k]. Hay por tanto un contraste en sonoridad (sonora vs. sorda) y en modo de articulación (aproximante vs. oclusiva). Existe además una diferencia en duración, siendo /p t k/ más largas que /b d g/ (véase Parrell 2011). En la figura 7.4 se presenta un ejemplo.

En el párrafo anterior mencionamos que /p t k/ "normalmente" se realizan como oclusivas sordas. La razón por la que agregamos "normalmente" es que en ciertos estilos y dialectos los fonemas /p t k/ se pronuncian con vibración de las cuerdas vocales durante toda la oclusión en posición intervocálica. Este fenómeno es muy común en el español de las Islas Canarias y en el cubano: *Paco* [págo], *zapato* [sabádo] (Trujillo 1980, Oftedal 1985, Marrero 1988, Quilis 1993: 222–224). La sonorización de /p t k/ en posición intervocálica también se encuentra en muchas zonas del español peninsular, delimitada por criterios estilísticos: es muy frecuente en el habla conversacional, pero no en estilos más cuidados, como la lectura de un texto (Torreblanca 1976 con datos

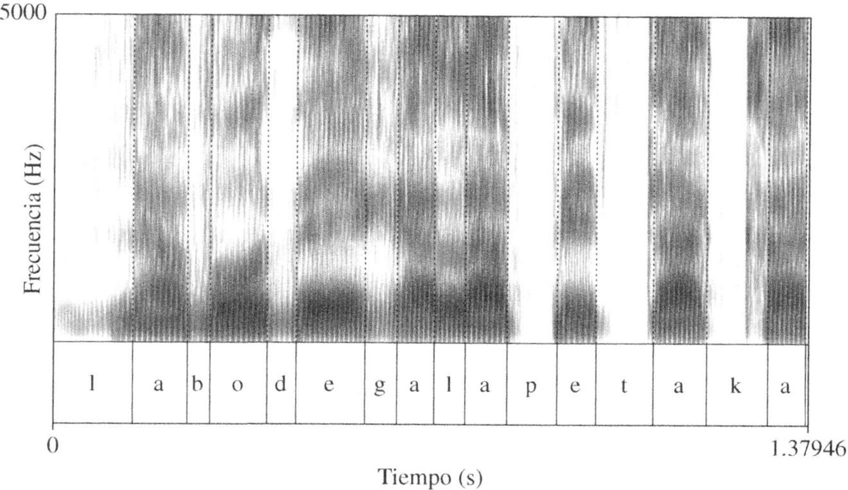

Fig. 7.4 Espectrograma de *la bodega, la petaca* /labodéga lapetáka/ [laβoðéɣalapetáka]

de Toledo, Machuca 1997 para Barcelona, Lewis 2001 para Bilbao, Hualde, Simonet y Nadeu 2011, Torreira y Ernestus 2011). Por el contrario, el español colombiano parece no participar en este proceso de debilitamiento (Lewis 2001). Además de diferencias de tipo dialectal en la frecuencia de la sonorización de /p t k/, hay también diferencias individuales importantes dentro de la misma zona, quizá con valor sociolingüístico.

Naturalmente, surge la cuestión de cómo se puede mantener el contraste fonológico entre oclusivas sonoras y sordas en posición intervocálica si las sordas pueden realizarse como sonoras. Parte de la respuesta consiste en que, dado que los fonemas intervocálicos /b d ɡ/ son siempre aproximantes, se puede mantener un contraste en modo de articulación entre /b d ɡ/ [-β- -ð- -ɣ-] y /p t k/ [-b- -d- -ɡ-]. Esta, sin embargo, no es la respuesta completa, ya que las realizaciones sonoras de /p t k/ en posición intervocálica pueden ser también aproximantes. En términos estadísticos, las realizaciones sonoras de /p t k/ son algo menos abiertas y tienen más duración que los alófonos de /b d ɡ/ en la misma posición (Hualde, Simonet y Nadeu 2011). Sin embargo, parece claro que en casos concretos puede haber neutralización, de modo que a veces solo el contexto nos permite identificar la palabra. La consonante que muestra mayor tendencia a debilitarse entre las fonológicamente sordas es /k/: *médico* [méðiɣo], *lo que pasa* [loɣebása], *la política* [labolídiɣa].

Por otra parte, en algunas variedades de la República Dominicana, la /d/ intervocálica puede neutralizarse con /ɾ/ de manera que, por ejemplo, palabras como *modo* y *moro* pueden recibir la misma pronunciación (Núñez

Cedeño 1987). Este es un fenómeno que se da también de manera variable en judeoespañol (y también, por ejemplo, en dialectos vascos: Hualde 1991b).

7.2.3 Oclusivas en posición postconsonántica

Como indicamos con anterioridad, en la distribución más general en habla cuidada de los alófonos de /b d ɡ/, las oclusivas sonoras aparecen tras una consonante resonante homorgánica (es decir, en los grupos [mb], [n̪d], [l̪d], [ŋɡ]) y los alófonos aproximantes en los restantes contextos postconsonánticos. En los contextos donde /b d ɡ/ son oclusivas, el contraste entre las dos series de fonemas se basa en la sonoridad y no en el modo de articulación (p.ej. *trompa* [trómpa] vs. *tromba* [trómba], *saldo* [sál̪do] vs. *salto* [sál̪to], *tienda* [ti̯én̪da] vs. *tienta* [ti̯én̪ta], *manga* [máŋɡa] vs. *manca* [máŋka]). Este contraste se manifiesta en el espectrograma en la presencia vs. ausencia de energía en la zona más baja del mismo (la barra de sonoridad). Una diferencia también muy llamativa cuando se comparan las oclusivas sordas y sonoras en este contexto es la duración de la oclusión, que es mucho mayor en el caso de las oclusivas sordas (Martínez Celdrán 1991b, Zampini y Green 2001). Como compensación, el segmento precedente puede tener mayor duración ante oclusiva sonora (véase la figura 7.5). La duración de los segmentos es, por tanto, una pista fonética muy importante para la percepción del contraste en los contextos postconsonánticos donde /b d ɡ/ se realizan como oclusivas.

En otros contextos postconsonánticos existe un contraste en modo de articulación, además del contraste en sonoridad, como p.ej. *rasgo* [r̄ázɣo] vs. *rasco* [r̄ásko], *pardo* [párðo] vs. *parto* [párto] (véase la figura 7.6).[2]

Una diferencia importante con respecto al patrón alofónico general que acabamos de describir se encuentra en zonas de Centroamérica y Colombia donde la tendencia es pronunciar oclusivas después de cualquier consonante e incluso después de las deslizantes: p.ej., *carbón* [karbón] (normativo [karβón]), *verde* [bérde] (normativo [bérðe]), *hay velas* [ái̯ bélas] (normativo [ái̯ βélas]) (Fernandez 1982, Canfield 1981, Amastae 1989, 1995, Carrasco, Hualde y Simonet 2012).

En variedades coloquiales del español cubano las oclusivas sonoras también aparecen después de las líquidas, que se asimilan en punto de articulación a la consonante siguiente, dando lugar a oclusivas geminadas; por ejemplo, *el verde* [eb:éd:e] (Guitart 1976: 24). Del mismo modo, se puede encontrar

[2] Recordemos que con [r] indicamos una vibrante que puede ser simple o múltiple (véase la sección 10.3.1).

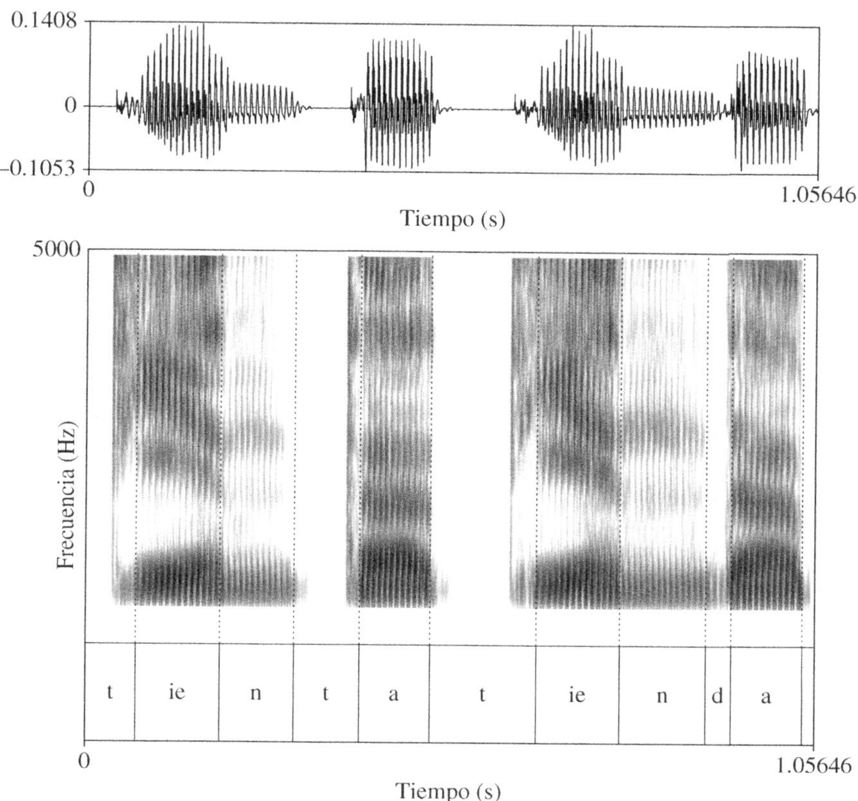

Fig. 7.5 Oscilograma y espectrograma de *tienta* /tiénta/ [ti̯ḗn̪ta] y *tienda* /tiénda/ [ti̯ḗn̪da]. Obsérvese la mayor duración de la oclusión de la /t/ postnasal comparada con la /d/. Por el contrario la /n/ previa es más larga en el segundo ejemplo.

variación en la pronunciación de /b d g/ tras consonante en otras zonas de Latinoamérica, en las que aparecen oclusivas fonéticas en algunos de los contextos postconsonánticos donde en la distribución alofónica más general hay aproximantes (Quilis 1993: 221).

Es importante entender que la distribución complementaria de dos alófonos, p.ej., [b] y [β], es en cierta medida una simplificación de la realidad. La realidad consiste en un continuo de realizaciones fonéticas con una oclusión total, en un extremo, y en el otro, la elisión total de la consonante. Diferentes contextos fonológicos favorecen diferentes rangos de valores de oclusión; también hay diferencias dialectales a este respecto, sobre todo en los contextos postconsonánticos. Una descripción general con respecto a la distribución de los alófonos de /b d g/, válida para todos los dialectos del español, podría ser la

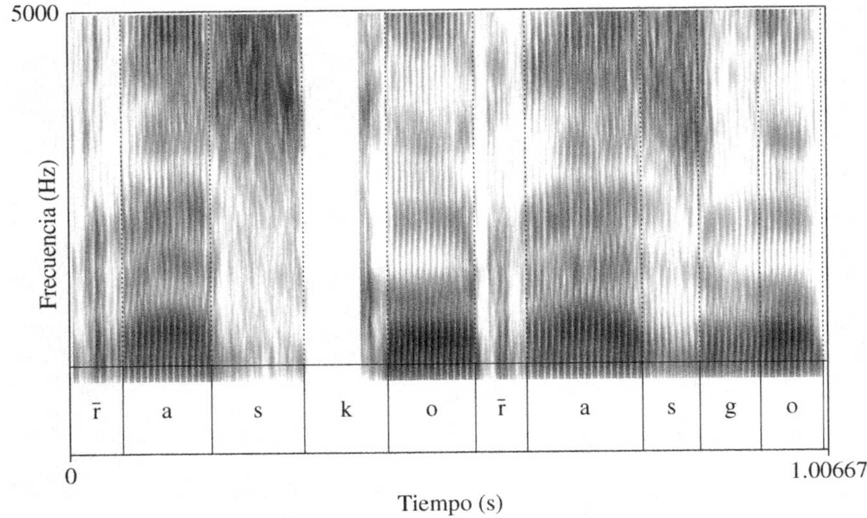

Fig. 7.6 Espectrograma de *rasco* /r̄ásko/ [r̄ásko] y *rasgo* /r̄ásgo/ [r̄ázɣo]

siguiente: en posición intervocálica, se pronuncian alófonos aproximantes (con constricción variable); después de nasal (y de lateral en el caso de /d/), los alófonos son oclusivos; en otras posiciones, hay variación que incluye tanto realizaciones continuas como no continuas.[3]

7.2.4 Oclusivas en posición final de sílaba

Al considerar la distribución de las consonantes oclusivas en posición de coda, debemos distinguir entre las codas en el interior y en posición final de palabra. En el interior de una palabra, en posición final de sílaba, el contraste entre fonemas oclusivos sordos y sonoros generalmente se neutraliza. A pesar de las diferencias ortográficas, las posibles realizaciones, que van de una oclusiva sorda en pronunciación enfática a una aproximante sonora en conversación más relajada, son las mismas; compárese, por ejemplo, ***ó**p**timo*** y ***o**b**tiene***, [p ~ β] en ambas; ***é**t**nico*** y ***a**d**mirar***, [t ~ ð] en ambas; *acné* y ***a**g**nóstico*** [k ~ ɣ] en ambas. Las dos pronunciaciones presentadas no cubren toda la gama de posibilidades: también es posible encontrar oclusivas sonoras y realizaciones continuas o no continuas parcialmente sonoras; p.ej. *apto* [ápto] ~ [áb̥to] ~ [abto] ~ [áβto]. La

[3] En los contextos detrás de nasal y de lateral, la obstruyente oral sonora es frecuentemente difícil de observar en el espectrograma. Claramente, podemos tener realizaciones en que toda la oclusión presenta nasalización, de modo que es la presencia de una vocal no nasalizada al abrirse la oclusión la que nos indica la presencia de una oclusiva oral en la representación fonológica.

aproximante sonora se puede considerar la variante normativa no enfática (correspondiente tanto a las grafías <*p, t, c*>, como a <*b, d, g*>).

Para muchos hablantes de dialectos norteños del español peninsular los datos son un poco más complejos. Para estos hablantes, la neutralización de las oclusivas sordas y sonoras en codas en el interior de palabra afecta solamente a las labiales y dentales. En el caso de las velares, por otra parte, en estas variedades se pronuncia la *g* final de sílaba como una fricativa sorda [x], de forma variable o consistentemente (causando la neutralización con el fonema /x/), pero tal pronunciación no se aplica a las palabras con la letra *c* en esta posición; p.ej., *digno* [díxno], *signo* [síxno], *magno* [máxno], *zigzag* [θixθáx] vs. *acto* [ákto] ~ [áɣto], *pacto* [pákto] ~ [páɣto], *dicto* [díkto] ~ [díɣto], *doctor* [doktór] ~ [doɣtór]. En esta misma zona dialectal también es común pronunciar la <*c*> en posición final de sílaba como [θ], aunque dicha pronunciación está algo estigmatizada y es, por ello, menos frecuente: p.ej., *dicto* [díθto] (cf. Martínez Martín 1983: 189–197, Quilis 1965: 23, González 2008). Tanto la pronunciación de <*g*> en la coda como [x] y también la de <*c*> como [θ] parecen estar motivadas por la ortografía, ya que las letras <*g*> y <*c*> pueden tener, respectivamente, estas dos realizaciones en otras posiciones.

En el habla caribeña, todas las oclusivas en la coda en posición interior de palabra se pueden realizar como velar (o glotal [ʔ]): *admitir* [aɣmitír], *submarino* [sukmaɾíno] (Guitart 1976: 23, 48, Zamora y Guitart 1982: 109–115).

En español mexicano, en que la africada /ʦ/ ocurre en un cierto número de topónimos y otras palabras, algunos hablantes generalizan esta africada también a casos en que la ortografía sugiere una secuencia como /ks/ o /ps/: p.ej., *próximo* [pɾóʦimo], *Pepsi* [péʦi].

En siglos pasados, las oclusivas en las codas en el interior de palabra estuvieron probablemente a punto de desaparecer de la lengua. Antes de la creación de la Real Academia se encuentran formas como *dino* por *digno*, *afeto* por *afecto*, *leción* por *lección*, *conceto* por *concepto*, etc. En su *Diálogo de la lengua* (escrito en 1533), Juan de Valdés nos dice expresamente que las formas sin consonante en la coda corresponden a la pronunciación castellana. La Academia, sin embargo, decidió preservar muchas de estas consonantes etimológicas en la ortografía[4] y hoy en día son pronunciadas por los hablantes cultos si están presentes en la representación ortográfica de la palabra, con pocas excepciones. Aún así, en el español de Castilla, es normal elidir la consonante en la coda,

[4] Sin embargo, esto no siempre fue así. Un caso interesante en el español moderno es el par *respecto* ('con respecto a', adverbio) vs. *respeto* (nombre). Ambas formas son aceptables en ejemplos como *septiembre* ~ *setiembre*.

incluso en el habla cuidada de los hablantes cultos, en casos como la terminación *-cción*, p.ej.: *dirección* [diɾekθi̯ón] ~ [diɾeɣθi̯ón] ~ [diɾeθi̯ón] (probablemente debido a la existencia de otras palabras como *contaminación*), y <*x*> antes de consonante, p.ej.: *experimento* [espeɾimén̪to], *extraño* [estɾáɲo].[5] El español mexicano culto es mucho más conservador con respecto a este rasgo que el castellano. Por otro lado, en el habla popular de muchas zonas, tanto en España como en Latinoamérica, la vocalización y elisión de oclusivas en la coda es muy común, p.ej., *doctor* [dou̯tóɾ] ~ [dotóɾ], *perfectamente* [peɾfétamén̪te].

En posición final de palabra, la única oclusiva permitida en el vocabulario patrimonial es /d/. La realización más común de este fonema en el habla culta es la aproximante [ð], como en otros ejemplos de /d/ postvocálica: *salud* [salúð]; sin embargo, la reducción y elisión de la consonante también es muy frecuente, sobre todo en estilos coloquiales: [salúð] ~ [salú]. En el habla de Madrid la elisión opcional de la /d/ final tiene lugar en el caso de palabras polisílabas (*salud, verdad, Madrid*), pero no en las monosílabas (*sed, red, vid*) y solo antes de pausa o palabra que comience por consonante (por ejemplo, en *salud envidiable*, no hay elisión).[6] En andaluz la elisión también es posible y frecuente en los monosílabos e incluso se puede encontrar en contextos prevocálicos (en esta variedad la /-d-/ intervocálica en el interior de palabras también se puede elidir).

En las variedades del centro y norte de España no es raro encontrar una realización de /-d/ fricativa y sorda: [salúθ] (véase, por ejemplo, Martínez Martín 1983). Para muchos hablantes de esta zona *pez* [péθ] rima con *sed* [séθ] y *red* [r̄éθ], aunque en el plural se mantiene la oposición: *peces* [péθes] vs. *redes* [r̄éðes].[7] La pronunciación interdental fricativa sorda es menos común (aunque no imposible) cuando la consonante va seguida de una palabra que empieza por vocal: *se*[ð] *enorme* (~ *se*[θ] *enorme*). Es interesante que algunos estudios han documentado una pronunciación continuante (parcialmente) sorda de la /-d/ final en el centro de México, un dialecto que no tiene /θ/ (Harris 1969: 40).

La <*-d*> ortográfica final de palabra se realiza como [t], p.ej. *salud* [salút], tanto en zonas donde se habla el catalán como en partes de América del Sur (en América del Sur en habla más o menos enfática, en Cataluña en todos los estilos de habla de muchos hablantes).

La <*-t*> final aparece en préstamos del latín clásico y de otras lenguas como, por ejemplo, *cénit* y *déficit* y en nombres catalanes como *Bonet*. El que haya

5 Esta simplificación fonológica es la causa de muchos errores ortográficos debidos a la ultracorrección, por ejemplo, ***expléndido* en lugar de *espléndido*, ***extricto* por *estricto*, etc.

6 Con la excepción de *usted*, que puede tener *usté* como variante en todos los contextos.

7 A veces se puede ver *Madrid* escrito *Madriz* con fines humorísticos.

Tabla 7.3 Pronunciación de las grafías *-d, -t, -g, -k, -p, -b* en posición final de palabra en el español peninsular del centro/norte

Grafía	Pronunciaciones comunes	Notas
-d	[ð ~ θ ~ Ø] *salu**d***	Elisión solo en palabras de dos o más sílabas
	[ð ~ θ] *se**d***	Neutralización parcial con /θ/
-t	[t] *defici**t***	
-g	[ɣ ~ x] *zigza**g***	Neutralización parcial con /x/ y /k/
-k, -c	[k ~ x ~ Ø] *coña**c***	Elisión solo en palabras de dos o más sílabas
	[k] *blo**c***	
-b	[β ~ b ~ Ø] *clu**b***	Solo en algunos préstamos: pronunciaciones
	[f] *pu**b*** /páf/	especiales para esas palabras
-p	[p] *sto**p***	Solo en algunos préstamos

El símbolo Ø significa que la consonante puede ser elidida.

neutralización de /t/ con /d/ en posición final de palabra depende de la pronunciación de la /-d/ final en el dialecto relevante. En español de Castilla no hay neutralización: /-t/ [t] como en *cénit* [θénit] contrasta con /-d/, pronunciada como una continuante (sonora o sorda) como en *red* [r̄éð] ~ [r̄éθ]. Es decir, la /d/ final presenta neutralización parcial con /θ/, no con /t/, mientras que en las codas interiores de palabra hay neutralización de /t/ y /d/. Por otro lado, en el español de Cataluña y de las variedades sudamericanas donde la <-*d*> final de palabra puede ser [t], /t/ y /d/ se neutralizan en esta posición.

Las consonantes finales de palabra <-*b*> y <-*p*> solo se encuentran en algunos préstamos recientes, que a menudo tienen una pronunciación idiosincrásica. De este modo, en gran parte de España *club* se pronuncia [klúβ] (~ [klúb]), con una forma más reducida [klú] ante pausa o consonante (y quizás una forma enfática [klúp], también ante pausa o consonante, pero no ante vocal). Por otra parte, *pub* tiene una variante [páf].

En cuanto a las velares, existe neutralización parcial en español de zonas del centro y norte de la Península. Tanto <-*g*> como <-*k*> se pueden pronunciar [k ~ g ~ ɣ] pero, además, la *-g* puede ser [x], como en *zigzag* [θixθáx], *bulldog* [buldóx]. Resumimos lo que hemos dicho sobre la pronunciación de las oclusivas finales de palabra en la tabla 7.3.

Se puede concluir que en el español del norte y centro de la Península en posición final de palabra, a diferencia de lo que sucede en las codas en el interior de la palabra, no hay neutralización total entre oclusivas sordas y sonoras, dado que puede haber una diferencia ante una palabra que empieza por vocal. Por otra parte, /-d/ puede experimentar neutralización con /-θ/ y /-g/ con /x/, al

Tabla 7.4 Oclusivas en posición final de palabra y ante vocal en español peninsular del centro/norte

/-d/	[ð] (~ [θ])	*salu*[ð] *enorme* (~ *salu*[θ] *enorme*)
/-t/	[t]	*défici*[t] *enorme*
/-g/	[ɣ] (~ [x])	*zigza*[ɣ] *extraño* (~*zigza*[x] *extraño*)
/-k/	[k]	*coña*[k] *extraño*
/-b/	[β]	*clu*[β] *americano*
/-p/	[p]	*lapto*[p] *americano*

menos en el caso de algunos hablantes, incluidos hablantes cultos. La tabla 7.4 incluye un resumen de estas observaciones. Los hechos son diferentes en otras variedades. En español de México, por ejemplo, existen también pronunciaciones ensordecidas de /-d/ y /-g/, pero con diferentes consecuencias para el sistema de contrastes fonológicos.

7.3 Comparación entre las consonantes oclusivas del inglés y del español

En inglés, /p t k/ son aspiradas [pʰ tʰ kʰ] al principio de palabra; es decir, tienen un lapso largo de VOT, p.ej.: *pot* [pʰɑt] 'cazuela',[8] *top* [tʰɑp] 'parte superior', *cop* [kʰɑp] 'policía'. Las oclusivas sordas aspiradas también aparecen en el ataque de sílabas acentuadas no iniciales, p.ej. ***appeal*** [əˈpʰiɫ] 'apelar'. Por el contrario, estos fonemas no son aspirados tras una vocal tónica, como en ***rapid*** [ˈræpɪd] 'rápido', o después de /s/ inicial de palabra, como en ***spot*** [spɑt] 'punto', ***stop*** [stɑp] 'parada'. Esta es una posición en que de hecho las series /p t k/ y /b d g/ se neutralizan (***sbot*, ***sdop*), como dijimos en la sección 5.2.

Las oclusivas sonoras del inglés /b d g/ en posición inicial de enunciado se pueden pronunciar con vibración de las cuerdas vocales durante la oclusión (sonoridad anticipada) [b d g], como en español, pero a menudo se realizan como sordas sin aspiración, [b̥ d̥ g̊] (= [p t k] en VOT, aunque con posibles diferencias en las características de la explosión). Las oclusivas sordas y sonoras no aspiradas están, por lo tanto, en variación libre en esta posición como alófonos de /b d g/ en inglés. Como consecuencia, la oposición entre /p t k/ y /b d g/ en posición inicial en inglés está basada en la aspiración.

Los fonemas ingleses /b d g/, si se pronuncian sordos, pueden ser iguales a /p t k/ en español en cuanto al VOT. Esto puede ocasionar confusión en ambas

[8] La pronunciación que se da para las vocales en los ejemplos del inglés corresponde al inglés americano general.

Tabla 7.5 Contrastes en VOT en posición inicial de palabra y categorías fonológicas en español y en inglés

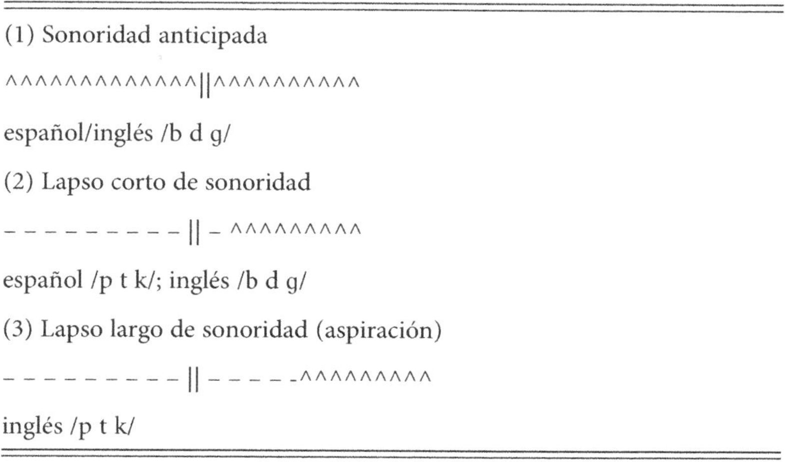

(1) Sonoridad anticipada

^^^^^^^^^^^^^||^^^^^^^^^^

español/inglés /b d g/

(2) Lapso corto de sonoridad

- - - - - - - - - - || - ^^^^^^^^^

español /p t k/; inglés /b d g/

(3) Lapso largo de sonoridad (aspiración)

- - - - - - - - - - || - - - - -^^^^^^^^^

inglés /p t k/

La doble barra indica el momento en que se abre la oclusión bilabial.

direcciones: los hablantes nativos del inglés a veces pronuncian /b d g/ en español como sordas, lo que hace que se perciban como /p t k/ (p.ej. *pollo* por *bollo*) y, por otra parte, los hablantes nativos de español que aprenden inglés a menudo pronuncian /p t k/ sin aspiración, haciendo que se confundan con /b d g/ (p.ej. *beer* por *pier*).

Para resumir, en posición inicial de enunciado las oclusivas del español contrastan en sonoridad: las sordas /p t k/ [p t k] contrastan con las sonoras /b d g/ [b d g]. En inglés, por el contrario, la oposición entre las dos series fonológicas en esta posición es de aspiración: /p t k/ son sordas y aspiradas [p^h t^h k^h], mientras que /b d g/ no tienen aspiración y se pueden pronunciar sea como sonoras [b d g] o sea como ensordecidas [b̥ d̥ g̊]. En la tabla 7.5 se ofrece una representación esquemática de la coordinación entre comienzo de la sonorización y explosión consonántica de las oclusivas sordas y sonoras en español y en inglés.

En interior de palabra, la posición del acento es esencial para determinar los alófonos de /p t k/ en inglés. Como mencionamos anteriormente, estas consonantes no tienen aspiración tras una vocal tónica. El contraste entre *rapid* y *rabid* es por tanto en sonoridad, no en aspiración. Además, en esta posición la duración de las vocales precedentes contribuye a facilitar la percepción del contraste entre las consonantes: las vocales son bastante más largas ante una consonante sonora que ante una sorda. Esto se observa muy claramente en posición final de palabra, donde las consonantes /b d g/ pueden ensordecerse de forma total o parcial, pero el contraste sigue percibiéndose claramente debido a los efectos duracionales en la vocal precedente, como en *mat* [mæt] 'felpudo' vs. *mad* [mæːd̥] 'loco'. Este efecto no se da en español con la misma magnitud.

En el inglés americano, y en otras variedades del inglés, /t/ y /d/ tras una vocal tónica y delante de una átona (como en *petal* 'pétalo', *pedal* 'pedal'; *writer* 'escritor', *rider* 'jinete'; *butting* 'sobresaliente', *budding* 'incipiente') se neutralizan, siendo su pronunciación la de un segmento conocido como *flap* (**percusiva**) en inglés, una oclusiva oral con una constricción muy corta (el contraste se puede mantener por medio de la duración y cualidad de la vocal precedente, al menos en algunas variedades). La articulación de este *flap* se parece mucho a la consonante /ɾ/ en español, aunque no es idéntica (véase la sección 10.3.1). El español general no tiene un alófono percusivo para /t/ o /d/ (excepto por lo dicho antes para algunas variedades dominicanas). La transferencia de este proceso del inglés al español es algo que puede causar problemas de comprensión. Sin contexto aclaratorio, la pronunciación de, por ejemplo, *todo* con percusiva se interpretaría normalmente como *toro* [tóɾo].

Otra diferencia más entre las dos lenguas tiene que ver con el punto de articulación. En español /t/ y /d/ son (ápico-)dentales, mientras que en inglés tienen una articulación alveolar, más atrasada.

EJERCICIOS

1 En los siguientes ejemplos indique si el segmento subrayado representa (a) una fricativa velar sorda [x], (b) una oclusiva velar sonora [g] o (c) una aproximante velar sonora [ɣ].

lejos, sigue, ágil, guerra, tengo, algo, gime, lago

2 En general, el contraste entre las series fonológicas /p t k/ y /b d g/ en español se considera dependiente del rasgo de "sonoridad" (sordo vs. sonoro). Martínez Celdrán (1991b), sin embargo, argumenta que este es básicamente un contraste de "tensión" (tensa vs. laxa) que se manifiesta primordialmente en diferencias de duración. Lea el artículo y evalúe esta propuesta.

3 Williams (1977) realizó un experimento de percepción en que se pedía a algunos hablantes de español que identificasen palabras que comenzaban con oclusivas antes y después de haberlas modificado. Sus resultados muestran que la presencia de sonoridad anticipada es muy importante para la correcta percepción de las oclusivas en posición inicial, ya que cuando se elimina la barra de sonoridad en un ejemplo como *baño* el número de palabras

identificadas correctamente disminuye significativamente y los sujetos tienden a oír *paño*. Sin embargo, el cambio en percepción no es categórico: los ejemplos que se modificaron no se percibieron de forma inequívoca como palabras que empiezan con oclusiva sorda. ¿Cómo se pueden explicar estos resultados?

8 Fricativas y africadas

8.1 Africadas

Las africadas se diferencian de las oclusivas por la presencia de intensa turbulencia en el momento de la separación de los órganos articulatorios. Tienen dos fases – oclusión y fricción– con el mismo punto de articulación.

El español tiene un solo fonema africado /ʧ/, que se puede definir como una africada prepalatal sorda, como en *mucho* /múʧo/. Su punto de articulación exacto varía bastante. En partes de Chile encontramos una articulación alveolar muy avanzada [ʦ] que también se ha observado recientemente y de forma variable (en base a criterios sociolingüísticos) en el habla de mujeres jóvenes en la zona de Bilbao (País Vasco) y en otras partes de España. Por otro lado, en las Canarias y en Cuba esta consonante puede presentar una articulación completamente palatal, de modo que en realidad es una oclusiva palatal (conocida como *ch adherente* en dialectología hispánica). Dada la tendencia de estos dialectos a sonorizar las oclusivas intervocálicas, tal sonido se puede pronunciar como una oclusiva palatal sorda [c] o su correspondiente sonora [ɟ]: canario/cubano *muchacho* [mucáco] ~ [muɟáɟo] (véase Trujillo 1980 para detalles espectrográficos).

Otro importante proceso dialectal es la desafricación de /ʧ/; es decir, la pérdida de la fase oclusiva de la africada, que tiene como resultado la fricativa [ʃ] (como en inglés *sheep* /ʃip/ 'oveja'): *muchacho* [muʃáʃo]. Este proceso de lenición se ha observado en varias áreas independientes como en partes de Andalucía, el norte de México (Sonora y Chihuahua), Panamá y partes de Chile.

Como vemos, por una parte, hay motivos para clasificar el fonema /ʧ/ con las oclusivas sordas, en cuyo caso podríamos considerar la fase de fricción como derivada del punto de articulación de la consonante. Por otra, el fenómeno de la desafricación de [ʧ] en [ʃ] sugiere que es útil estudiar la africada /ʧ/ junto con las fricativas sordas.

La distribución del fonema /ʧ/ está limitada a la posición prevocálica. En posición final, sin embargo, se puede encontrar en pronunciaciones ortográficas de nombres catalanes que se escriben con *-ch*, como *Llorach, Blanch*, *Domenech*, etc.[1]

El español medieval tenía, además de la prepalatal /ʧ/, dos africadas dentales, la sorda /ʦ/ y la sonora /ʣ/. Estos sonidos se convirtieron en /θ/ en el español centro-norteño y se fusionaron con /s/ en andaluz y en todas la variedades del español latinoamericano (véase la sección 8.2.4).

En el español de México la dental /ʦ/, escrita <*tz*>, se encuentra en topónimos de origen indígena como *Netzahualcóyotl*. Encontramos además esta africada en palabras como *quetzal* /keʦál/.

En español peninsular, por otra parte, las africadas dentales y alveolares de otras lenguas se suelen adaptar como fricativas o como la africada /ʧ/, aunque en términos técnicos, como *mosca tsetsé*, se intenta preservar la africada reflejada en la escritura. En apellidos, nombres de lugares y otras palabras de origen vasco la africada ápico-alveolar vasca *ts* /ʦ̺ / a veces es sustituida por /s/ como en vas. *Altsasua* > esp. *Alsasua* (nombre de una ciudad), y otras por /ʧ/, como en vas. *otsoa* 'el lobo' > *Ochoa* (apellido). La otra africada vasca, la predorso dental *tz* /ʦ̻/, se representa tradicionalmente con la /θ/ castellana como en *elortza* 'espino' > *Elorza* (apellido), aunque en préstamos recientes esta pronunciación a veces compite con /ʧ/; p.ej. vas. *abertzale* 'patriota, nacionalista' se pronuncia en español peninsular como [aβeɾθále] o [aβeɾʧále]. Ambas pronunciaciones son posibles también para un nombre como *Itziar*.

8.2 Fricativas

Los dialectos del español exhiben variación con respecto al inventario de fonemas fricativos y a las realizaciones alofónicas de estos fonemas. El español peninsular normativo tiene cuatro fonemas fricativos sordos: /f θ s x/. El fonema /s/ es ápico-alveolar (con el ápice hacia arriba) y /x/ tiene una pronunciación estridente postvelar o incluso uvular, [χ]. Por el contrario, los dialectos que se agrupan bajo el término español latinoamericano normativo tienen tres fricativas sordas: /f s x/, de las cuales /s/ es predorso-alveolar (con el ápice más bajo que el predorso) y /x/ es una velar media [x] o una laríngea [h].

[1] A pesar de que en la ortografía tradicional catalana esta grafía representa el fonema /-k/ en posición final.

8.2.1 /s/ y /θ/

Aunque el contraste entre /s/ y /θ/ (distinción /s/ - /θ/), como en *sien* /sién/ vs. *cien* /θién/, *ves* /bés/ vs. *vez* /béθ/, es parte del español peninsular normativo, no se da en toda España; en concreto, no se hace en las Islas Canarias, ni en extensas zonas de Andalucía, ni en partes de Extremadura. En Andalucía existe bastante variación social y geográfica a este respecto. En algunas zonas de esta región se observa un contraste entre /s/ y /θ/, siendo /s/ generalmente predorsal, en lugar de apical, como en Castilla. Sin embargo, en gran parte de Andalucía, solo hay un fonema, que es predorso-alveolar en algunas áreas (seseo), y dentalizado y menos sibilante [θ̻], parecido a la [θ] de Castilla, en otras (ceceo). Hoy en día en ciudades andaluzas como Sevilla y Granada se pueden encontrar hablantes que practican la distinción, así como algunos que son seseantes y otros que son ceceantes o con distinción no consistente. En cuanto a la distribución social, la distinción tiende a ser la variante más prestigiosa, por ser parte de la norma peninsular, seguida por el seseo, que se podría considerar la norma local, mientras que el ceceo se ve a menudo como rasgo rural.

En el centro y norte de España, el contraste entre /s/ y /θ/ es completamente general (con la excepción quizás de algunos pocos hablantes nativos de vasco y catalán). La pronunciación de /s/ en esta zona es normalmente ápico-alveolar, con el ápice en dirección a la zona alveolar superior. En el área más septentrional de la Península, es decir, en el País Vasco y zonas circundantes, la articulación es ligeramente más posterior, lo que le da un sonido algo más estridente. Como veremos después, hay motivos para pensar que este tipo de [s̺], parecido en su timbre a [ʃ], ha tenido históricamente una extensión geográfica mayor en la Península. En muchos países de América Latina, los hablantes son muy conscientes de la pronunciación apical [s̺] del español peninsular, que se ve como extranjera y forma parte de los estereotipos humorísticos sobre las personas del norte de la Península.

La distinción /s/ - /θ/ no existe en ningún lugar en América Latina.[2] La articulación más extendida del fonema /s/ es predorso-alveolar [s̻] (esta también es la pronunciación más frecuente de /s/ en inglés). La /s/ apical del norte peninsular [s̺] se ha observado en Antioquia (Colombia) (Canfield 1981: 36). El ceceo con [θ̻] predorso-dental parece ser un fenómeno común,

[2] Algunos autores mencionan la existencia de ejemplos marginales en la zona de Cuzco (Perú), donde quizás unas cuantas palabras exhiben /θ/ para algunos hablantes (Caravedo 1992).

pero sujeto a variación individual en los países centroamericanos de El Salvador, Honduras y Guatemala.

8.2.2 Variación en la articulación de /x/

Además de la presencia de los dos fonemas /s/ y /θ/ en su inventario fonémico, otra característica del español del norte y centro de la Península es una pronunciación posterior de /x/ como fricativa estridente postvelar [χ]: *jota*, *ajo*, cast. [χóta], [áχo]. En las variedades andaluzas y canarias, este fonema es aspirado (fricativa laríngea) [h], pudiendo ser sonoro [ɦ] entre vocales: andal. [hóta], [áɦo].[3]

En Latinoamérica, se pueden encontrar dos pronunciaciones principales de este fonema. Una es velar, no tan retraída como en el norte de España, y menos estridente: mex./arg. [xóta], [áxo]. La otra pronunciación es [h], muy parecida al sonido correspondiente en inglés: colomb. [hóta], [áho] ~ [áɦo]. La realización laríngea [h] es la que predomina en las variedades del Caribe, Centroamérica y Colombia, mientras que la velar [x] se da en México, Perú, Chile y Argentina.

Cuando /x/ se produce con una constricción dorsal, dicha constricción tiene lugar en una posición más adelantada si precede a una vocal anterior /i e/ (*gente, ágil*) que si va seguida de una vocal central o posterior /a o u/ (*baja, rojo, justo*). Esta asimilación en punto de articulación también tiene lugar con las otras consonantes velares, /k/, /g/, y se observa igualmente en inglés (cf. *car key*) /kɑr ki/ 'llave del coche'. En el español de Chile, la asimilación ha ido más allá, produciendo una palatal fricativa sorda [ç] ante vocales anteriores: *gente* /xénte/ [çénte] vs. *ajo* /áxo/ [áxo]. Como consecuencia, se puede decir que en chileno hay dos alófonos claramente distinguibles, en distribución complementaria. A los hablantes de otras variedades de español, la palatal fricativa del chileno les crea la impresión auditiva de una deslizante alta tras la consonante /x/ e insisten a veces en que los chilenos dicen, por ejemplo, "*giente*" en lugar de "*gente*".

8.2.3 Resumen de la variación dialectal en punto de articulación de las fricativas

La tabla 8.1 muestra un resumen de la variación dialectal en punto de articulación de las fricativas.

[3] Esta pronunciación se ha observado también en variedades de Cantabria, en el norte de España (Penny 1978, Nuño Álvarez 1996).

Tabla 8.1 Fonemas fricativos del español: variación dialectal en punto de articulación

/f/	[f] fricativa labiodental sorda	Variante normativa
	[ɸ] fricativa bilabial sorda	Variante común tanto en Latinoamérica como España, especialmente en zonas rurales.
/θ/	[θ] fricativa interdental sorda	Fonema solo en el norte y centro de España (español peninsular normativo).
/s/	[s̺] fricativa ápico-alveolar sorda	Norte y centro de España (algo más retraída en el País Vasco y zonas adyacentes), también en partes de Colombia (Antioquia).
	[s̻] fricativa predorso-alveolar sorda	Variante normativa latinoamericana, también en partes del sur de España.
	[θ̪] fricativa pre-dorso-dental sorda	'Ceceo'. Común en partes de Andalucía y zonas de Centroamérica (El Salvador, Honduras, Nicaragua).
/x/	[χ] fricativa postvelar o uvular sorda	Norte de España. Más adelantada ante /i e/.
	[x] fricativa velar sorda	México, Perú, Argentina, etc. Velar media ante /a o u/, prevelar ante /i e/.
	[ç] fricativa palatal sorda	En Chile antes de /i e/.
	[h] fricativa laríngea sorda	Caribe, América Central, Colombia, Andalucía, Islas Canarias.
	[ɦ] fricativa laríngea sonora	En Caribe, Andalucía, etc. entre vocales.

8.2.4 /s/ y /θ/ y la jota española desde una perspectiva histórica

Aunque este no es un libro de fonología histórica, puede ser conveniente dedicar unos párrafos a la evolución histórica que dio lugar a los sistemas de seseo y de distinción /s/ - /θ/, dado que esta es la diferencia fonológica más importante entre el español de toda Latinoamérica y el español peninsular normativo. También es útil considerar brevemente la razón histórica por la cual las grafías *<j>*, *<g(e,i)>* del español tienen un valor tan poco común, en comparación con otras lenguas románicas y con el inglés, así como las inusitadas correspondencias fonológicas que se observan; p.ej.: ing. *general*, it. *generale*, las dos con /ʤ/, fr. *général* con /ʒ/, pero esp. *general* con /x/. De hecho, como vamos a ver, ambos fenómenos están relacionados.

El castellano medieval tenía cuatro fonemas sibilantes alveolares/dentales en lugar de los dos fonemas /s/ y /θ/ del español peninsular moderno del norte y centro de España o de la única sibilante /s/ del español de Latinoamérica. Se sabe, a través de varias fuentes de información, que el español medieval tenía una distinción entre /s/ sorda y /z/ sonora, aunque el contraste se daba solo en posición intervocálica. En cuanto a la ortografía, la fricativa sorda intervocálica

Tabla 8.2 Las sibilantes del español medieval

Fonema		Grafías	Ejemplos
/s/	Fricativa ápico-alveolar sorda	*s-*, *-ss-*	*saco* /sáko/, *passa* /pása/
/z/	Fricativa ápico-alveolar sonora	*-s-*	*cosa* /kóza/
/ʦ/	Africada dental sorda	*ç*, $c^{(e,i)}$	*caça* /káʦa/
/ʣ/	Africada dental sonora	*z*	*dizia* /diʣía/
/ʃ/	Fricativa prepalatal sorda	*x*	*dixo* /díʃo/
/ʒ/	Fricativa prepalatal sonora	*j*, *i*, $g^{(e,i)}$	*ojo* /óʒo/

/s/ se escribía normalmente con <*-ss-*>, mientras que la <*-s-*> intervocálica representaba el fonema fricativo sonoro /z/; p.ej.: *passa* /pása/ vs. *casa* /káza/ (de forma muy similar al portugués y al catalán modernos). Al menos en la zona original de Castilla, estas fricativas eran ápico-alveolares, [s̺] [z̺]; es decir, tenían el punto de articulación que tienen hoy en la zona norte de la Península. Además de estas dos fricativas, el castellano medieval tenía un par de africadas dentales que contrastaban en sonoridad: una africada dental sorda /ʦ/, que se escribía con <*ç*> (c con cedilla)[4] (ante una vocal anterior, también <*c*>), como en *braço* /bɾáʦo/, *plaça* /pláʦa/, y una africada dental sonora /ʣ/, con la grafía <*z*>, como en *dezir* /deʣíɾ/, *fazer* /haʣéɾ/.

Existía además un tercer par de fonemas, que se pueden incluir también con las "sibilantes", si usamos el término en un sentido amplio: la prepalatal sorda /ʃ/, que se escribía con <*x*>, como en *dixo* /díʃo/, *caxa* /káʃa/, y su correspondiente sonora /ʒ/, escrita con las letras <*j*>, <*i*> o <*g*> (antes de una vocal anterior), como en *ojo, oio* /óʒo/, *mugér* /muʒéɾ/, *coger* /koʒéɾ/. Muy probablemente la sonora /ʒ/ tenía un alófono africado [ʤ] (tras pausa, nasal o lateral) y otro fricativo [ʒ] (en otros contextos), como en *gente* [ʤénte] ~ *la gente* [laʒénte], antes de hacerse fricativa en todas las posiciones. En la tabla 8.2 se ilustran las seis sibilantes del castellano medieval.

En el plazo de varios siglos, a partir de finales de la Edad Media y hasta el siglo XVII, estos sonidos experimentaron una serie de cambios que alteraron profundamente el sistema fonológico de la lengua. Esta transformación comenzó con dos cambios claramente diferenciados. En primer lugar, las africadas dentales perdieron la fase de oclusión, convirtiéndose en fricativas. Obsérvese que una vez que las antiguas africadas dentales perdieron su fase oclusiva, la diferencia en punto de articulación con las antiguas fricativas ápico-alveolares, que había sido redundante, se hizo distintiva.

[4] Aunque esta letra ya no se usa en español, su nombre revela su origen castellano: *c con cedilla* "*c* con una pequeña zeta". Del castellano esta grafía se extendió a otras lenguas, como el portugués, el catalán y el francés, que todavía la tienen en su ortografía.

En segundo lugar, el contraste sorda/sonora se perdió cuando los fonemas sonoros se hicieron sordos. Estos procesos empezaron en unas zonas antes que en otras, pero finalmente se extendieron a todos los dialectos del español. En concreto, el ensordecimiento de las sibilantes se inició muy tempranamente en las zonas castellanas situadas más al norte de la Península, en la zona de Burgos, y no se estableció en Toledo y Sevilla hasta siglos después. De hecho, el judeoespañol moderno, que todavía hablan algunos de los descendientes de los judíos que fueron expulsados de España en el siglo XV, mantiene la distinción entre sibilantes sordas y sonoras (véase la sección 14.5).[5]

Después de estos cambios, el sistema fonológico del español hablado en las regiones del norte y centro de la Península quedó reducido a tres fricativas sordas pronunciadas en una región articulatoria relativamente pequeña: la predorso-alveolar o predorso-dental /s̻/ (proveniente de las africadas dentales /ʦ/ y /ʣ/), la ápico-alveolar /s̺/ (proveniente tanto de /s/ como de /z/) y la prepalatal /ʃ/ (proveniente tanto de /ʃ/ como de /ʒ/).

A continuación, aumentó la distancia articulatoria entre las tres fricativas. Los fonemas /s̻/ y /ʃ/ se alejaron de la ápico-alveolar /s̺/. El fonema más anterior, /s̻/, adelantó su punto de articulación aún más, hasta convertirse en la interdental /θ/; por consiguiente, el castellano moderno tiene el fonema /θ/ en las palabras donde el español medieval tenía africadas dentales. La fricativa ápico-alveolar /s̺/ mantuvo su articulación inalterada en un principio; pero al quedar una sola /s/ su carácter ápico-alveolar dejó de ser distintivo y no necesitamos indicarlo a nivel fonológico.

Por su parte, la prepalatal /ʃ/ atrasó su punto de articulación hasta convertirse en la velar /x/, quizás con una fricativa palatal en una etapa intermedia. La nueva pronunciación velar no se convirtió en la norma hasta finales del siglo XVI (véase la tabla 8.3).[6]

La distancia acústica entre /s̺/ y /ʃ/ debía ser bastante pequeña, lo que resultó en intercambios esporádicos entre fonemas, como vemos en ejemplos como *jabón* < SAPŌNE, *tijera* < TISERA, etc. Juan de Valdés también nos dice en su *Diálogo de la Lengua* que en muchas partes de Castilla "por sastre dizen xastre".

[5] Menéndez Pidal (1973 [1904]) menciona pequeñas áreas de la Península, principalmente en Extremadura, donde a principios del siglo XX todavía existía la distinción del español medieval entre sibilantes sordas y sonoras. Desde entonces, el contraste parece haber desaparecido por completo con la excepción del dialecto de Serradilla (Ariza 1992). Entre los dialectos locales mencionados por Menéndez Pidal un punto geográfico de especial interés es Malpartida de Plasencia, un área aislada de ceceo en la provincia de Cáceres donde, en el dialecto local conocido como *chinato*, las fricativas sordas del español medieval /s/ y /ʦ/ pasaron a /θ/ y las sonoras /z/ y /ʣ/ a /d/ ([ð] en posición intervocálica) (véase Menéndez Pidal 1906, Catalán 1954, Hualde 1991a).

[6] Vale la pena mencionar que en otras variedades de romance en la zona de influencia del castellano como, por ejemplo, el gallego, asturiano, aragonés y algunos dialectos del catalán valenciano también se ensordecieron las antiguas fricativas; sin embargo, /ʃ/ no se velarizó (cf., por ejemplo, gal. *xunta* /ʃúnta/ esp. *junta* /xúnta/). Por otra parte, los dialectos vascos de la zona central sí experimentaron el cambio /ʃ/ > /x/.

Tabla 8.3 Evolución de las sibilantes del español medieval en el norte y centro de España

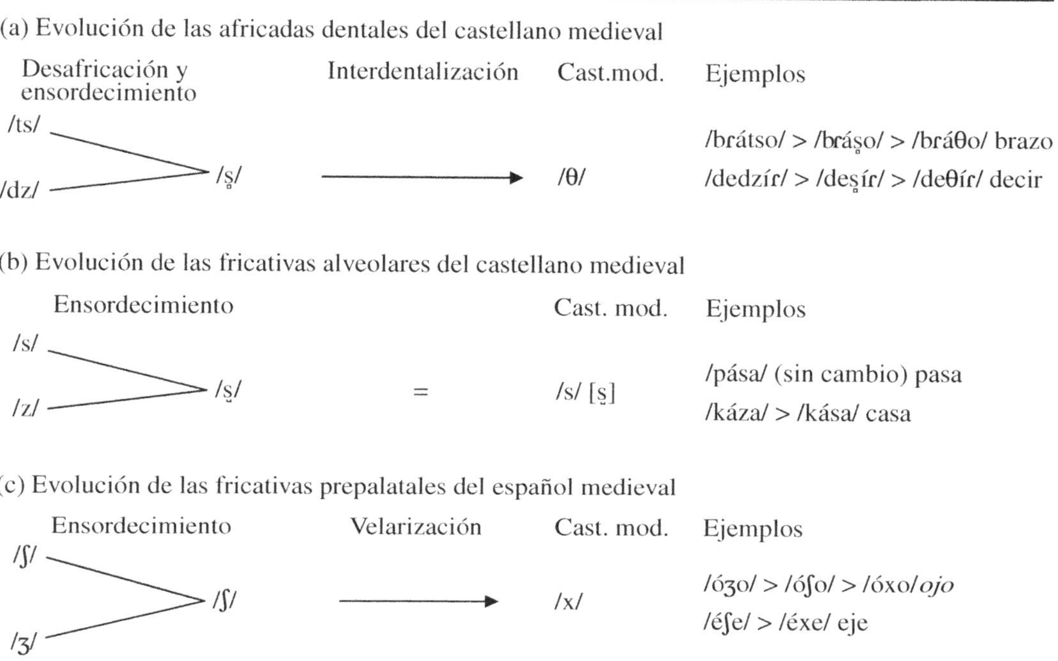

(a) Evolución de las africadas dentales del castellano medieval

	Desafricación y ensordecimiento	Interdentalización	Cast.mod.	Ejemplos
/ts/	/s̺/	→	/θ/	/brátso/ > /brás̺o/ > /bráθo/ brazo
/dz/				/dedzíɾ/ > /des̺íɾ/ > /deθíɾ/ decir

(b) Evolución de las fricativas alveolares del castellano medieval

	Ensordecimiento		Cast. mod.	Ejemplos
/s/	/s̺/	=	/s/ [s̺]	/pása/ (sin cambio) pasa
/z/				/káza/ > /kása/ casa

(c) Evolución de las fricativas prepalatales del español medieval

	Ensordecimiento	Velarización	Cast. mod.	Ejemplos
/ʃ/	/ʃ/	→	/x/	/óʒo/ > /óʃo/ > /óxo/ *ojo*
/ʒ/				/éʃe/ > /éxe/ eje

La posibilidad de confusión acústica entre estos dos fonemas desapareció con la velarización de la prepalatal.

Como hemos mencionado antes, una /s/ de timbre algo palatal se puede escuchar todavía en partes del norte de la Península, aunque en zonas como Madrid el tipo de /s/ que encontramos hoy en día ha adelantado algo su punto de articulación, con la consecuencia de que no difiere ya mucho en su acústica de la /s/ de otras lenguas como el inglés o el francés, aunque mantenga una articulación con el ápice alzado hacia los alveolos. Este parece ser un cambio relativamente reciente y en progreso en español peninsular.

Es probable, con todo, que en Andalucía, desde una época temprana, las antiguas fricativas fueran predorso-alveolares (con el ápice hacia abajo) o predorso-dentales y no ápico-alveolares, a diferencia de su caracterización en zonas más al norte de la Península. El hecho es que cuando las africadas perdieron su oclusión se fusionaron con las fricativas. El producto del proceso de pérdida de la oclusión de las africadas y del ensordecimiento es que los cuatro fonemas del español medieval /s/, /z/, /ʦ/ y /ʣ/ se vieron reducidos a un solo fonema en el sur de España y en toda Latinoamérica, como se muestra en la tabla 8.4.

Tabla 8.4 Evolución de las sibilantes del español medieval en Andalucía y Latinoamérica

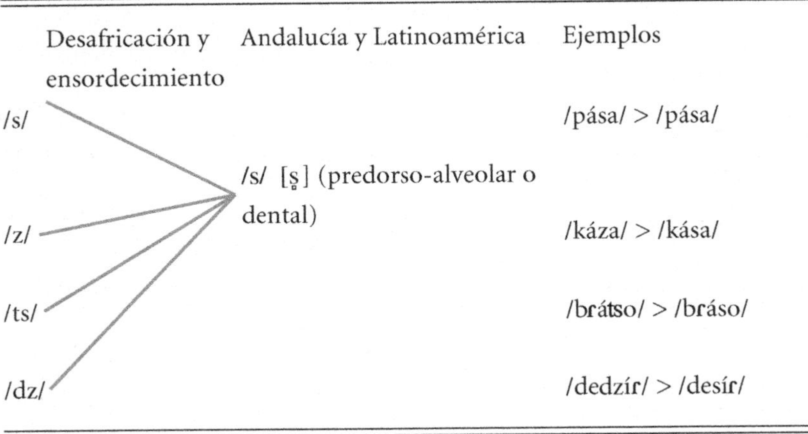

	Desafricación y ensordecimiento	Andalucía y Latinoamérica	Ejemplos
/s/		/s/ [s̻] (predorso-alveolar o dental)	/pása/ > /pása/
/z/			/káza/ > /kása/
/ts/			/brátso/ > /bráso/
/dz/			/dedzíɾ/ > /desíɾ/

Como en el norte de la Península, en las antiguas fricativas prepalatales el punto de articulación retrocedió después de fusionarse en un solo sonido sordo. Sin embargo, en algunas partes de Andalucía el proceso de retraimiento fue más allá, produciendo una fricativa glotal [h]: *ojo* [óho].[7]

Hoy en día, algunos hablantes de partes de Andalucía que históricamente eran zonas de seseo o ceceo establecen una distinción fonémica entre /s/ y /θ/, pero con una /s/ predorsal. En estos casos probablemente se trate de una reintroducción del contraste a través del contacto con otras variedades y por medio del sistema escolar.

8.2.5 Fricativas finales de sílaba y de palabra

Existen dos procesos fonológicos que afectan a las fricativas en la coda: su asimilación en sonoridad a la consonante siguiente y su debilitamiento (aspiración y elisión).

8.2.5.1 Asimilación en sonoridad de las fricativas en la coda

En los dialectos donde normalmente se mantiene la /s/ en la coda, esta a menudo se asimila en sonoridad a una consonante sonora, tanto en el interior

[7] Un cambio directo de /ʒ/ y /ʃ/ a [h] ha sido documentado, por ejemplo, en algunos dialectos del francés de Quebec (Morgan 1975). Además, hay indicios de que el retraimiento de /ʃ/ tuvo lugar en Andalucía en una fecha más temprana que en Castilla (véase Eddington 1990 y las referencias incluidas). Por lo tanto, no es necesario asumir que el proceso de retracción fue gradual en todas las zonas afectadas.

Tabla 8.5 Asimilación en sonoridad de /s/ final de sílaba

Contextos con posible asimilación (completa o parcial)		Contextos sin sonorización	
/sb/	*esbelto* [ezβélto]	/sp/	*espía* [espía]
/sd/	*desde* [dézðe]	/st/	*este* [éste]
/sg/	*rasgo* [r̄ázɣo]	/sk/	*rasco* [r̄ásko]
/sm/	*mismo* [mízmo]	/sf/	*esfera* [esféɾa]
/sn/	*asno* [ázno]	/ss/	*los sacos* [los:ákos] ~ [losákos]
/sl/	*isla* [ízla]	/sx/	*los jardines* [losxaɾðínes]
/sr̄/	*Israel* [i(z)ɹaél]	/stʃ/	*los chicos* [lostʃíkos]
/s.iV/	*deshielo* [dezʝélo]	/sV/*	*los hijos* [losíxos]
/s.uV/	*deshuesa* [dezɣu̯ésa]		

* Asimilación en sonoridad de /s/ final de palabra en Ecuador (véase el texto).

de palabra, *mismo* [mízmo], como entre palabras, *dos más* [dóz más]. Aunque usamos el símbolo [z], este sonido a veces solo es parcialmente sonoro.

La asimilación en sonoridad tiene lugar también ante una deslizante inicial de palabra (incluidos los casos de prefijación con *des-*), porque las deslizantes se consonantizan en esta posición (véase la sección 8.3): *los hielos* /los iélos/ [lozʝélos], *los huesos* /los uésos/ [lozɣu̯ésos]; *deshielo* /des.iélo/ [dezʝélo], *deshuesa* /des.uésa/ [dezɣu̯ésa].

Por el contrario, en la mayoría de los dialectos del español la /s/ final de palabra no se hace sonora ante vocal, *las alas* [lasálas], *los amigos* [losamíɣos], excepto en el español de las tierras altas de Ecuador, *los amigos* [lozamíɣos] (véase Lipski 1994: 248 y las referencias que allí se mencionan), y también a veces como fenómeno de transferencia en hablantes bilingües de catalán y español. Históricamente, en español medieval, como hemos dicho, había un contraste entre /s/ y /z/ en posición intervocálica interior de palabra. En posición final de palabra, donde no había contraste, la /s/ probablemente se realizaba como sonora ante vocal, como sucede aún tanto en portugués como en catalán. El judeoespañol mantiene esta sonorización histórica de /s/ final de palabra ante vocal (Hualde y Şaul 2011). Un fenómeno diferente, al que nos referiremos después, es la sonorización variable de cualquier /s/ (o fricativa) intervocálica, como vimos que ocurre también con las oclusivas sordas.

Los contextos de asimilación en sonoridad se resumen en la tabla 8.5. Notemos que antes de /r̄/ es frecuente la pérdida de la sibilante (véase la sección 10.3.1).

La fricativa interdental del español peninsular también es sonora en los mismos contextos que /s/. El alófono resultante es una fricativa interdental sonora, algo diferente del alófono continuo de /d/ porque el primero es más interdental y es claramente fricativo. De hecho, este alófono sonoro de /θ/ se parece más a la fricativa interdental sonora del inglés en palabras como ***this*** /ðɪs/ 'esto'. Podemos representar el alófono sonoro de /θ/ como [ð̞], ya que hemos usado [ð] sin el diacrítico para el alófono continuo de /d/; p.ej., *juzgado* pen. /xuθgádo/ [xuð̞ɣáðo]. Otra posibilidad consiste en transcribir este sonido con [θ̬], en el que añadimos el diacrítico de sonoridad al símbolo de la fricativa sorda interdental. Como decimos, esta fricativa sonora es diferente a la aproximante sonora de, por ejemplo, *cada* [káða]. De todas maneras, en español peninsular, /-d/ final de sílaba se puede pronunciar sorda y con fricción, de forma que, en este dialecto, se puede oír el mismo sonido en *juzgar* y *adjunto*, *pez* y *red*.

En La Mancha y en cierta medida también en la variedad de Madrid encontramos rotacismo tanto de /s/ como de /θ/ ante consonante sonora; p.ej., *en vez de* [embéɾðe], *los lunes* [lorlúnes]. Este fenómeno de rotacismo, como otros en que [z] pasa a [r], se puede interpretar como resultado de la dificultad de mantener las condiciones aerodinámicas para producir fricción con vibración simultánea de las cuerdas vocales (véase Solé 2010).

La fricativa labiodental es muy poco común en posición final de sílaba. En las pocas palabras en las que aparece ante consonante sonora se sonoriza: *afgano* [avɣáno]. Obsérvese que este es el único contexto en el que se da la fricativa labiodental sonora [v] para muchos hablantes de español.

Por el contrario, /x/, que también es rara en posición de coda, se resiste a la asimilación en sonoridad: *boj verde* [bóxβéɾðe]. De hecho, como mencionamos en la sección 7.2.4, /g/ en la coda tiende a ensordecerse en [x] en el español castellano y mexicano, incluso ante consonantes sonoras, como en *signo* [síxno].

Conviene recalcar que en español normativo, al contrario que en inglés, los sonidos fricativos [z] y [v] son únicamente alófonos de las correspondientes consonantes sordas, /s/, /f/. Además, estos alófonos tienen una distribución muy restringida: solo aparecen ante una consonante sonora. Los hablantes de inglés a veces pronuncian como sonora la grafía <*-s-*> en cognados como *presidente, visitar*; la /s/ intervocálica en posición interior de palabra no es sonora en español: [pɾesiðén̪te], [bisitáɾ]. Como se mencionó anteriormente, el español medieval tenía /z/ en posición intervocálica (como la mayoría de las lenguas romances); sin embargo, este sonido se convirtió en sordo hace muchos siglos. Recuérdese también que la grafía <*z*> representa /θ/ en el español del norte y centro de la Península y /s/ en otros dialectos: *zona* es [θóna] en español peninsular y [sóna] en español latinoamericano; nunca se pronuncia **[zóna]; cf. ing. *zone* /zon/.

Por su parte, la grafía <*v*> tiene exactamente la misma pronunciación que la letra <*b*>; es decir /b/, con los alófonos [b] ~ [β] (con la excepción de algunas variedades bilingües en contacto con el inglés o con otras lenguas que tienen el fonema /v/).

A pesar de lo dicho, la sonorización de /s/ y otras fricativas intervocálicas se da a veces como fenómeno variable. Dependiendo del dialecto y del hablante este fenómeno puede alcanzar una frecuencia relativamente alta. Así Torreira y Ernestus (2012) observan que alrededor de una tercera parte de los ejemplos de /s/ intervocálica se realizaron como completamente sonoros en un corpus de habla coloquial de Madrid (véase también Torreblanca 1978, 1986), con un porcentaje de sonorización similar para /θ/. En dialectos con /h/ en lugar de /x/, este fonema se sonoriza muy frecuentemente entre vocales (véase Marrero 1990 para Canarias y Willis et al. 2012 para Puerto Rico). La /f/ intervocálica también puede sonorizarse (véase Torreira y Ernestus 2012, Blecua y Rost 2011).

8.2.5.2 Aspiración y elisión de /s/

El debilitamiento de /s/ es uno de los fenómenos fonológicos dialectales más estudiado en español. En España, el proceso está muy extendido en las Islas Canarias y en la parte sur de la Península (en Andalucía, Murcia, Extremadura, y, con menos intensidad, en Castilla-La Mancha e incluso en Madrid), aunque existen pequeñas áreas aisladas de aspiración en zonas tan norteñas como Cantabria (Penny 1978, Nuño Álvarez 1996). Hoy en día el debilitamiento de la /s/, sobre todo ante consonante, se ha introducido en el habla de Madrid (Quilis 1965) y parece estar extendiéndose por la Península en estilo coloquial. En Latinoamérica, la falta de debilitamiento de /s/ es característica de las tierras altas del centro de México y Guatemala, de la parte central de Costa Rica y de los Andes. En el resto de Latinoamérica, hay debilitamiento de /s/ en mayor o menor grado, siendo el proceso especialmente prevalente en el Caribe y en zonas de la costa del Pacífico de América del Sur.

En todos los dialectos en los que se da el debilitamiento de /s/, el fenómeno siempre va acompañado de variación. Esta variación es en parte social, con más debilitamiento en estilos informales y en los hablantes con menos escolarización, y en parte fonológica, siendo más frecuente en algunos contextos fonológicos que en otros. Por lo que respecta a la realización, se pueden distinguir dos variantes en el proceso de debilitamiento de /s/: la pronunciación como aspiración laríngea y la elisión total.

En general, el contexto fonológico que más favorece el debilitamiento es el preconsonántico, tanto si la consonante está en la misma palabra, como en

Tabla 8.6 Debilitamiento de /s/ según el contexto en Buenos Aires y Cuba

	Buenos Aires			Cuba		
	[s]	[h]	Ø	[s]	[h]	Ø
(1) _C	12%	80%	8%	3%	97%	0%
(2) _#C	11%	69%	20%	2%	75%	23%
(3) _#V	88%	7%	5%	18%	48%	34%
(4) _##	78%	11%	11%	61%	13%	26%

Adaptada de Bybee (2000).

Seguimos la convención de indicar con "_" el lugar donde se sitúa el segmento que se discute. Por ejemplo, el contexto "_C" ha de leerse como "ante consonante".

pastel [pahtél], o es inicial en la palabra siguiente, como en *más tarde* [máh tárðe]; el siguiente contexto, en términos de frecuencia del debilitamiento, es ante pausa, *vamos* [bámoh]; finalmente, con menos frecuencia, encontramos debilitamiento de /s/ final de palabra ante una vocal, como en *otros amigos* [ótɾoh amíɣoh] (hay, sin embargo, dialectos donde el debilitamiento de la /s/ presenta patrones de frecuencia algo diferentes: Lipski 1984, 1986).[8] Para muchos hablantes, la aspiración ante consonante pasa casi inadvertida, mientras que la aspiración en posición prevocálica y ante pausa suele llamar más la atención.

Bybee (2000), en una comparación del español del área de Buenos Aires con el cubano (con datos de Terrell 1977, 1978, 1979), indica que, aunque el porcentaje total de debilitamiento de /s/ es mucho mayor en el español de Cuba que en el de Buenos Aires, en ambos dialectos la escala relativa de contextos es la misma que mencionamos en el párrafo anterior (con una excepción en Cuba; ver la tabla 8.6). Concluye, de acuerdo con otros investigadores, que el proceso de debilitamiento probablemente comenzó en la posición ante consonante extendiéndose a continuación a otros contextos finales de palabra.

Como se puede observar en la tabla 8.6, en Buenos Aires, la /s/ final de palabra se conserva principalmente ante vocal (contexto (3) en la tabla 8.6) y también ante pausa, (4), mientras que tiende a aspirarse o elidirse ante consonante, (2), con aproximadamente la misma frecuencia que ante consonante en el interior de palabra, (1). Es decir, los hablantes del español de Buenos Aires

[8] En el dialecto *chinato*, mencionado en una nota previa, [ð] final de palabra (< cast. med. /-z/, /ʣ/) se encuentra (o se encontraba) solo en contextos de **liaison**, ante vocal. Ante pausa y consonante hay aspiración; p.ej., *la*[ð] *ala*[h] (= *las alas*) vs. *la*[h] *coda*[h] (= *las cosas*); *va*[ð] *a mi cada* (= *vas a mi casa*), vs. *ande va*[h] (= *a dónde vas*).

suelen aspirar en, por ejemplo, *fiesta* [fi̯éhta] (__C), *es tarde* [éh táɾðe] (__#C); sin embargo conservan la [s] final en, por ejemplo, *jamás* [xamás] (__##) y *es algo* [és ályo] (__#V).

En el español cubano, la [s] prácticamente no se pronuncia en ninguno de los dos contextos ante consonante (en el interior de palabra, (1), o entre palabras, (2)), donde se encuentra sistemáticamente [h]. El porcentaje de retención en los otros dos contextos es también inferior al de Buenos Aires. El único dato hasta cierto punto inesperado en estos datos del cubano es que hay más debilitamiento de /s/ final ante vocal, (3), que ante pausa, (4).[9]

Si comparamos la distribución de las dos variantes debilitadas de /s/ en la tabla 8.6, [h] y elisión, veremos que ante consonante se prefiere claramente la [h], mientras que en el caso de /s/ final de palabra ante vocal o pausa, se da tanto la [h] como la elisión con frecuencias más parecidas. En otras palabras, en dialectos con debilitamiento de /s/, es mucho más normal pronunciar, por ejemplo, *este* como [éhte] que como [éte], mientras que la elisión total, cuando se da, tiende a afectar a /s/ final de palabra, o bien ante pausa, como en *vamos* [bámoh] ~ [bámo] o ante vocal, como en *otros amigos* [ótɾoh amíɣoh] ~ [ótɾo. amíɣoh].

Buenos Aires representa un dialecto relativamente conservador de entre los que exhiben debilitamiento de /s/,[10] a pesar de ser menos conservador que el español de las tierras altas de México o que el de Bilbao, variedades sin debilitamiento de /s/ de importancia, y menos conservador también que el español de Madrid, donde el porcentaje de debilitamiento es mucho menor en los hablantes cultos, estando restringido en su mayor parte a ciertos contextos ante consonante.[11]

En general, el español caribeño tiene porcentajes más altos de aspiración y elisión. Los datos del cubano de la tabla 8.6 son representativos de este dialecto a este respecto. Además, es importante mencionar que los datos del cubano de la tabla representan el habla semiformal de hablantes cultos de clase media (Terrell 1979). Sin duda alguna, datos comparables de hablantes menos cultos y pertenecientes a clases socioeconómicas más bajas y de estilos más informales

[9] Terrell (1979: 607), sin embargo, afirma que el contexto final de palabra ante vocal incluye varios contextos más específicos con distribuciones alofónicas muy diferentes. En concreto, [s] se conserva casi categóricamente en grupos en los que un determinante va seguido de una vocal tónica, como *los otros*, *mis hijos*, etc. También observa que la posición antes de pausa es la que presenta más variación individual entre los hablantes cubanos de los que obtuvo datos (p. 609).

[10] Incluso en Argentina, existen otras variedades con porcentajes mayores que Buenos Aires de debilitamiento de /s/ final de palabra en los contextos ante vocal y ante pausa (véase Lipski 1994: 169–170 y las referencias allí mencionadas).

[11] En Madrid la aspiración de /s/ parece ser especialmente común ante /p/, *espera* [ehpéra] y ante /k/, donde la /s/ se pronuncia a menudo como una fricativa velar, *es que* [éxke].

revelarían mayores porcentajes de debilitamiento (incluido un mayor porcentaje de alófono cero, es decir elisión).

En concreto, el estado más avanzado de debilitamiento de /s/ final de sílaba y de palabra parece encontrarse en los sociolectos más bajos de la República Dominicana, donde la elisión total del segmento es extremadamente frecuente (Terrell 1986). En este dialecto la [s] final solo se conserva con regularidad en las secuencias de determinante plural seguido de vocal tónica (como en *los otro(s)*) (véase también Alba 1982). En otros contextos, la elisión es la norma (el 96% de todos los casos de /s/ final para hablantes semianalfabetos) y la [h] es muy rara. Esto ha tenido como consecuencia un fenómeno de ultracorrección, conocido localmente por el término *hablar fisno*,[12] en el cual en estilos formales o semiformales los hablantes introducen una [s] donde no existe etimológicamente (como *fisno* en lugar de *fino*). Terrell (1986) propone que en vez de hablar de la elisión de /s/ en el español dominicano, habría que referirse a un proceso de inserción de /s/, dado que las formas sin /s/ son las más comunes.

Como mencionamos anteriormente, el debilitamiento de /s/ también es extremadamente frecuente en todo el sur de España. En España la elisión total del sonido es más común en Andalucía oriental, donde va acompañada de los fenómenos vocálicos descritos en la sección 6.4.1. En andaluz la aspiración de /s/ ante consonante a veces tiene consecuencias particulares para la consonante siguiente. Las secuencias de /s/ + oclusiva sorda producen geminadas preaspiradas:[13] *caspa* [ká^{h}p:a], *costa* [kó^{h}t:a], *asco* [á^{h}k:o] (Rodríguez Castellano y Palacio 1948, Alarcos 1958, etc.). En estas secuencias la oclusiva va precedida de una breve aspiración y tiene una constricción más larga que en posición intervocálica (Gerfen 2002). La /s/ aspirada también se puede asimilar a una resonante siguiente, lo que produce una geminada parcialmente ensordecida: *isla* [il̥la], *mismo* [mím̥mo]. Sin embargo, los efectos más llamativos son los que se dan antes de las aproximantes [β ð ɣ], que se pueden convertir en geminadas sordas cuando van precedidas por una /s/ aspirada: *las botas* [læɸ:ɔ́tæ], *los dedos* [lɔθ:ɛ́ɔ], *los gatos* [lɔx:átɔ] (véase Alarcos 1958, Salvador 1957–1958, Penny 2000: 122–125, cf. también Montes 1996, Becerra 1985 sobre hechos parecidos en el español de la costa de Colombia). Un fenómeno al parecer muy reciente en andaluz occidental (Sevilla, Cádiz) es la metátesis de la aspiración *pasta* [páhta] > [pát^{h}a], lo que resulta en un nuevo contraste en **VOT** en el caso de las oclusivas sordas en posición interior de

[12] De manera semejante (según me comenta Jesús Jiménez), en algunos lugares, por ejemplo, en La Mancha, en España, utilizan el término humorístico *finodo* para referirse al mantenimiento de la /d/ intervocálica en palabras como *todo* y *nada* (y probablemente ultracorrecciones como *bacalado*).

[13] Los dos puntos indican mayor duración en la constricción de la consonante.

palabra, p.ej. *pata* [páta], con lapso corto de sonoridad en el suelte de la /t/, vs. *pasta* [pátʰa], con aspiración (véase Torreira 2012).

Por otra parte, en el español de las Islas Canarias, las secuencias /sb/, /sd/, /sg/ se pueden realizar como oclusivas sonoras tensas [b: d: g:], en contraste con /b d g/ intervocálicas, que se pronuncian [β ð ɣ]: *las velas* [lab:éla] vs. *la vela* [laβéla]; *las damas* [lad:áma] vs. *la dama* [laðáma]; *sesgar* [seg:ár] vs. *segar* [seɣár] (Trujillo 1981, Dorta y Herrera Santana 1993).

El tipo de debilitamiento de /s/ del que hemos hablado hasta ahora afecta a la /s/ final de sílaba, incluso cuando existe resilabificación a la posición de ataque ante vocal inicial de palabra, como, por ejemplo, en *las alas* [lahála]. En Andalucía, el centro de Colombia y algunas otras zonas, /-s-/ se aspira en el interior de palabra, como en *nosotros* andal. or. [nɔhɔ́trɔ], aunque tal pronunciación también se puede interpretar como resultado de la extensión de la aspiración final, dada la estructura compuesta de esta palabra (*nos* + *otros*) y el modelo analógico establecido por la frase *los otros* (Penny 2000: 123). La misma explicación se puede aplicar a la aspiración de /s/ en el prefijo *des-*, un fenómeno común en Andalucía, como en *desarmado* [deharmáo]. La aspiración de /s/ intervocálica en el interior de palabra e incluso en posición inicial ha sido documentada de forma más extensa en algunas áreas que incluyen partes de Andalucía, Honduras (Lipski 1983, 1985a), centro de Colombia (Flórez 1951) y el norte de Nuevo México (Espinosa 1930): *la semana* [lahemána], *sí señor* [híheɲó],[14] *basura* [bahúra]. Dado que en estas zonas /x/ también se suele pronunciar como [h], este fenómeno podría tener como consecuencia la reestructuración de las entradas léxicas. Una postura común es que la aspiración de /s/ inicial de sílaba es cronológicamente más tardía. Se trataría de la extensión del debilitamiento de /s/ (Méndez Dosuna 1996). Sin embargo, algunos de los dialectos con debilitamiento de /s/ inicial de sílaba tienen porcentajes de debilitamiento de /s/ final de sílaba bastante bajos, un hecho que indica que posiblemente la trayectoria por la que se extiende la aspiración de un contexto a otro no es la misma en todos los dialectos (Lipski 1984, Brown y Torres Cacoullos 2003). En dialectos peninsulares con aspiración y distinción entre /s/ y /θ/ (algunas variedades de Andalucía, Murcia y Extremadura, entre otras), se aspiran ambos fonemas cuando ocurren en posición final de sílaba; p.ej., *una vez* [úna βɛ́], *cuatro veces* [ku̯átro βɛ́θɛ].

La aspiración y elisión de /s/ a final de sílaba y de palabra es un proceso que alcanzó su etapa final en francés hace siglos (p.ej., lat. *testa* > [tehtə] > fr. *tête* [tɛt] 'cabeza') y que también se encuentra en muchas otras lenguas, algunas

[14] En muchas variedades se puede oir [hí], variante informal de *sí*.

emparentadas tipológicamente con el español y otras no. Existe acuerdo general en que la aspiración precede a la elisión total en este proceso. El origen fonético de la aspiración se suele atribuir a la relajación de la articulación de /s/. Si se reduce el gesto lingual, la constricción en la zona alveolar no podrá ser lo suficientemente estrecha como para producir fricción en esta zona articulatoria, lo que tiene como consecuencia fricción puramente glotal o [h] (Quilis 1993: 275–280, Terrell 1979, entre otros). Widdison (1993) demuestra que en la transición entre una vocal y [s] existe siempre un intervalo de fricción glotal y propone que la reducción de [s] en contextos ante consonante (que se considera el contexto original del cambio) tiene como consecuencia natural la percepción de una [h] por parte del oyente, con el consiguiente reanálisis.[15]

8.3 Sobre el estatus fonémico de /ʝ/ y de la semiconsonante labiovelar

En este libro usamos el símbolo /ʝ/ para referirnos a una consonante palatal sonora de constricción variable que corresponde a la grafía <*y*> en posición inicial de sílaba, como en *mayo* (pero no en posición final de sílaba, como en *ley*) y en la mayoría de los dialectos también a la grafía <*ll* >, como en *calle* (en la pronunciación yeísta hoy en día mayoritaria). En muchos dialectos esta consonante se pronuncia con un grado de obstrucción variable, que puede ir de deslizante [i̯], a fricativa [ʝ], oclusiva [ɟ] o africada [ɟ͡ʝ] (véase Aguilar 1997: 69–73). La realización más común en la norma peninsular es una fricativa palatal sonora débil o una consonante aproximante [ʝ] (*mayo* [máʝo]), aunque tras nasal o lateral aparece la oclusiva (africada) [ɟ] (por ejemplo, en *inyección, un yunque, el yeso*), que frecuentemente, pero de modo variable, se da también en posición inicial de enunciado: *yo lo sé* [ɟó losé] vs. *lo sé yo* [losé ʝó] (Navarro Tomás 1977: 127–131). Sin embargo, en otros dialectos o sociolectos, tanto en España como en Latinoamérica, existen otras distribuciones alofónicas; por ejemplo, en el habla coloquial de Madrid (y también en el habla coloquial de Lima, por dar otro caso) la oclusiva/africada se encuentra a veces después de todas las consonantes e incluso en posición intervocálica: *oye* [óɟe].

Como se mencionó con anterioridad, otros dialectos tienen pronunciaciones aún más distintas. El español normativo de Argentina tiene una fricativa prepalatal sonora [ʒ], parecida al sonido francés de *jamais* o al inglés de *pleasure*: arg. *mayo* [máʒo], *oye* [óʒe], *yeso* [ʒéso]. Esta fricativa se hace africada [ʤ] (como en inglés *John*) después de nasal o lateral. Esta pronunciación se asocia con el español de Argentina por su prestigio social y su extensa distribución en este país (aunque no afecta a la totalidad del mismo); sin

[15] Según la visión de John Ohala del cambio lingüístico (véase, por ejemplo, Ohala 1974).

embargo, también se da en partes de Andalucía y Extremadura en España y en algunas regiones de México, al menos como fenómeno variable. Como también hemos mencionado ya, entre los hablantes jóvenes de Buenos Aires y sus alrededores este sonido presenta cada vez más frecuentemente una pronunciación ensordecida [ʃ].

En el español de Argentina, las pronunciaciones obstruyentes son obligatorias, a diferencia del dialecto del centro-norte peninsular descrito por Navarro Tomás, Quilis y otros, donde son opcionales. Por ejemplo, mientras que en el español de Castilla *yo* puede pronunciarse [i̯ó] ~ [ʝó] ~ [ɟʝó], según el nivel de énfasis, en Argentina solo se dan alófonos obstruyentes: [ʒó] ~ [ʃó].

Al otro extremo del continuo fonético, en zonas del norte de México, en el español de suroeste de Estados Unidos, y en partes de Centroamérica, este sonido se realiza casi sin obstrucción, como una deslizante pura, que además se puede omitir en posición intervocálica después de una vocal anterior: nmex. *pollo* [pói̯o], *mayo* [mái̯o], *silla* [síi̯a] ~ [sía], *botella* [botéi̯a] ~ [botéa] (véase la sección 14.3.1).

Algunos fonólogos han propuesto eliminar el fonema /ʝ/ del inventario fonémico del español. Según estas propuestas, se trataría simplemente de la realización del fonema vocálico anterior alto /i/ en posición inicial de sílaba, átona y prevocálica, siendo los segmentos fricativos y oclusivos (africados) palatales sonoros el resultado del reforzamiento de la deslizante [i̯] en posición inicial de sílaba y de palabra, es decir, estos serían variantes alofónicas de /i/. En otras palabras, en este análisis, el fonema /i/, tiene, además de su pronunciación vocálica como en *piso* /píso/ [píso], un alófono deslizado, como en *tieso* /tieso/ [ti̯éso], en el contexto de la regla de diptongación (véase la sección 4.4), y un alófono (o alófonos) consonántico también en el contexto de la regla de diptongación cuando además el sonido es inicial de palabra o de sílaba, como en *mayo* /máio/ [máʝo], *yeso* /iéso/ [ʝéso]. Según esta propuesta, la diferencia entre, por ejemplo, las siguientes secuencias es solo la consecuencia de un contraste silábico independiente: *italiano* /italiáno/ [itali̯áno] vs. *y tal llano* /i-tál-iáno/ [itál ɟʝáno].

Por lo tanto, en dicho análisis, la distribución de los alófonos de /i/ en el español peninsular normativo (la variedad que describe Navarro Tomás) es la indicada en la tabla 8.7.

Este análisis resulta bastante razonable para aquellos dialectos en los que el sonido mencionado tiene muy poca constricción. Sin embargo, presenta también algunas dificultades. En primer lugar, en un ejemplo como *con yeso* /kon.iéso/, la representación fonológica parece indicar que debería haber resilabificación, ya que hay una secuencia de CV repartida entre dos palabras (véase la sección 4.5.1); en tal caso, /i/ dejaría de estar en posición inicial de

Tabla 8.7 Distribución de los alófonos de /i/ en el español peninsular normativo según un análisis sin el fonema /ʝ/

Alófono	Ejemplo	Contexto
[i]	*piso* /píso/ [píso] *bahía* /baía/ [baía]	(caso no marcado)
[i̯]	*tieso* /tiéso/ [ti̯éso]	– átona y – V adyacente es diferente
[ʝ]	*de yeso* /de-iéso/ [deʝéso] *mayo* /máio/ [máʝo]	– átona y – V adyacente es diferente e – inicial de palabra o sílaba
[ɟ]	*con yeso* /kon-iéso/ [konʲɟéso] *# yeso* /iéso/ [ɟéso]	– átona y – V adyacente es diferente e – inicial de palabra o sílaba y – tras nasal/lateral o (opcionalmente) pausa

El símbolo # indica pausa.

sílaba, dando como resultado la pronunciación incorrecta **[ko.ni̯é.so]. Para evitar esto, es necesario seleccionar el alófono consonántico correcto teniendo en cuenta su posición en la sílaba a *nivel de palabra*. Es decir, en *con yeso* no hay resilabificación porque en la palabra /iéso/ el segmento /i/ está en posición inicial de sílaba y es adyacente a una vocal, en un contexto en el que se consonantiza, bloqueando así la resilabificación. En un análisis con reglas ordenadas la consonantización de la deslizante inicial de palabra (fonema /i/) elimina los requisitos estructurales de aplicación de la regla de resilabificación (es decir, la consonantización tiene lugar antes que la regla de resilabificación e impide la aplicación de esta última). En un análisis con restricciones jerarquizadas, las restricciones responsables de la consonantización y de su mantenimiento más allá del nivel de la palabra tendrían un rango mayor en la jerarquía que las correspondientes a la resilabificación.

En segundo lugar, existen unos pocos pares cuasi-mínimos en los que la deslizante [i̯] contrasta con la consonante [ʝ] ~ [ɟ] en el mismo contexto fonológico: *abierto* vs. *abyecto*, *desierto* vs. *deshielo* y *boniato* vs. *cónyuge* (véanse las transcripciones en la tabla 8.8). Estos casos problemáticos se pueden explicar como el resultado de un contraste en la silabificación, motivado en su mayor parte por principios morfológicos. El ejemplo *desierto* vs. *deshielo* se trató en la sección 4.6. Como mencionamos entonces, los prefijos transparentes o productivos son dominios independientes para la silabificación. La pronunciación de *deshielo* se

Tabla 8.8 Contraste [i̯] vs. [ʝ] ~ [ɟ] como resultado de un contraste silábico

Un solo dominio de silabificación			Frontera silábica interior de palabra		
Ortografía	Representación fonológica	Pronunciación	Ortografía	Representación fonológica	Pronunciación
desierto	/desiérto/	[desi̯érto]	*deshielo*	/des-iélo/	[dezʝélo]
abierto	/abiérto/	[aβi̯érto]	*abyecto*	/ab-iékto/	[aβɟékto]
boniato	/boniáto/	[boni̯áto]	*cónyuge*	/kón-iuxe/	[kónʲɟuxe]

corresponde con la distribución vista en la tabla 8.7, y puede dársele una explicación similar a la que acabamos de ofrecer para el ejemplo *con yeso*, ya que la frontera del prefijo es también el límite entre dos dominios de silabificación /des-iélo/. En otras palabras, en cuanto a la silabificación no existe diferencia alguna entre *deshielo* y una frase como *con yeso* o *es hielo* /és-iélo/ [éz ʝélo] (véase también el par *italiano* vs. *y tal llano* mencionado anteriormente). En /des-iélo/ se seleccionará el alófono correspondiente a cuando el fonema /i/ es inicial de palabra (como ya dijimos, la consonantización impide la aplicación de la resilabificación). La misma explicación se puede aplicar a los pocos casos existentes de alofonía aparentemente anómala que hemos mencionado antes. En *abyecto*, la sílaba *ab-*, a diferencia de *des-*, no es un prefijo transparente en español; sin embargo, la existencia de ejemplos como *proyecto*, *inyectar*, etc., hacen que al menos esta segmentación morfológica sea posible. La silabificación de las deslizantes en posición inicial de sílaba tras un prefijo se remonta al latín (Pensado 1989), lo que explica este ejemplo, al igual que *cónyuge*, que etimológicamente tiene el mismo prefijo que *conlleva*, *compañero*, y muchas otras palabras. A pesar de ello, desde un punto de vista sincrónico, es seguramente más razonable tratar *cónyuge* como un caso de silabificación idiosincrática.

Otro problema que se le presenta a la propuesta en la que /ʝ/ es solo un conjunto de variantes posicionales de /i/ es el hecho de que muchos hablantes tienden a pronunciar la grafía <*hi*> ante vocal, por ejemplo en *hielo*, *hierro*, etc. con menos constricción que las letras <*y*> o <*ll*> en el mismo contexto, como en *yeso*, *lleno*, etc.[16] Este contraste, de base ortográfica, está muy claro en dialectos como el español de Buenos Aires donde *y*, *ll* se pronuncian siempre como una obstruyente, muy diferente desde un punto de vista acústico a la deslizante [i̯]. En el argentino normativo, existe, por lo tanto, un claro contraste

[16] Las palabras como *hielo*, aunque se pronuncien con una deslizante, [i̯élo], no se pueden silabificar con una secuencia vocálica en hiato y son, por lo tanto, diferentes a ejemplos como *hiato* [i.áto], que es realmente un caso de hiato excepcional: véase la sección 4.4.1.

Tabla 8.9 Contraste /ʒ/ vs. /i/ en español de Argentina

/ʒ/ [ʒ ~ ʃ]	/i/ [i̯] ~ [ʝ]
yeso	***hi**elo*
***ll**ena*	***hi**ena*
*tramoya, cebo**ll**a*	*parano**i**a*
yerba	***hi**erba*

entre la fricativa prepalatal en *yeso* [ʒéso], *lléno* [ʒéno] y la deslizante de *hielo, hierro*, que se puede pronunciar con cierta constricción en la región palatal, pero siempre con poca estridencia [i̯elo] ~ [ʝelo]. La pronunciación [ʒélo] para la palabra *hielo* está generalmente estigmatizada en el argentino normativo y se considera un indicador de bajo nivel educativo (por falta de conocimiento de la ortografía de la norma escrita). Existe incluso un par mínimo. Mientras que la RAE considera aceptables tanto *hierba* como *yerba* como ortografías para la misma palabra,[17] en el español de Argentina estas son dos palabras con significados diferentes. La forma [ʒéɾβa] ha adquirido el significado especializado de 'hojas de mate' (*mate* es el té nacional de Argentina) y se escribe *yerba*; el término que significa 'césped' se escribe *hierba* y se pronuncia [i̯éɾβa]. Está claro, por lo tanto, que el español argentino tiene un fonema /ʒ/ que contrasta con el alófono no silábico del fonema /i/. En el interior de palabra el contraste se da entre palabras como *cebolla, tramoya*, por un lado, y la palabra técnica *paranoia*, por el otro. Por consiguiente, podemos concluir que en este dialecto ha desaparecido la conexión fonémica entre /ʒ/ [ʒ] ~ [ʃ] y /i/ [i̯] ~ [ʝ].[18] Véase la tabla 8.9.

Más problemático, desde un punto de vista teórico, es el hecho de que algunos dialectos que no tienen reforzamiento obligatorio de las deslizantes iniciales presentan, sin embargo, un cuasi-contraste, basado en la ortografía, pero de todos modos real. Igual que en Argentina, en algunas zonas tanto de Latinoamérica como de España, muchos hablantes cultos evitan las fricativas fuertes y consonantes no continuas en las palabras que se escriben con *hie-*, al menos en estilos formales (como observan Navarro Tomás 1977: 50, Dalbor 1997: 217 y otros). Cuanto mayor y más estable sea la distancia fonética entre la pronunciación más común de la consonante representada con las grafías <*y*>, <*ll*> y una deslizante pura en el dialecto en cuestión, mayor será la

[17] Otras palabras con dos formas ortográficas posibles son *hiedra* ~ *yedra* y *hiero* ~ *yero*.
[18] Harris y Kaisse 1999 ofrecen otro punto de vista.

Tabla 8.10 Variedad de pronunciaciones para palabras diferentes con *hiV-*, *yV-*

***hi**ato*	**i-á** ~	i̯á		
***hi**ena*		**i̯é** ~	ʝé	
yema		i̯é ~	**ʝé** ~	ɟé

La pronunciación que se considera "básica" para cada ejemplo aparece en negrita.

probabilidad de que los hablantes creen categorías separadas para las palabras que se escriben con <*hie-*> y las que se escriben con <*y-*> o <*ll-*>.

Lo que acabamos de decir se aplica sobre todo al contexto inicial de frase. Como se mencionó con anterioridad, en este contexto, en español peninsular y de muchas zonas de Latinoamérica, se puede encontrar toda la gama de realizaciones de deslizante [i̯] a oclusiva palatal [ɟ]. Dada la asociación en su mente de la grafía <*(h)i*> con una vocal, muchos hablantes tienden a restringir la gama de posibles pronunciaciones de (algunas) palabras con estas grafías a aquellas con menor grado de constricción. Es decir, en el contexto inicial de frase, diferentes palabras aceptan diferentes grados de variación en cuanto a su constricción en el estilo cuidado, un fenómeno que se rige en parte por la ortografía y, en parte, por la frecuencia de las palabras. Si se incluyen las palabras con hiato inicial excepcional, hay tres clases de palabra para algunos hablantes. En la tabla 8.10 se ofrecen algunos ejemplos (la pronunciación que se considera más común o "básica" para cada ejemplo aparece en negrita en la tabla).

El caso más normal es el de *yema*, cuya pronunciación más común es [ʝéma], aunque también se puede articular con más o menos constricción. Como se mencionó anteriormente, la palabra *hiato* pertenece a la clase de hiatos excepcionales, /i.áto/ (comparable, p.ej., con /di.áblo/). Este hiato puede convertirse en diptongo con consecuente reducción en el número de sílabas (véase la sección 4.5), pero no experimenta en general reforzamiento consonántico. Es decir, *hiato* /i.áto/ tiene las mismas posibles pronunciaciones que la frase *y atas* /i átas/ [i.átas] ~ [i̯átas] (pero normalmente no es posible pronunciar **[ʝátas]). Por último, *hiena* debería admitir, en teoría, las mismas pronunciaciones que *yema* o *llena*, pero de hecho su realización fonética exhibe un grado mucho menor de constricción. Esto es, sin duda, debido a la ortografía y al carácter culto de la palabra para muchos hablantes. Existe, por lo tanto, un contraste cuasi-categórico en español peninsular, reflejado en la existencia de pares mínimos como *hiena* vs. *llena* que varían en cuanto a la gama de pronunciaciones aceptables, como se muestra en la tabla 8.10. En formas aisladas, es poco probable que se puedan

Tabla 8.11 u.V, u̯V, gu̯V iniciales

huida	**u.i**	u̯i	
hueso		**u̯e**	gu̯e
guasa		u̯a	**gu̯a**

Se muestra en negrita la pronunciación más común en posición inicial en estilo cuidado para cada caso.

confundir las palabras *hiena* y *llena* (aunque pueden ser homófonas en conversación espontánea). Dadas las observaciones anteriores, /ʝ/ se puede considerar un "cuasi-fonema" en español.[19]

La misma situación de "cuasi-contraste" surge con respecto a [u̯] (escrito <*hu*> ante vocal, o, en préstamos, <*w*>: *hueso, hueco, Hawaii, washingtoniano*) y [gu̯], [ɣu̯] (*guasa, cigüena, güito*).[20]

Tras pausa, algunos hablantes tienden a mantener un contraste que se corresponde con la diferencia ortográfica, pronunciando, por ejemplo, *hueso* [u̯éso] con menor constricción que *guasa* [gu̯ása], que presenta una oclusiva en este contexto (véase Aguilar 1997: 190–191).[21] Es necesario distinguir entre estas dos clases y una tercera, que incluye palabras con hiato excepcional, como, por ejemplo, *huida* [u.íða], que no admiten reforzamiento consonántico.[22] En la tabla 8.11 se muestra en negrita la pronunciación más común en posición inicial en estilo cuidado para cada caso.

Los contrastes que se tratan en este apartado, en la medida en que se realizan, se limitan a la posición inicial de frase (tras pausa). En los mismos dialectos

[19] En español escrito (y, en menor medida, en la lengua oral) existe una regla por la que la conjunción *y* se reemplaza por *e* ante la vocal [i], como, por ejemplo, en *geografía e historia*. Esta regla no se aplica ante palabras con las grafías *y-* y *ll-*: *cal y yeso, nieve y lluvia*. Ante *(h)iV-* hay cierto grado de variación (Whitley 1995). La aplicación de la regla *y* → *e* es frecuente (aunque no totalmente regular) con palabras como *hiato*, que admiten una pronunciación con hiato: *diptongo e hiato*. Para algunos hablantes, la condición para la regla es la presencia de la vocal nuclear [i], no la deslizante [i̯]; como consecuencia, la regla no se aplica en *leones y hienas*, aunque el segmento inicial de palabra se pronuncie como una deslizante pura. Sin embargo, algunos de los participantes de Whitley 1995 usaron *e* en este contexto. Una explicación posible es que algunos hablantes aplican la regla *y* → *e* tanto antes de la vocal [i] como de la deslizante [i̯].

[20] El debilitamiento de /b/ ante deslizante labiovelar también resulta en posible neutralización de /b/ y /g/ en este contexto. Este es un fenómeno geográficamente bastante extendido pero generalmente estigmatizado (véase Mazzaro 2010 para un estudio reciente), reflejado a veces en grafías como *agüelo, güeno* (por *abuelo, bueno*) que tratan de reproducir esta pronunciación. Con menos frecuencia, encontramos confusión etimológica entre /b/ y /g/ también ante vocal alta posterior, como en *(a)bujero* por *agujero*.

[21] Hay palabras que admiten más de una forma ortográfica: *huarache* ~ *guarache, huero* ~ *güero, huiro* ~ *güiro*. Cuando la Real Academia decidió adaptar la palabra *whisky* como *güisqui*, hubo quejas de que por medio de la ortografía la Academia estaba validando una pronunciación coloquial o no normativa.

[22] A esta clase de palabras con hiato pertenecen los apellidos *Huidobro* y *Huarte*.

Tabla 8.12 Contrastes "cuasi-fonológicos" en palabras con *hiV-*, *yV-*, *huV-*, *guV-*

Posible contraste: tras pausa	Sin contraste	
yeso [ɟéso] ~ [ʝéso] ~ [i̯éso]	*de yeso* [deʝéso] ~ [dei̯éso]	*con yeso* [konʲɟéso]
hielo [i̯élo]	*de hielo* [deʝélo] ~ [dei̯élo]	*con hielo* [konʲɟélo]
guasa [gu̯ása]	*de guasa* [deɣu̯ása] ~ [deu̯ása]	*con guasa* [koŋgu̯ása]
hueso [u̯éso]	*de hueso* [deu̯éso] ~ [deɣu̯éso]	*con hueso* [koŋgu̯éso]

(por ejemplo, el español peninsular normativo), no existe contraste en posición interior de palabra entre, por ejemplo, los sonidos subrayados en *paranoia* y *tramoya* (a diferencia de lo que sucede en Argentina), con [-óʝa] ~ [-ói̯a], ni, en el caso de las velares, entre *cigüeña* y *vihuela*, con [-iɣu̯é-] ~ [-iu̯é-]. Independientemente de la ortografía, pues, se suele pronunciar una consonante aproximante (de constricción variable). Esto se aplica también a los contextos entre palabras, como en las secuencias *de yeso* y *de hielo* o *con yeso* y *con hielo*. Por otro lado, tras una consonante nasal o lateral, normalmente se da el alófono oclusivo, tanto para la palatal como para la velar, también independientemente de la ortografía. La tabla 8.12 contiene ejemplos de estos casos.

Por razones prácticas, en este libro distinguimos casi siempre el fonema /ʝ/ en nuestras representaciones fonológicas. De todos modos, debería quedar claro, teniendo en cuenta la discusión anterior, que el estatus fonémico de este segmento no está tan establecido como el de otros fonemas.

EJERCICIOS

1 ¿En qué se asemejan y diferencian las africadas de las oclusivas? ¿Es posible analizar las africadas como secuencias de dos segmentos?

2 El préstamo inglés *watchman* /ˈwɑʧmən/ 'guarda, vigilante' se ha adaptado en algunos países latinoamericanos como *guachimán*. ¿Podría explicar esta adaptación?

3 ¿Cuál es el origen histórico de las diferencias en la pronunciación de las grafías *z*, *c(e,i)* entre el español peninsular y el latinoamericano?

4 Terrell (1986) menciona ejemplos como *gasto* en lugar de 'gato', *astrás* 'atrás', *esquipo* 'equipo', *las ochos* 'las ocho', *yo vivos* 'yo vivo', *tengos* 'tengo' en el habla de algunos de sus informantes dominicanos. ¿Cómo explicaría usted estas formas?

5 En algunas zonas de Castilla-La Mancha *oler* tiene la forma coloquial *goler*. ¿Cómo se puede explicar esta evolución?

6 ¿Cuáles son los argumentos a favor y en contra de reconocer /ʝ/ como fonema independiente en español?

7 En náhuatl hay dos fricativas sordas /s/ y /ʃ/. Los frailes españoles, como Bernardino de Sahagún, que escribieron en náhuatl en el siglo XVI, generalmente utilizaron <*x*> para representar /ʃ/ y <*c*> y <*z*> para representar /s/, con lo cual la letra <*s*> no aparece nunca en textos escritos en náhuatl clásico. Esta tradición se ha mantenido en la preferencia por las grafías <*c*>, <*z*> para /s/ en palabras españolas de origen náhuatl como *epazote*, *ocelote*, etc. y en topónimos mexicanos. Por otra parte, en préstamos antiguos del español al náhuatl observamos que /s/ es frecuentemente remplazada por /ʃ/, como en *xilla* 'silla'. ¿Qué podemos deducir de todo esto sobre la pronunciación de los fonemas representados como <*s*> y como <*c(e,i)*>, <*z*> en el español del siglo XVI?

9 Nasales

9.1 Fonemas nasales

El español tiene tres fonemas nasales en su inventario consonántico, como se muestra y ejemplifica en la tabla 9.1. Las consonantes nasales del español se pronuncian con oclusión total en la cavidad oral; son, por lo tanto, oclusivas nasales.

Estos tres fonemas nasales contrastan en posición de ataque silábico, pero el contraste se neutraliza en la coda, como se explica en la sección siguiente.

La nasal palatal es poco frecuente en posición inicial de palabra. El diccionario de la Real Academia solo contiene cuarenta y nueve palabras que empiezan con esta consonante, incluyendo muchas usadas solo en algunas zonas geográficas. Hay razones históricas por las que la /ɲ/ inicial es tan rara. El latín no tenía el fonema /ɲ/; este fonema surgió en español principalmente como resultado de la evolución de tres grupos de sonidos: (1) la geminada intervocálica -NN-, como en ANNU > *año*; (2) N + vocal anterior seguida de otra vocal, como en VINEA > *viña*, HISPANIA > *España*, y (3) la secuencia intervocálica -GN-, como en PUGNU > *puño* (véase Penny 2002: 61–72, entre otros). De estas tres posibilidades, solo la segunda podría, en teoría, haber producido /ɲ/ inicial, pero en realidad ese cambio no afectó a las secuencias en posición inicial de palabra. Por consiguiente, /ɲ/ inicial de palabra no es nunca el resultado de cambios regulares a partir del latín. Las palabras españolas con /ɲ/ inicial de palabra suelen ser préstamos de otras lenguas, como *ñame* (boniato), *ñandú* y *ñu* (tipo de antílope); creaciones con fines expresivos como *ñiquiñaque* o variantes dialectales (dado que en el dialecto leonés la /n/ inicial se palatalizó), como *ñublado* (= *nublado*) y *ñudo* (= *nudo*).

El inglés no posee una consonante palatal. El sonido más parecido es el que se encuentra en palabras como *canyon* (que es un préstamo del español), en que una nasal alveolar va seguida de una deslizante palatal. Hay que notar que

Tabla 9.1 Fonemas nasales (en posición de ataque silábico)

/m/ nasal bilabial sonora	*cama* /káma/, *mata* /máta/
/n/ nasal alveolar sonora	*cana* /kána/, *nata* /náta/
/ɲ/ nasal palatal sonora	*caña* /káɲa/, *ñandú* /ɲandú/

en español /niV/ contrasta con /ɲ/, como muestran pares mínimos como *huraño* [uɾáɲo] vs. *uranio* [uɾáni̯o], *uñón* /uɲón/ (aumentativo de *uña*) vs. *unión* [uni̯ón] y *Miño* /míɲo/ (río de Galicia) vs. *minio* [míni̯o], aunque el contraste entre /ɲ/ y /ni/ ante vocal se ha perdido o es inestable en algunas variedades geográficas, incluyendo el español de Buenos Aires (véase Kochetov y Colantoni 2011).

9.2 Nasales en la coda

9.2.1 Nasales en la coda en el interior de palabra

En posición preconsonántica interior de palabra (en la coda), las nasales siempre son homorgánicas con la consonante siguiente; es decir, tienen el mismo punto de articulación. La única excepción a la homorganicidad es la secuencia /mn/ en ejemplos como *himno*, *alumno* y *columna*. Dejando aparte este caso especial, el contraste entre tres fonemas en punto de articulación que se da en el ataque se neutraliza, pues, en la coda. Ya hemos discutido este fenómeno en la sección 5.2.

Es necesario mencionar que la ortografía del español, aunque es generalmente fonémica, no es del todo consistente con respecto a las nasales en la coda. Según la regla ortográfica se escribe <*m*> ante <*p*> y <*b*>, y en los casos restantes se ecribe <*n*>. La ortografía se ajusta a la realidad fonética en, por ejemplo, *campo* [kámpo], *cambio* [kámbi̯o]. Sin embargo, se escribe <*n*> siempre ante todas las demás consonantes, independientemente del punto de articulación de la nasal: *énfasis* [éɱfasis], *ancho* [ánʲʧo], *ángel* [áŋxel]. Obsérvese que también se escribe <*n*> delante de <*v*>, que representa el mismo fonema bilabial que la grafía <*b*>, como en *envía* [embía], *invita* [imbíta], y también ante <*m*>, como en *inmortal* [immortál]. Por lo tanto, la ortografía del español no proporciona una representación fonológica adecuada para las nasales en la coda.

Como ya se explicó en la sección 5.2, en las siguientes páginas utilizaremos la representación fonológica /ɴ/ para indicar una nasal cuyo punto de articulación viene determinado por la consonante siguiente, de forma parecida

Tabla 9.2 Nasales en la coda en posición interior de palabra: homorgánicas con la consonante siguiente

campo	/káNpo/	[kámpo]
cambio	/káNbio/	[kámbi̯o]
envía	/eNbía/	[embía]
inmortal	/iNmortál/	[immortál]
énfasis	/éNfasis/	[éɱfasis]
canto	/káNto/	[kán̪to]
ando	/áNdo/	[án̪do]
manso	/máNso/	[mánso]
ancho	/áNʧo/	[ánʲʧo]
enyesar	/eNɟesáɾ/	[enʲɟesáɾ]
ángel	/áNxel/	[áŋxel]
mango	/máNgo/	[máŋgo]
hinco	/íNko/	[íŋko]
Excepción: /mn/		
columna	/kolúmna/	[kolúmna]

al archifonema nasal propuesto por la Escuela de Praga.[1] En la tabla 9.2 se ofrecen ejemplos of representaciones fonémicas y fonéticas de nasales en posición de coda en interior de palabra.

Es interesante observar que, aunque el español no tiene consonantes geminadas, la secuencia [nn] puede aparecer en posición interior de morfema (analizable como /Nn/) en dos o tres palabras, incluyendo *perenne* y *pinnípedo*. Con la excepción de estas, no existen geminadas en posición interior de morfema en español.[2] Con el prefijo *in-*, hay ejemplos como *innoble*, *innatural*, etc.

Ante consonante palatal, las nasales se palatalizan, pero no son idénticas a la palatal nasal [ɲ] (Quilis 1993: 229–230), aunque ante /ɲ/, como en *un ñame*, podemos encontrar asimilación completa. Representamos una nasal palatalizada por medio del símbolo [nʲ], que incluye el superíndice de palatalización del AFI. La tabla 9.3 muestra los alófonos nasales.

9.2.2 Nasales en posición final de palabra

En posición final de palabra solo hay una consonante nasal en español: /n/. La <*-m*> final se puede encontrar en algunos préstamos como *álbum*, *ítem*,

[1] No hay que confundirlo con el uso de este símbolo para la nasal uvular en el AFI.
[2] Con /b/ geminada, tenemos la forma *obvio* [óβːi̯o].

Tabla 9.3 Alófonos nasales ante consonante

[m]	nasal bilabial	*campo, cambio, envía*
[ɱ]	nasal labiodental	*énfasis*
[n̪]	nasal dental	*canto, ando* (interdental en pen. *encía*)
[n]	nasal alveolar	*ansia, enredo, enlatar*
[nʲ]	nasal palatalizada	*ancho, enyesar*
[ŋ]	nasal velar	*mango, hinco, ángel*

referéndum y en topónimos catalanes como *Benidorm*. La pronunciación de estas palabras excepcionales varía mucho: algunos hablantes pronuncian [m] en posición final, pero esta pronunciación parece ser minoritaria. Otras palabras con <-*m*> final en la lengua de origen se han adaptado con <-*n*>, como se puede apreciar en los nombres bíblicos *Adán*, *Jerusalén* y *Belén*.

La nasal palatal nunca aparece en posición final de palabra. El término francés *champagne* se ha adaptado como *champán* o *champaña*, para evitar una [ɲ] en esta posición. Los apellidos catalanes que acaban en /ɲ/, generalmente escritos <-*ny*>, como en *Company*, suelen pronunciarse en español de acuerdo con las correspondencias ortográficas del español: [kompáni]. Compárese también el verbo *desdeñar* con el nombre *desdén* o *doña* con *don* para constatar que donde esperaríamos una nasal palatal en final de palabra tenemos en cambio /n/.

Antes de pausa o vocal, la /n/ final de palabra se pronuncia [n] en la mayoría de dialectos del español, aunque la articulación velar es común en muchas áreas, incluidos el occidente y sur de España, el Caribe y la costa del Pacífico de Suramérica. Este fenómeno, que se conoce como **velarización** de la nasal, resulta del debilitamiento de la articulación de la consonante. Tanto en Andalucía como en el Caribe la reducción está aún más avanzada, de modo que en lugar de una consonante nasal final es frecuente que haya solo nasalización de la vocal precedente: *comen* [kómẽŋ] ~ [kómẽ].

No está claro hasta qué punto la [ŋ] final de palabra es contrastiva en dialectos velarizantes cuando va seguida de vocal, como en *en aguas* [eŋáɣu̯as] vs. *enaguas* [enáɣu̯as] (Hyman 1956), dado que incluso en (algunas de) estas variedades las nasales finales se pueden pronunciar [n] cuando se resilabifican (véase la sección 4.5.1).

Bastante menos común que la velarización es la pronunciación de las nasales finales como bilabiales [m]: *pan* [pám], *melón* [melóm]. Este fenómeno variable ha sido documentado en varias áreas aisladas, que incluyen la península del Yucatán en México, el Valle del Cauca en Colombia (Montes 1979) y Tucumán (Argentina).

En los plurales de palabras que acaban en nasal y en palabras derivadas de estas, la pronunciación es [-n-], independientemente de la pronunciación de las nasales finales en el dialecto del hablante. En variedades velarizantes, tenemos, pues, p.ej., *pan* [páŋ] y *panes* [pánes] (no **[páŋes]), *camión* [kami̯óŋ] y *camiones* [kami̯ónes] (no **[kami̯óŋes]), etc.

Ante consonantes, las nasales finales se asimilan en punto de articulación a la consonante siguiente: *camión pequeño* [kami̯ómpekéɲo], *un camión feo* [úŋkami̯óɱféo], *son grandes* [sóŋgɾán̪des], *son felices* pen. [sóɱfelíθes] ~ lat.am. [soɱfelíses]. Según la velocidad del habla, en este contexto también se pueden encontrar nasales con doble punto de articulación. Como explicamos en la sección 5.9, la oclusión alveolar (o velar, en los dialectos velarizantes) se puede producir de manera simultánea con una segunda oclusión que corresponde al punto de articulación de la consonante siguiente con el velo todavía en su posición descendida: [kami̯ón͡mpekéɲo], o, en dialectos velarizantes, [kami̯óŋ͡mpekéɲo].

EJERCICIOS

1 Examine los siguientes datos del catalán:

(a) *són* [són] 'son'

són pocs [sómpɔ́ks] 'son pocos' (= *som pocs* 'somos pocos')
són dos [són̪dós] 'son dos'
són secs [sónsɛ́ks] 'son secos'
són grans [sóŋgɾáns] 'son grandes'

(b) *som* [sóm] 'somos'

som pocs [sómpɔ́ks] 'somos pocos'
som dos [sómdós] 'somos dos'
som secs [sómsɛ́ks] 'somos secos'
som grans [sómgɾáns] 'somos grandes'

(c) *any* [áɲ] 'año'

any passat [áɲpəsát] 'año pasado'
any dos [áɲdós] 'año dos'
any sec [áɲsɛ́k] 'año seco'
any gran [áɲgɾán] 'año grande'
¿En qué se diferencia el catalán del español en cuanto a los fenómenos de neutralización y asimilación de nasales?

2 Compare la articulación de /ɲ/ en la palabra *cañón* en español con la de la secuencia *-ny-* en el término inglés *canyon* /ˈkænj̯ən/.

3 Compare los sistemas de consonantes nasales del inglés y del español teniendo en cuenta tanto los contrastes entre fonemas como los fenómenos de neutralización. Preste atención especial al estatus de la nasal velar en ambos idiomas.

10 Líquidas (laterales y vibrantes)

10.1 Consonantes líquidas: laterales y vibrantes (róticas)

El término consonante líquida (de la traducción latina de un término usado por los gramáticos griegos) incluye a las laterales (sonidos como la /l/) y a las vibrantes (o "róticas", es decir sonidos como la /r/). Tales sonidos suelen compartir propiedades distribucionales y de otros tipos: por ejemplo, en español solo la lateral /l/ y la vibrante simple /ɾ/ pueden ser el segundo segmento de un grupo consonántico (p.ej., *blusa*, *bruto*). Sin embargo, articulatoriamente son bastante diferentes. En este capítulo consideramos primero las consonantes laterales y después las vibrantes.

10.2 Laterales

10.2.1 Fonemas y distribución alofónica

Las consonantes laterales se articulan con un obstáculo al paso del aire en el centro de la boca que permite, sin embargo, que el aire fluya sin obstrucción por el espacio que queda entre las paredes de la cavidad oral y uno o los dos lados de la lengua (como ya hemos mencionado; por eso se llaman *laterales*). En la actualidad la mayoría de los dialectos del español tienen un solo fonema lateral /l/, cuyo alófono básico es una lateral sonora ápico-alveolar. Para producir este segmento el ápice de la lengua crea una oclusión en la región alveolar, al mismo tiempo que deja que el aire pase libremente por uno o los dos lados de la lengua, según las preferencias del hablante. Aunque el tipo de contacto que se produce es similar al de la [t] (contacto completo entre el ápice de la lengua y el articulador pasivo, aunque ligeramente más posterior), al ser una consonante continua, es posible prolongar el sonido de /l/ como [llllll], a diferencia de lo que ocurre con [t], que no produce sonido mientras mantenemos el contacto con el ápice contra la raíz de los dientes, sino solo cuando tiene lugar la explosión. Esto se debe a que con [l] el aire se escapa por el espacio entre la lengua y los lados de la lengua a pesar de la obstrucción central.

En inglés, /l/ tiene un alófono "claro" [l], como en ***light***, y uno "oscuro" o velarizado [ɫ], como en ***tall***, con una obstrucción secundaria en la zona velar, que se produce acercando el dorso de la lengua al velo. En la mayoría de las variedades del inglés la [l] "clara" aparece en el ataque silábico y la "oscura" [ɫ] en la coda, aunque hay hablantes que tienen una [ɫ] velarizada en todos los contextos.[1] En español, por el contrario, /l/ es siempre "clara". Se articula siempre sin velarización, tanto en el ataque como en la coda: *lata* [láta], *tal* [tál]. La posición del dorso para la /l/ del español es similar a la de la vocal /e/ (Proctor 2011). Esto es con la excepción del español hablado en Cataluña y otras regiones de lengua catalana, donde los bilingües cuya lengua dominante es el catalán a veces transfieren la [ɫ] velarizada de esta lengua al español. En inglés, según la preferencia del hablante, la /l/ inicial de sílaba puede tener un punto de articulación alveolar o dental. En español suele ser siempre alveolar.

Cuando va seguida de una consonante que se articula con la parte anterior de la lengua, la /l/ se asimila a la misma en punto de articulación (véase la tabla 10.1). Sin embargo, no hay asimilación con las consonantes velares ni tampoco con las labiales, (dado que no es posible producir una lateral labial). En concreto [l] es "clara", no velarizada, cuando precede a una consonante velar, como en *algo*. Se puede concluir, por tanto, que la asimilación en punto de articulación de /l/ preconsonántica es más limitada que la de las nasales en la misma posición. La /l/ se dentaliza ante consonante dental y se hace interdental ante la /θ/ interdental del español peninsular. Ante consonante prepalatal o palatal generalmente encontramos una lateral palatalizada que no es exactamente idéntica a la lateral palatal [ʎ] (véase Quilis 1993: 310–311), por lo que utilizamos el símbolo [lʲ]. En variedades lleístas (con el fonema /ʎ/), por otra parte, podemos tener asimilación completa, resultando en una palatal lateral más larga o geminada en ejemplos como *el llavero*. Parece posible también tener una asimilación completa en punto de articulación a la nasal palatal /ɲ/, como en *el ñandú*.

10.2.2 Evolución de la lateral palatal /ʎ/: el yeísmo y otros fenómenos relacionados

Como hemos mencionado ya en varias ocasiones, algunos dialectos del español tienen un segundo fonema palatal: una lateral palatal sonora /ʎ/. En tales

[1] De hecho, la /l/ del inglés normalmente tiene una constricción velar secundaria. Lo que hace que /l/ se perciba como "clara" en el ataque y como "oscura" en la coda es la diferencia entre la coordinación temporal relativa y la magnitud de la obstrucción dorsal y apical en estas dos posiciones (Sproat y Fujimura 1993).

Tabla 10.1 Asimilación de [l]

Asimilación de /l/ ante consonantes articuladas con la parte anterior de la lengua	No hay asimilación de /l/ ante consonantes labiales y velares
[l̪] dental	*golpe* [ɡólpe]
alto [al̪to]	*alba* [álβa]
caldo [kál̪do]	*el faro* [elfáɾo]
pen. *calza* [kál̪θa] (interdental)	*belga* [bélɣa]
[l] alveolar	*alcoba* [alkóβa]
balneario [balneáɾi̯o]	*el jarro* [elxár̄o]
balsa [bálsa]	
[lʲ] palatalizada	
colcha [kólʲt͡ʃa]	
el yeso [elʲɟéso]	
[ʎ] palatal	
el llavero [eʎ:aβéɾo] (lleísmo)	

dialectos, /ʎ/ se da en palabras que se escriben con <*ll*>, como *llorar* /ʎoɾáɾ/, *calle* /káʎe/, etc. (sobre la grafía <*ll*> para representar este sonido, véase el apéndice A). Esta consonante también existe en catalán; en italiano, donde se escribe <*gli*>, como en *paglia* 'paja'; y en portugués, donde se escribe <*lh*>, como en *palha*.

De manera muy aproximada, se puede decir que la lateral palatal se parece a la secuencia [li̯], pero con lateral y deslizante palatal pronunciadas al mismo tiempo. Esto es, sin embargo, solo una manera muy aproximada de hablar, porque los hablantes que tienen el fonema /ʎ/ en su repertorio no confunden, por ejemplo, *pollo* [póʎo] con *polio* [póli̯o]. En [ʎ] existe contacto entre el dorso de la lengua y la parte central del paladar, con paso libre del aire por uno de los lados de la lengua o por ambos.

Aunque en algún momento de la historia de la lengua el fonema palatal lateral existió en todos los dialectos del español, en la actualidad este fonema se encuentra solo en los sistemas fonológicos de una minoría de hablantes. Las descripciones fonológicas del español peninsular normativo publicadas en la primera parte del siglo XX, e incluso algunas más recientes, incluyen la lateral palatal en el inventario de esta variedad (p.ej., Navarro Tomás [1918] 1977, Quilis 1993, Martínez Celdrán et al. 2003). Sin embargo, la realidad es que para la mayoría de los hablantes de España de menos de aproximadamente cincuenta años este fonema se ha confundido con /ʝ/ y no hacen distinción entre, por ejemplo, *pollo* y *poyo*, sino que pronuncian las dos palabras como [pójo]. Como se mencionó en la sección 2.6, la ausencia de contraste entre los sonidos que se escriben <*ll*> y <*y*> (antes de vocal) se denomina yeísmo. El fenómeno tiene probablemente sus orígenes en la relajación de la oclusión central de /ʎ/, que tuvo como consecuencia su fusión con /ʝ/, cuyos alófonos continuos presentan también una abertura central. La existencia del yeísmo data de finales de la Edad Media, aunque en España hasta recientemente el fenómeno estaba confinado en su mayor parte a Andalucía, sin afectar siquiera a toda la región. Sin embargo, en el transcurso del último siglo el yeísmo se ha convertido en la pronunciación mayoritaria, conservándose el fonema lateral palatal /ʎ/ de forma regular solo en zonas rurales, sobre todo del norte de la Península, aunque incluso en Andalucía y Canarias quedan pequeñas zonas con distinción entre estos dos fonemas. El mismo proceso de deslateralización de /ʎ/ tuvo lugar tiempo atrás en francés.

En Latinoamérica todavía existe la lateral palatal como fonema independiente en Paraguay y, en la región andina, en partes de Colombia, Ecuador, Perú y Bolivia, además de en zonas relativamente pequeñas de Chile (Canfield 1981: 31) y Argentina (Canfield 1981: 24). Del mismo modo que en España, en la mayoría de estos países latinoamericanos, el fonema está desapareciendo rápidamente del habla de las generaciones urbanas jóvenes. La excepción parece ser Paraguay, donde /ʎ/ contrasta claramente con /ʝ/, que en este país normalmente se pronuncia como una africada prepalatal [ʤ]; p.ej.: par. *calle* [káʎe] vs. *máyo* [máʤo] (véase Canfield 1981: 70; Alvar 1996b: 203–204). Aunque la conservación de /ʎ/ en partes de la zona andina se podría atribuir a la influencia del quechua y del aimara, dos lenguas que también tienen este fonema (como en *llama*, préstamo del quechua), el guaraní, la lengua dominante en Paraguay, no tiene este fonema y, por lo tanto, su conservación en el español de Paraguay debe tener otra explicación.

En algunas zonas de Ecuador (tierras altas del centro; véase Canfield 1981: 48) y en una pequeña área en Argentina (Canfield 1981: 23), la lateral palatal se ha convertido en una fricativa estridente prepalatal [ʒ], sin fusionarse con el fonema palatal /ʝ/, que no es estridente en esta zona. Así, en estas zonas el contraste es entre *calle* [káʒe] y *mayo* [májo] ~ [máʝo].

Finalmente, ni en variedades del español en que se ha conservado el fonema /ʎ/ puede aparecer este en posición final de palabra. A final de palabra no encontramos nunca <-*ll*>. En palabras en que esperaríamos que apareciera por razones históricas y morfológicas, lo que encontramos es /l/, como en *él*, que alterna con *ellos*, *ella*; *aquel* vs. *aquellos*, *aquella*; *doncel* vs. *doncella*, *valle* y *Val* (en topónimos como *Valdepeñas*) y algunos otros.

10.3 Vibrantes

10.3.1 Fonemas y distribución alofónica

El español tiene dos fonemas vibrantes o "róticos" (esto es, similares a la *ro* o *rho* del griego): una vibrante simple (o percusiva) /ɾ/, como en *caro* /káɾo/, y una vibrante múltiple /r̄/, como en *carro* /kár̄o/, *roca* /r̄óka/. Ambos son normalmente sonoros y alveolares, aunque se dan otras pronunciaciones en varias zonas, como veremos más adelante. La diferencia más importante entre las dos vibrantes es que la simple se pronuncia con un solo golpe rápido del ápice de la lengua contra los alveolos, mientras que la múltiple consiste en varios golpes rápidos, normalmente dos o tres. Sin embargo, no es del todo exacto decir que una vibrante múltiple es una sucesión de vibrantes simples, ya que la articulación es algo diferente. La vibrante múltiple requiere un gesto articulatorio más preciso, que reduce su coarticulación con los segmentos con los que está en contacto (véase Recasens 1991, Recasens y Pallarès 1999). Algunos autores utilizan el término *percusiva* para la vibrante simple y reservan el nombre de *vibrante* únicamente para la múltiple.[2]

La vibrante simple o percusiva intervocálica del español es muy similar al alófono *flap* de /t/ y /d/ que se da precedido de una vocal tónica y seguido por una átona en inglés americano y en otros dialectos del inglés, como, por ejemplo en *be**tt**er* 'mejor', *la**dd**er* 'escalera' y en la segunda *t* en *pota**t**o* 'patata'. En ambas consonantes, hay una breve oclusión alveolar y el efecto acústico es similar a la vibrante simple del español. Sin embargo, desde un punto de vista articulatorio los dos sonidos no parecen ser idénticos. En el *flap* del inglés americano, primero se retrae el ápice de la lengua, y luego, se desplaza rápidamente hacia delante para entrar en contacto con los alveolos. Por el contrario, en la vibrante simple del español, hay un rápido movimiento vertical hacia arriba y hacia abajo del ápice de la lengua, sin retracción anticipatoria (Ladefoged y Maddieson 1996: 232).

El fonema /r/ en inglés es normalmente una aproximante alveolar o postalveolar [ɹ] (sin oclusión), a menudo con retroflexión y con constricción en la faringe. En posición inicial de palabra suele ir acompañada también por redondeamiento de los labios (compárense ejemplos como *red* 'rojo' y *led* 'guiado', prestando atención al movimiento de los labios en la pronunciación de la mayoría de los anglohablantes). El efecto acústico que produce es muy diferente al de las róticas del español. Los hablantes de español generalmente perciben el uso de la [ɹ] inglesa en español como pronunciación estereotípica

[2] Los términos en inglés son *tap* o *flap* para la vibrante simple y *trill* para la vibrante múltiple.

Tabla 10.2 Ejemplos de pares mínimos que ilustran el contraste entre vibrante simple y múltiple

Vibrante simple /ɾ/	Vibrante múltiple /r̄/
pero	*perro*
pera	*perra*
para	*parra*
coro	*corro*
quería	*querría*
caro	*carro*
moro	*morro*
cero	*cerro*
mira	*mirra*
vara	*barra*

de una acento extranjero (aunque realizaciones muy parecidas se dan de hecho en el español costarricense).

La distribución de las vibrantes del español presenta características únicas. La simple y la múltiple contrastan fonémicamente solo en posición intervocálica interior de palabra. En este contexto existen bastantes pares mínimos, como se puede observar en la tabla 10.2.

Fuera del contexto intervocálico, no existe contraste entre estos dos sonidos. En dos contextos, posición inicial de palabra[3] y después de una consonante heterosilábica, solo se da la vibrante múltiple: *rata* /r̄áta/, *honra* /ónr̄a/. Por otra parte, en grupos consonánticos de ataque silábico, solo es posible la simple: *broma* /bɾóma/, *abre* /ábɾe/ [áβɾe] (véase, sin embargo, la sección 10.3.3). La vibrante simple (y no la múltiple) también aparece en posición final de palabra cuando la siguiente palabra comienza por vocal: *mar ancho* [máɾ ánʲʧo]. En la coda, cuando no es posible que haya resilabificación, es decir, antes de consonante (en el interior de palabra o entre palabras) y antes de pausa, se da una vibrante no distintiva, que hemos optado por representar simplemente con [r] en transcripción fonética ancha. En la mayoría de las regiones hispanohablantes, esta coda neutralizada [r] se suele parecer más a la vibrante simple, pero también puede ser múltiple en el habla algo enfática: *arte* [árte] = [áɾte] ~ [ár̄te], *amor* [amór] = [amóɾ] ~ [amor̄]. La excepción la encontramos en el País

[3] O, más exactamente, inicial de raíz, dado que la vibrante múltiple es la que aparece en esta posición en compuestos como *matarratas* y *pelirrojo* y en palabras derivadas por prefijación como *arrinconar* y *arreciar*.

Tabla 10.3 Distribución de las vibrantes en español

(a) Contraste simple /ɾ/ vs. múltiple /r̄/	V__V	Intervocálica interior de palabra: /káɾo/ vs. /kár̄o/
(b) Solo múltiple /r̄/	#__	Inicial de palabra (o de raíz): /r̄óka/
	C.__	Tras consonante heterosilábica: /alr̄ededóɾ/, /enr̄edo/, /isr̄aelita/
(c) Solo simple /ɾ/	C__	Tras consonante tautosilábica (grupo de ataque): /bɾóma/, /gɾámo/
	V__#V	Final de palabra seguida de vocal: /séɾ amígos/
(d) Vibrante variable ([ɾ] es la más común)	V__C	Antes de consonante: /páɾte/ [párte] (= [páɾte] ~ [pár̄te])
	V__#C	Final de palabra seguida de consonante: /séɾ poéta/
	V__##	Final de palabra seguida de pausa: /séɾ/ [sér] (= [séɾ] ~ [sér̄])

El símbolo # indica frontera de palabra y ## indica pausa o frontera de frase fonológica. El punto (en (b)) indica frontera de sílaba.

Vasco y en otras zonas del noroeste de España, donde la vibrante múltiple parece ser la más común en este contexto (Alonso 1945: 95–96).

En el análisis que adoptamos, representamos las vibrantes finales de palabra y de sílaba con el símbolo /ɾ/ en transcripción fonológica, p.ej., /máɾ/, /páɾte/, como vemos también en la tabla 10.3. Lo hacemos así porque la vibrante simple [ɾ] es la que aparece consistentemente cuando una consonante final de palabra se resilabifica con la vocal siguiente. Una regla variable permite el refuerzo de /ɾ/ ante consonante y en final de frase (como en *parte, mar, mar seco*). Si siguiésemos la costumbre de la tradición estructuralista europea consistente en postular un archifonema tanto en posición interior de palabra ante consonante como en posición final, habría que añadir también que el archifonema se realiza obligatoriamente como vibrante simple cuando hay resilabificación (como en *mar ancho*), pero varía entre simple y múltiple cuando se realiza en la coda.

En el grupo /sr̄/ (p.ej., *israelita, dos rocas*) es común que se elida la sibilante, de tal manera que, por ejemplo, *te lo regalo* y *te los regalo* pueden ser homófonos [telor̄eɣálo]. Otra posibilidad es que la vibrante múltiple se pronuncie como aproximante en la secuencia /sr̄/, *dos rocas* [dóz ɹókas] (véase Solé 2002).

La tabla 10.3 contiene un resumen de la distribución de las vibrantes. Es importante observar que la vibrante simple /ɾ/ es la única consonante en español que, siendo contrastiva en posición interior, no puede aparecer en posición inicial de palabra.

La naturaleza tan limitada del contraste entre vibrante simple y múltiple ha llevado a propuestas diferentes para su caracterización fonológica. Esto es, existen otras representaciones fonológicas posibles, aparte de la que hemos adoptado. En concreto, algunos autores han propuesto que en español hay una sola vibrante subyacente, la simple, en cuyo caso la vibrante múltiple intervocálica derivaría de una geminada fonológica y otras reglas darían cuenta del refuerzo obligatorio de la vibrante inicial de palabra y de su refuerzo opcional en posición final de sílaba (véase Harris 1983, y para discusión también Bonet y Mascaró 1997, Bradley 2001, Hualde 2004, Baković 2009).

Tanto las vibrantes iniciales de palabra como las finales pueden darse en el contexto intervocálico dentro de la frase, en cuyo caso pueden contrastar con las secuencias en que la otra rótica aparece en posición interior de palabra. Dado que las vibrantes en posición inicial de palabra son siempre múltiples, estas podrían contrastar con vibrantes simples en el interior de palabra. Por ejemplo, la frase *a Roma* [ar̄óma] forma par mínimo con la palabra *aroma* [aɾóma], mientras que, por otro lado, *de rota* [der̄óta] y *derrota* [der̄óta] son homófonos. Las vibrantes en posición final de palabra, si son intervocálicas, contrastan con las múltiples en posición interior, como en *amar a ese* [amáɾaése] vs. *amarra ese* [amár̄aése].

En límite de palabra o de prefijo podría darse en teoría un contraste triple, como se ve en la tabla 10.4.

Se ha asumido que el contraste entre la vibrante múltiple y la secuencia de vibrante final seguida de vibrante múltiple inicial de palabra, como en *da rocas* vs. *dar rocas*, se neutraliza por necesidad (Harris 1983: 63; Quilis y Fernández 1985: 148; Lipski 1990), ya que el único contraste posible en español es entre una sola oclusión (vibrante simple) y dos o más (múltiple),

Tabla 10.4 Secuencias de vibrantes en límite de palabra o de prefijo

Límite de palabra:		
(a)	ɾ	*dar ocas*
(b)	r̄	*da rocas*
(c)	ɾ r̄	*dar rocas*
Límite de prefijo:		
(a)	ɾ	*super-ávido*
(b)	r̄	*extra-rápido*
(c)	ɾ r̄	*super-rápido* (vs. *supe rápido*)*

*Estos dos ejemplos también se diferencian en su patrón acentual básico, pero la diferencia se puede eliminar o bien poniendo un acento en la sílaba inicial del compuesto (*súper-rápido*) o desacentuando el verbo en *supe rápido*.

y, como consecuencia, no puede existir un contraste una vez que tenemos varias oclusiones. Sin embargo, como se indicó en la sección 4.8, en un experimento descrito en Hualde (2004) se encontró una diferencia de duración en las medias entre las secuencias en ejemplos del tipo *salí rápido* vs. *salir rápido*, comparable a la que existe entre una y dos /s/, como en *sabe siempre* vs. *sabes siempre*. Aparentemente, el contraste entre (b) y (c) en la tabla 10.4 se puede neutralizar, pero también puede mantenerse por medio de la duración (véase la sección 4.8), de forma similar a lo que ocurre en secuencias de consonantes continuantes idénticas entre palabras.

Otra restricción morfofonológica es que una vibrante en posición final de palabra siempre corresponde al fonema /ɾ/, nunca a /r̄/, cuando aparece ante vocal en palabras relacionadas morfológicamente. Por lo tanto, hay grupos de palabras relacionadas como, por ejemplo, *olor ~ olores, oloroso*; *señor ~ señores, señora*; pero *olor ~ **olorres, **olorroso*; *señor ~ **señorres, **señorra* no son formas posibles (con muy pocas excepciones, que veremos en la siguiente sección).

10.3.2 Origen histórico del contraste entre las vibrantes

El reducido contraste que encontramos entre los dos fonemas vibrantes, simple y múltiple, tiene una explicación histórica: deriva de una diferencia fonémica entre consonantes simples y geminadas. El latín tenía un contraste entre consonantes simples y geminadas para casi todas las consonantes, pero tal contraste se daba solo en posición intervocálica en el interior de palabra. En la evolución del latín al español, las geminadas se hicieron simples, -CC- > -C-: p.ej., BUCCA > *boca*, GUTTA > *gota*, con la excepción de /-ll-/ > /ʎ/, /-nn-/ > /ɲ/ y /-rr-/ > /r̄/, que tuvieron otros desarrollos (Menéndez Pidal 1973: 134–135, Lloyd 1987: 242–244, Penny 2002: 81–82).

A pesar de su origen histórico, la vibrante múltiple intervocálica del español no se percibe hoy en día como una geminada, porque se silabifica en el ataque con la siguiente vocal. La silabificación de *carro* es *ca-rro* [ká.r̄o], no ***car-ro*.[4]

En otros contextos, la distribución de la vibrante simple y la múltiple en español no es exactamente la misma que existía para la /r/ simple y la geminada en latín debido a una serie de cambios independientes. En concreto, partiendo de la distribución de las consonantes geminadas y simples del latín, el español debería tener vibrantes simples (y no múltiples) en posición inicial de palabra.

[4] Por el contrario, en italiano, donde el contraste simple/geminada del latín se mantiene para casi todas las consonantes (excepto las palatales), *carro* se silabifica *car-ro*, igual que, por ejemplo, *fat-to* 'hecho' (véase, p.ej., Muljačić 1972).

Lo que sucedió en este caso es que en español y en las otras lenguas iberorrománicas hubo reforzamiento de /r-/ inicial de palabra; p.ej. lat. /romá:na/ > esp. /r̄omána/.[5] Por consiguiente, el que el contraste esté limitado a la posición intervocálica se puede explicar por su origen en la oposición simple vs. geminada.

La ausencia de contraste en el caso de las vibrantes en posición final de palabra (p.ej. *olor/olores*, pero no ***olor/olorres*) también tiene un claro origen histórico: si /r/ era final de palabra en latín, no podía ser geminada. Hay que notar que en español las consonantes finales de palabra también pueden ser el resultado de la elisión de /e/ final después de una consonante **coronal** simple, como en PANE/PANES > *pan/panes*, AMŌRE/AMŌRES > *amor/amores*. Pero como las pocas palabras que acababan en *-rre*, como *torre* (< TURRE), no perdieron la vocal final (o la recuperaron), no existen pares como ***tor/torres* (véase la sección 11.7.1).

Dada esta evolución, no puede haber palabras del tipo ***olor/olorres* en el léxico patrimonial del español. Tales palabras solo pueden tener su origen en préstamos de una lengua con ese patrón. Esto tuvo lugar precisamente en el español de Navarra en adjetivos/nombres referidos a pueblos del Valle del Roncal, que son préstamos del vasco. Por ejemplo, una persona de *Garde* es un *gardar*; el plural es *gardarres* y el femenino *gardarra*. Del mismo modo, tenemos *burguiar/burguiarres* (de Burgui), *izabar/izabarres* (de Isaba), etc.[6]

10.3.3 Realizaciones fonéticas y variación dialectal

Al comienzo de la sección 10.3 describimos la articulación que se puede considerar normativa de las vibrantes simple y múltiple del español. Sin embargo, esta no es la única forma en que se pronuncian estos fonemas. En primer lugar, todo hablante de español puede producir ambas vibrantes sin que llegue a haber oclusión total, es decir, como aproximantes o fricativas (véase Blecua 2001, Hammond 1999). La frecuencia de estos alófonos puede depender de preferencias tanto dialectales como individuales y estilísticas. En el caso de

[5] En otras lenguas iberorrománicas /l-/ y /n-/ también experimentaron reforzamiento; cf. cat. y ast. *lluna* 'luna', ast. *ñome* 'nombre'.

[6] En vasco, a diferencia de lo que ocurre en español, las vibrantes finales de palabra son múltiples cuando van seguidas de sufijos que empiezan por vocal en la mayoría de las palabras: *lur* 'tierra', *lurra* 'la tierra', *lurrak* '(las) tierras', aunque hay algunas excepciones: *ur* 'agua', *ura* 'el agua', *urak* '(las) aguas'. Los gentilicios mencionados pertenecen a la clase general en vasco: p.ej., *gardar, gardarra, gardarrak*. En otras zonas de contacto con el vasco, no se da este patrón porque los adjetivos relevantes fueron tomados del vasco con el artículo singular incorporado, como en *un donostiarra* 'una persona de Donostia/San Sebastián'. En la mayoría de los dialectos vascos, se citan las palabras con el artículo, pero este no fue el caso en el extinto dialecto vasco roncalés. Esta es la causa de la presencia del patrón vasco de vibrantes en el español hablado hoy en día en Roncal.

la vibrante múltiple, las exigencias de la coarticulación en la cadena hablada hacen que no siempre se produzcan las condiciones aerodinámicas que permitan la vibración múltiple del ápice.

Además de este tipo de variación, existen pronunciaciones dialectales diferentes de las prototípicas, que mencionamos a continuación.

10.3.3.1 Vibrantes asibiladas

En algunas zonas de Latinoamérica, los alófonos fricativos o asibilados son parte del dialecto local, de forma regular o variable, en combinación con formas normativas. Estos alófonos asibilados pueden ser sordos o sonoros y aparecen en diferentes contextos según el dialecto. El AFI no tiene un símbolo para este sonido (o grupo de sonidos), pero en dialectología hispánica se suele usar [ř].

En el centro de México, se puede oír con bastante frecuencia un alófono asibilado, generalmente sordo, ante pausa: *comer* [koméř̥] (Moreno de Alba 1994: 126–134).

También se pueden encontrar variantes asibiladas de /r̄/ en el ataque, normalmente sonoras (*carro* [kářo], *roca* [řóka]) en algunas zonas de América Central (Guatemala, Costa Rica) y en la región andina (tierras altas de Colombia, Ecuador, Perú, Bolivia y el norte de Chile), así como en Paraguay y en el norte de Argentina. En algunos países donde se documentan estas variantes, se consideran algo estigmatizadas (es decir, no son parte de la norma nacional). En Costa Rica un alófono frecuente de la vibrante múltiple es una aproximante muy similar a la /r̄/ en inglés americano, esto es, [ɹ].

En el español de las tierras altas de Ecuador la variante asibilada se da ante una consonante dental, pero no ante otras consonantes (Argüello 1978, citado en Bradley 2004).

El grupo /tɾ/ (y a veces /dɾ/ también) se asibila (de manera variable), con una pronunciación que se parece a *tr* en inglés (como en *tree* 'árbol') en Ecuador, Costa Rica, Chile y en España en una zona de la Rioja y al sur de Navarra.

10.3.3.2 Dorsalización de la vibrante múltiple

Un cambio histórico, relativamente reciente y de amplio alcance en algunas zonas de Europa occidental, ha sido la sustitución de /r/ apical por una articulación dorsal [ʀ] producida con el dorso de la lengua haciendo contacto o aproximándose a la región velar o uvular. Las róticas dorsales se dan en la actualidad en francés y alemán normativo, en algunos dialectos del holandés, en sueco del sur y en el portugués de Lisboa,[7] entre otros dialectos europeos. En muchas zonas de habla hispana en que la mayoría de los hablantes producen una vibrante múltiple apical se pueden encontrar ocasional o frecuentemente hablantes que producen una vibrante múltiple dorsal, en lugar de apical, pero esto suele ser el resultado de idiosincrasias individuales, sin valor sociolingüístico. En el mundo hispanohablante, la articulación dorsal de /r̄/ está establecida como forma dialectal en variación sociolingüística solo en Puerto Rico. En el español de Puerto Rico, la [ʀ] dorsal puede ser sorda o sonora y se encuentra tanto en posición inicial como interior de palabra: p.ej., *roca* [ʀóka], *carro* [káʀo] (en posición final de palabra, se dan otros procesos; véase la sección 10.4). La valoración social del uso de la [ʀ] dorsal en Puerto Rico es bastante interesante: mientras que algunos hablantes la consideran una variante de poco prestigio, para otros es un indicador de identidad puertorriqueña (López Morales 1979, 1983: 137–146).

10.3.3.3 "Preaspiración" de la vibrante múltiple

En Puerto Rico, Cuba y la República Dominicana, una variante muy común de la vibrante múltiple prevocálica es una consonante que comienza con fricción faríngea y termina con una o más oclusiones apicales. A veces se transcribe con [h] antes de la [r]: *carro* [káhro]. Willis (2007) nota que la fase de aspiración suele ser sonora, por lo que propone transcripciones como [káɦro].

10.3.3.4 Reforzamiento de la vibrante en las codas y en grupos consonánticos en el ataque

Como mencionamos anteriormente, en una zona del norte y del oeste de España, que incluye el País Vasco y partes de Castilla-León, las vibrantes preconsonánticas se pronuncian frecuentemente como múltiples, *parte* [pár̄te]. Además de esto, en el español del País Vasco se encuentra a veces la vibrante múltiple en grupos de ataque silábico: p.ej., *primo* [pr̄ímo], *droga* [dr̄óɣa]. Es muy probable que dicho fenómeno (que parece darse sobre todo en vascohablantes nativos) se deba a la influencia de la lengua vasca. Por otra parte, en la misma zona geográfica, la presencia de vibrantes múltiples también en posición final de palabra antes de vocal, p.ej., *por eso* [por̄éso], representa un rasgo estigmatizado en castellano, asociado con un marcado acento vasco.

[7] Muchas variedades del portugués brasileño tienen [x] velar o [h] aspirada como resultado de evoluciones posteriores a partir de una vibrante dorsal.

10.4 Neutralización y elisión de líquidas en la coda

En algunas partes de Andalucía y Extremadura y en el Caribe, se encuentra una tendencia a neutralizar el contraste entre /l/ y /ɾ/ ante consonante o al final de palabra, de modo que no se distingue entre *harto* y *alto*, *mar* y *mal*, etc. El sonido resultante de la neutralización es bastante variable: por ejemplo, en estos dialectos, *carne* se puede pronunciar [káɾne] ~ [kálne] ~ [káhne] ~ [kán:e], entre otras posibilidades, a menudo con variación en el habla de un mismo individuo. En algunas zonas de Andalucía, la pronunciación más común de las líquidas ante consonante es la de una vibrante, como en *muy alto* [múáɾto], *e*[ɾ] *niño*, mientras que al final de palabra (con la excepción del artículo) la elisión es el fenómeno más frecuente: *vamos a cantar* [bámo.akan̪tá], *el hospital* [elohpitá], *mujer* [muħé]. En Puerto Rico la pronunciación más común en la coda es [l] o un sonido intermedio entre lateral y vibrante: *puerta* [pu̯éʳlta], *por favor* [poʳlfaβól]. En Cuba las líquidas seguidas de consonante suelen asimilarse en punto de articulación y otros rasgos a la consonante: *el golpe* [eg:óbpe], *el verde* [eb:éd:e], *pulga* = *purga* [púg:a] (véase Guitart 1976) (nótese que las consonantes /b d g/ alargadas resultantes se realizan como oclusivas). Un rasgo típico del habla de la región del Cibao en la República Dominicana es la vocalización de las líquidas, que se pronuncian como deslizantes palatales antes de consonante y en posición final en palabras con acento en la última sílaba: *algo* [ái̯ɣo], *mujer* [muħéi̯] (si la vocal previa no es tónica, la líquida final se elide: *el árbol* [elái̯βo]: Alba 1979). Otra solución en muchos dialectos es la aspiración de la líquida, *carne* [káhne]. En las variedades con neutralización y elisión de las líquidas finales de palabra, las consonantes etimológicas suelen conservarse en los plurales y palabras derivadas; p.ej., andal. *mujer/mujeres* [muħé]/[muħéɾe], *papel/papeles* [papé]/[papéle]. Sin embargo, también se dan a veces plurales no etimológicos.

EJERCICIOS

1 Algunos autores que adoptan el marco estructuralista de la Escuela de Praga, como Quilis (1993: 41–42, 329–343), postulan un archifonema /R/ para representar la neutralización de las dos vibrantes en posición final de sílaba y de palabra. Considere los siguientes ejemplos (donde [r] es una vibrante no distintiva (es decir, [ɾ] ~ [r̄]) y /R/ es el archifonema). ¿Qué regla/generalización se necesita para hacer explícita la correspondencia entre las representaciones fonológica y fonética?

dar más	/dáR más/	[dármás]
dar uno	/dáR úno/	[dárúno]

2 D'Introno et al. (1995: 295–303) proponen un análisis generativo de las vibrantes del español con dos fonemas, simple y múltiple, pero sin usar archifonemas (estos autores discuten dos hipótesis algo diferentes entre sí). Otros fonólogos generativistas, como Harris (1983: 62–71), proponen un análisis con una sola vibrante, en el que la múltiple se deriva de una secuencia geminada subyacente. Compare estos dos análisis. ¿Qué ventajas tiene cada uno de ellos en términos de economía y claridad? (Para hacer este ejercicio, es necesario leer las referencias.)

3 En algunos dialectos del portugués brasileño, incluida la variedad normativa, la vibrante múltiple se ha convertido en [h] como resultado de cambios históricos: p.ej., *carro* [káhu]. En estas variedades [h] aparece en la coda, *amor* [amóh], *Artur* [ahtúh]; sin embargo, en posición final de palabra ante vocal hay una vibrante simple [ɾ], *amor eterno* [amóɾɛtɛ́hnu] (Perini 2004: 42–43). ¿Cómo podemos describir la diferencia del portugués brasileño con el español a este respecto?

4 En Puerto Rico se encuentra la forma *delantares* en lugar de *delantales*. ¿Cómo se podría explicar este hecho?

5 Obtenga espectrogramas de las palabras *polio*, *pollo* y *poyo* pronunciadas por un hablante lleísta. ¿Cómo describiría las diferencias entre estos espectrogramas?

6 En el libro *Sistema musical de la lengua española* del autor decimonónico Sinibaldo de Mas (2001 [1852]: 42) encontramos la siguiente descripción: "La *l* o *r* antecedida de otra consonante pierde su valor; pero entre las dos se escapa una especie de vocal muda, como puede notar cualquiera; y así decimos *palato*, *pelectro* por *plato*, *plectro*; *parado*, *peresa*, por *prado*, *presa*". Grabe los ejemplos sugeridos por de Mas, obtenga espectrogramas y comente esta cita.

11 Principales alternancias morfofonológicas

11.1 Reglas morfofonológicas

A veces el mismo morfema (unidad de significado) tiene formas diferentes en palabras relacionadas por flexión o derivación. Por ejemplo, la raíz del verbo *soñar* tiene un diptongo en formas del paradigma como *sueña*; en consecuencia, decimos que la raíz de *soñar* tiene dos alomorfos o variantes, uno con la vocal /o/ y otro con el diptongo /ue/. La misma alternancia entre /o/ y /ue/ aparece también en muchos otros paradigmas verbales (y en derivados, p.ej. *puerta/portero*). La distribución de /o/ - /ue/ tiene además una condición fonológica: en las raíces verbales con esta alternancia, el diptongo /ue/ aparece cuando la sílaba es tónica. En casos como este hablamos de reglas morfofonológicas. A diferencia de las reglas fonológicas, como las tratadas en los capítulos anteriores, que determinan la distribución de alófonos del mismo fonema, las morfofonológicas se ocupan de alternancias entre morfemas en palabras de la misma familia.

Mientras que en el caso de las reglas fonológicas a menudo hay gradación fonética, las morfofonológicas son categóricas, dado que tienen que ver con relaciones entre fonemas. En el ejemplo que estamos considerando, no hay formas intermedias entre /o/ y /ue/: es decir, no existe, p.ej., una vocal ligeramente diptongada; para una forma concreta del paradigma, tenemos o vocal /o/ o diptongo /ue/. Una regla morfofonológica puede ser opcional en ciertos casos (por ejemplo, el superlativo de *nuevo* puede ser *novísimo* o *nuevísimo*), pero no puede ser gradual fonéticamente, porque los fonemas son, en principio, categorías discretas.

Veamos otro ejemplo que nos servirá para ilustrar esta diferencia entre fonología y morfofonología. Como ya sabemos, en muchos dialectos del español, la /s/ final de sílaba se puede debilitar en diferentes grados (véase la sección 8.2.5.2). Esta es la regla que conocemos como aspiración de /s/ y que puede incluir la elisión total como grado más avanzado de debilitamiento. Por otra parte, todos los dialectos del español poseen también una regla morfofonológica que tiene como resultado la elisión de la /s/ final del verbo en la primera persona del plural del imperativo cuando va seguido del clítico *nos*: *vamos* vs. *vámonos* (no ***vámosnos*). En este ejemplo no hay ni opcionalidad ni gradación: la /s/ se elide obligatoriamente. Si bien en los dialectos con aspiración la /s/ final de *vamos* se puede debilitar en diferente medida en otros contextos, ([bámos] ~ [bámoh] ~ [bámo] y formas intermedias), la pérdida de la /s/ en *vámonos* es categórica tanto en dialectos con aspiración como en los otros.[1]

Las alternancias morfofonológicas están, por definición, restringidas a contextos morfofonológicos concretos o a ciertas formas léxicas, y, por lo tanto, nunca son completamente predecibles solo a partir del contexto fonológico, en el sentido de que sea un determinado contexto fonológico el desencadenante de una realización específica (pueden incluso estar restringidas a una sola combinación de morfemas, como en el caso de *-mos + nos → -monos*).[2] De hecho, para algunas alternancias no hay un contexto fonológico claro. Aunque, por ejemplo, en la alternancia /o/ - /ue/ se puede apreciar una condición fonológica (acento léxico), algunas otras alternancias en la forma fonológica de los morfemas no tienen motivación fonológica obvia. Los morfemas que alternan pueden de hecho aparecer en lo que es esencialmente el mismo contexto fonológico, como, por ejemplo, /n/ y /ɲ/, en *vino* vs. *viña*, y /ue/ y /u/, en *puedo* vs. *pudo*.

Tanto las raíces como los sufijos pueden presentar alomorfía. Por ejemplo, el sufijo de plural en español tiene al menos dos alomorfos, puesto que en algunos casos es /-s/ (como en *libro-s*) y en otros /-es/ (como en *pared-es*).

Las diferencias entre palabras relacionadas pueden afectar a un solo fonema que cambia, pero también pueden suponer alternancias más significativas (p.ej. *decir* vs. *dije*; *padre* vs. *paternal*; *ojo* vs. *oculista*; *leche* vs. *lácteo*). El caso más extremo consiste en formas del mismo paradigma, con significados relacionados, que son completamente diferentes, como, por ejemplo, en *voy* y *fui*. Esto es lo que se conoce como **supleción**.

Es evidente que, excepto en el caso de paradigmas flexivos, no siempre existen criterios claros para decidir si dos palabras están relacionadas morfológicamente.[3]

1 Salvo casos de ultracorrección en dialectos con aspiración.

2 Esto no quiere decir que lo opuesto sea cierto. Las reglas "puramente" fonológicas también pueden estar restringidas a ciertas clases de palabras y pueden aplicarse más frecuentemente en algunos contextos que en otros.

3 La pregunta que se plantea es si la relación entre, pongamos por caso, *leche* y *lácteo* es como la que puede haber entre *perro* y *canino*, palabras con significados relacionados pero sin ninguna relación fonológica, o, por el contrario, es como la que hay entre *perro* y *perrito*. Si concluímos que es como la segunda, la relación entre los fonemas de la raíz de las dos palabras, *lech-* y *lact-*, se establecería por medio de procesos morfológicos y reglas morfofonológicas que tendríamos que definir.

La productividad relativa de las alternancias puede variar mucho. Por ejemplo, la alternancia entre /o/ y /ue/, como en *soñar/sueña*, afecta a muchas raíces, como se mencionó con anterioridad. Por otra parte, en el lexicón del español hay pocos ejemplos con la alternancia que vemos en *fruto* vs. *fructificar*. Algunas alternancias se dan bastante consistentemente en ciertos contextos, pero afectan a pocos morfemas.

En este capítulo no nos es posible tratar todas las alternancias observables entre palabras relacionadas por derivación en español (véase el resumen en Pensado 1999). Nos ocuparemos solo de las alternancias morfofonológicas más importantes que afectan a los paradigmas flexivos y a la derivación "afectiva" (diminutivos, aumentativos y despectivos), y ofreceremos también la explicación histórica de su existencia siempre que esta resulte útil para entender los hechos.

11.2 Origen histórico de las alternancias morfofonológicas

Podemos distinguir tres casos principales:

(a) En muchas situaciones en las que se da una alternancia morfofonológica, esta es consecuencia de un cambio fonológico que se aplicó en un contexto determinado y que no afectó a todas las palabras con el mismo morfema porque el contexto fonológico no se daba en todas ellas. De esta manera, como explicaremos más adelante, un cambio fonológico produjo la diptongación de la vocal corta /o/ del latín en sílabas tónicas, pero no en las átonas. Este es el origen de la alternancia entre /o/ y /ue/ en español moderno. Por otra parte, la /f/ del latín se convirtió en /h/ (para finalmente perderse) ante vocal, pero no antes del diptongo /u̯e/. El resultado es que tenemos *fuego* y *hogar*.

(b) Muchas alternancias morfofonológicas son el resultado de la incorporación de palabras latinas al léxico del español por vía patrimonial y por vía culta. A través de su historia, el español ha adoptado préstamos del latín clásico; estas palabras cultas, tomadas del latín escrito, no experimentaron muchos de los cambios que afectaron al léxico patrimonial, transmitido oralmente de generación en generación. Por ejemplo, las oclusivas intervocálicas del latín /p t k/ se convirtieron regularmente en sonoras en su evolución al español: lat. CAPILLU > esp. *cabello*, lat. VĪTA > esp. *vida*, lat. LACU > esp. *lago*. Sin embargo, más adelante, el español adoptó adjetivos relacionados con el mismo origen del latín clásico, lo que ha resultado en las alternancias actuales entre oclusivas sordas y sonoras que encontramos en *cabello/capilar*, *vida/vital*, *lago/lacustre*. Es interesante notar a este respecto que el inglés ha tomado gran parte de su vocabulario técnico del latín clásico, pero como el léxico patrimonial del inglés tiene origen germánico y no latino, lo que encontramos a menudo son pares de palabras relacionadas semánticamente, pero con diferentes raíces, tales como *life/vital* 'vida'/ 'vital', *moon/lunar* 'luna'/'lunar', *sea/marine* 'mar'/'marino', *tree/arboreal*, 'árbol'/'arbóreo', etc.

(c) Algunas de las alternancias que tenemos en español ya existían en latín. Por ejemplo, en latín, la nasal del prefijo negativo *in-*, además de asimilarse al punto de articulación de la consonante siguiente, se asimilaba en todos los rasgos si esta era una líquida. Esta regla de asimilación del latín explica el hecho de que en español actual además de *tolerante/intolerante, posible/ imposible*, etc., tengamos *legal/ilegal, racional/irracional*, etc., en las que la /n/ final del prefijo se elide ante una líquida. La misma alternancia sigue también vigente en inglés.

De origen latino es igualmente la alternancia entre /a/ en sílaba inicial de palabra y /e/ tras un prefijo, como se puede ver en ejemplos como *apto/ inepto, arma/inerme, barba/imberbe, año/bienio*, etc.[4] Su origen radica en un cambio fonológico en el latín preclásico.

11.3 Alternancias entre diptongos y vocales medias: *e/ie, o/ue*

Una de las alternancias más notorias en español afecta a los diptongos *ie, ue*. En la mayoría de los casos, dichos diptongos se encuentran solo en posición tónica. En palabras relacionadas morfológicamente, *ie* se reduce a *e* y *ue* a *o* cuando el acento se desplaza a otra sílaba.

11.3.1 Verbos con alternancias *e/ie, o/ue*

Esta alternancia tiene aspectos sistemáticos en los verbos. Por una parte, a partir del infinitivo no es posible saber qué verbos contienen esta alternancia. Es decir, no se puede predecir que, por ejemplo, de *coser*, tenemos *coso, coses*, pero de *cocer* tenemos *cuezo, cueces*. Por dar otro ejemplo, el verbo *defender* participa en la alternancia: *defiendo*; pero *ofender* no: *ofendo*.[5] Esto es así porque que en el infinitivo el acento va sobre la terminación, no sobre la raíz.

[4] En *arte/inercia* se ha perdido la conexión semántica.

[5] Otro ejemplo claro de la impredictibilidad de la alternancia a partir de la forma del infinitivo la tenemos en que el verbo *apostar* con el significado de "hacer una apuesta" diptonga, *apuesto*, mientras el homónimo *apostar(se)* 'colocar(se)' conserva la vocal de la raíz, *aposto*, según el diccionario de la RAE.

Por el contrario, si examinamos el fenómeno en la dirección opuesta, los hechos son más fáciles de predecir. Casi todos los verbos que tienen *ie* o *ue* en la raíz tienen estos diptongos en todas las formas del paradigma en las que la raíz lleva acento y *e, o,* en aquellas en las que el acento va en una sílaba que pertenece a la terminación. Es decir, si sabemos que algunas formas del presente de un verbo concreto tienen el diptongo *ie* es prácticamente seguro que este diptongo se reducirá a *e* en posición átona en todo el paradigma verbal. Lo mismo se aplica a *ue* y *o*. Los diptongos *ie, ue* aparecen solo en el presente de indicativo y subjuntivo (en todas las formas del singular y la tercera del plural) y en el imperativo singular, porque estas son las formas en las que el acento cae en la raíz. Por ejemplo, el verbo *pensar*, que presenta la alternancia *e/ie*, tiene las siguientes formas en *ie*: ***pie**nso, **pie**nsas, **pie**nsa, **pie**nsan* (presente de indicativo); ***pie**nse, **pie**nses, **pie**nse, **pie**nsen* (presente de subjuntivo) e imperativo ***pie**nsa*. Estas son todas las formas de este verbo que llevan el acento en la raíz. El resto tienen *e*, porque el acento no va en la vocal que alterna en la raíz. Tales formas incluyen la primera y la segunda persona del plural del presente de indicativo y de subjuntivo, *pens**a**mos, pens**ái**s* (presente de indicativo); *pens**e**mos, pens**éi**s* (presente de subjuntivo), y también todas las formas de otros tiempos verbales, *pens**é**, pens**a**ste*, etc. (pretérito); *pens**a**ba, pens**a**bas*, etc. (imperfecto); *pensar**é**, pensar**á**s*, etc. (futuro); *pensar**í**a, pensar**í**as*, etc. (condicional); *pens**a**ra, pens**a**ras*, etc. o *pens**a**se, pens**a**ses*, etc. (imperfecto de subjuntivo); *pens**a**ndo* (participio presente), *pens**a**do* (participio pasado), *pens**a**r* (infinitivo).

Existen solo unos cuantos verbos excepcionales con una distribución o un patrón de alternancia diferente para los diptongos *ie, ue*. En primer lugar, en un par de casos los diptongos alternan con vocales altas. En *jugar, juego, u* alterna con *ue*, y en *adquirir, adquiero* (también en *inquirir, inquiero*), *i* con *ie*.

Una segunda excepción a la distribución general es la que presentan varios verbos con diptongos que no alternan; es decir, en estos verbos el diptongo aparece en todas las formas del paradigma. Se trata de verbos derivados de nombres o adjetivos, tales como *arriesgar* (de *riesgo*), *secuestrar* (de *secuestro*), *frecuentar* (de *frecuente*) y *amueblar* (de *mueble*). Estos ejemplos, como los mencionados en el párrafo anterior, son muy escasos.

No todos los verbos derivados de nombres o adjetivos con un diptongo conservan el diptongo en todas las formas. Por ejemplo, *desterrar/destierro* de *tierra, cegar/ciego* de *ciego* y *despoblar/despueblo* de *pueblo*, etc., presentan el patrón de alternancia esperado (con algunos verbos derivados a veces hay más de una posibilidad; por ejemplo, el diccionario de la RAE (Real Academia Española 2001) incluye *despezar* y *despiezar* de *pieza*).

Los verbos *tener* y *venir* (*venir*, de hecho, tiene una alternancia más compleja en *e/ie/i*; véase la sección 11.4), que de forma irregular insertan una *-g-* en la primera persona del singular del presente de indicativo y en todas las formas del presente de subjuntivo (véase la sección 11.5), son también irregulares en el hecho de que no tengan un diptongo en las sílabas tónicas con el incremento velar: *tienes, tiene, tienen* pero *tengo*, y en el presente de subjuntivo *tenga, tengas*, etc., a pesar de llevar el acento en la raíz. Las formas correspondientes a *tú* del imperativo de estos verbos, que también son irregulares porque no tienen una vocal final, tampoco se diptongan: *ten, ven* (esto se aplica también a todos los verbos relacionados con estos dos por prefijación: *contener, retener, mantener, detener, convenir, prevenir*, etc.).

Otra excepción a la condición del acento sobre las raíces verbales con diptongación son los pretéritos irregulares. Los pretéritos **rizotónicos** o fuertes (con acento en la raíz) de verbos con alternancias en diptongos no contienen diptongos, sino vocales altas: *quiero* pero *quise*. La distribución de formas verbales con y sin diptongo en verbos con alternancias se resume en la tabla 11.1.

11.3.2 Alternancias entre vocal media/diptongo en la morfología derivativa

Dejando aparte los paradigmas verbales, las mismas alternancias entre *e* y *ie* y *o* y *ue*, basadas en la posición del acento, se pueden observar en la morfología derivativa: *tierra, terreno*; *puerta, portal*. En palabras derivadas con ciertos sufijos la reducción de diptongo a vocal media es sistemática; con otros sufijos, sin embargo, se preserva el diptongo en posición átona y, con otros, se dan ambas posibilidades con frecuencias léxicas parecidas (Carreira 1991, Eddington 1996, 1998, Carlson y Gerfen 2011).

En adjetivos y nombres con sufijos como *-al, -(i)dad, -oso* y *-ero*, derivados de una base con el diptongo *ie, ue*, lo más normal es que el diptongo se reduzca a una vocal media (aunque hay algunas excepciones): *diente, dental*; *bueno, bondad*; *fuego, fogoso*; *hierro, herrero*.

Por otra parte, con sufijos diminutivos, aumentativos y despectivos, así como con palabras con el sufijo "superlativo" *-ísimo/a*, se suele preservar el diptongo de la raíz en sílaba átona: *puerta, puertita, puertecita*; *viejo, viejito, viejecito*; *fuerte, fuertote*; *bueno, buenísimo*. Existen, sin embargo, algunas excepciones. Por ejemplo, el diminutivo de *caliente* es *calentito*, con reducción del diptongo. Obsérvese que en el diminutivo de muchas palabras que terminan en *-o, -a* y tienen un diptongo en la raíz se pueden usar los dos alomorfos del diminutivo: *-ito/a* y *-ecito/-a*, mientras que palabras parecidas sin diptongo solo admiten *-ito/a*. Por ejemplo el diminutivo de *cesta* es *cestita*,

Tabla 11.1 Distribución de los diptongos *ie, ue* en raíces verbales

(I) Alternancia general: diptongo en las formas donde el acento va en la raíz (p.ej. *pensar, negar, volar, morder*)	
Sílabas tónicas: *ie, ue* (1sg., 2sg., 3sg. y 3pl. pres. ind.; subj.)	Sílabas átonas: *e, o* (resto de las formas verbales)
ie: *pienso, piensas; piense, pienses*	*e*: *pensamos; pensé; pensaré*
niego, niegas; niegue, niegues	*negamos; negué; negaré*
ue: *vuelo, vuelas; vuele, vueles*	*o*: *volamos; volé; volaré*
muerdo, muerdes; muerda, muerdas	*mordemos; mordí; morderé*
(II) Patrones excepcionales	
(IIa) Verbos con alternancia diptongo/vocal alta (p.ej., *adquirir, jugar*)	
Sílabas tónicas: *ie, ue*	Sílabas átonas: *i, u*
ie: *adquiero, adquieres; adquiera, adquieras*	*i*: *adquirimos; adquirí; adquiriré*
ue: *juego, juegas; juegue, juegues*	*u*: *jugamos; jugué; jugaré*
(IIb) Verbos con diptongos no alternantes (p.ej., *arriesgar, frecuentar*)	
Sílabas tónicas: *ie, ue*	Sílabas átonas: *ie, ue*
ie: *arriesgo, arriesgas; arriesgue, arriesgues*	*ie*: *arriesgamos; arriesgué; arriesgaré*
ue: *frecuento, frecuentas; frecuente, frecuentes*	*ue*: *frecuentamos; frecuenté; frecuentaré*
(IIc) Verbos con alternancia, pero con vocales medias en algunas sílabas tónicas	
(1) *tener* (y *venir e/ie/i*)	
Sílabas tónicas: *e* en formas con incremento velar y en el imperativo; *ie* en otras sílabas tónicas	Sílabas átonas: *e*
ie: *tienes, tiene*	*e*: *tenemos, tendré*
e: *tengo; tengas, tenga, ten*	
(2) Verbos con alternancia, con pretéritos rizotónicos con vocales altas	
tener: tiene / tuvo	
venir: viene / vino	
querer: quiere / quiso	
poder: puede / pudo	

no ***cestecita*, aunque para *siesta* las dos formas *siestita* y *siestecita* son posibles.

Existen también sufijos para los que es difícil determinar cuál es el patrón general (mantenimiento o reducción del diptongo), dado que las frecuencias son parecidas en ambos casos. Por ejemplo, con el sufijo *-ista*, hay bastantes ejemplos de las dos posibilidades: reducción, como en *diente/dentista*, y mantenimiento del diptongo, como en *cuento/cuentista*, lo que dificulta la formulación de una regla general. Resumimos estas alternancias en palabras relacionadas por derivación morfológica en la tabla 11.2.

11.3.3 Origen histórico de la alternancia entre diptongos y vocales medias

Como vimos en la sección 6.1, el latín clásico tenía un sistema de diez vocales, de las cuales cinco eran breves /i e a o u/ y cinco largas /i: e: a: o: u:/. En lingüística románica es costumbre representar las vocales breves con un micrón o diacrítico en forma de medialuna: /ĭ ĕ ă ŏ ŭ/, y las largas con un macrón: /ī ē ā ō ū/.

Del mismo modo que en otras lenguas en que contrastan las vocales breves y largas, las vocales de cada una de las dos series adquirieron timbres o cualidades algo diferentes, siendo las largas más altas y tensas que las cortas (tabla 11.3, estadio 1, LC). Con el tiempo, los diez fonemas originales quedaron reducidos en posición acentuada a un sistema de siete vocales en el latín hablado de la Península Ibérica, así como en la Galia (Francia) y en la mayor parte de Italia (tabla 11.3, estadio 3, RO; quizás pasando antes por una etapa intermedia con nueve vocales diferentes, estadio 2). Como se muestra en la tabla 11.3, las vocales alta breve y media larga de las series palatal y velar se confundieron en el estadio 3, de modo que /ĭ/ y /ē/ dieron /e/, que contrasta ahora con /ɛ/, proveniente de la media breve /ĕ/, mientras que /ŭ/ y /ō/ dan /o/, en contraste con /ɔ/ de la media breve /ŏ/. También se perdió la distinción entre las vocales bajas /ă/ y /ā/. En posición átona tuvieron lugar más fusiones de vocales. Las /ĭ/, /ē/ y /ĕ/ originales del latín clásico dieron /e/ y, del mismo modo, /ŭ/, /ō/ y /ŏ/ dieron /o/ en posición átona, como se muestra en la tabla 11.4.

El resultado de estos cambios en el romance occidental es que mientras que en posición tónica hay un contraste entre /e/ y /ɛ/ y entre /o/ y /ɔ/, tal oposición no se da en sílabas átonas, donde solo es posible tener /e/ y /o/. El desarrollo de las vocales medias breves latinas se resume en la tabla 11.5. Este es básicamente el sistema que tiene hoy el portugués, en que, por ejemplo, *p*[ɛ]*dra* (< PĔTRA), *p*[ɔ]*rta* (< PŎRTA) tienen vocales medias bajas, mientras que *v*[e]*rde* (< VĬRĬDE) y *b*[o]*ca* (< BŬCCA) tienen medias altas. El contraste no se da en posición átona en portugués y existen alternancias como *v*[ɔ]*lves* vs. *v*[o]*lvemos*.

En la zona de Castilla, hubo un cambio más, como se puede ver en el estadio 4 de la tabla 11.3; en castellano las vocales medias bajas tónicas /ɛ/ y /ɔ/ dieron lugar a los diptongos /ie/ y /ue/.

Aunque hubo cambios analógicos en ambas direcciones y otras complicaciones en el desarrollo del sistema vocálico, la mayoría de los ejemplos de los diptongos /ie/, /ue/ del español moderno se remontan a las vocales medias bajas /ɛ/, /ɔ/ del latín tardío o del romance occidental y en última instancia a las vocales medias cortas /ĕ/, /ŏ/ del latín clásico en posición tónica. Dado que en posición átona el latín oral tardío solo tenía cinco vocales, en lugar de las siete

Tabla 11.2 Reducción a vocal media y mantenimiento de los diptongos *ie*, *ue* en sílabas átonas en nombres y adjetivos derivados

(I) Sufijos que causan reducción de diptongos	
-al ~ -ar	
diente	*dental*
escuela	*escolar*
muerte	*mortal*
infierno	*infernal*
huevo	*oval*
sentimiento	*sentimental*
-(i)dad	
bueno	*bondad*
nuevo	*novedad*
ciego	*ceguedad*
-ero/a	
puerta	*portero*
tienda	*tendero*
PERO *huevo*	*huevera*
-oso	
ciénaga	*cenagoso*
vergüenza	*vergonzoso*
PERO *miedo*	*miedoso*
Sufijos menos productivos	
cielo	*celeste*
(II) Sufijos que normalmente no causan reducción de diptongos	
-ito/a (y otros sufijos afectivos)	
puente	*puentecito*
fiesta	*fiestecita ~ fiestita*
PERO *caliente*	*calentito (~ calientito)*
-ísimo/a	
bueno	*buenísimo*
cierto	*ciertísimo ~ certísimo*
caliente	*calientísimo ~ calentísimo**
fuerte	*fuertísimo ~ fortísimo*
nuevo	*nuevísimo ~ novísimo*
(III) Sufijos con ambos patrones con similar frecuencia	
-ista	
cuento	*cuentista*
fuero	*fuerista*
juerga	*juerguista*
concierto	*concertista*
diente	*dentista*

* Los superlativos en *-ísimo* con reducción del diptongo (*novísimo, fortísimo*) se suelen asociar más con un registro más formal que las variantes no reducidas, aunque *calentísimo* también es coloquial.

Tabla 11.3 Desarrollo del sistema vocálico en posición *tónica* del latín clásico al romance occidental y al español

<table>
<tr><th>(1) Latín clásico</th><th>(2) Latín tardío</th><th>(3) Romance occidental</th><th>(4) Español</th></tr>
<tr><td>ī</td><td>i</td><td>i</td><td>i</td></tr>
<tr><td>ĭ</td><td>ɪ</td><td rowspan="2">e</td><td rowspan="2">e</td></tr>
<tr><td>ē</td><td>e</td></tr>
<tr><td>ĕ</td><td>ɛ</td><td>ɛ</td><td>ie</td></tr>
<tr><td>ā
ă</td><td>a</td><td>a</td><td>a</td></tr>
<tr><td>ŏ</td><td>ɔ</td><td>ɔ</td><td>ue</td></tr>
<tr><td>ō</td><td>o</td><td rowspan="2">o</td><td rowspan="2">o</td></tr>
<tr><td>ŭ</td><td>ʊ</td></tr>
<tr><td>ū</td><td>u</td><td>u</td><td>u</td></tr>
</table>

Ejemplos

VĪTA > *vida*	PĀLU > *palo*	LŪNA > *luna*
PĬRA > *pera*	MĂLU > *malo*	LŬPU > *lobo*
TĒLA > *tela*		FLŌRE > *flor*
TĔRRA > *tierra*		BŎNU > *bueno*

Tabla 11.4 Desarrollo del sistema vocálico en posición *átona* del latín clásico al romance occidental

<table>
<tr><th>Latín clásico</th><th>Romance occidental</th></tr>
<tr><td>ī</td><td>i</td></tr>
<tr><td>ĭ</td><td rowspan="3">e</td></tr>
<tr><td>ē</td></tr>
<tr><td>ĕ</td></tr>
<tr><td>ā</td><td rowspan="2">a</td></tr>
<tr><td>ă</td></tr>
<tr><td>ŏ</td><td rowspan="3">o</td></tr>
<tr><td>ō</td></tr>
<tr><td>ŭ</td></tr>
<tr><td>ū</td><td>u</td></tr>
</table>

Tabla 11.5 Desarrollo de las vocales latinas /ĕ/, /ŏ/ y origen de la alternancia entre diptongos y vocales medias en español

(a) Vocales tónicas
PĔTRA > *pɛdra* > *piedra*
PŎRTA > *pɔrta* > *puerta*
VŎLVĬS > *vɔlves* > *vuelves*
(b) Vocales átonas
VŎLVĒMŬS > *volvemos*

de las sílabas tónicas, los diptongos /ie/, /ue/ del español están básicamente restringidos a las sílabas tónicas.

En algunos casos el origen de /ie/, /ue/ no es la diptongación de las vocales medias bajas acentuadas, sino que tales secuencias ya existían en latín, como en CLIENTE > *cliente*, CRUENTU > *cruento*, o estaban separadas por consonantes que han sido eliminadas, como en CRUDĒLE > *cruel*, FIDĒLE > *fiel*. En estos casos, no hay alternancia (p.ej., *clientela*, *crueldad*) y, en algunas secuencias, se mantiene incluso el hiato (*cru-el*, *cli-ente*). (Para un estudio léxico detallado, que incluye el origen de varios tipos de excepciones e irregularidades, véase Martín Vegas 2007.)

11.4 Alternancia entre vocales altas y medias en verbos *i/e, u/o*

En muchos verbos de la tercera conjugación (infinitivo en *-ir*), encontramos una alternancia entre vocales altas y medias, como en *servir* vs. *sirvo*. A diferencia de la alternancia de la que hablamos en la sección 11.3, este patrón de variación se encuentra restringido a los verbos y, en concreto, a los verbos de la tercera conjugación. La regla que da cuenta de la distribución de las dos vocales para los verbos que contienen esta alternancia es la siguiente: /e/ aparece en la última sílaba de la raíz verbal en las formas en que la sílaba siguiente contiene la vocal nuclear /i/ (*servir, servido, servimos, serví*) y tenemos /i/ cuando la sílaba siguiente presenta otra vocal o un diptongo (*sirvo, sirva, sirviendo, sirvió*).

Algunos verbos frecuentes de la tercera conjugación con vocal media en la raíz en el infinitivo tienen una alternancia más compleja. Estos verbos tienen tres alomorfos de la raíz: uno con vocal media (*hervir, dormir*), otro con vocal alta (*hirvamos, durmamos*) y otro con diptongo (*hiervo, duermo*). Su distribución sigue las dos reglas para los verbos que solo tienen una de las dos alternancias, dándosele prioridad a la diptongación en posición tónica. El diptongo se encuentra en formas donde la última vocal de la raíz lleva acento (*duermo, duermes, duerma*); la vocal media se da cuando el acento va en la terminación y la sílaba siguiente contiene la vocal alta /i/ (*dormí, dormir, dormido*); y en todos los casos restantes aparece la vocal alta, esto es, cuando

Tabla 11.6 Alternancias entre vocales medias y altas en las raíces verbales

(Ia) Verbos con alternancia *e/i*
(a) Vocal media /e/ si la siguiente sílaba tiene la vocal /i/; p.ej.: *servir, serví, servimos*
(b) Vocal alta /i/ en el resto de los casos (si la sílaba siguiente tiene otra vocal o un diptongo); p.ej.: *sirvo, sirvió*
Otros ejemplos: *medir (mido), pedir (pido), repetir (repito), seguir (sigo), vestir (visto)*

(Ib) Verbos con alternancia *o/u*
Solo *podrir* ~ *pudrir (pudro)*. Participio pasado *podrido*

(IIa) Verbos con alternancia e/ie/i
(a) Diptongo /ie/ si la sílaba es tónica; p.ej.: *hiervo, hierves, hierva*
(b) Vocal media /e/ si la sílaba es átona y va seguida por /i/; p.ej.: *hervir, herví, hervimos*
(c) Vocal alta /i/ en el resto de los casos (sílaba átona y seguida de otra vocal o diptongo); p.ej.: *hirvamos, hirvió, hirviera*
Otros ejemplos: *sentir (siento, sintió), mentir (miento, mintió), herir (hiero, hirió), preferir (prefiero, prefirió), arrepentir (arrepiento, arrepintió), convertir (convierto, convirtió)*

(IIb) Verbos con alternancia *o/ue/u*: Solo *dormir* y *morir*.
(a) Diptongo /ue/ si la sílaba es tónica; p.ej.: *duermo, duermes, duerma*
(b) Vocal media /o/ si la sílaba es átona y va seguida por la vocal /i/; p.ej.: *dormir, dormí, dormimos*
(c) Vocal alta /u/ en el resto de los casos (sílaba átona y seguida por otra vocal o diptongo); p.ej.: *durmamos, durmió, durmiera*

el acento va fuera de la raíz y la sílaba siguiente contiene la vocal /a/ o el diptongo /ie/, /io/ (*durmamos, durmiendo, durmió*).

Hay bastantes verbos que tienen las alternancias *e/i* o *e/ie/i*. En cambio, los únicos ejemplos con *o/ue/u* son *dormir* y *morir* y la alternancia más simple *o/u* existe solo en *podrir* ~ *pudrir*, para la cual las formas en *-o-* compiten con las variantes en *-u-*, con la excepción del participio *podrido*. (El verbo *poder* también tiene una alternancia *o/ue/u* en la raíz, pero con una distribución diferente.) Estos hechos se resumen en la tabla 11.6.

El origen histórico de la alternancia en *i/e, u/o* en las raíces verbales es mucho menos simple que el de las alternancias *e/ie, o/ue*. Es el resultado de cambios fonológicos complejos ocasionados por una deslizante en el sufijo de los verbos latinos en -ĪRE. Estos cambios incluyen **metafonía** (desencadenada por una deslizante o yod): p.ej., MĒTIO(R) > *mido*, MĒTIĀMUS > *midamos* vs. MĒTĪMUS > *medimos*, y procesos analógicos posteriores dentro del mismo paradigma y a través de paradigmas (Penny 2002: 185–190). Como parte de esta evolución, también tuvieron lugar intercambios entre la segunda y la tercera conjugación: p.ej., cast. ant. *sofrer* > *sufrir*. Consecuencias relacionadas con estos cambios son (a) que prácticamente todos los verbos de la tercera conjugación con vocal media en la última sílaba de la raíz del infinitivo tengan una alternancia o bien entre vocal media/alta, o bien entre vocal media/diptongo/vocal alta, y (b) que en el español moderno no existan verbos de la segunda conjugación con una vocal alta /-i-/ o /-u-/ en la raíz (Elvira 1998, Penny 2002: 173).

11.5 Verbos con incremento velar

Un pequeño número de verbos de la segunda y la tercera conjugación presentan inserción de /-g-/ entre la raíz y la terminación en la primera persona del singular del presente de indicativo y en todas las personas del presente de subjuntivo. El contexto de esta alternancia se puede definir también en términos fonológicos: en los verbos pertenecientes a este grupo, se inserta /-g-/ inmediatamente después de la raíz y antes de /-o/ o /-a/ (una vocal no anterior). La raíz de todos los verbos con esta alternancia acaba en /-n/ o /-l/ (pero no todos los verbos con raíces que acaban en una de estas dos consonantes experimentan la alternancia). Las formas con incremento velar tienen la misma vocal en la raíz que en el infinitivo, aun en los verbos que en otros casos contienen alguna de las dos alternancias mencionadas en las secciones anteriores: *tener, tengo, tienes; venir, vengo, vienes, viniendo.*

Una alternancia relacionada es la que se da en un grupo de verbos también de la segunda y la tercera conjugación como *caer*, cuya raíz acaba en vocal. Estos verbos tienen inserción de /-ig-/ en el mismo contexto.

La mayoría de los verbos de la segunda conjugación acabados en *-ecer* (p.ej., *parecer*), así como *conocer*, etc., y los verbos de la tercera conjugación en *-ucir* (*conducir*), alternan entre *-c-* y *-zc-* (fonológicamente /-θ-/ y /-θk-/ en español peninsular del norte y centro y /-s-/ y /-sk-/ en otros dialectos), también con la misma distribución que en los dos casos mencionados anteriormente. Es decir, en estos verbos se inserta /-k-/ tras /-θ-/ ~ /-s-/ cuando la vocal siguiente no es anterior. La distribución del incremento velar con diferentes tipos de verbos se resume en la tabla 11.7.

11.5.1 Origen histórico del incremento velar

El incremento velar tiene origen diferente según la clase de verbo de la que se trate. En verbos como *conocer* y *crecer* (con origen en verbos incoativos o inceptivos latinos, que indicaban el comienzo de un evento), la alternancia actual es el resultado de diferencias en la evolución de /-sk-/ ante vocales anteriores (donde /k/ se palatalizó) y ante vocales no anteriores: lat. CRESCES > *creces* (cast. ant. *cresçes*) vs. lat. CRESCŌ > *crezco* (cast. ant. *cresco*, con un cambio irregular de *-sc-* a *-zc-* /-θk-/ en español moderno por analogía con las otras formas del verbo). En los verbos que acaban en *-ducir* (y también en *lucir*), por

Tabla 11.7 Verbos con incremento velar

inf.	pres. ind. (1sg., 2sg.)	pres. subj. (1sg., 2sg.)
(a) Inserción de /-g-/ tras lateral o nasal final de raíz: Ø → -g-/{l, n} ___ {o, a} (algunos verbos de la 2ª y 3ª conjugación)		
salir	*salgo, sales*	*salga, salgas*
valer	*valgo, vales*	*valga, valgas*
poner	*pongo, pones*	*ponga, pongas*
tener	*tengo, tienes*	*tenga, tengas*
venir	*vengo, vienes*	*venga, vengas*
(b) Inserción de /-ig-/ tras vocal final de raíz: Ø → -ig- / V___ {o, a} (algunos verbos de la 2ª y 3ª conjugación)		
caer	*caigo, caes*	*caiga, caigas*
traer	*traigo, traes*	*traiga, traigas*
oír	*oigo, oyes*	*oiga, oigas*
(c) Inserción de /-k-/ tras /θ/ (~ /s/) final de raíz Ø → -k- / θ ___ {o, a} (verbos de la 2ª conjugación en *-ecer, conocer* y verbos de la 3ª en *-ucir*)		
conocer	*conozco, conoces*	*conozca, conozcas*
merecer	*merezco, mereces*	*merezca, merezcas*
crecer	*crezco, creces*	*crezca, crezcas*
conducir	*conduzco, conduces*	*conduzca, conduzcas*
lucir	*luzco, luces*	*luzca, luzcas*

otra parte, la alternancia debió de tener orígenes analógicos, ya que no existe base para ella en latín (DŪCŌ 'yo guío').

En los verbos con inserción de /-ig-/ tras vocal final de raíz, puede parecer que la epéntesis responde a la necesidad de evitar un hiato: lat. TRAHŌ > *traigo*; y, después de la elisión de *-d-*, lat. CADŌ > **cao* > *caigo*. Sin embargo, en la historia del español encontramos formas más antiguas del tipo *trayo, cayo, oyo*, sin incremento velar. Obsérvese también que el hiato se permite en otras formas del mismo paradigma, *traes, caes.*

El origen de la epéntesis de /-g-/ en verbos como *tener, venir, salir*, etc., tampoco está claro. Las formas latinas TENEŌ, VENIŌ deberían haber dado por evolución regular ***teño, **veño*, como sucedió en gallego-portugués. Una posible explicación es que la *-g-* se extendió a partir de verbos como *tañir* (del latín TANGERE 'tocar'), cuya primera persona del singular era *tango* por evolución regular. La extensión analógica afectará primero a *tener* y luego a otros verbos con forma similar (Penny 2002: 178–180). El fenómeno de epéntesis de *-g-* se da también en italiano y en catalán.

11.6 Otras alternancias verbales

Como es bien sabido para quienes han aprendido español en un medio académico o quienes lo enseñan como segunda lengua, los verbos españoles tienen bastantes más alternancias e irregularidades. En esta sección mencionaremos las más importantes que no han sido tratadas ya en apartados anteriores de este capítulo. Se recomienda a los lectores interesados en una más detallada ejemplificación de los paradigmas verbales la consulta de Butt y Benjamin (2000), así como la lista de paradigmas verbales en la página web de la RAE, entre otras fuentes de información.

La primera persona del singular del presente de indicativo tiene una *-y* final en cuatro verbos: *soy, estoy, voy* y *doy.* A pesar de que solo hay cuatro verbos con esta terminación, esta es una irregularidad casi regular, ya que se trata de todos los casos de formas de la primera persona del singular que son monosilábicas – incluyendo la forma *estoy,* donde la /e/ inicial es epéntetica desde un punto de vista histórico: lat. STŌ 'estoy de pie', y excluyendo del grupo *sé* y *he,* formas todavía más irregulares. Se podría, por lo tanto, formular una regla morfofonológica para añadir *-y* tras *-o* en formas monosílabas de la primera persona del singular. Probablemente la *-y* final deriva del clítico medieval *y,* del latín IBI 'allí', aunque hay también otras hipótesis sobre su origen.

Por otra parte, que *estar* sea el único verbo de más de una sílaba con acento final en el presente de indicativo (*estoy, estás, está*) está también relacionado con el hecho de que históricamente estas formas eran monosílabas.

Una irregularidad importante es la de los verbos con pretérito fuerte o rizotónico (con acento en la raíz en la primera y tercera personas del singular). Además de tener en el pretérito terminaciones diferentes a las de los verbos regulares, estos verbos tienen en el pretérito (y en el imperfecto de subjuntivo) una raíz diferente a la de los otros tiempos: *ten-er/tuv-e, est-ar/estuv-e, hab-er/hub-e, pod-er/pud-e, and-ar/and-uve, sab-er/sup-e, cab-er/cup-e, tra-er/traj-e, dec-ir/dij-e, conduc-ir/conduj-e, pon-er/pus-e, quer-er/quis-e, hac-er/hic-e, ven-ir/vin-e, s-er/fui, ir/fui.* En algunos de estos casos la alternancia representa una evolución directa del latín, que ya tenía varias modificaciones complejas en el *perfectum.* En otros casos, se dieron cambios analógicos. Por lo que respecta a la forma *fui,* en su origen solo era el pretérito de *ser.*

El futuro y el condicional derivan históricamente de construcciones de infinitivo seguidas, respectivamente, del presente y del imperfecto de indicativo del verbo HABĒRE 'tener': CANTĀRE HABEŌ 'tengo que cantar' > */kantar ajo/ >

cantar (h)e > *cantaré*; CANTĀRE HABĒBAM 'tenía que cantar' > *cantaría*. De acuerdo con esta evolución, en las formas de futuro y condicional está incluido el infinitivo entero de los verbos regulares; sin embargo, desde un punto de vista sincrónico es preferible un análisis en que estos verbos contienen un marcador de futuro/condicional /-ɾ-/. En algunas formas irregulares la vocal que sigue a la raíz (la vocal temática) ha sido elidida antes del sufijo de futuro/condicional: *saber/sabré* (y no ****saberé*), *haber/habré, poder/podré, caber/cabré, querer/querré* (con contraste /ɾ/ - /r̄/). En los verbos con raíces terminadas en *n* o *l*, la elisión de la vocal temática fue seguida históricamente por la epéntesis de *-d-* entre la raíz y la terminación: *poner/(*poneré > *ponré >)pondré, tener/tendré, venir/vendré, salir/saldré, valer/valdré*. Si bien la elisión de la vocal temática es un proceso irregular (no se puede predecir qué verbos presentan esta alternancia), la epéntesis de *-d-* es regular en este contexto: todos los verbos que de forma irregular eliden su vocal temática en el futuro y el condicional añaden *-d-* en su lugar si la raíz acaba en *n* o en *l*. En otras palabras, las secuencias heterosilábicas con rótica percusiva *-nr-, -lr-* se evitan sistemáticamente en este contexto, reparándose como *-ndr-, -ldr-*. Finalmente, dos verbos tienen contracción de la raíz en el futuro y el condicional: *hacer/haré, decir/diré*.

La segunda persona de singular del imperativo (imperativo de *tú*) termina en vocal (la vocal temática) y es idéntica a la tercera persona del singular del presente de indicativo: *habla, come*. Sin embargo, en cinco verbos, no hay vocal final en el imperativo: *tener/ten, venir/ven, poner/pon, salir/sal, hacer/haz*. Desde un punto de vista histórico, estos imperativos son en realidad fonológicamente regulares en sus terminaciones, dado que la vocal final /e/ se perdió de manera generalizada en este contexto (véase la sección 11.7.1): *pone > pon* es como *pane > pan*. De hecho, fueron las formas de tercera persona *pone, sale*, etc., las que recuperaron las vocales finales por analogía con otras formas del presente con /e/ final. Otros tres imperativos son más irregulares: *decir/di, ser/sé, ir/ve*.

Por último, otra irregularidad verbal importante es la que afecta al participio pasado de unos cuantos verbos; p.ej., *escribir/escrito, abrir/abierto, romper/roto, decir/dicho*, etc. Estos participios irregulares tienen muchas idiosincrasias, en parte heredadas ya del latín, y no existe ninguna regla alomórfica general que los pueda abarcar a todos.

11.7 Pluralización

En español la formación de los plurales incluye una elección entre alomorfos que está fonológicamente condicionada. En teoría todos los nombres y adjetivos pueden tener una forma plural. La regla general es la siguiente: las palabras que terminan en vocal forman el plural por medio del alomorfo *-s*, como en *casa/casas*, y las que acaban en consonante añaden *-es*, como en *papel/papeles*.

Como es bien sabido, las consonantes que pueden aparecer al final de una palabra patrimonial en español son *-d, -z, -s, -l, -n, -r* y, en casos marginales, *-j*; es decir, los fonemas /d (θ) s l n ɾ x/: *pared/paredes, arroz/arroces, mes/meses, sol/soles, canción/canciones, mujer/mujeres, reloj/relojes*. Este grupo de consonantes incluye todas las consonantes coronales (dentales o alveolares), con la excepción de /t/, además de la velar /x/, que aparece como segmento final solo en algunos nombres. Desde el punto de vista fonético, *-r* en posición final de palabra en el singular se pronuncia siempre [ɾ] en el plural (como ante cualquier otro sufijo que comience por vocal; véase la sección 10.3). Con respecto a la ortografía, se debe mencionar que *-z* se escribe *c* ante *e*. También las formas **oxítonas** que acaban en *-n* y *-s* en el singular pierden la tilde en el plural, porque se convierten en **paroxítonas** acabadas en *-s*. Las palabras patrimoniales que acaban en *-y* se comportan como las que acaban en consonante con respecto a la formación del plural, *rey/reyes*.

La regla general de formación del plural tiene una excepción sistemática (o sub-regla): las palabras con sílaba final átona y que acaban en *-s* no cambian en el plural. Se puede decir que, en este caso, el sufijo de plural tiene el alomorfo cero. Por lo tanto, el plural de *el lunes* es *los lunes*, de *la tesis, las tesis*, y para *un virus* tenemos *los virus*. Obsérvese que en la formulación de esta subregularidad mencionamos la letra <*-s*> y no el fonema /s/. El motivo es que las palabras que acaban en <*-z*> siguen la regla general: *lápiz/lápices*. En aquellos dialectos con un contraste entre /s/ y /θ/, la regla del alomorfo cero en el plural tiene condicionamiento fonológico: afecta a las palabras paroxítonas y **proparoxítonas** que acaban en /s/, pero no a las que acaban en /θ/: p.ej., /tesis/ "sg = pl", pero /lápiθ/ - /lápiθes/. Por otro lado, para los hablantes de dialectos sin este contraste fonémico, la única pista segura para determinar el plural de estas palabras es la ortografía. Nótese también el contraste entre *el autobús/los autobuses* y *el ómnibus/los ómnibus*, donde la posición del acento es el factor que determina qué regla se aplica.

Otra regla especial de formación del plural es la que se aplica a los nombres y adjetivos que terminan en una vocal alta acentuada: *-í, -ú*. Estas palabras pueden formar sus plurales con *-s* o *-es*: *rubí/rubís* ~ *rubíes, menú/menús* ~ *menúes*. Las que acaban en vocales acentuadas no altas siguen la regla general para las palabras acabadas en vocal y, como consecuencia, solo pueden llevar *-s* en el plural: *café/cafés, sofá/sofás, dominó/dominós* (hay, sin embargo, unos cuantos nombres en *-á* que pueden tener un plural en *-aes*: *bajá/bajáes*).

Los préstamos más o menos recientes terminados en consonante no siempre siguen la regla regular de formación del plural. En concreto, los nombres terminados en consonante o grupo consonántico que no aparece en posición final en el léxico patrimonial normalmente forman el plural añadiendo solo *-s*: *coñac/coñacs, mamut/mamuts, robot/robots, chef/chefs, pub/pubs, ítem/ítems, récord/récords*, aunque algunos también se adaptan al patrón regular: *club/clubs ~ clubes, álbum/álbums ~ álbumes*. Sin embargo, incluso los préstamos con una consonante final normal en español pueden tener plurales irregulares en *-s*, como en *póster/pósters* (vs. el regular *váter/váteres*, usado en España). Esto se aplica también a los préstamos en *-y*, como *jersey/jerséis* (en España), aunque algunos se adaptan al patrón regular: *convoy/convoyes* (pero no si la deslizante final se escribe con *-i*: *bonsái/bonsáis*).

Los nombres proparoxítonos acabados en consonante que no sea *-s*, como, por ejemplo, *régimen, hipérbaton, déficit*, presentan un problema especial. Si se les aplicara la regla regular del plural, el resultado sería una palabra con el acento en la cuarta sílaba contando desde el final de la palabra (***régimenes*, p.ej.), lo que caería fuera de la **ventana de tres sílabas** que funciona como dominio de asignación del acento en español (véase la sección 12.2). Nos encontramos entonces con un conflicto entre la regla de formación del plural y los requisitos de asignación de acento:

(a) Las palabras que acaban en consonante forman el plural de forma regular con el morfema *-es*.
(b) El acento va en la misma vocal en el plural que en el singular.
(c) El acento va en una de las tres últimas sílabas.

No existe una solución uniforme para este conflicto. Se respeta siempre la condición de la ventana de tres sílabas en (c), pero esto se consigue o bien violando la tendencia (a) en algunos casos, o bien la generalización (b) en otros. Dos palabras en este grupo forman su plural con *-es*, pero con desplazamiento del acento una sílaba más a la derecha, de modo que se cumple la restricción de las tres sílabas (pero se transgrede la condición (b)): *régimen/regímenes; espécimen/especímenes*. Las proparoxítonas de origen griego terminadas en *-on* fluctúan entre tres soluciones: desplazar del acento dos sílabas a la derecha, formar el plural igual que el singular, o presentar un plural irregular en *-os*: *hip**é**rbaton/hiperbat**o**nes ~ (los) hip**é**rbatos* (esta última es la opción recomendada por la RAE para esta palabra), *asíndeton/asindet**o**nes ~ asíndetos ~ (los) asíndeton* (esta última es la opción recomendada por la RAE para esta palabra). Otras palabras en este grupo o bien añaden solo *-s* o son invariables en el plural: *el déficit/los déficits ~ los déficit, el currículum/los currículums ~ los currículum (~ los currícula ~ los currículos)*.

Por último, *carácter/caracteres* es el único ejemplo existente con una violación no motivada de la generalización (b). En esta palabra, el acento se desplaza una sílaba a la derecha, a pesar de que, aun sin desplazamiento, estaría dentro del margen de las tres sílabas.

La tabla 11.8 resume las reglas, subreglas y patrones excepcionales de la formación del plural que acabamos de explicar.

11.7.1 Origen histórico de la alomorfía en *-s/-es* del sufijo del plural

La mayoría de los nombres y adjetivos patrimoniales del español derivan del acusativo del latín. Con la excepción de los neutros, el acusativo singular en latín acababa en -M y el plural en -S. Por lo tanto, en acusativo tenemos pares de palabras en singular/plural en -AM/-ĀS (PORTAM/PORTĀS 'puerta/-s'), en -UM/-ŌS (AMĪCUM/AMĪCŌS 'amigo/-s') y en -EM/-ĒS (NĀVEM/NĀVĒS 'nave/-s', PĀNEM/PĀNĒS 'pan/-es'), para las tres declinaciones más importantes. En la época del latín vulgar o tardío, la -M final se perdió y -U(M) pasó a *-o*. A principios de la Edad Media, por consiguiente, los nombres en los tres grupos mencionados tendrían la misma alternancia en el singular y el plural: se añadía en todos los casos *-s* para formar el plural:[6] esto es, *amore/amores* no era diferente de *amiga/amigas* o de *amigo/amigos*. Más adelante, en el español medieval, se perdió la *-e* átona final, pero solo cuando iba precedida de una sola consonante coronal (dental, alveolar y a veces prepalatal): *pane* > *pan*; en otros contextos se mantuvo (*monte, nave*). La *-e* no se perdió en los plurales, en que iba seguida de *-s* (*panes*). Los nombres y adjetivos que forman el plural con *-es* en el español moderno son, pues, básicamente los que perdieron la *-e* final del singular en el español medieval.[7] Es decir, aunque en la actualidad se añade /e/ antes de /s/ en el plural de pares singular/plural como *canción/canciones, sal/sales, mujer/mujeres, ciudad/ciudades*, etc., históricamente fue al revés: se perdió la /e/ final en el singular. Véase la tabla 11.9.

11.8 El artículo *el* con sustantivos femeninos

Algunos nombres femeninos como *agua* seleccionan el artículo *el* en lugar de *la*. El hecho de que estos sustantivos son femeninos está claro por su concordancia con otros modificadores (*el agua clara*) y por su plural (*las aguas*). La

[6] Los neutros, que tenían diferentes correspondencias, con el tiempo fueron transferidos a otros géneros.

[7] En algunas variedades del español medieval la *-e* final también se perdió tras dos consonantes (*monte* > *mont*, *corte* > *cort*) y tras consonantes no alveolares/dentales (*nube* > *nuf*); estas variantes, sin embargo, no prosperaron.

Tabla 11.8 Formación de plurales

Las reglas generales en (A) se aplican siempre y cuando no se aplique una de las reglas más específicas en (B)

(A) Reglas generales

(A1) Palabras terminadas en vocal

pl.: *-s*

casa/casas
gato/gatos
noche/noches
bici/bicis
espíritu/espíritus

(A2) Palabras patrimoniales terminadas en consonante o <*-y*>

pl.: *-es*

pared/paredes
marqués/marqueses
nariz/narices
peral/perales
amor/amores
boj/bojes
buey/bueyes

(B) Reglas específicas

(B1) Palabras terminadas en vocal átona con <*-s*> final (no <*-z*>)

marca de plural: Ø (sg. = pl.)

el lunes/los lunes
el análisis/los análisis
la tesis/las tesis
el ómnibus/los ómnibus
el virus/los virus
el atlas/los atlas
el bíceps/los bíceps

PERO, con <*-z*>:
el lápiz/los lápices
el alférez/los alféreces

(B2) Palabras terminadas en vocal alta tónica *-í, -ú*

pl.: *-s* ~ *-es*

israelí/israelís ~ *israelíes*
jabalí/jabalís ~ *jabalíes*
menú/menús ~ *menúes*
tabú/tabús ~ *tabúes*

Tabla 11.8 (cont.)

(B3) Préstamos con una consonante o grupo consonántico final diferente de las que se encuentran en el léxico patrimonial pl.: *-s* *esnob/esnobs* *chef/chefs* *robot/robots* *tic/tics* *anorak/anoraks* *bulldog/bulldogs* *récord/récords* *test/test(s)* Unos pocos con *-es* (de forma opcional): *club/clubes ~ clubs* *álbum/álbumes ~ álbums*[1] Plural con *-s* también con préstamos en *-y* y con algunas consonantes finales comunes: *jersey/jerséis* (España) *póster/pósters*
(B4) Palabras proparoxítonas terminadas en consonante que no sea *-s* Formación regular del plural en conflicto con la restricción de la "ventana de tres sílabas" para el acento. Se puede resolver de tres maneras diferentes, según la palabra: (a) pl.: *-es* + desplazamiento del acento una sílaba hacia el margen derecho de la palabra (palabras en *-en*) *régimen/regímenes* *espécimen/especímenes* (b) pl.: *-es* + desplazamiento del acento una sílaba hacia el margen derecho de la palabra (palabras griegas en *-on*)[2] *hipérbaton/hiperbatones*[3] *asíndeton/asindetones*[4] *ómicron/omicrones* (c) pl.: *-s* o invariable (otras palabras) *déficit/los déficits ~ los déficit* *superávit/los superávits ~ los superávit*

[1] La RAE recomienda *álbumes*.

[2] La paroxítona *carácter/caracteres* también tiene desplazamiento de acento. Único caso de desplazamiento no motivado.

[3] La RAE recomienda *hipérbatos*.

[4] La RAE recomienda *(los) asíndeton*.

Tabla 11.9 Origen histórico de las principales reglas morfofonológicas de formación del plural en español

Acusativo en latín clásico	Español medieval temprano	Español moderno
PORTAM/PORTĀS	*puerta/puerta*	
AMĪCAM/AMĪCĀS	*amiga/amigas*	
MŪRUM/MŪRŌS	*muro/muros*	
AMĪCUM/AMĪCŌS	*amigo/amigos*	
PĀNEM/PĀNĒS	*pane/panes* >	*pan/panes*
AMŌREM/AMŌRĒS	*amore/amores* >	*amor/amores*
SŌLEM/SŌLĒS	*sole/soles* >	*sol/soles*
MŌNTEM/MŌNTĒS	*monte/montes*	
FORTEM/FORTĒS	*fuerte/fuertes*	
PAUPEREM/PAUPERĒS	*pobre/pobres*	
NŪBEM/NŪBĒS	*nube/nubes*	

Las vocales que no llevan macrón son breves.

alomorfía del artículo femenino está sujeta a condiciones contextuales tanto fonológicas como morfológicas. El femenino *el* se usa antes de nombres que empiezan con la vocal tónica /á/: *el alma, el hacha, el águila, el ave, el ansia, el asa*. Por el contrario, los nombres que empiezan con /a/ átona llevan el artículo femenino regular *la*: *la almendra, la araña*. Además, esta alomorfía no tiene lugar con adjetivos, aunque cumplan la condición fonológica de comenzar con /a/ tónica: *la árida estepa, la alta torre*. Los nombres de las letras son excepciones a esta regla morfofonológica: *la a, la hache*. También son excepción los nombres de mujer y de países (pero no de continente), otros nombres propios con referente humano femenino y las siglas: *la Ana que conociste ayer, la Austria moderna* (pero *el África*), *la árbitra, la ASA*.

la → *el* / ___ $[_N$ á (excepción: nombres de letras, nombres propios…)[8]

En la derivación afectiva y en los compuestos, el acento principal se desplaza de la vocal inicial, pero la alomorfía del artículo regida por la forma básica se mantiene: *el agüita*. En el caso de compuestos que acaban en /-e/ o en consonante, esto causa opacidad (dado que la condición del acento no está ya presente y la terminación de la palabra no da información sobre el género), lo que se ha resuelto con la transferencia del nombre etimológicamente compuesto al género masculino en palabras como *aguardiente* (de *(el) agua*

[8] La notación $[_N$ indica la frontera inicial de un nombre o sustantivo.

ardiente) y *avestruz* (basado en el femenino *(el) ave*); el nombre *aguafuerte* suele ser masculino, pero el diccionario de la RAE 2001 incluye ambas opciones de género. Por otra parte, en el caso de un compuesto como *aguamala* 'medusa', la terminación del adjetivo *mala*, que concuerda con *agua*, indica claramente que esta palabra es femenina. La incertidumbre en este caso tiene que ver con la forma del artículo: ¿es *el aguamala*, como *el agua*, o *la aguamala*, ya que la vocal inicial no lleva acento?

La existencia de esta regla de alomorfía del artículo es también el origen de la inconsistencia con respecto al género de algunos nombres que tienen /a-/ inicial pero que presentan terminaciones diferentes de /-a/. Por ejemplo, *(el) arte* es normalmente masculino (*el arte español*), pero tiene concordancia femenina en algunas frases hechas, como *el arte poética* y *el arte amatoria*, que conservan la concordancia femenina original del latín. Además, en plural, *arte* es siempre femenino: *las bellas artes, las artes españolas*. Esta incertidumbre afecta también a la palabra *(el) azúcar*. Dado que este nombre no cumple con las condiciones acentuales para *el* femenino (el acento no es inicial), la presencia de tal artículo debería indicar sin duda alguna género masculino; sin embargo, hay, de hecho, fluctuación en su uso. En España, por ejemplo, lo más frecuente es *azúcar moreno*, con un adjetivo masculino, pero *azúcar blanquilla*, con concordancia femenina.

Hay que notar, por último, que el uso del artículo *el* con palabras femeninas da lugar también a fluctuación en cuanto a la concordancia de otros modificadores prepuestos al sustantivo, como en *mucho hambre, nuestro habla andaluza, buen alma caritativa* (frente a las formas normativas *mucha hambre, nuestra habla, buena alma*).

11.8.1 Origen histórico del artículo *el* femenino

Aunque en el español moderno expresiones tales como *el agua* parecen indicar el uso de un artículo masculino con un nombre femenino, históricamente no hay cambio de género. Simplemente, el demostrativo femenino del latín ILLA(M) 'aquella' tuvo una evolución fonológica diferente en el contexto ante vocal, ILLA(M) AQUA(M) > *el(a) agua* > *el agua*, de la que tuvo ante consonante, como, por ejemplo, en ILLA(M) CASA(M) > *(e)la casa* > *la casa*.

En épocas anteriores el femenino *el* se utilizaba en un contexto más amplio, empleándose independientemente del acento y también con nombres femeninos que empezaban con otras vocales, como, por ejemplo, en *el espada*, *el otra*, etc. Progresivamente, este uso del femenino *el* se fue haciendo más limitado hasta quedar reducido al contexto actual.

11.9 Diminutivos

En la morfología afectiva (formas de diminutivo, aumentativo y despectivo) se observa un cierto grado de productividad en español. En la tabla 11.10 se dan algunos ejemplos.

Los diccionarios, en general, solo incluyen estas formas cuando han adquirido un significado no predecible (p.ej., *bolsillo, mesilla*), tienen alguna irregularidad de forma (p.ej. *hombretón*) o ambas cosas (p.ej., *manecilla*), porque se supone, que, en cierta medida, los hablantes pueden crear e interpretar las formas afectivas de manera productiva. Es decir, una palabra como *lamparita* no necesita estar en el diccionario porque cualquiera que conozca la palabra *lámpara* puede crearla o interpretarla sin dificultad alguna.

El sufijo diminutivo común *-ito/a* presenta alomorfía. Podemos distinguir al menos una forma corta como en *librito* y una forma larga con la consonante *-c-*, como en *hombrecito*. La misma alomorfía se aplica a las variantes *-ico/a, -illo/a, -ete/a*, y al diminutivo/despectivo *-uelo/a*. En esta sección nos centraremos en el análisis formal del diminutivo con /-it-/, porque es el más común (aunque según la región una de las otras formas podría ser la preferida) y la alternancia se aplica a todas las variantes. La cuestión que se plantea es si se puede predecir la selección del alomorfo en base a la forma fonológica de la forma no afectiva (base). En general hay patrones bastante consistentes, aunque también se dan excepciones e irregularidades.

Tabla 11.10 Formas afectivas

Base	Diminutivo *-ito/a, -illo/a, -ico/a...*	Aumentativo *-azo/a, -ón/ona...*	Despectivo *-ucho/-a, -ejo/a, -uelo/a*
perro	*perrito*	*perrazo*	*perrucho*
	perrillo		
	perrico		
	perrete		
libro	*librito*	*librazo*	*librucho*
	librillo	*librote*	*librejo*
	librico		
casa	*casita*	*casaza*	*casucha*
	casilla	*casona*	
	casica	*casota*	
hombre	*hombrecito*	*hombrazo*	*hombrezuelo*
	hombrecillo	*hombrón*	
	hombrecico	*hombretón*	

Un primer hecho relevante para determinar la forma del diminutivo es el número de sílabas de la base. Otros factores son la vocal o consonante con que acaba esta, así como la presencia de un diptongo en la misma.

Por motivos expositivos consideramos los diminutivos de palabras de dos sílabas (epígrafes (a), (b), (c) antes de tratar de otras más cortas (epígrafe (d)) o más largas (epígrafe (e)).

(a) Palabras bisílabas con terminaciones **flexivas** *-a, -o*. Regla general: diminutivo "corto"; p.ej. *oso* → *osito, foca* → *foquita, rojo* → *rojito, roja* → *rojita.*

Hay, sin embargo, dos patrones excepcionales.

Patrón excepcional 1: Si la base contiene un diptongo /ie/, /ue/, se pueden usar tanto el diminutivo "corto" como el "largo". La forma corta es la más común en Sudamérica, mientras que la larga es más frecuente en la mayor parte de España: *hueso* → *huesito* ~ *huesecito, fiesta* → *fiestita* ~ *fiestecita, viejo* → *viejito* ~ *viejecito, vieja* → *viejita* ~ *viejecita, piedra* → *piedrita* ~ *piedrecita.*

Patrón excepcional 2: Cuando la base termina en los diptongos /-ia/, /-io/, si, después de la elisión de la vocal flexiva de la base, se añadiera directamente *-ito/a*, se obtendría como resultado la secuencia [i̯í] en el diminutivo: ***rabiita.* Tal secuencia se evita usando el diminutivo largo; p.ej., *rabia* → *rabiecita, vidrio* → *vidriecito.* Otra posibilidad es elidir también la deslizante final en la base derivativa, como en *limpio* → *limpito, rubia* → *rubiecita* ~ *rubita.*

(b) Las palabras bisílabas acabadas en la terminación flexiva *-e* forman el diminutivo con *-ecito/a*: *noche* → *nochecita, parte* → *partecita, coche* → *cochecito, verde* → *verdecito/a, torre* → *torrecita, monte* → *montecito, pobre* → *pobrecito/a.* Este alomorfo permite identificar la base sin ningún tipo de ambigüedad. Por ejemplo, *cortecita* de *(la) corte* contrasta con *cortita*, de *corta* (adjetivo femenino). Existen, sin embargo, algunas excepciones y cierta variación con términos léxicos concretos: por ejemplo, el diminutivo de *nene* es *nenito*, pero el de *leche*, por ejemplo, puede ser *lechecita* o *lechita* y el de *tigre, tigrecito* o *tigrito.*

(c) Las palabras bisílabas sin sufijo flexivo (terminadas en consonante) forman su diminutivo con *-ito/a* o *-cito/a* según el fonema final. Como se recordará, las consonantes finales que son comunes en las palabras patrimoniales son *-l, -r, -n, -s, -z, -d*; es decir, /l ɾ n s (θ) d/. Las palabras que terminan en *-l* suelen llevar *-ito/a* (pero *-cito/a* en el español de Bolivia; véase Prieto 1992), mientras que las que terminan en *-n, -r* prefieren el alomorfo *-cito/a*: *papel* → *papelito* ~ bol. *papelcito, hotel* → *hotelito*;

pintor → *pintorcito, mejor* → *mejorcito/a, mujer* → *mujercita*, pero: *señor* → *señorito* (aunque también se encuentra *señorcito*); *camión* → *camioncito, lección* → *leccioncita, virgen* → *virgencita.*

El contraste entre los dos alomorfos (*-it-* y *-cit-*) desaparece en dialectos latinoamericanos después de /s/; y después de /θ/ en las variedades peninsulares con este fonema. En español peninsular, las palabras terminadas en *-s* llevan *-ito/a*: *anís* → *anisito, nariz* → *naricita, matiz* → *maticito.*

Con las palabras que acaban en *-d* el diminutivo es poco frecuente. Cuando se usa el diminutivo con estas palabras, generalmente se emplea *-ito/a*, aunque en algunas variedades latinoamericanas parece preferirse *-cito/a*: *ciudad* → *ciudadita* ~ LA *ciudadcita, pared* → *paredita* ~ LA *paredcita.*

(d) Los diminutivos de los monosílabos se forman con *-ecito/a* en España, pero *-cito/a*, sin la *-e-*, en algunas partes de Sudamérica; en otras zonas de Latinoamérica se pueden encontrar ambas formas del diminutivo largo de forma variable o con diferentes términos léxicos: *sol* → *solecito* (SA *solcito*), *mal* → *malecito, flor* → *florecita* (SA *florcita*), *tren* → *trenecito* (SA *trencito*), *té* → *tecito.* Como mencionamos antes, el uso en este caso del diminutivo "largo" evita la ambigüedad con respecto a la base. Por ejemplo, *solecito*, de *sol*, contrasta con *solito*, de *solo*, y *salecita*, de *sal*, con *salita*, de *sala*. La palabra *pie* tiene un diminutivo irregular: *piececito.*

(e) Las palabras de tres sílabas o más tienen una preferencia más clara por el sufijo "corto" que las de menos sílabas. Con respecto a las palabras que acaban en *-o, -a*, no hay excepciones para aquellos términos que contienen el diptongo *ue/ie* en la sílaba tónica: seleccionan el diminutivo corto si tienen tres sílabas o más. Por ejemplo, la forma trisilábica *abuelo* nos da *abuelito*, no ***abuelecito*; cf. la bisilábica *vuelo*, cuyo diminutivo puede ser *vuelito* o *vuelecito*. El diminutivo "corto" también es una opción para las palabras de tres sílabas o más que acaban en *-e* o en una consonante como *-n* o *-r*, a pesar de que las bisilábicas con las mismas terminaciones normalmente llevan el sufijo "largo". Compárense los siguientes ejemplos con los presentados anteriormente de palabras bisilábicas semejantes: *pañuelo* → *pañuelito*, no ***pañuelecito; invierno* → *inviernito* (menos comúnmente, *inviernecito*); *chocolate* → *chocolatito* ~ *chocolatecito, elefante* → *elefantito, alcalde* → *alcaldito* ~ *alcaldecito, profesor* → *profesorito* ~ *profesorcito, alemán* → *alemanito* ~ *alemancito.* Las palabras con ciertos sufijos derivativos como *-ción* forman el diminutivo en *-cito*, como las bisílabas con la misma terminación: *contaminación/contaminacioncita*, como *canción/cancioncita, nación/nacioncita*, etc.

Con respecto a la terminación flexiva del diminutivo, las bases terminadas en *-e* o en consonante llevan *-o* o *-a* en el diminutivo según su género morfológico: *coche/cochecito* (m.), *noche/nochecita* (f.), *verde/verdecito* (m.), *verde/verdecita* (f.), *canción/cancioncita* (f.), *motor/motorcito* (m.). Las terminadas en *-a*, por el contrario, preservan esta marca en el diminutivo, independientemente de su género: *mesa/mesita* (f.), *artista/artistita* (m. o f.), *programa/programita* (m.).

Los nombres que acaban en *-o* son casi exclusivamente masculinos. El diminutivo de una forma excepcionalmente femenina como *(la) mano* es *manita* en algunas zonas (p.ej. España), pero *manito* en otras (p.ej., Perú). En los pocos nombres femeninos en *-o* que resultan de la reducción de palabras más largas, como *(la) foto*, *(la) moto* y, en algunos dialectos, *(la) radio*, hay bastante inseguridad y se tiende a evitar el diminutivo: *foto/?fotito, ?fotita*.

Para formar el diminutivo de la forma femenina de un adjetivo o nombre con formas para los dos géneros correspondientes a modelos diferentes (como *león*, que tiene dos sílabas, frente a *leona*, que tiene tres), hay dos estrategias: el diminutivo femenino se puede formar a partir de la base femenina o a partir del diminutivo masculino. Así, en el caso de los adjetivos y nombres cuyo masculino acaba en consonante, como el mencionado *león*, se pueden obtener como resultado dos patrones distintos: por ejemplo, *leona* → *leonita*, *leoncito* → *leoncita*.

11.9.1 Origen histórico de la alternancia de sufijos en el diminutivo

El origen de la variación alomórfica de los sufijos del diminutivo se remonta al latín. El diminutivo latino -ULUS/A/UM (como en CELLULA, diminutivo de CELLA 'habitación') tenía una variante -CULUS/A/UM (como en PARTICULA, diminutivo de PARS, PARTIS 'parte' y FRĀTERCULUS 'hermanito' (diminutivo de FRĀTER 'hermano'), que fue el resultado de una aglutinación previa de dos sufijos diminutivos. La distribución de estos dos alomorfos estaba regida por criterios morfológicos. La variante -ULUS se usaba para formar el diminutivo de los nombres y adjetivos de la primera y segunda declinación y la forma con consonante inicial -CULUS se usaba con las otras declinaciones. Esta misma alternancia se daba también con el diminutivo -ELLUS/A/UM, que es el antecesor de *-illo/a* en español. La alternancia en español entre la terminación corta del diminutivo *-illo/a* y la larga *-(e)cillo/a* tiene, por tanto, una fuente directa en el latín, aunque la distribución de las formas "largas" y "cortas" ha cambiado. Las reglas distribucionales actuales para los dos alomorfos se originaron en el español medieval (véase Penny 2002: 294–299 y Pharies 2002, en los epígrafes *-illo*, *-ulo*). De *-illo* ~ *-ecillo* la alternancia se extendió a *-ito*, *-ico*, *-ete* y a *-uelo*, que tienen o tenían un valor similar, y al aumentativo *-ón*.

11.10 Morfofonología y escuelas fonológicas

La mayoría de los estudios de fonología española existentes en la actualidad están enmarcados en una de dos escuelas teóricas de fonología: el estructuralismo de Praga o la fonología generativa, incluida, como evolución dentro de esta segunda escuela, la teoría de la optimidad. El lugar ocupado por las alternancias morfofonológicas en estas dos tradiciones de análisis fonológico es bastante diferente. El análisis de estas alternancias es también diferente en la teoría de la optimidad y en modelos generativos anteriores.

11.10.1 Alternancias morfofonológicas en la fonología estructuralista

En libros de texto que presentan un análisis de la fonología española desde el punto de vista del estructuralismo europeo, como Quilis 1993 y Quilis y Fernández 1985, no se incluyen los fenómenos estudiados en este capítulo, ya que se considera que no corresponden al ámbito de la fonología.

11.10.2 Representaciones subyacentes en la fonología generativa

Por otra parte, en libros que adoptan una perspectiva generativa, como Harris 1969, las alternancias morfofonológicas desempeñan un papel esencial. La razón es que en esta escuela fonológica se parte de la premisa de que, en principio, un morfema debe tener la misma representación subyacente en todos los contextos en que aparece. Por ejemplo, en lugar de las representaciones fonológicas /puédo/, /podémos/ que usamos en este libro, Harris 1969: 118 propone las representaciones fonémicas sistemáticas /pOdo/, /pOdemos/, en las que /O/ es una vocal con un rasgo abstracto [+D] (= diptongación). A partir de estas representaciones, que respetan el principio de uniformidad morfofonológica, se aplican una serie de reglas fonológicas. En este caso en concreto, /O/ se convierte en [we] (= [u̯e]) en posición acentuada, y en [o] cuando no lo es, derivándose así las formas fonéticas [pwéðo] y [poðémos]. El principio de "un morfema, una representación subyacente" a menudo tiene como consecuencia propuestas de representaciones fonémicas sistemáticas muy abstractas. Por ejemplo, en Harris 1969 *protejo* se analiza como /proteg+e+o/ (p. 72), debido a la existencia de *protección*, *protector*; *agresor* tiene la representación /agred+t+or/ (p. 146), por *agredir*; *edición* es /edi+t+ionE/ (p. 150), debido a *editar*; *opacidad* corresponde a /opakidad/ (p. 168) por *opaco*; *cuece* a /kOke/ (p. 168), por *cocción*, y *leche* es /lakte/ (p. 170), por *láctico*, etc.

11.10.3 Alternancias morfofonológicas en la teoría de la optimidad (*por Sonia Colina*)

En la teoría de la optimidad (véanse las secciones 1.8.1 y 4.10), la prioridad dada a las formas superficiales, combinada con el principio que impide establecer límites a priori sobre las posibles representaciones subyacentes (es decir, el principio conocido en este marco teórico como *richness of the base*), tiene como consecuencia, en general, la ausencia de segmentos subyacentes abstractos que no se corresponden con ninguna forma de superficie (p.ej., /O/, /E/) y, en igualdad de condiciones, la selección de la representación subyacente que más se parece a la superficial. Por lo tanto, en el caso de alternancias morfofonológicas mencionadas en la subsección precedente y en otras que hemos visto en este capítulo, un análisis en el marco de la teoría de la optimidad tendería a postular alomorfos separados, sin suponer necesariamente procesos fonológicos sincrónicos. Por ejemplo, la raíz de *opac-o* tendría dos alomorfos, /opak-/ en *opaco* y /opas-/ (/opaθ-/ en dialectos con este fonema) en *opacidad*. De modo similar, los verbos con alternancias entre vocal media y diptongo contrastan con los que no alternan porque tienen dos alomorfos en la raíz, en lugar de uno: *poder* /pod-/ y /pued-/, etc. Los sufijos que normalmente mantienen el diptongo en sílaba átona (p.ej., *fiestecita*) constituyen un ejemplo de proceso fonológico que se aplica entre palabras relacionadas morfológicamente. En la teoría de la optimidad este fenómeno se explica por medio del concepto de identidad transderivativa, según el cual preservar la identidad con la base (cuando hay una forma independiente, como *fiesta*) es más importante en este caso concreto que la condición fonológica que rige el proceso (es decir, el diptongo en la sílaba tónica, pero no en la átona).

Uno de los temas más controvertidos y más complejos que se le presentan a la teoría de la optimidad (y a la teoría fonológica actual) tiene que ver precisamente con la morfofonología; en concreto, con la interacción de procesos fonológicos y la concatenación de morfemas. Algunos procesos fonológicos, como la velarización (sección 9.2.2) y la aspiración (sección 8.2.5.2), que afectan a segmentos en la coda, a menudo parecen aplicarse a consonantes que no se encuentran en esa posición (*overapplication*, en inglés), sino en el ataque silábico, como en *desecho* [de.hé.ʧo], *desalmado* [de.hal.má.ðo], *inhumano* [i.ŋu.má.no].

Para comparar, en un modelo derivativo, tales hechos se explican ordenando las reglas de aspiración y velarización primero, en un punto en la derivación en el que las nasales y sibilantes se encuentran en la coda. A continuación, tendría lugar el proceso morfológico relevante (p.ej. prefijación o composición), que añade nuevos segmentos y el contexto requerido para que se aplique la resilabificación (consonante final de morfema seguida de vocal inicial), que a su vez cambia la afiliación silábica de [h] y [ŋ] de la coda al ataque.

En español existe variación dialectal con respecto a estos fenómenos; en algunos dialectos con aspiración o velarización se documentan [h] y [ŋ] incluso cuando hay resilabificación y en otros no (véase, por ejemplo, Hualde 1991a, Kaisse 1997, 1998). La explicación para tal variación en un análisis con reglas ordenadas es la diferente ordenación de los procesos fonológicos que estamos considerando con respecto a los morfológicos: antes o después de la prefijación (en algunos casos, después de todos los procesos morfológicos; es decir, en el nivel postléxico) (véase la tabla 11.11). Además en varios dialectos, [h] y [ŋ] aparecen en ciertos casos de resilabificación, pero no en todos. Por ejemplo, en ciertas variedades del Caribe no hay aspiración o velarización en formas con prefijos, pero sí en casos de composición o resilabificación entre palabras: *desecho* [de.sé.ʧo] vs. *dioses héroes* [di̯ó.se.hé.ɾo̯eh] (Kaisse 1997, 1998). Para estas variedades del español, la aspiración se aplicaría después de la prefijación, pero antes de la composición.

En la teoría de la optimidad, la interacción y el orden entre los procesos fonológicos y los morfológicos es una fuente de debate. Una versión estricta de la teoría rechaza la viabilidad de un análisis derivativo, aun en el caso de proponer restricciones que se apliquen en diferentes niveles morfológicos, léxicos y postléxicos, ya que implicaría la anterioridad de un nivel con respecto a otro, con el consecuente serialismo y las contradicciones para un modelo estrictamente paralelo. Algunos autores argumentan que no es necesario abandonar la idea de un modelo estrictamente paralelo, al menos basándose

Tabla 11.11 Interacción entre procesos fonológicos y morfológicos en el modelo generativo derivativo

	/des/ /etʃo/	/in/ /umano/
Dialectos I		
Silabificación	[des] [e.tʃo]	[in] [u.ma.no]
Aspiración/velarización	[deh] [e.tʃo]	[iŋ] [u.ma.no]
Prefijación	[deh e.tʃo]	[iŋ u.ma.no]
Resilabificación	[de.he.tʃo]	[i. ŋu.ma.no]
Dialectos II		
Silabificación	[des] [e.tʃo]	[in] [u.ma.no]
Prefijación	[des e.tʃo]	[in u.ma.no]
Resilabificación	[de.se.tʃo]	[i.nu.ma.no]
Aspiración/velarización	–	–
Forma superficial	[de.sé.tʃo]	[i.nu.má.no]

en los datos del español, ya que estos se pueden explicar por medio de las restricciones de identidad, sin recurrir a niveles (Colina 2002, Wiltshire 2006). Sirviéndonos de la aspiración como ejemplo, se puede decir, en términos no técnicos, que /s/ pierde sus rasgos de punto de articulación (es decir, el nódulo supralaríngeo), convirtiéndose en [h], para evitar la presencia de [s] en la coda. En otras palabras, las restricciones que prohíben la presencia de tal segmento en la coda (*Prohibición de* s *en la coda*) son más importantes que aquellas que requieren no alterar los rasgos del punto de articulación (bajo el nódulo supralaríngeo). En posiciones que no son la coda, y en las que, por lo tanto, no existe restricción sobre la presencia de [s], la aspiración viene motivada por la antialomorfía; es decir, por la tendencia a limitar lo más posible el número de alomorfos de la palabra prosódica. La antialomorfía se formaliza en la teoría de la optimidad por medio de una restricción de identidad que requiere el mismo alomorfo para /des/ (y todos los morfemas con /s/) en todos los contextos. Dado que los principios superiores requieren que haya aspiración en la coda, el alomorfo preferido, es decir, el alomorfo seleccionado para la convergencia, es el que presenta aspiración. Consecuentemente, la reducción del número de alomorfos es el resultado de la prioridad dada a la antialomorfía (un solo alomorfo) en detrimento de la preservación (es decir, la no alteración) de la forma subyacente /s/, ya que es más importante mantener el mismo alomorfo con [h] que introducir una nueva forma con [s]. La consecuencia de todo esto es la presencia de [h] al final de un constituyente morfológico, no solo cuando aparece en la coda, como en *destapar* [deh.ta.pár], sino también cuando la consonante final de morfema se resilabifica, como en *deshacer* [de.ha.sér] (véase la tabla 11.12, dialectos I).

Tabla 11.12 Interacción entre procesos fonológicos y morfológicos en la teoría de la optimidad (con restricciones de identidad)

Dialectos I	
/des/ /tapaɾ/	[deh.ta.páɾ]
/des/ /eʧo/	[de.hé.ʧo]
Prohibición de s *en la coda* >> *alomorfía* (restricciones de identidad) >> *preservación del punto de articulación del aducto*	
Dialectos II	
/des/ /tapaɾ/	[deh.ta.páɾ]
/des/ /eʧo/	[de.sé.ʧo]
Prohibición de s *en la coda* >> *preservación del punto de articulación del aducto* >> *alomorfía* (restricciones de identidad)	

La variación dialectal se explica por medio de cambios en la jerarquía, de modo que aquellos dialectos en los que la fidelidad a la forma subyacente es más importante que la reducción de alomorfía tienen aspiración [h] solo en la coda, y [s] cuando hay resilabificación. (Véase la tabla 11.12, dialectos II.)

Versiones menos estrictas de la teoría de la optimidad argumentan que es posible tener más de un nivel en la fonología, del mismo modo que la gramática tiene más de un componente. Sin embargo, una consecuencia problemática de este tipo de propuesta es la proliferación de niveles y de ordenaciones diferentes de las restricciones, dado que cada nivel puede tener su propia jerarquía. El objetivo de algunos autores es, por lo tanto, restringir y justificar el número de niveles propuestos, como se hace en la teoría conocida como *Stratal OT*, con niveles limitados a la base derivativa, la palabra y la frase fonológica (*stem, word, phrase*, en inglés) (Bermúdez-Otero 2006).

EJERCICIOS

1 Considérese la siguiente alternancia entre /e/ y /i/: *examen/examinar, margen/marginal, virgen/virginal, volumen/voluminoso, origen/original, crimen/criminal.* ¿Cómo podríamos definir el contexto de esta alternancia?

2 Defina el contexto fonológico en que aparece cada uno de los alomorfos de la raíz de los verbos *pedir, servir, preferir, vestir, perder*. Describa el contexto del alomorfo con la distribución menos restrictiva como "otros casos". ¿Cuáles de estos verbos presentan el mismo patrón de alomorfía?

3 Defina los contextos fonológicos y morfológicos de los alomorfos de las raíces de *hacer* y *decir*. ¿Existe alguna diferencia importante entre estos verbos y los del ejercicio 2 con relación a la distribución de los alomorfos?

4 Defina el contexto fonológico del alomorfo /i-/ del prefijo negativo /in-/.

5 Considere el plural de los sustantivos *régimen*, *análisis* y *carácter*. ¿Son los tres igualmente anómalos? ¿Por qué?

6 Ejemplos tales como *don/doña, desdén/desdeñar* muestran la existencia de una alternancia morfofonológica con relación a los fonemas /n/ y /ɲ/.

(a) ¿Tiene esta alternancia condiciones fonológicas? En caso afirmativo, ¿cuál es la regla o generalización de la fonología española que explica la alternancia?

(b) ¿Cuál podría ser el origen histórico de la alternancia?

(c) Algunos grupos más de palabras relacionadas morfológicamente tienen una alternancia entre /l/ y /ʝ/ (o /ʎ/ en algunas variedades): *aquel* /akél/ - *aquella* /akéʝa/, *doncel/doncella*. ¿Qué tiene en común esta alternancia con la de /n/ y /ɲ/? ¿En qué se diferencian?

(d) Harris (1983: 50–55) presenta un análisis generativo de las alternancias tratadas en los párrafos anteriores. Este autor adopta el principio o práctica generativa de preferir un análisis con una sola representación subyacente invariable para cada morfema. Así, Harris, siguiendo en parte a un análisis anterior de Contreras (1977), propone representaciones fonológicas tales como /desdeɲ/ para *desdén* y /akeL/ para *aquel*, donde *L* es un símbolo fonéticamente abstracto (Harris 1983, p. 143, nota 7). En su opinión, ¿cuáles son las ventajas y desventajas de tal análisis? (Para contestar esta pregunta, es aconsejable leer primero Harris 1983: 50–55.)

7 En su opinión, ¿cómo contribuye la teoría de la optimidad a un mejor entendimiento de la morfofonología del español?

8 ¿Qué fenómenos morfofonológicos en español son los más relevantes para la teoría de la optimidad?

9 En español la consonantización de [i̯] a principio de palabra impide la resilabificación de una consonante final de palabra o final de morfema (prefijo, compuesto), como vemos en *deshielo* /des-ielo/ [dez.ʝé.lo], no **[de.si̯é.lo]; *abyecto* /ab-iekto/ [aβ.ɟék.to] no **[a. βi̯ék.to] (veáse la sección 8.3 y la Tabla 8.8). Por el contrario, cuando no existe un límite de palabra o prefijo, no se consonantiza [i̯] y, consecuentemente, la consonante que la precede pasa a formar parte del ataque: *desierto* /desierto/ [de.si̯ér.to]; *abierto* /abierto/ [a.βi̯ér.to]. ¿Cómo explicaría estos datos la teoría de la optimidad? ¿Y un modelo derivativo? Compare ambos análisis.

12 El acento

12.1 ¿Qué es el acento?

El acento es el grado de prominencia relativa que recibe una sílaba sobre las demás en un cierto dominio (esta capacidad de destacar una sílaba sobre las demás es lo que se conoce como función **culminativa** del acento). Tanto el español como el inglés son lenguas acentuales, pero no todas las lenguas del mundo tienen acento (véase Hyman 2006). En español, como en inglés, el dominio básico de asignación del acento es la palabra; en otras lenguas, es la frase. En el dominio de la palabra, en principio hay una única sílaba que recibe acento primario. Así, en una palabra como /papa/, podemos tener acento primario en la primera o en la segunda sílaba, pero no en ambas sílabas. Una secuencia con dos sílabas acentuadas como [dámás] necesariamente corresponde a una frase con dos palabras: *da más*, en este caso. En su carácter culminativo, el acento se diferencia de los rasgos segmentales, como notó Trubetzkoy (1939). Además de la culminatividad, otra característica importante del acento es su **obligatoriedad**. En toda palabra **prosódica** hay una sílaba con acento. Como veremos, esto se aplica en español a todas las palabras de las llamadas clases léxicas (nombres, adjetivos, adverbios y verbos), pero no a todas las palabras funcionales o gramaticales, como preposiciones y conjunciones, que se agrupan prosódicamente con la palabra léxica siguiente.

Al poseer la característica de culminatividad obligatoria, el acento se diferencia también del **tono**. En las lenguas con tono léxico, como, por ejemplo, la mayoría de las de la familia bantú, una palabra hipotética como la mencionada en el párrafo precedente podría, en principio, tener tono alto en una de las dos sílabas: /pápa/, /papá/; en las dos, sin culminatividad: /pápá/, o en ninguna, sin obligatoriedad: /papa/.

En lenguas como el español y el inglés, el acento tiene también una función **distintiva**, en la terminología empleada por Trubetzkoy (1939), dado que podemos tener palabras diferentes que solo se distinguen por la posición del acento, como *paso* y *pasó*. Esto es, el acento es fonológicamente contrastivo en español. Hay otras lenguas donde la posición del acento es siempre predecible. En húngaro, finés y checo, por ejemplo, el acento cae siempre sobre la primera sílaba de la palabra; en francés, siempre sobre la última sílaba que contiene una vocal plena. También en latín clásico la posición del acento era siempre predecible, aunque, como veremos, la regla era algo más complicada.

En lenguas en que el acento tiene una posición fija con respecto al principio o al final de la palabra, decimos que el acento, también en la terminología de Trubetzkoy, tiene una función delimitativa o **demarcativa**, dado que se puede utilizar para determinar la posición de las fronteras de palabra dentro de la frase. En español esta función no es tan obvia como, por ejemplo, en húngaro. Con todo, el acento nunca está muy lejos del final de la palabra. Además si tenemos dos acentos en sílabas adyacentes, sabemos que hay un límite de palabra entre ellas.

En las secciones siguientes de este capítulo consideraremos las generalizaciones que pueden hacerse en cuanto a la posición del acento en español. La realización fonética del acento será analizada en la sección 12.8.

12.2 Generalizaciones acerca de la posición del acento en español

Como hemos dicho ya, el acento es fonológicamente contrastivo en español. Con esto queremos decir que es posible obtener palabras con significado diferente cambiando la posición del acento como vemos en *n**ú**mero, num**e**ro* y *numer**ó***, y en otros ejemplos de la tabla 12.1. En este capítulo señalamos en negrita la vocal de la sílaba con acento prosódico, para mayor claridad (y algunas veces la subrayamos también). Esto, claro está, resulta redundante en palabras con acento ortográfico.

Tabla 12.1 Ejemplos que ilustran la naturaleza contrastiva del acento en español

*n**ú**mero*	*num**e**ro*	*numer**ó***
*t**é**rmino*	*term**i**no*	*termin**ó***
*c**é**lebre*	*cel**e**bre*	*celebr**é***
*á**nimo***	*an**i**mo*	*anim**ó***
*s**á**bana*	*sab**a**na*	
	*pl**a**to*	*plat**ó***
	*G**a**les*	*gal**é**s*

El español es, pues, una lengua de acento "libre", con lo que queremos decir que el acento no cae automáticamente en la misma sílaba en todas las palabras con una misma estuctura silábica. Esta libertad es, sin embargo, relativa, pues está sujeta a ciertas restricciones; esto es, el acento no puede ir sobre cualquier sílaba de la palabra. Las restricciones sobre la posición del acento en español han sido discutidas en detalle y hay una abundante bibliografía sobre el tema (véase Harris 1995, Roca 1990, 1999, 2006, Aske 1990, Bárkányi 2002, Hualde 2012, etc.).

La restricción más importante acerca de la posición del acento que encontramos en español es que este cae necesariamente sobre una de las tres últimas sílabas de la palabra. Podemos tener palabras con acento sobre la sílaba final, como *revolución* (palabras agudas u **oxítonas**), con acento sobre la penúltima, como *elefante* (palabras llanas, graves o **paroxítonas**) y palabras con acento sobre la antepenúltima, como *nómada* (palabras esdrújulas o **proparoxítonas**). No hay ninguna otra opción: no hay, p.ej., palabras como ***élefante* o ***álbaricoque*, con acento más allá de la tercera sílaba contando desde el final. Es como si tuviéramos una **ventana de tres sílabas** alineada con el final de la palabra, fuera de la cual el acento resulta invisible.

Las únicas excepciones aparentes a la generalización que acabamos de formular (las llamadas palabras sobreesdrújulas) son formas verbales con pronombres **enclíticos** como *cantándomelo*. Aunque a efectos ortográficos tenemos acento más allá de la tercera sílaba contando desde el final de la palabra en estos casos, estos ejemplos se explican por el hecho de que el dominio de asignación del acento es el verbo y los pronombres **clíticos** que puedan añadírsele no afectan a la posición del acento: *cantando, cantándome, cantándomelo*; *los animales se me están comiendo todas las lechugas que había plantado → están comiéndosemelas*. Este comportamiento neutral en cuanto al acento de los pronombres enclíticos puede compararse con el de los sufijos derivativos, que, por el contrario, determinan la posición del acento de la palabra: *urbe → urbano → urbanístico, urbanidad, urbanizar → urbanización*.

Los adverbios en *-mente*, como *rápidamente*, tampoco son excepciones a la regla, dado que tienen dos sílabas acentuadas o **tónicas**, como veremos después. Estos adverbios, al igual que ciertos compuestos, contienen dos dominios acentuales.

Más allá de la restricción de la ventana de tres sílabas, mencionada antes, que afecta a todas las palabras en español, hay varias generalizaciones que se explican mejor distinguiendo entre tipos de palabras, según su categoría gramatical. Ciertas generalizaciones se aplican a sustantivos y adjetivos juntos. Los adverbios tienen propiedades acentuales semejantes a las de los sustantivos y adjetivos, pero presentan también alguna particularidad. Los verbos, por otra parte, se analizan más claramente por separado. Finalmente las palabras gramaticales o funcionales (pronombres, preposiciones, conjunciones, determinantes) también tienen propiedades acentuales específicas. En las secciones siguientes estudiaremos, pues, el acento de todas estas clases de palabras separadamente.

12.3 Propiedades acentuales de sustantivos y adjetivos

12.3.1 Patrones acentuales no marcados, marcados y excepcionales

Una primera observación relacionada con los sustantivos y los adjetivos es que la acentuación del plural es predecible a partir de la del singular: *ele**fan**te/ele**fan**tes, a**pós**tol/a**pós**toles*. Hay solo una excepción arbitraria, *ca**rác**ter/carac**te**res*, además de un puñado de excepciones sistemáticas en el plural de los paroxítonos que terminan en consonante distinta de /-s/, como ***ré**gimen/re**gí**menes* (véase la sección 11.7).

Cuando consideramos las formas del singular, encontramos las siguientes generalizaciones:

(a) En el caso general o no marcado, el acento cae sobre la última sílaba si la palabra termina en consonante (*responsabili**dad***) o deslizante (*ca**rey***) y sobre la penúltima si la palabra termina en vocal (*pano**ra**ma*). Aproximadamente el 95% de los sustantivos y adjetivos se ajustan a esta regla (Morales-Front 1999: 211)

(b) En casi todos los sustantivos y adjetivos en singular que no siguen la regla dada en (a) el acento cae una sílaba antes: en la penúltima de las palabras que terminan en consonante (*a**pós**tol*) y en la antepenúltima de las terminadas en vocal (***brú**jula*). Este es el patrón considerado marcado, que abarca aproximadamente un 4% de los sustantivos y los adjetivos.

(c) Las excepciones que no siguen ninguna de las dos reglas en (a) y (b) se agrupan en dos clases: hay un pequeño grupo de palabras terminadas en consonante y con acento en la antepenúltima (*a**ná**lisis*) y otro pequeño grupo de palabras terminadas en vocal y con acento final (*Pana**má***). Dentro de la lengua, este sería el patrón excepcional.

Estos tres patrones se resumen y ejemplifican en la tabla 12.2.

Es posible formular ciertas generalizaciones en cuanto a la distribución de los patrones acentuales marcado y excepcional. El patrón proparoxítono o esdrújulo no se encuentra en palabras con ciertas estructuras silábicas y el patrón paroxítono en palabras terminadas en consonante tiene una distribución no uniforme, encontrándose fundamentalmente en palabras con ciertas terminaciones. Ofrecemos más detalles en las dos subsecciones siguientes.

Tabla 12.2 Acentuación de sustantivos y adjetivos (en singular)

	Terminados en consonante/ deslizante	Terminados en vocal
(a) Patrón acentual no marcado (95%)	(i) oxítonos *pared, feliz, francés, canción, espectador, sutil, paipay*	(ii) paroxítonos *artista, calabaza, amargo, ignorante, tribu, tarea*
(b) Patrón acentual marcado	(i) paroxítonos *césped, lápiz, tesis, examen, almíbar, árbol*	(ii) proparoxítonos *vehículo, simpático, sábana, helicóptero, área*
(c) Patrones acentuales excepcionales	(i) proparoxítonos *síntesis, régimen, Júpiter, Álvarez, ómicron*	(ii) oxítonos *sofá, jabalí, dominó, café, canesú*

12.3.2 Proparoxítonos

Encontramos dos restricciones en cuanto a la distribución del acento en la penúltima sílaba en el léxico del español:

(a) Las palabras que terminan en diptongo creciente nunca son esdrújulas. Hay, por ejemplo, *caricia* y *Maciá*, pero no ***cáricia*. Las únicas excepciones son *ventrílocuo, grandílocuo*.

(b) Las palabras cuya penúltima sílaba contiene un diptongo o está cerrada por consonante tampoco permiten acentuación esdrújula. Es decir, una condición para tener acento esdrújulo es que la penúltima sílaba debe ser ligera (es decir, acabada en vocal). Las únicas excepciones a esta generalización son préstamos como *rémington, básquetbol*, el obsoleto *límiste* 'un tipo de paño'[1] y el topónimo castellanoleonés de origen gótico *Frómista*. Con diptongo en la penúltima tenemos como excepción el topónimo mexicano *Pátzcuaro*. Los apellidos y topónimos extranjeros que violan esta generalización suelen mantener también su acento proparoxítono aunque sean adaptados fonéticamente: *Ánderson, Wáshington, Mánchester*. Por otra parte, es interesante notar que la generalización se respeta en un neologismo como *alomorfo* (con penúltima pesada), frente a *alófono* (con penúltima ligera).

[1] Del nombre de una ciudad inglesa llamada Lemster o Leominster. Esta palabra aparece en el diccionario de la RAE como *limiste*, sin acento ortográfico, pero hay evidencia sólida de que era esdrújula; véase Corominas y Pascual 1980 s.v., y también Larramendi 1729: 341–349.

Estas dos restricciones encuentran su explicación dentro del sistema acentual del latín (véase la sección 12.7). También es producto de la evolución histórica del español a partir del latín la (casi total) carencia de palabras esdrújulas con vibrante múltiple en el ataque de la sílaba final o con palatal o jota en la misma posición. En una serie de trabajos experimentales, M. Shelton y sus colaboradores han explorado las consecuencias que estos hechos tienen en el procesamiento léxico de los hispanohablantes (véase Shelton, Gerfen y Gutiérrez Palma 2009, 2011). En general, las palabras inexistentes con estructuras anómalas dan más problemas para su repetición, en las condiciones experimentales que utilizan estos investigadores, que las palabras que se ajustan a patrones comunes, aunque algunos patrones anómalos son más problemáticos que otros. Así, los participantes en estos experimentos demostraron bastantes más problemas leyendo palabras esdrújulas inventadas con diptongo en la penúltima como *fáteiga* y *dóbiana*, que leyendo otras esdrújulas inventadas con penúltima ligera, como *fátaga*. Además, parece que el tipo *fáteiga*, con diptongo decreciente, es bastante más problemático que el tipo *dóbiana*, con diptongo creciente. Shelton (2013) también encuentra que el tipo *fádarro*, con vibrante múltiple en el ataque de la sílaba final, es problemático, pero no induce a tantos errores de lectura como las esdrújulas con penúltima pesada, tipo *fádambo*.

Algunos sufijos y terminaciones específicas son especialmente comunes entre las palabras esdrújulas: el llamado sufijo superlativo (*riquísimo/a*), el sufijo adjetival *-ico/a* (*automático*, no el diminutivo) y la terminación *-ulo/a* (*tabernáculo, fábula, ridículo*).

12.3.3 Palabras paroxítonas terminadas en consonante

Como hemos indicado, mientras que el acento en la penúltima constituye el patrón no marcado para las palabras terminadas en vocal, los sustantivos y adjetivos terminados en consonante generalmente presentan acento final. Los paroxítonos terminados en consonante forman un patrón marcado y tienen una distribución sesgada en el léxico; es decir, no todas las terminaciones son igualmente comunes entre estas palabras. Por ejemplo, aproximadamente el 50% de los sustantivos y adjetivos terminados en *-en* usados comúnmente son paroxítonos: *examen, resumen, virgen, volumen, margen*, etc., frente, a *retén, almacén*, etc., pero muy pocas palabras terminadas por *-n* precedida por otra vocal tienen esta acentuación (Aske 1990). El acento paroxítono tampoco es infrecuente en las palabras terminadas en *-il*, como *útil, ágil, hábil, difícil*, etc., frente al patrón no marcado presentado por *sutil, fusil, juvenil*, etc.

Curiosamente, por una suerte de hipercaracterización de las palabras extranjeras, los préstamos recientes terminados en consonante se adoptan a veces con acento penúltimo, incluso si en la lengua original tienen acento final. Este es el caso con *cártel* 'organización ilegal' (del inglés *cartel* o, quizás, como indica el diccionario de la RAE, directamente del alemán *Kartell*), a pesar de la existencia de *cartel* 'lámina de papel', y *chófer*, del francés *chauffeur*, ambas normalmente palabras llanas en España, aunque en otros países son agudas.

También tienen acento llano las palabras terminadas en /-tl/: *náhuatl*, *Popocatépetl*. Encontramos movimiento del acento en casos en que /-tl/ náhuatl se adapta como /-te/ en español: compárense *coyote* y *Nezahualcóyotl*, ambas con el mismo elemento etimológico.

Toda las palabras nativas terminadas en deslizante son oxítonas (*Paraguay*, *Campoy*), pero este es un grupo de palabras muy pequeño. Los préstamos con esta terminación también tienden a tener acento final, como en *samurai*, *jersey*, *cowboy*, aunque aquí encontramos excepciones en préstamos recientes del inglés como *hockey* [xókei̯], *yóquey* (aceptado con esta ortografía por el diccionario de la RAE) y nombres propios de esta lengua como *Walt Disney*, frente a nombres de otros orígenes en que el acento final es más común, aunque no invariablemente, como en *Tolstoy*, *Trubetzkoy*.

12.3.4 Unificando la descripción de los patrones acentuales de sustantivos y adjetivos terminados en vocal y en consonante

Podemos lograr una generalización más amplia en la descripción de los patrones acentuales de sustantivos y adjetivos si dejamos aparte todos los sufijos flexivos, y no solo los del plural (véase la tabla 12.3). Las vocales finales de nombres y adjetivos son sufijos flexivos y se eliden en la derivación: *cas-a* → *cas-ero*, *libr-o* → *libr-ería*, *urb-e* → *urb-ano*. También pueden participar en alternancias ligadas al género gramatical: *gat-o/gat-a*, *jef-e/jef-a*. La observación relevante para nuestros propósitos es que estas vocales, que podemos llamar vocales de género, son tan neutrales con respecto a la asignación del acento como el sufijo del plural. Esto lo podemos ver en casos en que el femenino añade una sílaba: *francés/franceses/francesa*, *profesor/profesores/profesora*, *huésped/huéspedes/huéspeda*.

Podemos, pues, unificar la descripción de los patrones acentuales de sustantivos y adjetivos que terminan tanto en consonante como en vocal de la siguiente manera: en el caso no marcado, la sílaba que contiene la última vocal *de la raíz* lleva el acento y, en el caso marcado, el acento se sitúa una sílaba antes (véase Hooper y Terrell 1976).

Tabla 12.3 Patrones acentuales marcados y no marcados de sustantivos y adjetivos

Patrón no marcado (~ 95% del léxico): acento en la última vocal de la raíz	Patrón marcado (~ 4%): acento en la penúltima vocal de la raíz
calabaz-a, calabaz-as *profesor, profesor-a, profesor-es* *pared, pared-es*	*simpátic-o, simpátic-os* *huésped, huésped-a, huésped-es* *apóstol, apóstol-es*

Incluso las palabras oxítonas terminadas en vocal como *sofá* (apartado (c) (ii) de la tabla 12.2) caerían dentro del patrón no marcado si asumimos que su vocal final no es un sufijo flexivo, sino parte de la raíz. Normalmente la vocal final de estas palabras no se omite en la derivación. Así de *maní* obtenemos *manicero* (o *manisero*), no ***manero*, y de *café* tenemos *cafetera*, no ***cafera* (sin embargo, el adjetivo derivado de *Panamá* es *panameño*).

El único grupo de palabras que se queda fuera de las generalizaciones establecidas en la tabla 12.3 es el puñado de palabras esdrújulas terminadas en consonante (apartado (c)(i) en la tabla 12.2). Estas palabras son simplemente excepcionales. Podemos notar que, excepto por las que terminan en *-s* (*análisis, ómnibus*), que son regularmente invariables en el plural (como, por ejemplo, *lunes*), para el resto de estas palabras (*régimen, ómicron, hipérbaton, Júpiter*) no existe una manera obvia de formar el plural, dado que su pluralización regular en /-es/ dejaría el acento fuera de la ventana de tres sílabas (véase la sección 11.7).

12.3.5 El acento de los compuestos

En compuestos nominales con la estructura N+N (sustantivo+sustantivo) cada miembro puede recibir su propio acento: *camión-cisterna, cartón-piedra, hombre-rana, verde oliva, azul marino*. En otros compuestos, en cambio, solo se preserva el acento del segundo miembro, incluyendo los siguientes tipos:[2]

(a) Compuestos N+N opacos: *bocacalle, aguanieve, telaraña*
(b) Compuestos N+N exocéntricos:[3] *cara-huevo*.

[2] La acentuación de las palabras compuestas se estudia en más detalle en Hualde 2006/7. Sobre los diversos tipos de compuestos en español, véase Val Alvaro 1999 y Varela 2012.

[3] En un compuesto exocéntrico el referente no está expresado en el compuesto, frente a compuestos endocéntricos como *mono-araña* (que es un tipo de mono).

(c) Nombres propios compuestos: *José Antonio, María Rosa, Luis Enrique* (pero no secuencias de nombre y apellido: *Luis Ortega*)
(d) Compuestos N+Adj: *yerbabuena, camposanto* (que contrastan con las frases *yerba buena, campo santo*), y adjetivales con la misma estructura: *barbilampiño/a, carirredondo/a, manirroto/a*; también con la estructura Adj+N: *medianoche* (que contrasta con *media noche*),
(e) Compuestos V+N: *tocadiscos, lavavajillas, paraguas, recogepelotas* (que contrastan con frases como *toca discos, recoge pelotas*, etc.)

Las palabras que se usan solo como títulos acompañando a nombres propios, como *don, doña, fray* son siempre inacentuadas; es decir, forman una especie de compuesto con el nombre siguiente: *aquí está, don Antonio*. También son inacentuadas palabras como *señorita, padre*, etc., cuando acompañan al nombre de una persona en vocativos, pero no en otros usos en que aparecen con el artículo: *señor Fernández, señorita Emilia, padre Antonio, pasen por favor* vs. *llegaron el señor Fernández, la señorita Emilia y el padre Antonio* (véase Quilis 1993: 395).

Los numerales del uno al noventa y nueve normalmente se pronuncian con un solo acento, que recae sobre el último miembro: *dieciocho, cuarenta y dos*. Los compuestos con *mil* y *cientos* también llevan un único acento. Por ejemplo, hay tres acentos en *cinco mil cuatrocientos veintitrés*. Por otra parte, con *millones*, los números precedentes conservan su acento: *cinco millones*. Esto es porque *millones* es un sustantivo, como vemos en el hecho de que su complemento va precedido por *de*: *cinco millones de euros*, frente a *cinco mil euros*.

12.3.6 Acentuación de las formas abreviadas

Un proceso morfológico propio del habla coloquial es la abreviación o truncamiento de los sustantivos (y de algunos adjetivos). El resultado de este proceso es una palabra bisilábica generalmente terminada en vocal. En español, estas formas son siempre paroxítonas, con independencia del patrón acentual de la palabra entera, como vemos en los siguentes ejemplos: *profesor* → *profe, universidad* → *uni, bolígrafo* → *boli, fotografía* → *foto, bicicleta* → *bici, televisión* → *tele, policía* → *poli, película* → *peli*. Si la segunda sílaba termina en consonante, esta a veces se retiene, pero el acento sigue siendo inicial: *facultad* → *facul*.

El mismo mecanismo se utiliza también para formar hipocorísticos o diminutivos de nombres propios (a veces acompañado de otras modificaciones): *Teresa* → *Tere, María* → *Mari*. Las deslizantes que aparecen en algunos nombres propios se silabifican como vocales en este proceso:

Daniel → *Dani, Santiago* → *Santi, Manuel* → *Manu*. También es interesante el caso en que la base es bisilábica con acento final, como en *José* → *Jose*, donde el único cambio es la alteración del patrón acentual.

12.4 Adverbios

En general, los adverbios siguen las mismas reglas de acentuación que los nombres y los adjetivos; normalmente, tienen acento penúltimo si terminan en consonante y final si terminan en vocal: *mañana, ayer*; *delante, detrás*; *nunca, jamás*. Algunos adverbios de lugar muy comunes que terminan en vocal llevan acento final: *aquí* ~ *acá*, *ahí* [a.í] ~ [ái̯], *allí* ~ *allá*, y este también es el caso del adverbio de modo *así*. El adverbio *lejos* imita el acento y comportamiento morfológico de un sustantivo plural, con elisión de *-os* en formas derivadas: *lejitos, lejano/a, alejar*. Por otra parte, la acentuación de *apenas* encuentra justificación etimológica en su origen como frase.

Los adverbios en *-mente* derivan históricamente de expresiones con el sustantivo *mente* (en caso ablativo): p.ej., *claramente* < *clara mente* 'con mente clara'. Este origen histórico es todavía evidente en varias propiedades de estos adverbios, incluyendo el hecho de que se construyan sobre la forma femenina del adjetivo (puesto que el sustantivo *mente* es femenino), a pesar de que lo general es que se eliminen los sufijos internos de flexión en las palabras derivadas, y el hecho de que en coordinación sea posible añadir la terminación *-mente* solo al último de los adverbios coordinados: *habló clara, rotunda y concisamente*. En cuanto al acento, el origen como frases o sintagmas de estos adverbios también explica que tengan dos sílabas tónicas: *rápidamente, sencillamente, naturalmente*. En el discurso, uno de estos dos acentos puede ser eliminado, pero también es normal que se mantengan ambos.

Los adverbios de afirmación (*sí*) y negación (*no*) son palabras tónicas, como todos los adverbios.

12.5 Verbos

Al contrario que en los sustantivos, adjetivos y adverbios, en los verbos no hay contraste entre patrones acentuales no marcados y marcados. Todos los verbos que son morfológicamente regulares muestran la misma acentuación. También los verbos irregulares siguen las mismas reglas generales de acentuación, con las únicas excepciones parciales de los llamados "pretéritos fuertes" o **rizotónicos** y el presente del verbo *estar*. Por otra parte, las reglas acentuales son bastante diferentes según el tiempo verbal.

12.5.1 Tiempos del grupo de presente (indicativo, subjuntivo e imperativo)

En las formas del grupo de presente, el acento recae sobre la penúltima sílaba, excepto en las formas de la segunda persona del plural, y en las de la segunda del singular del **voseo**, en que es final. Solo hay un verbo que no sigue esta regla: *estar*, que tiene acento final, además, en todas las formas del singular y en la tercera del plural. El patrón acentual de las formas de presente se resume en la tabla 12.4.

La excepcionalidad del verbo *estar* se debe al hecho de que las formas que son irregulares por tener acento final eran monosilábicas en latín: STŌ, STĀS, STAT, STĀMUS, STĀTIS, STANT. Estas formas adquirieron una sílaba más al sufrir prótesis de /e-/, como todas las palabras comenzadas con un grupo /sC/ inicial, sin que esto provocara un cambio en la posición del acento heredado.

Las formas correspondientes a *vosotros*, que se usan solo en España, pueden analizarse como formas que siguen la regla general de acento penúltimo en un análisis algo abstracto, dado que no hay contraste en español entre una secuencia bisilábica como [á.is] y una secuencia monosilábica como [ái̯s]. Este análisis requiere, sin embargo, un mayor grado de abstracción para dar cuenta de las formas de la tercera conjugación que, en la realización fonética, presentan un monoptongo en su sílaba final: *(vosotros) vivís, preferís.*

Las formas de voseo, empleadas en el singular en varios países latinoamericanos, y que son algo diferentes en distintas zonas (véase Carricaburo 1997, de Jonge y Niewenhuijsen 2012), derivan por contracción de las formas correspondientes a *vosotros*. Estas formas tienen también acento final, como en los ejemplos de voseo bonaerense *(vos) alabás, merecés, vivís.*

Los verbos con infinitivo en *-iar*, *-uar* pueden tener o bien un diptongo o bien un hiato, de manera generalmente impredecible: p.ej., *cambiar* → ***cambio***, *copiar* → *c**o**pio*, *envidiar* → *env**i**dio*, *averiguar* → *aver**i**guo*, *apaciguar* →

Tabla 12.4 Patrón acentual del presente

Regla general; p.ej. *alabar*		Única excepción: *estar*	
Pres. ind.	Pres. subj.	Pres. ind.	Pres. subj.
*al**a**bo*	*al**a**be*	*est**o**y*	*est**é***
*al**a**bas*	*al**a**bes*	*est**á**s*	*est**é**s*
*al**a**ba*	*al**a**be*	*est**á***	*est**é***
*alab**a**mos*	*alab**e**mos*	*est**a**mos*	*est**e**mos*
*alab**á**is*	*alab**é**is*	*est**á**is*	*est**é**is*
*al**a**ban*	*al**a**ben*	*est**á**n*	*est**é**n*

apaciguo, menguar → *menguo*, frente a *enviar* → *envío, variar* → *varío, espiar* → *espío, continuar* → *continúo, evaluar* → *evalúo, actuar* → *actúo*. Para algunos de estos verbos la RAE acepta ambas formas: p.ej., *licuar* → *licúo* ~ *licuo*. Nótese que en cualquiera de las dos pronunciaciones (con diptongo o con hiato) todos estos verbos se ajustan al patrón regular de acento penúltimo. Es decir, estos dos grupos de verbos difieren en la estructura silábica, pero no en el patrón acentual. Por otra parte, los verbos acabados en *-ear*, *-oar*, *-eer* y los pocos que terminan en *-oer* siempre tienen hiato en el presente, dado que, fonológicamente, las secuencias de vocales no altas son necesariamente heterosilábicas: *pelear* → *peleo, menear* → *meneo, loar* → *loo, incoar* → *incoo, creer* → *creo, poseer* → *poseo, roer* → *roe*.[4] El hiato es también la única opción con los pocos verbos que acaban en *-eír*: *reír* → *río, desleír* → *deslío*.

La única excepción al patrón acentual general la constituyen los verbos derivados de *línea*, es decir, *alinear* y *delinear*, que para algunos hablantes tienen las formas *alíneo, delíneo*, como ya notó Menéndez Pidal (1973 [1904]: 276); las formas promovidas por la RAE son, sin embargo, las regulares *alineo, delineo* (RAE 1973: 258–259).

Los verbos terminados en *-uir* no tienen diptongo en el presente, dado que en estos verbos se inserta sistemáticamente *-y-* después de la raíz en todas las formas, excepto en las que contienen la vocal temática *-i-* (por una especie de disimilación): p.ej., *huir* → *huyo, huímos, huya, huyamos, construir* → *construyo*. En la tabla 12.5 se resumen las opciones en el presente de indicativo de

Tabla 12.5 Presente de indicativo de los verbos en *-iar, -uar, -ear, -oar, -eer, -uir*

-iar		*-uar*		*-ear, -oar, -eer*	*-uir*
Diptongo	Hiato	Diptongo	Hiato	Hiato	Hiato
cambiar	*enviar*	*averiguar*	*continuar*	*pelear*	*huir*
cambio	*envío*	*averiguo*	*continúo*	*peleo*	*huyo*
cambias	*envías*	*averiguas*	*continúas*	*peleas*	*huyes*
cambia	*envía*	*averigua*	*continúa*	*pelea*	*huye*
canbiamos	*enviamos*	*averiguamos*	*continuamos*	*peleamos*	*huimos*
cambiáis	*enviáis*	*averiguáis*	*continuáis*	*peleáis*	*huis*
cambian	*envían*	*averiguan*	*continúan*	*pelean*	*huyen*

[4] Para *roer* damos la tercera persona del singular, porque la primera persona es muy poco frecuente y presenta variación: *roo, royo, roigo*.

Tabla 12.6 Movimiento del acento en formas verbales derivadas de nombres y adjetivos esdrújulos

Nombre/adjetivo		Verbo
fórmula	→	*formula*
número	→	*numero*
fábrica	→	*fabrica*
plática	→	*platica*
válido	→	*valido*

verbos con secuencias vocálicas formadas a través de la frontera morfológica entre raíz y sufijos.

Dejando aparte la complicación que significan los verbos con infinitivo en *-iar, -uar* (y el caso de *estar*), no hay irregularidades léxicas en el acento en las formas de presente. En particular, no encontramos el contraste entre formas paroxítonas y proparoxítonas que podemos tener con nombres y adjetivos. En los verbos que derivan morfológicamente de nombres y adjetivos esdrújulos el acento se mueve una sílaba hacia el final para adaptarse al patrón llano que es obligatorio en las formas verbales, como podemos comprobar en los pares de nombre o adjetivo y formas verbales derivadas, idénticos en la composición segmental, de la tabla 12.6 (véase Harris 1969: 120, RAE 1973: 258).

Con los verbos derivados de sustantivos o adjetivos con secuencias vocálicas finales, la complicación es mayor. Encontramos tres situaciones posibles. El primer grupo son los verbos formados a partir de nombres o adjetivos terminados en hiato y que mantienen el hiato, como *(el) desafío → (yo) desafío, vacío → (yo) vacío*. Un segundo grupo está formado por verbos derivados de nombres y adjetivos con diptongo final en los que también se mantiene el diptongo, como en *(el) cambio → (yo) cambio, (la) fragua → (yo) fraguo, sucio → (yo) ensucio*. Finalmente, tenemos un tercer grupo en que el nombre o adjetivo que sirve de base tiene diptongo, pero el verbo derivado tiene hiato, como *(el) ansia → (yo) ansío, amplio → (yo) amplío, continuo → (yo) continúo*. En un análisis algo abstracto, este tercer grupo es asimilable al caso de los verbos derivados de nombres y adjetivos esdrújulos. Lo que no encontramos es la cuarta posibilidad lógica: verbos con diptongo derivados de nombres o adjetivos con hiato final (véase Harris y Kaisse 1999, Cabré y Ohannesian 2009).

Las formas de imperativo correspondientes a *tú, usted* y *ustedes* son siempre iguales a otras formas del paradigma de indicativo o subjuntivo (excepto para algunos imperativos de *tú* monosilábicos irregulares, como *sal, ten*, etc.), y por tanto no requieren ningún comentario adicional. Las formas afirmativas de *vosotros*, por otra parte, terminan en *-d* y reciben acento final. La *-d* final se elide antes del pronombre *-os*: p.ej., *sen**tad*** → *sen**taos***. En uso coloquial, por otra parte, se usan formas idénticas a las del infinitivo: *¡comer!, ¡sen**ta**ros!* En el voseo se utilizan formas históricamente relacionadas con las de *vosotros*, pero sin la *-d* final: *¡comé!, ¡vení! ¡sen**ta**te!* Las últimas formas son, pues, especiales desde el punto de vista de la acentuación.

12.5.2 Tiempos del grupo del pasado

Todas las formas regulares simples de pasado (pretérito, imperfecto de indicativo y de subjuntivo), así como el casi obsoleto futuro de subjuntivo, reciben el acento sobre la sílaba que sigue inmediatamente a la raíz. Esta es la sílaba que contiene la llamada **vocal temática**. En la tabla 12.7 ejemplificamos este patrón con el verbo *alabar*. En estos tiempos verbales tenemos, pues, **acento columnar**. Es decir, la posición del acento no se regula con respecto al final de la palabra, como en el presente, sino que recae sobre la misma sílaba con respecto a la raíz en todas las formas del paradigma. Podemos hablar también de **acento morfológico** en este caso, pues depende de la posición de un morfema concreto.

Los llamados pretéritos fuertes son la excepción a la regla, pues reciben el acento sobre la última sílaba de la raíz en la primera y tercera personas del singular (formas rizotónicas); el resto de las formas siguen el patrón de la tabla 12.7. El patrón acentual de los pretéritos fuertes se ilustra en la tabla 12.8. Todos los pretéritos irregulares o fuertes tienen las mismas terminaciones, independientemente de su conjugación, y muestran el mismo patrón acentual.

Tabla 12.7 Acentuación de los tiempos del pasado: acento columnar o morfológico sobre la primera sílaba después de la raíz

Pretérito	Imperfecto ind.	Imperfecto subj. A	Imperfecto subj. B
*ala**bé***	*ala**ba**ba*	*ala**ba**ra*	*ala**ba**se*
*ala**bas**te*	*ala**ba**bas*	*ala**ba**ras*	*ala**ba**ses*
*ala**bó***	*ala**ba**ba*	*ala**ba**ra*	*ala**ba**se*
*ala**ba**mos*	*ala**bá**bamos*	*ala**bá**ramos*	*ala**bá**semos*
*ala**bas**teis*	*ala**ba**bais*	*ala**ba**rais*	*ala**ba**seis*
*ala**ba**ron*	*ala**ba**ban*	*ala**ba**ran*	*ala**ba**sen*

Tabla 12.8 Pretéritos fuertes: *poder, estar*

*p**u**de*	*est**u**ve*
*pud**i**ste*	*estuv**i**ste*
*p**u**do*	*est**u**vo*
*pud**i**mos*	*estuv**i**mos*
*pud**i**steis*	*estuv**i**steis*
*pudi**e**ron*	*estuvi**e**ron*

Tabla 12.9 Futuro y condicional: acento morfológico o columnar en *-rV-*

Futuro	Condicional
*alabar**é***	*alabar**í**a*
*alabar**á**s*	*alabar**í**as*
*alabar**á***	*alabar**í**a*
*alabar**e**mos*	*alabar**í**amos*
*alabar**é**is*	*alabar**í**ais*
*alabar**á**n*	*alabar**í**an*

12.5.3 Acentuación del futuro y del condicional

En el futuro y el condicional (tiempos verbales del grupo de futuro) también tenemos acento columnar o morfológico, pero sobre un morfema diferente al que atrae el acento en los tiempos del grupo de pasado. Estas formas reciben el acento en la sílaba que contiene el marcador de futuro/condicional *-rV-*. Contando desde el final de palabra, esta puede ser la última, la penúltima o la antepenúltima sílaba. La acentuación del futuro y del condicional se ilustra en la tabla 12.9.

Históricamente, el futuro y el condicional derivan de perífrasis latinas formadas con el infinitivo y el presente y el imperfecto de indicativo de *haber*, respectivamente: p.ej., CANTĀRE HABĒMUS > *cantar (h)emos* > *cantaremos*; CANTĀRE HABĒBĀMUS > *cantaríamos.*

12.5.4 Tiempos compuestos

En los tiempos compuestos tanto el auxiliar como el verbo principal reciben acento: p.ej., *h**e** com**i**do, h**e**mos habl**a**do*. Así, por ejemplo, *h**a** lav**a**do* tiene dos acentos y contrasta mínimamente con *alab**a**do*, que tiene solo uno.

12.6 Palabras gramaticales

Las palabras gramaticales o funcionales, como pronombres, determinantes, preposiciones y conjunciones, pueden ser tónicas (con acento) o átonas (sin acento) (Quilis 1993: 390–395). Las palabras átonas normalmente no reciben prominencia cuando aparecen en el contexto de la frase. Por ejemplo, en *para la capital* o *hacia las montañas* hay un único acento; tanto la preposición como el artículo son átonos en estas frases y el contorno entonativo de la frase muestra un único movimiento tonal, sobre la última sílaba en un ejemplo y sobre las dos últimas sílabas en el otro. Las palabras átonas pueden adquirir prominencia solo cuando son finales de frase (cuando se citan) o son enfatizadas contrastivamente: *la preposición "para"*; *he dicho "LA capital", no "el capital"* (pero incluso en correcciones de este tipo, es también normal dejar las palabras átonas sin prominencia: *he dicho la capiTAL, no el capital*; véase la sección 13.4).[5]

12.6.1 Pronombres

Los pronombres clíticos (*me, te, se, lo, la, le, nos, os, los, las, les*) son átonos. Los pronombres de sujeto y preposicionales (*yo, tú, vos, él, ella, usted, nosotros/as, vosotros/as, ustedes, ellos/as, mí, ti, sí*) son tónicos: *yo te lo doy a ti*; *ellos nos las trajeron a nosotros*; *véndemelos*; *no me los vendas*; *se los vendieron a ellas*. En pronunciación normal, no enfática, las sílabas marcadas como tónicas reciben prominencia en la frase, mientras que no hay tal prominencia en los elementos átonos.

Como señalamos antes, los pronombres clíticos se unen sintácticamente al verbo, sean prepuestos o pospuestos, pero no afectan a la posición del acento del verbo al que se añaden.

12.6.2 Determinantes

Los determinantes pueden ser también tónicos o átonos. En general no parece que su naturaleza tónica o átona sea predecible de otras consideraciones. Así, los artículos definidos (*el, la, los, las, lo*) y los posesivos (*mi, tu, su, nuestro/a, vuestro/a*, etc.) son átonos, pero los artículos indefinidos (*un, una, unos/as*) y los demostrativos en su uso como determinante (*este, ese*, etc.) son tónicos. Véanse los ejemplos en la tabla 12.10.

Cuando no se usan como determinantes, los posesivos reciben acento: p.ej., *esas cosas son vuestras* (cf. *vuestras cosas son esas*), *un amigo mío*. Nótese el

[5] Señalamos la prominencia enfática sobre una sílaba con mayúsculas.

Tabla 12.10 Ejemplos de determinantes tónicos y átonos

Determinantes átonos: artículos definidos y posesivos	Determinantes tónicos: artículos indefinidos y demostrativos
el amigo	*un amigo*
la montaña	*una montaña*
mis amigos	*estos amigos*
nuestras montañas	*aquellas montañas*

contraste con los demostrativos, que son tónicos en ambas funciones: *estos libros/los libros estos*, frente a *nuestros libros/los libros nuestros.*

Dialectalmente, los posesivos usados como determinantes son tónicos en un área del noroeste de España (León). También pueden recibir acento contrastivo: p.ej., *estas son MIS cosas (no las tuyas).*

12.6.3 Preposiciones

Las preposiciones son átonas: *iba desde la montaña hasta la costa; por nuestros hermanos; eran para los de mis amigos.* Sin embargo, como nota Quilis (1993: 392), *según* es tónica.

Nótese el siguiente contraste entre preposiciones (átonas) y verbos homófonos (tónicos):

para las máquinas (= detiene); *para las máquinas*
bajo las sábanas; bajó las sábanas; bajo las sábanas (= debajo de)

12.6.4 Palabras interrogativas

Las palabras interrogativas como *qué, quién, cuándo, cuánto, cómo*, son tónicas en oraciones interrogativas y exclamativas, así como en las interrogativas indirectas: *¿qué quieres?; ¡cuánto sabe el maestro!; no sé cómo lo hizo.* En otros contextos, cuando funcionan como pronombres relativos o conjunciones, estas palabras son átonas (y no llevan acento ortográfico): *hazlo como quieras; como no llegabas, me fui; cuando llegó Juan, nos fuimos; quien lo sepa, que levante la mano.*

12.6.5 Conjunciones

La mayoría de las conjunciones son átonas, incluyendo las más comunes: *y, o, pero, sino, que, aunque, mientras, si.* Entre las expresiones subordinantes, algunas son tónicas y otras átonas. Compárense los siguientes pares de expresiones cuasi-sinónimas que difieren en sus propiedades acentuales:

átonas		tónicas
en cuanto llegue Juan	frente a	*apenas llegue Juan*
puesto que lo sabes	frente a	*dado que lo sabes*
aun cuando se lo pedí	frente a	*a pesar de que se lo pedí*

El origen léxico de algunas de estas expresiones subordinantes parece explicar en parte su comportamiento acentual. Así, *apenas* es también un adverbio y procede, de manera transparente, de la frase *a penas*. Las expresiones *dado que, visto que*, etc., obviamente incluyen participios. Sin embargo, tenemos la misma estructura en *puesto que*, que, por el contrario, es átona. Aquí parece influir el hecho de que *puesto que* es más antigua (y está más lexicalizada) que otras expresiones subordinantes con participios.

Por otra parte, *luego* y *mientras* son tónicos como adverbios, pero átonos como conjunciones. La expresión *mientras que* también es átona (véase Quilis 1993: 390–395).

átonas		tónicas
luego lo traigo (= por consiguiente)	frente a	*luego lo traigo* (= después)
mientras hablábamos	frente a	*mientras, hablábamos*
mientras que lo traigas	frente a	*mientras, que lo traigas*

12.7 El sistema acentual del latín y su continuación en español

Como expresó Ramón Menéndez Pidal (1973 [1904]: 36): "El acento se mantiene inalterable desde el tiempo de Plauto, de Horacio, de Prudencio, hasta el de Cervantes y hasta el nuestro, informando como un alma a la palabra". Dado este carácter conservador de la posición del acento en español, es útil considerar las reglas de acentuación del latín para nuestro entendimiento del acento en español.

En latín, las vocales podían ser contrastivamente cortas o largas y las consonantes intervocálicas podían ser también simples o geminadas. La posición del acento era totalmente predecible a partir de la composición segmental de la palabra. El acento caía en la penúltima sílaba en las palabras bisilábicas, y en la penúltima o antepenúltima de las palabras de tres o más sílabas, de acuerdo con la siguiente regla, que no tenía excepción alguna:

(1) Regla acentual del latín
Acentúese la penúltima si es una sílaba pesada; si no, acentúese la antepenúltima.

En esta regla, "pesada" se refiere a las sílabas que contienen (a) una vocal larga o (b) al menos una consonante en la coda (incluyendo la primera parte de una geminada). En conformidad con esta regla, los ejemplos de (2) se acentuaban como se indica en (3). Indicamos las vocales largas con un macrón. Nótese que la única sílaba cuyo peso es relevante para la asignación del acento es la penúltima.

(2) Algunas palabras latinas

ANIMA, AMĪCA, ANGUSTUS, CONSULĒS, CONSULŌRUM, FURIŌSUS, FŪNEBRIS, GARRULITĀS, GARRULITĀTIS, LĪTIGIUM, SPECULUM

(3) Acentuación:

(a) Penúltima pesada → paroxítonos

A.**MĪ**.CA, AN.**GUS**.TUS, CON.SU.**LŌ**.RUM, FU.RI.**Ō**.SUS, GAR.RU.LI.**TĀ**.TIS

(b) Penúltima ligera → proparoxítonos

A.NI.MA, **CON**.SU.LĒS, **FŪ**.NE.BRIS, **GAR**.RU.LI.TĀS, **LĪ**.TI.GI.UM, **SPE**.CU.LUM

Como indicábamos con la cita de Menéndez Pidal, en palabras españolas de origen latino, el acento se ha mantenido casi siempre sobre la misma vocal en que estaba en latín:

(4) Del latín al español

AMĪCA > *amiga*

ANIMA > *alma*, *ánima*

Ahora bien, mientras que la posición del acento era siempre predecible en latín, se hizo impredecible una vez que se perdió la distinción entre vocales breves y largas que la condicionaba, como vemos en los ejemplos de (4). En latín, la palabra AMĪCA tenía predeciblemente acento llano, dado que la vocal de la penúltima sílaba era larga, mientras que en ANIMA, con penúltima ligera, el acento era predeciblemente esdrújulo. En español, sin embargo, no hay nada en la composición segmental de *amiga* y *ánima* que pueda explicar su diferente acentuación. La posición del acento no ha variado, pues, pero se ha hecho impredecible.

Por otra parte, la regla de acentuación del latín también colocaba el acento sobre la penúltima cuando esta sílaba estaba cerrada por consonante. En palabras en que la penúltima sílaba tiene coda consonántica, la posición del acento es casi tan predecible en español como lo era en latín, dejando aparte la posibilidad de tener palabras agudas.[6] No hay posibles orígenes en el léxico de origen latino para el patrón CV(C).CVC.CV(C), es decir, palabras esdrújulas con penúltima

[6] Por otra parte, cuando una sílaba penúltima que era cerrada se ha hecho abierta, como ocurrió con la simplificación de geminadas, el acento es ahora impredeciblemente penúltimo, como en SAGITTA > *saeta*.

cerrada. Las únicas palabras de este tipo son préstamos de otras lenguas; en concreto, palabras de origen germánico como el topónimo *Frómista* (del gótico *frumisti* 'principio': véase Corominas y Pascual 1980, s.v. *límiste*) y topónimos, apellidos y otros préstamos más recientes tomados del inglés.

En relación con este tema, señalamos más arriba (sección 12.3.2) que no hay proparoxítonos en español con una vibrante múltiple en el ataque de la sílaba final. La única excepción son apellidos de origen vasco como *Chávarri* (< vasco *etxa-barri* 'casa nueva') y *Achúcarro*, el sustantivo onomatopéyico *cháncharras-máncharras* y la forma *tábarro*, variante del sustantivo *tábano* y de etimología desconocida. La vibrante múltiple intervocálica procede de la geminada /rr/ del latín que, como todas las geminadas, necesariamente producía una sílaba pesada.

Otra restricción léxica mencionada en la sección 12.3.2, la carencia de esdrújulas cuya última sílaba empieza por palatal o /x/ (excepto *cónyuge*) también es un eco del hecho de que estas consonantes (que no existían en latín) provienen generalmente en esta posición de grupos heterosilábicos latinos: p.ej., *cab**a**llo* < CA.BAL.LU.

La restricción impuesta por la ventana de tres sílabas también tiene un origen obvio en latín. En este caso, sin embargo, el contacto con otras lenguas no ha introducido ninguna excepción en español. Los nombres rusos y los de otras lenguas con acento contrastivo que no usan el alfabeto latino se transcriben a veces en textos en español con marcas acentuales; por ello, en nombres extranjeros de estas fuentes podemos encontrar el acento fuera de su ventana: "El gobernador de Kémerovo, Amán Tuléyev" (*El País*, 3 de agosto de 2003, p. 2). Es de presumir que los lectores hispanófonos no experimentan ninguna dificultad insalvable para pronunciar esos nombres (claramente extranjeros) con la pronunciación indicada en la transcripción.

Consideremos ahora el origen de la restricción del español contra el acento proparoxítono en palabras con diptongo ascendente en la última sílaba (es decir, la carencia de palabras con el patrón ilustrado por un hipotético **_pálacio_, frente al existente *pal**a**cio*). Esta restricción también es consecuencia de la regla acentual del latín. En latín clásico no había diptongos crecientes. Las secuencias del tipo /Cia/ se silabificaban en hiato. Siendo así, palabras como PA.LA.TI.UM o I.TA.LI.A eran proparoxítonas. El acento, consecuentemente, no podía recaer más allá de la tercera sílaba contando desde el final de la palabra. En latín tardío tales secuencias se hicieron diptongos, pero como el acento no cambió de lugar, las palabras de este tipo se convirtieron en llanas: I.TA.LI.A >*I.**ta**.li̯a*.[7]

[7] En palabras patrimoniales de evolución regular, la mayoría de esos diptongos crecientes en sílabas finales desaparecieron después por palatalización (como en FĪLIA > *hija*), o por metátesis (PRIMĀRIU > **primairo* > *primeiro* > *primero*).

Aunque el acento se suele mantener sobre la misma vocal en español que en latín, el patrón acentual de algunas palabras ha cambiado. En primer lugar, un proceso regular de **síncopa** ha eliminado las vocales no-bajas (y necesariamente breves) de la penúltima sílaba en proparoxítonos: TABULA > *tabla*, POPULU > *pueblo*, FĒMINA > *hembra*, ANIMA > *alma*. A pesar de que algunas palabras se han reintroducido como **cultismos** con la forma que tenían en latín clásico, como es el caso con *fémina* y *ánima*, el efecto general del proceso de síncopa ha sido la reducción del número de proparoxítonos en el léxico.

Otra diferencia importante con el latín es que el español, además de palabras llanas y esdrújulas, tiene palabras agudas, que no se encontraban en latín. Estas han sido producidas por la pérdida de vocales finales: p.ej., SENIŌRE 'más viejo' > *señor*, CIVITĀTE > *ciudad*, o por contracción: p.ej., AMĀ(V)I > *amé*.

Finalmente, consideremos los contextos esporádicos en que el acento realmente ha cambiado de lugar en la evolución del latín al español. Hay dos casos, ambos sistemáticos, pero que incluyen muy pocos ejemplos (Menéndez Pidal 1973 [1904]: 38–41). El primero tiene que ver con el movimiento del acento de una vocal alta a una vocal siguiente en hiato, en secuencias que se hicieron diptongos en latín vulgar: p.ej., MULIERE > lat. vulg. *mulie̯re* > *mujer*; FILIOLU > lat. vulg. *fili̯ɔlu* > *hijuelo*. Este cambio es similar al que se observa en español moderno con el paso de palabras paroxítonas como *período* a una pronunciación paroxítona, también aceptada por la RAE, *periodo*. El otro caso es el presentado por palabras en que la vocal de la penúltima está seguida por una secuencia de oclusiva + líquida. Estas secuencias consonánticas se silabificaban como grupos de ataque en latín clásico, dejando la penúltima abierta: CA.THE.DRA, IN.TE.GRU, TE.NE.BRAE, por lo que estas palabras se acentuaban en la antepenúltima. De hecho, cuando han sido tomadas prestadas como cultismos, estas palabras tienen acento antepenúltimo en español: *cátedra*, *íntegro*. En palabras patrimoniales con esta estructura, sin embargo, observamos que el acento se ha movido a la penúltima: CATHEDRA > *cadera*, INTEGRU > *entero*, TENEBRAE > *tiniebla* (por contaminación de *niebla*). Es posible que la acentuación llana de estas palabras correspondiera a una pronunciación no estándar en latín.

En tiempos históricamente más recientes encontramos también otros cambios en la posición del acento que están motivados por la reducción de secuencias en hiato a diptongo, como en REGĪNA > *re.ina* > *rei̯na*. Esta "tendencia antihiática" es también aparente en otras reducciones no normativas con cambio del acento, como en *ma.íz* → *mai̯z*, *ma.estro* → *mai̯stro* 'maestro albañil (en México)', etc. (Alonso 1930, Quilis 1993: 297–398; véase la sección 4.5.3). Aparte de este contexto, hay algunos casos más en que la fluctuación o cambio en la posición del acento se explica por analogía con palabras con una terminación similar: p.ej., lat. MEDULLA > *medula* ~ *médula* (la mayoría de las palabras más frecuentes en *-ula* son esdrújulas), *sutil* ~ no estándar *sútil* (cf. *útil*), *mendigo* ~ no estándar *méndigo, intervalo* ~ no estándar *intérvalo*, etc. (véase Alonso 1930).

En cuanto a la acentuación de las formas verbales, el acento móvil del presente continúa el esquema latino: p.ej., AMŌ, AMĀMUS > *amo, amamos*. En verbos originalmente proparoxítonos el patrón se hizo paroxítono por elisión de la vocal postónica: p.ej., COLLOCŌ > *cuelgo*. En cultismos el acento se acomodó también al patrón general de los verbos: p.ej., COLLOCŌ > *coloco* (Menéndez Pidal 1973 [1904]: 274–275).[8]

En otros tiempos verbales no se mantiene el acento donde estaba en latín, sino que ha habido una reorganización del sistema acentual, de modo que, como vimos, el acento cae siempre en la misma sílaba del paradigma con respecto a la raíz, como en las formas del imperfecto CANTĀBAM, CANTĀBĀMUS > *cantaba, cantábamos* (la acentuación etimológica *cantabamos* se mantiene en gallego, así como en el italiano *cantavamo*). Esta tendencia del español a regularizar el acento de los tiempos verbales en forma columnar se ha extendido también al presente de subjuntivo de los verbos de la segunda y la tercera conjugación en el uso no estándar de partes de Andalucía y Latinoamérica: p.ej., *vaya, vayamos* (en lugar de las formas normativas *vaya, vayamos*).

12.8 Correlatos fonéticos del acento

Las sílabas acentuadas reciben mayor prominencia por medio del tono, la duración y la intensidad. Hay lenguas, como el inglés, el portugués y algunas variedades del catalán, en que las vocales en sílabas no acentuadas también se reducen y centralizan de manera drástica, lo que contribuye a la mayor distinción y prominencia de las vocales acentuadas. En español, en cambio, la diferencia de cualidad vocálica entre sílabas tónicas y átonas es relativamente pequeña (Quilis y Esgueva 1983, Nadeu 2012).

En inglés hay un contraste entre vocales plenas y vocales reducidas, de manera que las vocales en sílaba sin ninguna prominencia se reducen a una

[8] Es interesante notar que en italiano, donde las vocales postónicas mediales han sido generalmente preservadas (p.ej., TABULA > it. *tavola* vs. esp. *tabla*), todavía encontramos un contraste entre verbos paroxítonos y proparoxítonos en el presente: p.ej., it. *imparo* 'aprendo' vs. *abito*, cf. esp. *habito*. Notemos también que en la tercera persona del plural se ha añadido una *-o* final, creándose así excepciones en italiano a la ventana de tres sílabas: HABITANT > it. *abitano*.

vocal neutra [ə], conocida como *schwa*. También en catalán central, por ejemplo, hay una reducción drástica del inventario vocálico en sílabas átonas, pasándose de siete vocales en sílaba tónica a tres en sílaba átona ([i ə u]), lo que produce alternancias del tipo *pesa* [pέzə], *pesar* [pəzá]. El español carece de reducciones fonológicas de este tipo condicionadas por la posición del acento (dejando aparte las alternancias entre vocales medias y diptongos que se estudian en la sección 11.3). Comparemos, por ejemplo, el inglés americano *banana* [bəˈnænə][9] o el catalán central *banana* [bənánə], donde solo la sílaba tónica presenta una vocal plena, con el español [banána], donde la reducción en sílaba átona es mucho menos extrema.

Los efectos del acento en la pronunciación de las consonantes son también menores en español que en inglés. Notemos, por ejemplo, la diferencia en la pronunciación de /t/ antes y después de la vocal tónica en una palabra como *potato* en inglés americano: [pəˈtʰeɪɾoʊ], en la que la /t/ sufre, después del acento, un fenómeno de reducción conocido como *flapping*. En el español *patata* [patáta], las diferencias entre los dos casos de /t/ son mucho menores. Para dar otro ejemplo, la diferencia entre las dos sílabas /po/ en *hipopótamo*, átona y tónica, es muy pequeña si la comparamos con la secuencia correspondiente en el inglés americano *hippopotamus* [ˌhɪpəˈpʰɒɾəməs], en la que el acento tiene un efecto considerable tanto sobre el timbre vocálico como sobre la aspiración de la /p/, como podemos ver en las figuras 12.1a y 12.1b.

En español, como ya sabemos, las sílabas de una palabra no tienen un tono intrínseco: el español no es una lengua tonal. La **frecuencia fundamental** (F0) o tono es un correlato del acento porque las sílabas con acento léxico sirven como "punto de anclaje" de movimientos locales en la curva de F0. En la figura 12.2, podemos ver los contornos entonativos de las secuencias *mi número, me numero* y *me numeró*, pronunciadas con entonación declarativa. Como podemos observar, en los tres ejemplos hay una subida de F0 alineada con la sílaba tónica; es decir, el tono empieza a subir en la sílaba con acento léxico en cada caso.[10]

La observación de palabras aisladas o focalizadas podría llevarnos a concluir que las sílabas tónicas tienen siempre la mayor altura tonal de la palabra. Esta sería, sin embargo, una conclusión errónea. En otros contextos puede ser diferente el contorno entonativo de la frase y no encontrarse esta correlación. Lo que permanece constante es que la posición de la sílaba tónica es un punto crucial para la alineación de cambios tonales significativos. Esto lo

[9] En la transcripción de palabras del inglés empleamos los símbolos del AFI para el acento primario y secundario.

[10] Estas figuras han sido producidas con el programa comercial PitchWorks de Scicon R&D.

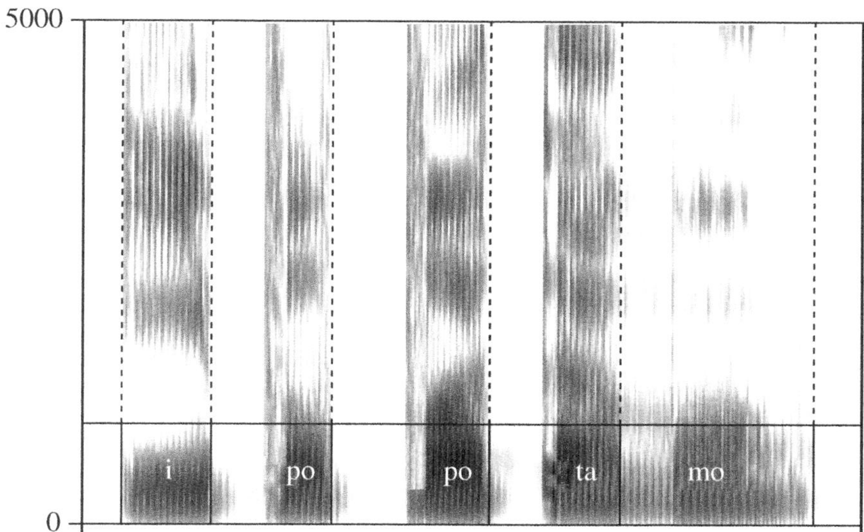

Fig. 12.1a Espectrograma de *hipopótamo*. Aunque la sílaba tónica es más larga que la pretónica, la diferencia de duración entre las dos sílabas /po/ es relativamente pequeña, como lo son también las diferencias de timbre y de intensidad entre las dos vocales

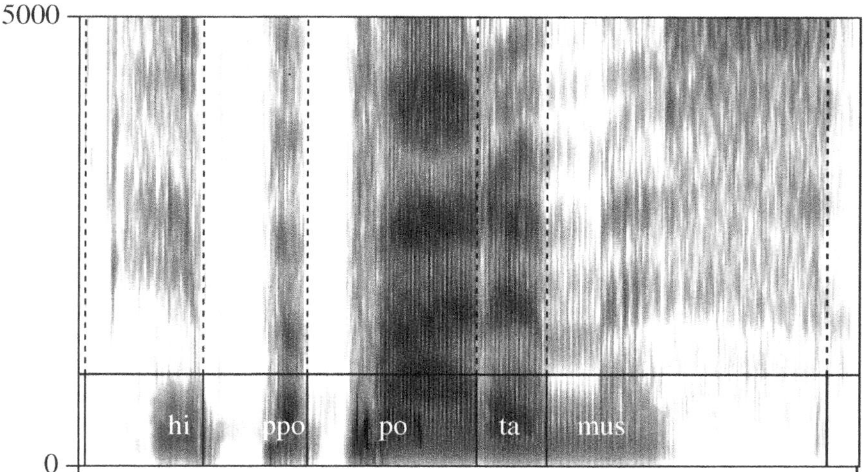

Fig. 12.1b Espectrograma del inglés americano *hippopotamus* [ˌhɪpəˈpʰɒɾəməs]. Comparando las dos sílabas escritas *po*, podemos notar el mayor grado de aspiración de la /p/ de la sílaba tónica y también la mayor duración de la vocal tónica. Nótese también que la /t/ postónica se ha pronunciado como *flap* en este ejemplo

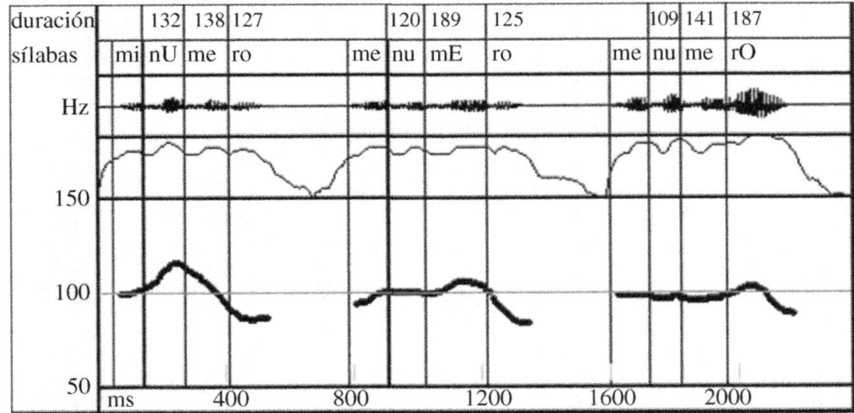

Fig. 12.2 *Mi número, me numero, me numeró*. Duración de cada sílaba en ms, oscilograma, curva de intensidad y contorno tonal (F0). Duración (ms): *nú-me-ro* (132–138–127), *nu-me-ro* (120–189–125), *nu-me-ró* (109–141–187)

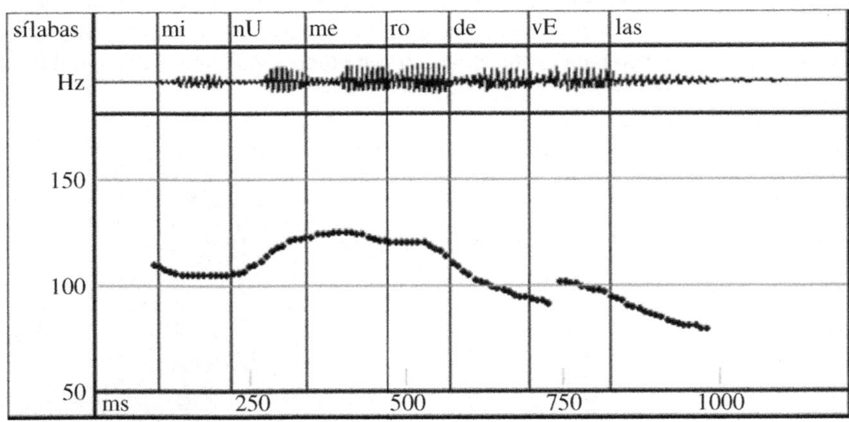

Fig. 12.3a *Mi número de velas*. Oscilograma y contorno tonal (F0)

podemos ver aplicando la misma estructura entonativa a textos que difieren en la posición de las sílabas con acento léxico. En la figura 12.3, las palabras *número, numero* y *numeró* aparecen también insertadas en una oración declarativa, pero, al contrario que en la figura 12.2, no están en posición final. Aquí el acento nuclear recae sobre *de velas* / *de veras* (cuyas sílabas tónicas presentan en todos los casos la esperable subida de F0, aunque en estos casos sea bastante ligera) y las palabras que estamos comparando están todas en posición prenuclear. Podemos ver que en los contornos tonales de estas palabras el punto más alto no se encuentra en la sílaba tónica (como en la figura 12.2), sino que en esta sílaba comienza una subida tonal cuyo punto máximo se alcanza en la

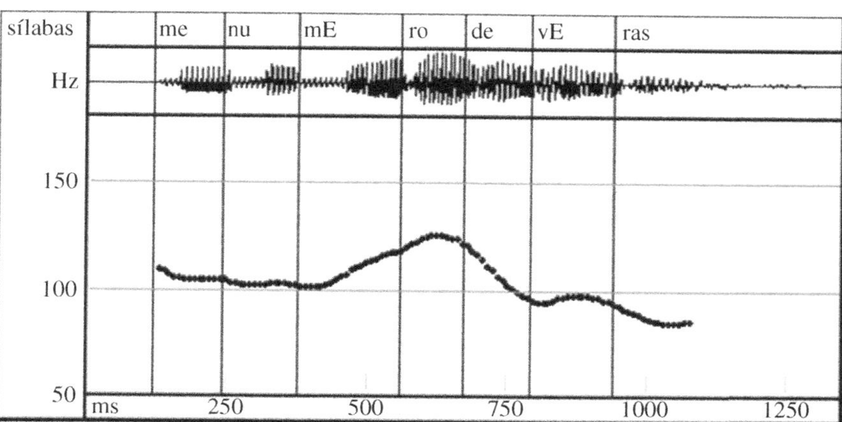

Fig. 12.3b *Me numero de veras.* Oscilograma y contorno tonal (F0)

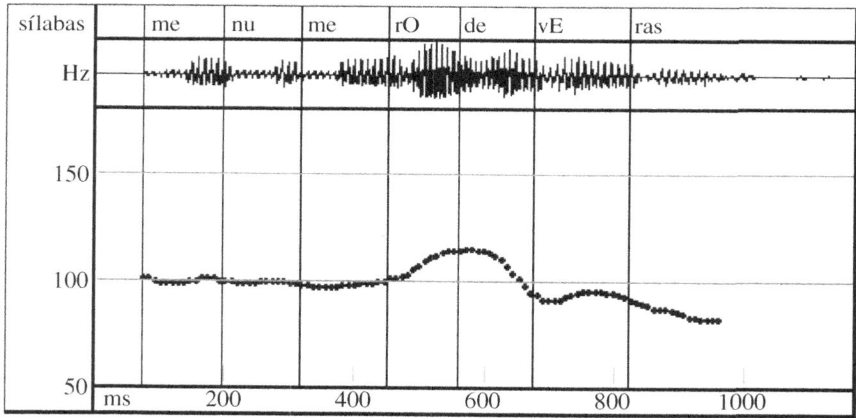

Fig. 12.3c *Me numeró de veras.* Oscilograma y contorno tonal (F0)

postónica. Esto es típico de las palabras en posición prenuclear en las declarativas (véase el capítulo 13). La función de "anclaje tonal" de la sílaba con acento léxico puede verse de todas formas en el hecho de que el inicio de la subida tonal coincide con esta sílaba: en los tres ejemplos el tono empieza a subir al principio de la tónica, aunque la cumbre tonal no se encuentre sobre esta sílaba.

Finalmente, en la figura 12.4 tenemos el trío contrastivo *número/numero/numeró* al final de una frase con contorno interrogativo. Nótese que aquí tampoco podemos decir que la sílaba tónica sea la que tiene la mayor altura tonal. Al contrario, en estos ejemplos hay un tono bajo en la tónica, después del cual empieza una subida hasta el final de la frase. Estos ejemplos muestran de

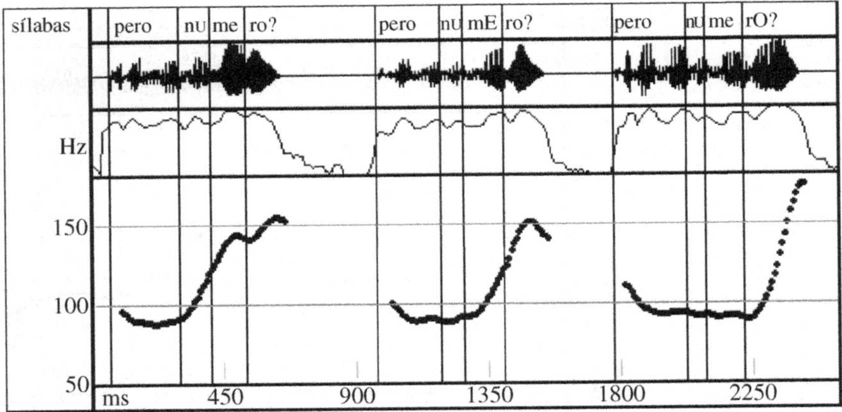

Fig. 12.4 *¿Pero número?, ¿Pero numero?, ¿Pero numeró?* Oscilograma, curva de intensidad y contorno tonal (F0). La subida final en estos contornos interrogativos empieza a partir de un punto bajo en la sílaba tónica

nuevo que las sílabas léxicamente acentuadas o tónicas tienen la propiedad de servir de puntos de asociación o anclaje para ciertos movimientos tonales, pero no están necesariamente caracterizadas por una mayor altura tonal que otras sílabas en la palabra, ya que estos movimientos pueden tener una dirección distinta en contextos discursivos diferentes.

Tampoco se asocia necesariamente la sílaba tónica con un movimiento tonal evidente siempre. Es decir, la función de anclaje tonal de la sílaba tónica no es obligatoria. Como veremos en el capítulo 13, la última palabra de una declarativa final puede presentar una bajada a través de toda la palabra, sin que se destaque la sílaba tónica. También en palabras colocadas en posición medial en una pregunta (como en la palabra *numero* en *¿Cómo numero las láminas?*) tenemos frecuentemente un tono alto sostenido en todas las sílabas (Torreira et al. 2012), y en las parentéticas (como en la segunda oración en *¿Cómo numero las láminas?, preguntó Mariano*) podemos tener un tono bajo plano, de nuevo sin que se destaque tonalmente la sílaba tónica (Ortega-Llebaria y Prieto 2007).

Otro hecho que complica aún más la relación entre acento léxico y tono es que en las palabras con acento retórico (véase la sección 12.9), el movimiento tonal puede estar asociado con una sílaba léxicamente átona y no con la tónica (Hualde y Nadeu, en prensa).

Para resumir, en español las variaciones de tono conllevan significado pragmático y caracterizan a los enunciados, no a las palabras concretas. Las sílabas tónicas o léxicamente acentuadas tienen la propiedad de atraer ciertos movimentos tonales cuyo contorno viene determinado en el discurso. Cuando focalizamos una palabra encontramos un movimiento tonal con subida y cumbre en la sílaba tónica que nos permite determinar claramente dónde está el acento léxico. En este contexto el tono sirve como correlato fidedigno del acento léxico. Sin embargo, el contorno tonal sobre la palabra puede variar en el discurso y tal correlación entre acento léxico y tono puede desaparecer en otros contextos.

En la figura 12.2 hemos indicado la duración (en milisegundos) de cada sílaba en la palabra en la línea superior por encima de la onda sonora. Comparando las tres sílabas /nu/, /me/ y /ɾo/ de cada palabra podemos ver que cada una de las tres sílabas es siempre más larga en la palabra en que reciben el acento: por ejemplo, /nu/ tiene una duración de 132 ms en *número*, de 120 ms en *numero* y de 109 ms en *numeró*. La duración es, pues, otro correlato del acento. Nótese que esto no es lo mismo que decir que la sílaba acentuada es siempre la más larga de la palabra, dado que algunos segmentos son intrínsicamente más largos que otros (por ejemplo, la vibrante simple es intrínsicamente más breve que la múltiple y las vocales altas son también intrínsicamente más breves que las bajas, en igualdad de condiciones). Por otra parte, la duración también tiene otra función: la de señalar fronteras de frase o discontinuidad, con lo que la última sílaba, aunque sea átona, puede ser mucho más larga que la tónica (pensemos en contextos como *tenemos que comprar pep**i**noos, tom**a**tees, manz**a**naas...*). Lo que sí es cierto es que (dejando aparte los efectos de la duración segmental intrínseca) la tónica suele ser más larga que las pretónicas. Esto es así incluso en palabras con acento retórico en que se añade prominencia tonal a una sílaba diferente de la tónica (como en ***fu**ndament**a**les* producido con énfasis sobre la primera sílaba; véase la sección 12.9.1).[11]

La intensidad también juega un papel para marcar la prominencia de las sílabas tónicas, aunque este papel solo parece claro cuando se combina con, al menos, uno de los otros dos factores que acabamos de mencionar: el tono y la duración. (En las fig. 12.2 y 12.4 el contorno de intensidad aparece entre la onda sonora y el contorno tonal.)

Finalmente, como hemos señalado ya, las vocales en sílabas tónicas son algo más periféricas que las átonas (que suelen ser más centralizadas), aunque estas diferencias de timbre no son comparables a las que encontramos en otros idiomas (Nadeu 2012).

Para concluir, hemos definido el acento como prominencia que recibe una sílaba sobre las otras en la palabra. Esta es una prominencia abstracta, que se manifiesta de manera más nítida en palabras pronunciadas aisladas o focalizadas

[11] Hualde y Chitoran (2003) encontraron que la sílaba inmediatamente pretónica también recibe cierto aumento de duración, lo que explica que, en nuestros ejemplos, la duración de la /u/ tienda a ser, de mayor a menor, *número* > *numero* > *numeró*.

en la frase. En este contexto la sílaba acentuada se realiza con gestos articulatorios más amplios y precisos y el tono, la duración y la intensidad contribuyen a su identificación en la señal acústica. En otros contextos, los correlatos del acento pueden ser más sutiles o incluso estar ausentes.

Además de servir de correlatos del acento, elementos como el tono y la duración sirven también de correlatos de frontera de frase, como veremos en el capítulo 13. La relación entre estos correlatos acústicos y la prominencia acentual tiene, pues, cierta complejidad.

12.9 Acento secundario

Usamos el término *acento secundario* para referirnos a la prominencia acentual que aparece en una sílaba de la palabra diferente de la que está léxicamente marcada para recibir el acento. Distinguimos dos casos: acento retórico y acento enclítico.

12.9.1 Acento retórico

Aunque las palabras en español tienen una única sílaba con acento léxico, a veces ocurre que otra sílaba en la palabra recibe prominencia acentual (Quilis 1993: 396). Este es un fenómeno característico del habla pública y es común en la actuación profesional de locutores de radio y televisión, así como en discursos de políticos, profesores y otras personas acostumbradas a hablar en público. En habla conversacional este recurso suele ser poco frecuente, pero se utiliza a veces con carácter retórico.

El acento retórico, como nos referiremos aquí a este fenómeno, suele colocarse en una de dos posiciones. A veces aparece sobre la sílaba inicial, sea de la palabra morfológica, p.ej. *con seguridad, fundamentales*, sea de la **palabra prosódica,** *con seguridad.* La otra opción frecuente es colocar el acento dos sílabas antes de la tónica, *con seguridad, fundamentales, privilegiado, clases particulares* (Hualde 2006/7, 2009, Kimura 2005). Es posible que cada uno de estos patrones tenga efectos discursivos algo diferentes. En cualquier caso, cuando hay solo dos sílabas pretónicas, como ocurre muy a menudo, ambas estrategias producen el mismo resultado en cuanto a la posición del acento retórico: p.ej., *perspectiva.* Con menor frecuencia y con carácter muy enfático, una palabra puede llevar varios acentos retóricos: p.ej., ***la** nacionalización* ~ *la **na**cional**i**zación.* En palabras con una sola sílaba pretónica, el acento retórico se puede colocar a veces sobre esta sílaba, p.ej. en la palabra *Valencia* en un anuncio público como *Se ruega a los pasajeros con destino Barcelona, Valencia . . .*

En palabras con acento retórico, la sílaba que recibe este acento adquiere un acento tonal específico, mientras que la sílaba con acento léxico mantiene su prominencia por medio de la duración (Hualde y Nadeu, en prensa, y para el catalán, Nadeu y Hualde 2012).

12.9.2 Acento enclítico

Hemos visto que los pronombres enclíticos son átonos y que no modifican la posición del acento de la forma verbal a la que se unen. Sin embargo, pueden recibir opcionalmente prominencia acentual. Así, una palabra como *vámonos* puede pronunciarse con un solo acento, sobre la sílaba tónica del verbo (*¡V**á**monos!*), con dos acentos (*¡V**á**mon**os**!*) o incluso con acento solo sobre el pronombre enclítico (*¡Vámon**os**!*). El acento enclítico no puede ser adyacente a la sílaba tónica del verbo (p.ej., *dame* no puede recibir acento enclítico) y en verbos con varios enclíticos aparece sobre la última sílaba: p.ej., *devuélvemel**os**, estaba devolvi**é**ndosel**os**, para devolv**é**rsel**os*** (y no ***devu**é**lvemelos, **devolvi**é**ndoselos, **devolv**é**rselos*).

12.10 Acento léxico y ortografía

Las reglas de acento ortográfico del español están concebidas para indicar la posición del acento léxico de todas las palabras sin ambigüedades y de una manera eficiente y económica. Colocando una marca ortográfica sobre la vocal tónica de todas las palabras (como en nuestras transcripciones fonéticas), tendríamos representaciones no ambiguas, pero este no sería el sistema más económico. Por eso, en el sistema ortográfico del español la posición del acento no se marca cuando se siguen los patrones más comunes en la lengua. El acento ortográfico, pues, se usa para indicar desviaciones de los patrones generales.

Hay que aclarar que los que se toman por patrones generales de acentuación léxica para propósitos ortográficos no son exactamente idénticos a los que hemos descrito más arriba, dado que para formular estas reglas no se toma en cuenta la morfología.

Un segundo propósito de las marcas ortográficas de acento en español es distinguir entre homónimos en algunos casos.

12.10.1 Reglas básicas del acento ortográfico

Hay tres reglas básicas en cuanto al acento ortográfico:

(1) Todas las palabras esdrújulas o proparoxítonas llevan acento ortográfico: *arm**ó**nico, espect**á**culo, r**é**gimen, cant**á**bamos, **á**rea*. Como hemos visto, la

acentuación esdrújula constituye un patrón marcado en cuanto a su frecuencia léxica.

Las formas verbales con pronombres enclíticos cuentan como una sola palabra para estos propósitos y llevan una marca acentual si el acento recae tres o más sílabas contando desde el final de la palabra: *cántalo*, *cántamelo*.

(2) Las palabras llanas o paroxítonas llevan acento ortográfico si terminan en consonante diferente de <*-n*> o <*-s*>: *árbol, césped, lápiz, ámbar*; pero *examen, cantaban, lunes, casas*. Como sabemos, las palabras terminadas en consonante son predominantemente agudas; el acento ortográfico se emplea, pues, en el caso marcado. La excepción que se hace en las reglas ortográficas para las palabras terminadas en <*-n*> y <*-s*> es debida a la alta frecuencia textual de estas consonantes finales en la morfología flexiva. Aunque la mayoría de los nombres y adjetivos singulares terminados en <*-n*> y <*-s*>, como los terminados en otras consonantes, son oxítonos (p.ej., *nación, compás*), la excepción que se hace con <*-n*> y <*-s*> nos permite dejar sin marcar ortográficamente todos los plurales paroxítonos (p.ej., *naciones, compases*, como *casas, calabazas*) y las formas verbales llanas con estas terminaciones (p.ej., *cantas, cantamos, cantabas, cantan, cantaban, cantaron*). Exceptuar estas dos consonantes resulta, pues, en una mayor economía.

Es importante notar que la excepción hecha para <*-s*> no se extiende a <*-z*>, aunque en español latinoamericano estas dos letras representan el mismo fonema. Así, *lápiz, cáliz, Fernández*, etc., se escriben con acento ortográfico, dado que son palabras paroxítonas terminadas en una (letra) consonante diferente de <*-n*> o <*-s*>. También se marcan con acento las palabras llanas terminadas en <*-x*> (p.ej., *tórax*), así como las terminadas en un grupo consonántico con <*-s*> final (p.ej., *bíceps*).

(3) Las palabras agudas llevan acento si terminan en vocal, en <*-n*> o en <*-s*>. Como sabemos, la gran mayoría de las palabras terminadas en vocal son llanas, y estas se dejan sin marcar ortográficamente: p.ej., *calabaza*, así como su plural, *calabazas*. Según esta regla, se necesita acento ortográfico, en cambio, en agudas como *café, israelí, aquí, anís, jamás, inglés, camión, alemán*, y en formas verbales como *canté, cantó, cantaré, cantarás, cantarán, cantáis*. Nótese que los plurales de nombres y adjetivos acabados en <*-n*> y <*-s*> no mantienen el acento ortográfico de las formas singulares respectivas: p.ej., *camión/camiones, alemán/alemanes, inglés/ingleses*, y, por otra parte, en palabras como *examen/exámenes*, el plural tiene acento porque es proparoxítono.

Las palabras oxítonas que terminan en grupo consonático con /-s/ no llevan acento ortográfico: *robots* (frente a *bíceps*).

Para el acento ortográfico, la <-*y*> final, que fonéticamente representa una deslizante, se considera consonante. Por tanto, las palabras oxítonas terminadas en <-*y*> no llevan acento ortográfico. Esto es también lo más económico dado que, con la excepción de unos pocos préstamos recientes, todas las palabras terminadas en deslizante son oxítonas: p.ej., *Paraguay, convoy* (frente a *yóquey*). Por otra parte, en algunos préstamos del japonés la deslizante final se representa con <-*i*>, y en estos se marca el acento: *samurái, bonsái*. La economía de la solución está menos clara aquí, dado que palabras como *caí* también llevan acento ortográfico. También se marcan con acento las palabras agudas con deslizante [u̯] final (generalmente de origen catalán), p.ej., *Bernabéu*.

12.10.2 Uso diacrítico del acento ortográfico para indicar el hiato

Además de las reglas que acabamos de ver, se usa el acento ortográfico sobre las vocales *í, ú*, cuando van inmediatamente antes o después de una de las vocales del grupo *a, o, e*, para indicar que la secuencia se pronuncia como hiato con acento en la vocal alta: p.ej., *vacío, María* (vs. *Mario*), *continúa* (vs. *continua*, adjetivo), *caída* (vs. *vaina*), *caí, país, maíz, países, maíces, reímos, reúno, baúl*.

El acento también se usa en secuencias de vocales separadas por *h*, como en *prohíbe, búho, vahído, vehículo*. Este uso del acento gráfico parece antieconómico, dado que la *h* por si misma parecería ser suficiente como marca de frontera silábica, salvo que se suponga que con ello se indica que, cuando la vocal alta no lleva el acento, tales secuencias son tautosilábicas en la pronunciación que adopta la RAE, a pesar de la *h*: *buhar-di-lla, prohi-bi-do*.

Algo que parece inconsistente es que las mismas reglas no se aplican a las secuencias *ui, iu*. Esto es, el hiato de *huida, huimos* no se distingue ortográficamente del diptongo de *cuida, fuimos*. Para los propósitos de la ortografía tal contraste no existe, aunque parece darse en el habla de la mayoría de los hispanohablantes.[12]

12.10.3 Monosílabos y pseudomonosílabos

Las reglas que acabamos de ver no se aplican a palabras de una sola sílaba. Los monosílabos solo se acentúan para distinguir entre ciertos homónimos, cuando uno de ellos es tónico y el otro es átono (véase la sección 12.10.4).

[12] Nótese que en palabras como *jesuítico* (proparoxítona) o *intuís, construís* (oxítonas en <-*s*>) el acento ortográfico es necesario según las reglas generales.

Atendiendo a la fonología, el problema es que no está siempre claro si la palabra tiene una o dos sílabas. Como se explica en la sección 4.4, hay variación dialectal e incluso idiolectal en la pronunciación de secuencias en que una vocal alta átona está seguida por otra vocal. Este hecho tiene consecuencias ortográficas potenciales cuando la diferencia en la silabificación resulta en que la palabra tenga una o dos sílabas. Por ejemplo, para muchos hablantes, incluyendo seguramente la mayoría de los hablantes de español peninsular, palabras como ***pie*** [pi.é] (pasado del verbo *piar*), ***guion*** [gi.ón], ***rio*** [r̄i.ó], ***hui*** [u.í] son bisilábicas, en contraste con otras palabras como ***pie*** [pi̯é], ***dios*** [di̯ós], ***dio*** [di̯ó], ***fui*** [fu̯í], por ejemplo, que contienen un diptongo. Si son bisilábicas, las palabras del primer grupo son agudas y deberían llevar un acento ortográfico según las reglas generales. De hecho, hasta hace relativamente poco tiempo esas palabras se escribían con acento. En las normas ortográficas de la RAE de 1999 el acento ortográfico todavía se presenta como opcional en este grupo de palabras, dándose preferencia a la escritura sin acento: "En este caso es admisible el acento gráfico, impuesto por las reglas de ortografía anteriores a estas, si quien escribe percibe nítidamente el hiato y, en consecuencia, considera bisílabas palabras como las mencionadas: *fié, huí, riáis, guión, Sión*, etc." (RAE 1999: 46). Finalmente, en las últimas normas ortográficas, de 2010, se suprime el acento de estas palabras, en aras de la unidad ortográfica. La RAE expresamente nota que estas palabras se consideran monosílabicas únicamente con respecto a su ortografía y que la existencia de esta norma no quiere decir que nadie deba cambiar la pronunciación que le resulte más natural. En otros casos, sin embargo, como en *período* ~ *periodo*, la RAE sigue admitiendo la tilde como opcional según la pronunciación del que escribe, por lo que suprimir la opción en *guión* ~ *guion* no acaba de ser del todo consistente.

12.10.4 Pares de palabras que se distinguen por el acento gráfico

El acento ortográfico se utiliza también en contextos donde no sería requerido según las reglas que hemos visto, con el objeto de diferenciar entre palabras que son segmentalmente idénticas. La distinción gráfica tiene que ver con la distinción fonológica entre palabras tónicas y átonas. Es decir, si un miembro del par tiene acento léxico y el otro es átono, el primero recibe acento ortográfico. Hasta ahora se distinguían también algunos pares en que ambas palabras son tónicas, pero en estos casos el acento ortográfico ha sido suprimido en las normas de la RAE de 2010. Podemos distinguir varios casos.

12.10.4.1 Homófonos segmentales monosilábicos

El acento ortográfico se usa para distinguir varios pares de palabras con la misma composición segmental, pero que difieren en que una tiene acento léxico y la otra es átona.

(a) *el* 'artículo' (*el programa*) vs. *él* 'pronombre'(*él programa*)
(b) *se* 'pronombre reflexivo/recíproco/impersonal/dativo' (*se lava, se saludan, se vende, se la cantaba*) vs. *sé* 'verbo *saber* o *ser*' (*sé la palabra, sé bueno*)
(c) *tu* 'posesivo' (*tu pregunta*) vs. *tú* 'pronombre sujeto'(*tú preguntas*)
(d) *mi* 'determinante posesivo' (*para mi tío*) vs. *mí* 'pronombre preposicional' (*para mí, tío*)
(e) *si* 'conjunción' (*si lo sabes*) vs. *sí* 'afirmación' (*sí, lo sabes*)
(f) *de* 'preposición' (*de su dinero*) vs. *dé* 'verbo' (*dé su dinero*)
(g) *que* 'conjunción' (*no me dijo que quería*) vs. *qué* 'pronombre interrogativo o exclamativo' (*no me dijo qué quería*)
(h) *mas* 'conjunción' (*no tristes, mas alegres*) vs. *más* 'adverbio comparativo' (*no tristes, más alegres*). Inconsistentemente con la regla, cuando significa 'además de' lleva acento ortográfico, aunque en este caso sea una palabra átona (*necesitamos todo eso más dinero*).
(i) *aun* 'conjunción' (= incluso) (*aun cansados, llegamos a la meta; aun cuando ganaste*) vs. *aún* 'adverbio de tiempo' (= todavía) (*aún cansados, llegamos a la meta; aún cuando ganaste*). La conjunción átona *aun* es monosilábica y el adverbio *aún* es bisilábico.
(j) *te* 'pronombre de objeto' (*quererte, prepárate*) vs. *té* 'sustantivo' (*querer té, prepara té*)

12.10.4.2 Palabras interrogativas

Como hemos visto ya, las palabras interrogativas (*quién, cuándo, cómo*, etc.) son generalmente átonas en uso no interrogativo y no exclamativo. Cuando son átonas, se escriben sin acento. El acento gráfico es, pues, una indicación de acento léxico, lo que generalmente indica función interrogativa o exclamativa: *lo escribí como me dijiste; como poeta no es muy bueno* vs. *no me acuerdo de cómo lo dijiste* (pregunta implícita); ¡*Cómo lo sabes*! (exclamativa). Véase la sección 12.6.4 para ejemplos adicionales. La RAE (2010) nota que en ciertas construcciones de relativo el pronombre de relativo puede ser tónico o átono y admite opcionalidad en el acento gráfico en este caso, reflejando variabilidad en la pronunciación, como en el siguiente ejemplo: *el problema es que no hay con qué/que alimentar a tanta gente*

12.10.4.3 Demostrativos

Los demostrativos pueden funcionar como determinantes (*este libro*) o como pronombres (*no me gusta este*). Una norma que ha quedado ya anticuada era escribir el acento sobre los demostrativos con función de pronombre, segmentalmente homónimos de los determinantes. La edición de 1999 de las reglas ortográficas de la RAE recomendaba escribir el acento sobre el pronombre solo en casos de ambigüedad (p.ej., *dijo que ésta mañana vendrá* vs. *dijo que esta mañana vendrá*; RAE 1999: 49). Las últimas reglas, de 2010, eliminan el acento gráfico de los demostrativos, incluso en casos de posible ambigüedad.

12.10.4.4 Otros casos de acento diacrítico

Las últimas normas de la RAE eliminan también el acento gráfico del adverbio *solo*. Una práctica anterior era escribir *sólo* (= *solamente*) para distinguirlo gráficamente del adjetivo *solo*, aunque ambas palabras son tónicas.

Podemos notar que hay varios otros casos de pares mínimos diferenciados en la lengua hablada por la acentuación prosódica (palabra tónica vs. átona) que no se distinguen gráficamente. Por ejemplo, la forma verbal *para* no se distingue de la preposición *para*, como tampoco se distingue la forma verbal *bajo* de la preposición átona que significa "debajo de". Otro ejemplo es *sino* "sustantivo" (*triste sino el del carretero*) vs. *sino* "conjunción" (*no triste, sino contento*), ambos diferentes de la secuencia *si no* (*estoy triste si no estás contento*).

EJERCICIOS

1 Indique si las siguientes palabras pertenecen al patrón no marcado, marcado o excepcional: *caníbal, animal, pánico, manifestación, examen, régimen, sintaxis, rabia.*

2 Divida las siguientes palabras en sílabas, subraye la sílaba tónica y escriba el acento ortográfico en las plabras que lo necesiten según las normas: *area, tarea, monopolio, petroleo, neuralgia, analogia, versatil, serafin, ingenuo.*

3 ¿Cuál es la principal diferencia entre el patrón acentual del presente y el que encontramos en los tiempos del pasado y del futuro?

4 ¿Cuáles son las principales generalizaciones en cuanto a la posición del acento en los sustantivos en español? ¿En qué medida es predecible la posición del acento en español?

5 ¿Hay alguna diferencia importante entre el español y el inglés en cuanto a la realización física del acento?

6 Un nombre como *José Tomás* puede pronunciarse con acento en cada una de las dos palabras o con un solo acento. Sin embargo, las dos acentuaciones se interpretarían de manera diferente. Explique la diferencia.

13 Entonación

13.1 Tono y entonación

El tono con que pronunciamos una sílaba o secuencia de sílabas viene determinado por la frecuencia de vibración de las cuerdas vocales. Una frecuencia de vibración más alta produce un tono más alto y una frecuencia de vibración más baja, un tono más bajo o grave. El correlato acústico es la frecuencia fundamental de la onda sonora, que se abrevia como F0 ("efe cero") (véase la sección 3.2)

En todas las lenguas habladas se utiliza la variación tonal con propósitos lingüísticos. En algunas lenguas, que conocemos como **lenguas tonales**, el tono se emplea para establecer contrastes léxicos. Una de estas lenguas es el chino mandarín, donde, por dar un ejemplo conocido, la sílaba /ma/ puede tener cuatro significados diferentes según el tono con que se pronuncie. Con tono alto sostenido significa 'madre'; con tono ascendente empezando desde una altura media, 'cáñamo'; con un contorno bajo ascendente-descendente, 'caballo', y con tono descendente desde un punto de partida alto, 'reñir'. (Al final de una frase y con tono neutro, /ma/ es también una partícula interrogativa.) Además del chino, el tailandés, el vietnamita y otras lenguas del sudeste asiático, son también tonales casi todas las lenguas del Africa subsahariana, así como muchas lenguas indígenas de México y Centroamérica, entre otras.

A diferencia de las lenguas tonales, en lenguas como el español o el inglés la frecuencia fundamental no se usa para distinguir palabras, sino para expresar significados pragmáticos. Por ejemplo, en español, pronunciemos /pán/ con tono alto, tono bajo, tono ascendente o descendente, tenemos siempre la misma palabra. Lo que puede cambiar es su significado pragmático en el discurso. Pronunciada la palabra sola con tono descendente puede ser una declarativa completa: p.ej. *(¿Qué quieres?) Pan*. Con tono ascendente puede ser una pregunta, *(¿Qué quieres?) ¿Pan?* Con tono descendente-ascendente puede ser una declarativa incompleta *Pan…* Es, pues, evidente que, al contrario que en chino, las palabras en español carecen de especificación tonal léxica. Las diferencias de tono en español se usan exclusivamente para comunicar significados relacionados con el discurso. Los diferentes contornos tonales que podemos tener son propiedades de diferentes tipos de enunciado, no de palabras diferentes. En el ejemplo que acabamos de dar, el enunciado consiste en una sola palabra monosilábica, pero los mismos contornos, expresando los mismos significados pragmáticos, pueden encontrarse extendidos sobre varias sílabas en enunciados más largos. El uso del tono con propósitos pragmáticos o discursivos es lo que llamamos **entonación**. Las lenguas, como el español y el inglés, que utilizan el tono solo a este nivel se conocen como **lenguas entonativas** (en oposición a las lenguas tonales). Hay también lenguas, como el sueco, que combinan el uso léxico y entonativo del tono.

El hecho de que en una lengua como el español el tono no se use para distinguir una palabra de otra no significa que no sea importante. Podemos notar que, por ejemplo, muy a menudo la única diferencia entre una declarativa y una interrogativa viene dada por la entonación, como en *Llegaron mis amigos* frente a *¿Llegaron mis amigos?* o en *Te gustan las manzanas* frente a *¿Te gustan las manzanas?* Las diferencias de entonación también nos permiten marcar la información como relativamente más o menos importante y también expresar otros significados en el nivel del discurso. En estas funciones intervienen también otros factores como la duración y la intensidad, por lo que, en sentido más amplio, podemos decir que la entonación de un enunciado incluye también la duración e intensidad relativa de las sílabas además del contorno tonal.

13.2 Los átomos de la entonación

Como acabamos de decir, en lenguas como el español o el inglés el mismo texto puede pronunciarse con contornos entonativos o melodías muy diferentes, según la función que tenga el enunciado dentro del discurso. Estas melodías pueden analizarse como compuestas de movimientos tonales específicos asociados con ciertas sílabas del texto. Las sílabas no asociadas con uno de estos eventos tonales reciben su altura tonal por interpolación entre otras sílabas que sí están especificadas con un tono. Hay dos puntos principales para la realización de eventos tonales: las sílabas con acento léxico o tónicas y el final de las frases. Los contornos tonales asociados con sílabas tónicas se conocen como **acentos tonales**, mientras que los relacionados con fronteras de frase reciben el nombre de tonos de frontera en el modelo teórico conocido como métrico-autosegmental, que es el que utilizaremos en este capítulo (véase Pierrehumbert 1980, Beckman y Pierrehumbert 1986, Ladd 2008).[1]

Ya vimos en el capítulo 12 que los acentos tonales (asociados con las sílabas tónicas) pueden ser de varios tipos. Podemos tener un tono alto o pico alineado con la sílaba tónica (H*), un tono bajo o valle tonal (L*), o una configuración más compleja, como puede ser una subida desde un valle al principio de la sílaba tónica (LH*) o una bajada a través de la sílaba tónica a partir de un punto alto al principio de esta sílaba o en la pretónica (HL*), entre otras opciones. Nótese que en el formalismo que estamos empleando un asterisco indica que el tono que lo lleva está asociado con una sílaba con acento léxico. En el caso de acentos bitonales (contornos ascendentes y descendentes o viceversa), el asterisco va inmediatamente después del tono que parece estar más estrictamente asociado con la sílaba acentuada en el nivel fonológico.

Los tonos de frontera (indicados con el símbolo %) pueden ser también de diferentes tipos: podemos tener un tono final alto (H%), un tono final bajo (L%) o una terminación más compleja. Se usan también los símbolos H- y L- para indicar valores tonales después del último acento tonal en una frase intermedia.[2] Como ya hemos dicho, el contorno tonal completo de un enunciado es el resultado de la interpolación fonética entre puntos fonológicamente especificados con un tono.

13.3 Oraciones declarativas neutras: acentos nucleares y prenucleares

En esta sección consideraremos algunos ejemplos típicos de contornos entonativos empleados en oraciones declarativas en que todo el contenido proposicional es información nueva. En los ejemplos que utilizamos en las figuras de este capítulo evitaremos las consonantes sordas en la medida de lo posible dado que, al producirse sin vibración de las cuerdas sonoras, crean interrupciones en la curva de F0. Por otra parte, las obstruyentes sonoras y también otras consonantes sonoras pueden dar lugar a pequeños "baches" en la curva de F0; por ejemplo, en la figura 13.1 puede verse que la /b/ de *miraban* tiene este efecto. Estos efectos "microprosódicos" causados por las consonantes deben

[1] Existe una amplia bibliografía de estudios que aplican este modelo al español. Véase, entre otros, Sosa (1999, 2003), Face (2001, 2002a, 2002b), Beckman et al. (2002), Hualde (2002, 2003a), además de Prieto y Roseano (2010) y O'Rourke (2012) y las referencias en estos dos últimos trabajos. Otra herramienta muy útil para el estudio de la variación dialectal en la entonación del español es el *Atlas interactivo de la entonación del español* (AIEE), coordinado por Prieto y Roseano (2009–2013) y que se puede consultar en http://prosodia.upf.edu/atlasentonacion/

[2] Una frase entonativa puede contener varias unidades conocidas como frases intermedias. Una frontera de frase intermedia indica, pues, un grado menor de separación entre unidades prosódicas que el que tenemos entre frases entonativas.

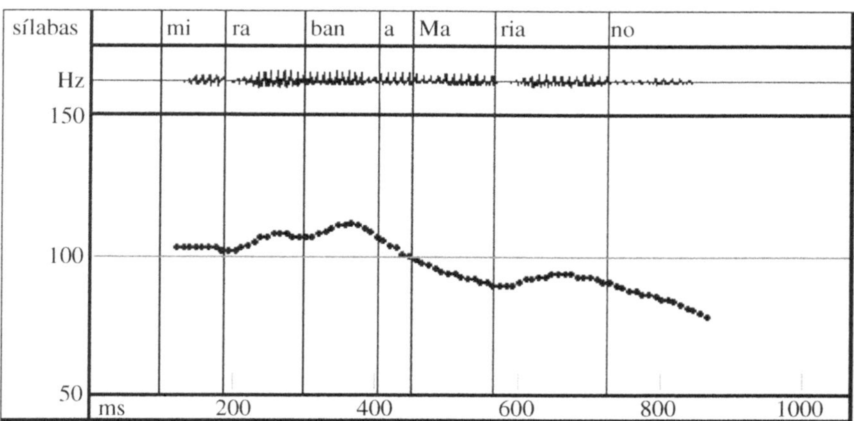

Fig. 13.1 *Miraban a Mariano*. Ejemplo de declarativa final, con dos acentos tonales ascendentes, prenuclear y nuclear. Nótese el desplazamiento del pico del acento prenuclear a la postónica y el patrón general descendente desde el primer pico

ser pasados por alto en el análisis de la curva entonativa; el oído humano suple los tramos vacíos causados por las consonantes sordas y reconstruye los efectos microprosódicos debidos a otras consonantes.

Como podemos ver en la figura 13.1, en una declarativa neutra final, el contorno entonativo generalmente muestra una bajada progresiva desde la subida asociada con la primera sílaba tónica hasta el final del enunciado (véase Prieto et al. 1996). Si examinamos el contorno de F0 de la figura 13.1 en más detalle, podemos analizarlo como constituido por dos acentos tonales ascendentes asociados con la sílaba tónica de las dos palabras *miraban* y *Mariano*, además de un tono bajo de frontera final L%.

Si consideramos ahora la forma de los dos acentos tonales en la figura 13.1, podemos notar que en *Mariano* el tono sube desde un punto bajo o valle al principio de la sílaba tónica hasta una cumbre aproximadamente en el punto central de esta sílaba. En *miraban*, por otra parte, hay también una subida a través de la sílaba tónica, pero el tono continúa subiendo después de esta sílaba y alcanza su cumbre en el centro de la postónica.

Generalmente, el último acento de la frase entonativa se percibe como portador de mayor prominencia que los precedentes, a pesar de que, como en este ejemplo, normalmente presenta una menor subida en F0, dado el patrón de descenso general de las declarativas neutras finales. Decimos que este último es el **acento nuclear** de la frase, mientras que los precedentes son **acentos prenucleares**. Sin duda, el mayor alargamiento duracional de la sílaba con acento nuclear (también observable en la figura 13.1) contribuye a su mayor prominencia.

En nuestro ejemplo hay, pues, un acento nuclear asociado con la sílaba tónica de *Mariano* y un acento prenuclear asociado con la tónica de *miraban*. Podemos analizar ambos como contornos ascendentes, LH*. El desplazamiento del pico tonal a la postónica que hemos notado es muy frecuente en los acentos prenucleares en español, especialmente en el primero de la frase (véase Prieto et al. 1995). En la propuesta de transcripción de Prieto y Roseano (2010), un acento ascendente con cumbre en la tónica se señala como L+H*, mientras que el desplazamiento de la cumbre a la postónica en un acento tonal ascendente se indica con el diacrítico >, de modo que la notación del acento tonal ascendente con pico desplazado es L+>H*. Aquí utilizaremos las mismas convenciones, solo que omitiremos el signo + que une a los dos tonos en los acentos bitonales (sobre todo por motivos de espacio). Así, pues, el contorno de la figura 13.1 lo transcribimos como se indica en el ejemplo (1), donde la sílaba con acento nuclear se indica en versalita:

(1) Miraban a MaRIAno.] (correspondiente a la fig. 13.1)
| | |
L>H* LH* L%

Las transcripciones tonales que utilizaremos en este capítulo tienen un carácter ambiguo entre transcripción fonológica y transcripción fonética. Esto se debe en parte a que lo que es contrastivo es mucho más difícil de determinar en la entonación que en el nivel segmental o acentual, puesto que la entonación expresa significados pragmáticos, para los que no es fácil establecer pares mínimos. Esta ambigüedad entre transcripción fonológica y transcripción fonética amplia no es, sin embargo, un obstáculo serio para el estudio de los contornos entonativos.

Para obtener un esquema más exacto de la curva de F0 a partir de la transcripción está claro que habría que incluir otros detalles, como la menor altura tonal del segundo acento. Esto lo podemos indicar con el diacrítico de escalonamiento descendente (!) prepuesto al segundo tono alto (H). También deberíamos indicar el alargamiento de la tónica nuclear, que podemos hacer añadiendo el diacrítico H:. De modo que una transcripción fonética más estrecha podría ser como la que damos en el ejemplo (2):

(2) Miraban a MaRIAno.] (correspondiente a la fig. 13.1)
| | |
L>H* L!H:* L%

El acento nuclear en una declarativa final, en vez del contorno con cumbre en la tónica que hemos visto en la figura 13.1, a menudo presenta una bajada a

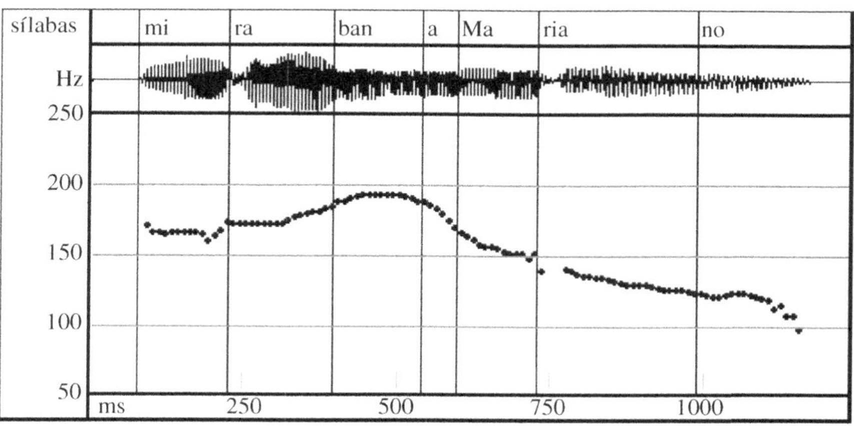

Fig. 13.2 *Miraban a Mariano.* Ejemplo de declarativa con acento nuclear descendente. Nótese también el desplazamiento del pico del acento prenuclear a la postónica. Este contorno ha sido producido por una hablante femenina, lo que explica los valores más altos de F0 que en otros contornos en este capítulo, producidos por el autor

lo largo de la tónica, con interpolación desde el pico asociado con el acento prenuclear, de manera que la prominencia de la sílaba con acento nuclear viene dada fundamentalmente por su mayor duración. Mostramos un ejemplo de este contorno en la figura 13.2. Si indicamos el acento nuclear como L:* (descenso prolongado), la transcripción del contorno sería como en el ejemplo (3):

(3) Miraban a MaRIAno.] (correspondiente a la fig. 13.2)
L>H* L:* L%

Parece haber preferencias dialectales o individuales en la frecuencia de uso de las dos configuraciones nucleares ilustradas en las figuras 13.1 y 13.2. En general, la presencia de un ascenso en la sílaba nuclear seguido de bajada final, como en la figura 13.1, se interpreta como indicación de un grado algo mayor de énfasis o aserción.

En posición nuclear también es posible tener en una declarativa una bajada brusca en la tónica a partir de una cumbre en la sílaba inmediatamente precedente, para lo que utilizaremos la notación HL*. Esta configuración nuclear en declarativas se ilustra en la compilación de Prieto y Roseano 2010 para el español caribeño (Armstrong 2010: 162) y chileno (Ortiz, Fuentes y Astruc 2010: 260, figura 2). Como veremos después, la configuración nuclear HL* es frecuente en preguntas en español caribeño y se encuentra también en otras variedades.

Por último, hay que notar que aunque en la lectura de ejemplos escritos y en estilos enfáticos cada palabra recibe un acento tonal, en estilos más coloquiales la desacentuación es frecuente y no todas las sílabas tónicas presentan un movimiento tonal asociado.

13.4 Diferencias con el inglés en la posición del acento nuclear

Probablemente la diferencia más importante entre el sistema entonativo del español (y de otras lenguas románicas) y el del inglés (y de otras lenguas germánicas) es la flexibilidad que encontramos en este segundo grupo de lenguas en la colocación del acento nuclear (Vallduví 1992, Ortiz-Lira 1994, Ladd 2008). En inglés se puede mover la posición del acento nuclear para indicar **foco** sobre diversos constituyentes: *JOHN will bring the book / John WILL bring the book / John will BRING the book / John will bring the BOOK*. Por el contrario en español, la posición del acento nuclear es prácticamente fija. Excepto en casos muy especiales de foco estrecho, el acento nuclear recae sobre la última sílaba con acento léxico en la frase. Aunque en casos de énfasis es posible situar el acento nuclear sobre una palabra no final, lo normal es cambiar el orden de las palabras para indicar foco o relevancia pragmática: *Traerá Juan el libro, El libro lo traerá Juan, Sí que traerá el libro Juan*, etc.

Además de la mayor flexibilidad que tienen el inglés y otras lenguas germánicas en la posición del acento nuclear para indicar foco estrecho, hay un número de casos en que incluso con foco amplio el acento va sobre una palabra no final. La diferencia en la posición del acento nuclear hace que, aun aplicando contornos tonales similares, obtengamos resultados muy distintos en inglés y en español.

En esta sección consideraremos algunos de los casos más importantes en que encontramos diferencias sistemáticas en la colocación del acento nuclear entre español e inglés. La descripción se basa en Ladd 2008.

Para comenzar, mientras que en inglés la información repetida o poco informativa se desacentúa al final de una frase, de modo que el acento nuclear recae sobre una palabra previa, el español tiende a mantener el acento nuclear al final de la frase incluso en el caso de palabras repetidas y, por tanto, no informativas. Esto lo podemos ver en los siguientes ejemplos, donde la sílaba con acento nuclear está indicada en versalita. Los acentos prenucleares no se indican en esta sección:

(4) (a) Por favor pon en su SItio todo lo que está fuera de su SItio.
Please put in its PLACE everything that is OUT of place.
(b) ¿El café lo quieres con azÚcar o sin azÚcar?
You want your coffee WITH sugar or withOUT sugar?

De manera semejante, en un enunciado como el que se ofrece en el ejemplo (5), en que el prefijo es el objeto de corrección y lo demás es repetido, en español lo más normal es mantener el acento en la tónica, mientras que en inglés se retraería al prefijo:

(5) No es un negocio de importaCIÓN, es un negocio de exportaCIÓN.
It is not an IMport business, it is an EXport business.

Otro caso es el de los pronombres de objeto. En inglés estas palabras son inacentuadas cuando no reciben foco contrastivo. Así, mientras que en el ejemplo (6a) el acento nuclear va sobre el objeto, en el ejemplo (6b) va sobre el verbo. Lo mismo parecería ocurrir en las oraciones españolas correspondientes. Sin embargo, la diferencia es que en español estos pronombres son enclíticos y forman una sola palabra prosódica con el verbo. Cuando presenta foco contrastivo, podemos tener el acento nuclear en *him* en el ejemplo (6c), pero en español habría que añadir un pronombre fuerte preposicional para obtener el mismo efecto pragmático:

(6) (a) Tengo que llamar a JUAN.
I have to call JOHN.
(b) Tengo que llaMARle.
I have to CALL him.
(c) Tengo que llamarle a ÉL (no: **tengo que llamarLE).
I have to call HIM (foco contrastivo).

En inglés y en lenguas relacionadas los pronombres indefinidos también se dejan inacentuados, a no ser que tengan foco constrastivo (Ladd 2008: 236–238), con lo cual tenemos contrastes en la posición del acento como los que se ilustran en el ejemplo (7), que no encontramos en español:

(7) (a) Conozco a JUAN.
I know JOHN.
(b) He visto una VAca.
I saw a COW.
(c) Conozco a ALguien.
I KNOW someone.
(d) He visto ALgo.
I SAW something.

Otro caso en el que hay una tendencia en inglés a desplazar a un lugar diferente el acento nuclear es en oraciones intransitivas en que el sujeto es información nueva. En casos comparables en español tendríamos posposición del sujeto, con lo cual ese constituyente también recibe acento nuclear, como en el ejemplo (8):

(8) (a) Ha salido el SOL.
The SUN came out.
(b) Se ha roto la MÁquina.
The maCHINE broke.

De manera más general, se ha dicho que en inglés se prefiere colocar el acento nuclear sobre un argumento (sujeto, objeto), más que sobre el verbo, especialmente cuando el verbo es semánticamente predecible o no muy informativo. Ladd (2008) establece una comparación con las lenguas románicas, en las que incluso en los últimos casos el acento nuclear va sobre el verbo si es final en la frase entonativa. El contraste es particularmente claro en casos en que el inglés y el español usan el mismo orden, como en el ejemplo (9):

(9) (a) Tengo mucho trabajo que haCER.
I have a lot of WORK to do.
(b) Le dieron un paquete para enviAR.
They gave him a PACKage to send.

13.5 Declarativas no neutras

13.5.1 Información conocida e información nueva

En una declarativa toda la oración puede constituir información nueva. En este caso, generalmente encontramos un patrón globalmente descendente en que las cumbres acentuales son progresivamente más bajas. Presentamos un ejemplo de un contorno de este tipo en la figura 13.3: *Mariana miraba la luna.*

Sin embargo, si parte de la oración es información repetida o que se da por conocida por el oyente, la curva tonal suele subir hasta el final de la información conocida. La figura 13.4 es un ejemplo de la misma oración

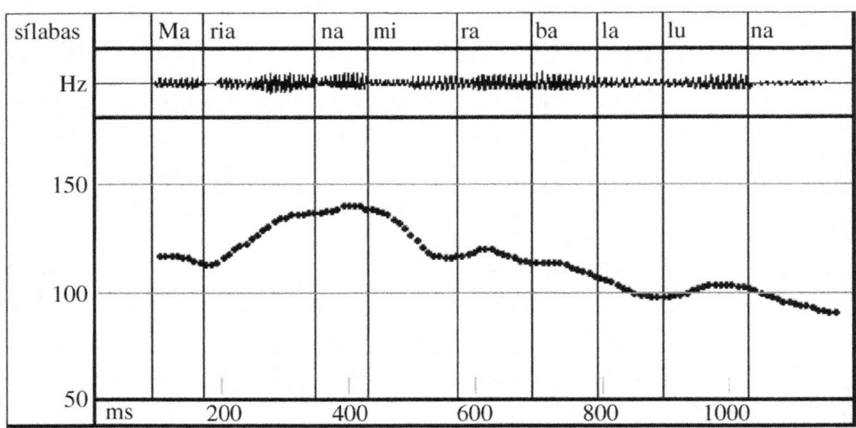

Fig. 13.3 *Mariana miraba la luna.* Toda la oración constituye información nueva. Escalonamiento descendente

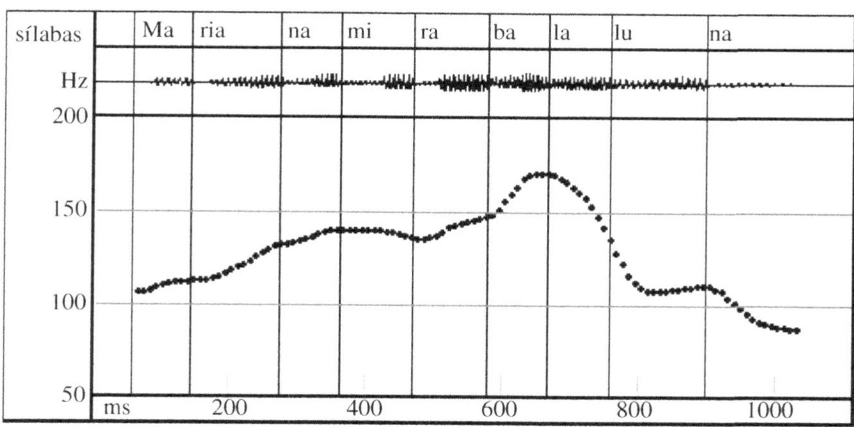

Fig. 13.4 *Mariana miraba*$_{H-}$ *la luna*. En este ejemplo *Mariana miraba* es información conocida

anterior, *Mariana miraba la luna*, producida como posible respuesta a la pregunta *¿Qué miraba Mariana?* o quizás *¿Mariana miraba las estrellas?*, en la cual *Mariana miraba* es información repetida. Nótese que el punto más alto se alcanza al final de *miraba*. Podríamos transcribir este patrón con un tono final de **frase intermedia** H- que señala la subida del tono hasta ese punto. Desde allí hay una caída a un valle al principio de la sílaba con acento nuclear, LU-, que tiene un acento tonal LH* como en otros ejemplos:

(10) Mariana miraba] la LUna.] (correspondiente a la fig. 13.4)
| | | | |
L>H* L>*H H- LH* L%
Contexto: *¿Qué miraba Mariana?*

Presentamos otro ejemplo de esta cuestión en el contorno de la figura 13.5, *Emilio viene mañana*. En este caso, un tono H- aparece al final de *viene*, marcando la porción *Emilio viene* como información conocida que precede a la información nueva. Este patrón entonativo podría corresponder a una respuesta a la pregunta *¿Cuándo viene Emilio?*:

(11) Emilio viene] maÑAna] (correspondiente a la fig. 13.5)
| | | | |
L>H* L>H* H- LH* L%
Contexto: *¿Cuándo viene Emilio?*

En la figura 13.6 tenemos una pronunciación más de *Emilio viene mañana*, con un contorno diferente, correspondiente a otra división entre información conocida e información nueva. En este caso, *Emilio* es información conocida y

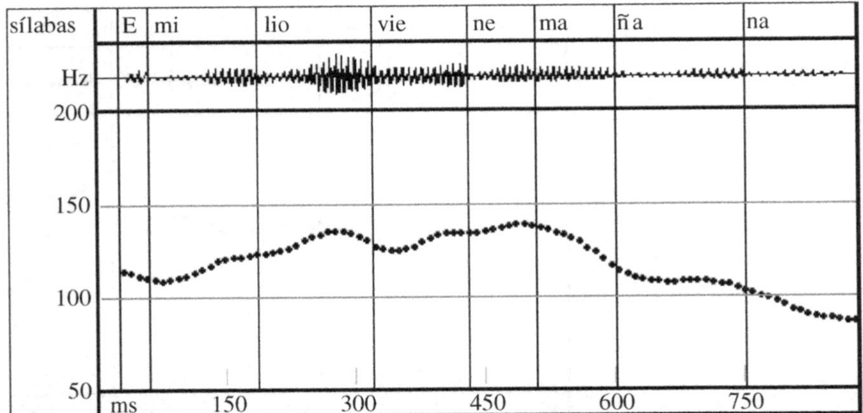

Fig. 13.5 *Emilio viene*$_{\text{H-}}$ *mañana*, donde *Emilio viene* es información conocida; por ejemplo en respuesta a la pregunta *¿Cuándo viene Emilio?*

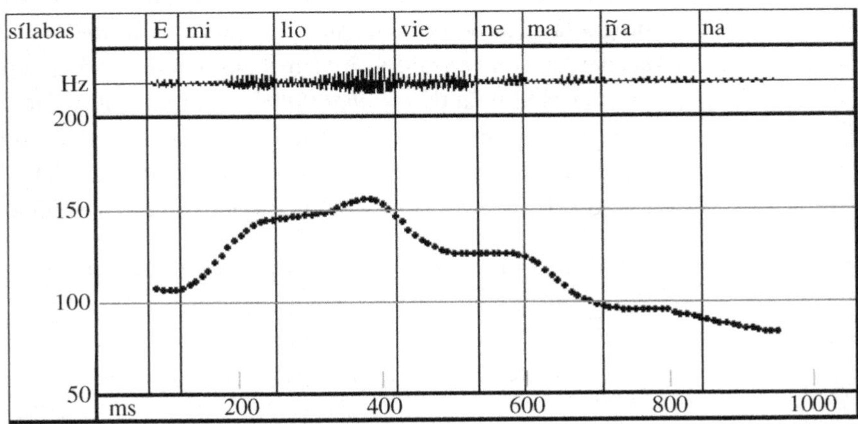

Fig. 13.6 *Emilio*$_{\text{H-}}$ *viene mañana*. La palabra *Emilio* es información conocida y el resto de la oración es información nueva

viene mañana es información nueva. Podríamos parafrasear la interpretación como *En cuanto a Emilio, viene mañana*. Podría ser una respuesta a *¿Qué sabes de Emilio?* En este caso, la frontera de frase intermedia marcada con H- está colocada al final de *Emilio*.

(12) Emilio] viene maÑAna.] (correspondiente a la fig. 13.6)

L>H* H- L>H* LH* L%

Contexto: *¿Qué sabes de Emilio?*

13.5.2 Foco contrastivo en posición no final

Como hemos mencionado ya, el español usa en gran medida un orden de palabras diferente para producir los efectos que se obtienen en inglés por medio de la posición del acento nuclear. Bolinger (1954) nota que la diferencia en uso pragmático entre *El teléfono suena* y *Suena el teléfono* correspondería en inglés a *The phone RINGS* y *The PHONE rings.* Es decir, la palabra que queremos enfatizar aparece en español al final de la frase entonativa, con lo que recibe acento nuclear, mientras que en inglés se cambia la posición del acento nuclear sin afectar al orden sintáctico. Ahora bien, como nota Bolinger, en español podemos decir también *¡El teLÉfono suena!*, con acento nuclear desplazado, que Bolinger traduce en inglés como *The confounded phone has to go and ring!* Como vemos en la traducción que propone Bolinger para este último ejemplo, el desplazamiento del acento nuclear en español produce un resultado altamente enfático.

Como respuesta contradictoria a una pregunta como *Mañana viene María, ¿verdad?* podemos tener *No, mañana viene EMIlio*, pero también es posible tener, *No, EMIlio viene mañana*, con acento nuclear enfático sobre una palabra en posición no final. Esta posibilidad se ilustra en la figura 13.7. Podemos notar que el acento sobre *Emilio* alcanza su cumbre dentro de la sílaba tónica, descendiendo rápidamente en la postónica. Notemos también que los acentos postnucleares – que van sobre palabras cuyo valor informativo es muy bajo en el discurso – aparecen muy reducidos en magnitud.

En la transcripción de este contorno colocamos un tono de frontera intermedia L- al final del elemento focalizado, que impide el desplazamiento del pico tonal precedente. Empleamos el diacrítico (!) para indicar un acento tonal de tamaño reducido con respecto al precedente:

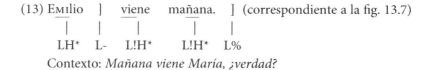

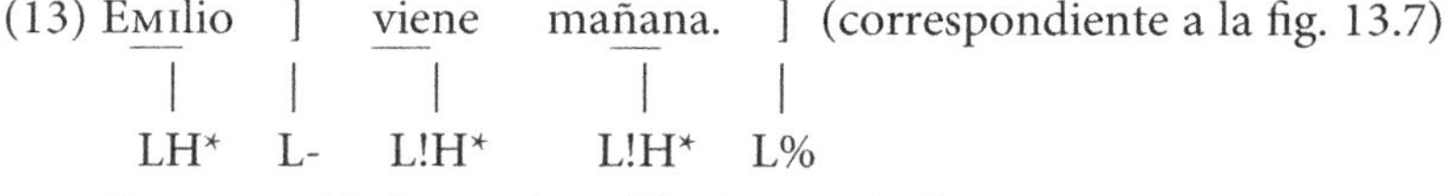
(13) EMIlio] viene mañana.] (correspondiente a la fig. 13.7)
LH* L- L!H* L!H* L%

Contexto: *Mañana viene María, ¿verdad?*

En la figura 13.8, ofrecemos otro ejemplo del mismo tipo de contorno, con acento nuclear sobre la primera palabra, que lleva foco contrastivo: *Mariana miraba la luna.* Esta podría ser una respuesta contradictoria a *¿Emilio miraba la luna?* Nótese de nuevo la bajada en la postónica de la primera palabra y la escasa variación tonal en las palabras siguientes. Podemos comparar la figura 13.8 con la figura 13.3 donde el mismo texto aparece producido con foco amplio.

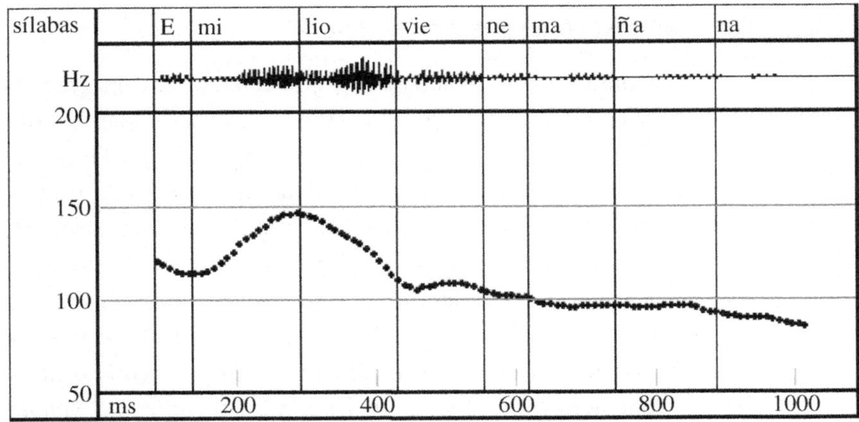

Fig 13.7 *Emilio viene mañana*. Foco contrastivo (de contradicción) sobre *Emilio*

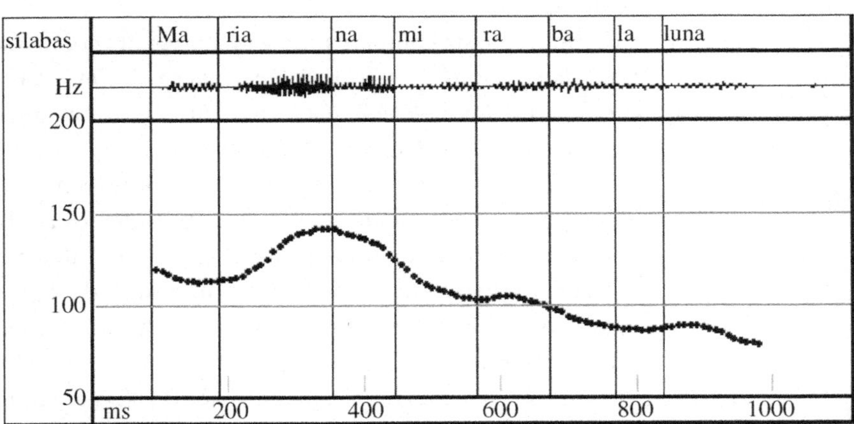

Fig. 13.8 *Mariana miraba la luna*, con foco estrecho contrastivo sobre *Mariana*

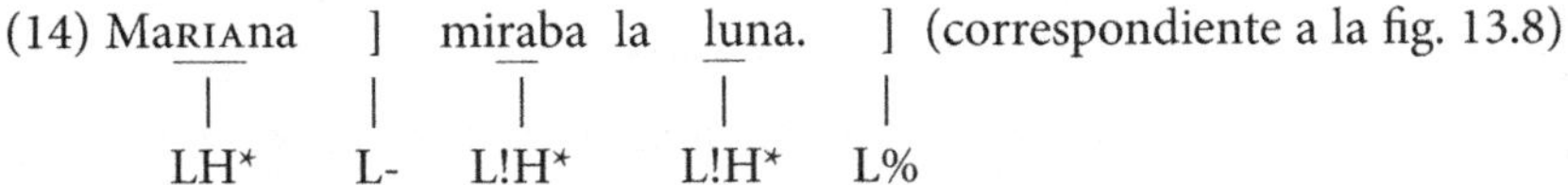

(14) MaRIAna] miraba la luna.] (correspondiente a la fig. 13.8)
LH* L- L!H* L!H* L%

En el ejemplo de la figura 13.9, *Mariana, miraba la luna*, la segunda palabra, *miraba*, tiene foco contrastivo. La entonación que se muestra en esta figura podría ser apropiada en un contexto discursivo donde *Mariana* es información conocida y el hablante quiere expresar foco de contradicción en *miraba*. El contexto podría ser, por ejemplo, *¿Has dicho que Mariana esperaba la luna?* Nótese la diferencia de alineación entre los picos acentuales. Dado que *Mariana* es información conocida, su cumbre acentual se desplaza

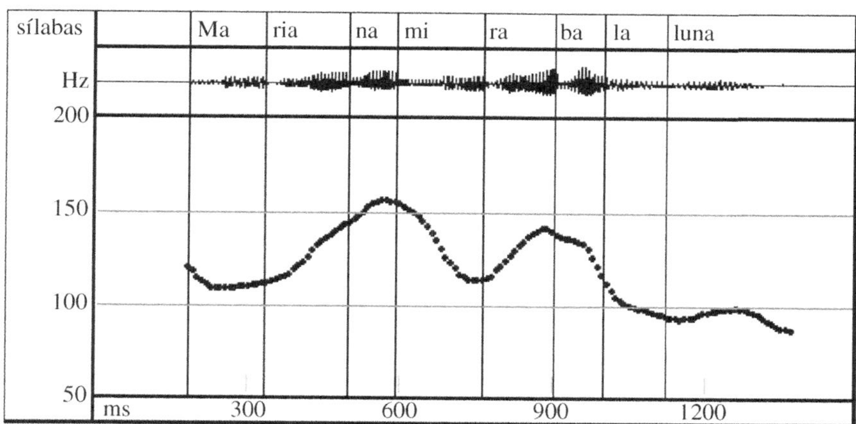

Fig. 13.9 *Mariana, miraba la luna*. La palabra *Mariana* es información conocida y *miraba* tiene foco contrastivo

fundiéndose con el tono H- al final del constituyente focalizado. En la palabra *miraba*, sin embargo, como en los otros ejemplos de foco contrastivo que ya hemos visto, la cumbre acentual se alcanza en la tónica y hay una bajada tonal en la postónica. La diferencia en la posición del pico acentual nos puede servir, pues, para diferenciar palabras con foco contrastivo de otras que constituyen información conocida.

(15) Mariana] miRAba la luna.] (correspondiente a la fig. 13.9)
| | | | |
L>H* H- LH* L!H* L%
Contexto: *¿Mariana esperaba la luna?*

13.6 Preguntas

Hay dos tipos principales de oraciones interrogativas: interrogativas totales, llamadas también preguntas de *sí* o *no*, e interrogativas parciales o preguntas pronominales. En las interrogativas totales la entonación puede ser la única marca de interrogatividad: compárese, p.ej., *Llegaron tus amigos* con *¿Llegaron tus amigos?*, *Lo compró María* con *¿Lo compró María?*, *Quieres café* con *¿Quieres café?* o *Te gustan las novelas policíacas* con *¿Te gustan las novelas policíacas?* En las interrogativas parciales, por otra parte, la presencia de la palabra interrogativa suele ser suficiente para marcar interrogatividad, aunque puede haber ambigüedad con una interpretación exclamativa, que no pide información ni espera respuesta; compárese, p.ej., *¿Cómo lo sabes?* y *¡Cómo lo sabes!*, *¿Adónde vas?* y *¡Adónde vas!* o *¿Quién me lo iba a decir a mí?* y *¡Quién me lo iba a decir a mí!*

Para comenzar con las interrogativas parciales, estas generalmente tienen una entonación descendente comparable a la de las declarativas, con cumbre en la palabra interrogativa y descenso hasta el final de la frase. Este es el contorno no marcado, pero no la única posibilidad. Escandell-Vidal (2011) señala que una interrogativa como *¿Quién ha venido?*, además de poderse producir con contorno final descendente (L* L%), puede tener un contorno ascendente-descendente (llamado también circunflejo, con movimiento final (LH* L%) si se trata de una pregunta repetitiva, o un contorno ascendente (H* H%) como pregunta de adivinanza. Podemos añadir que una cuarta posibilidad es tener un contorno descendente-ascendente (L* H%), que puede tener un valor de insistencia o cortesía o algún otro matiz añadido dado por el contexto. Se reproducen estos cuatro contornos en las figuras 13.10 y 13.11. En las figuras se analiza solo el contorno tonal final, sobre el participio *venido.*

Pasando a las interrogativas totales, estas pueden tener también contornos diferentes. En el caso de estas interrogativas, encontramos además diferencias dialectales en cuanto al contorno no marcado. En la mayor parte del

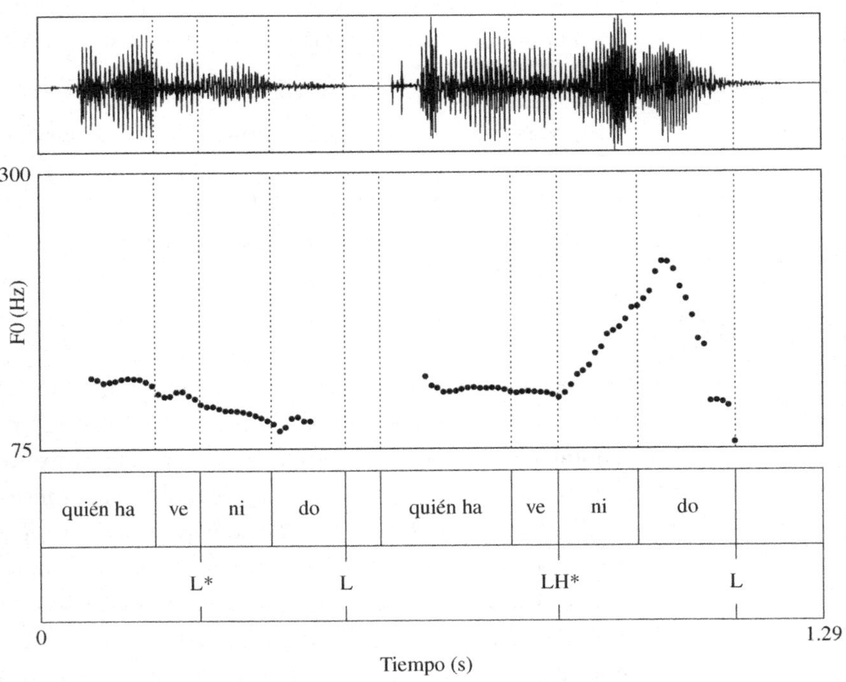

Fig. 13.10 *¿Quién ha venido?*: (A) Contorno descendente (L* L%). (B) Contorno ascendente descendente (circunflejo, LH* L%)

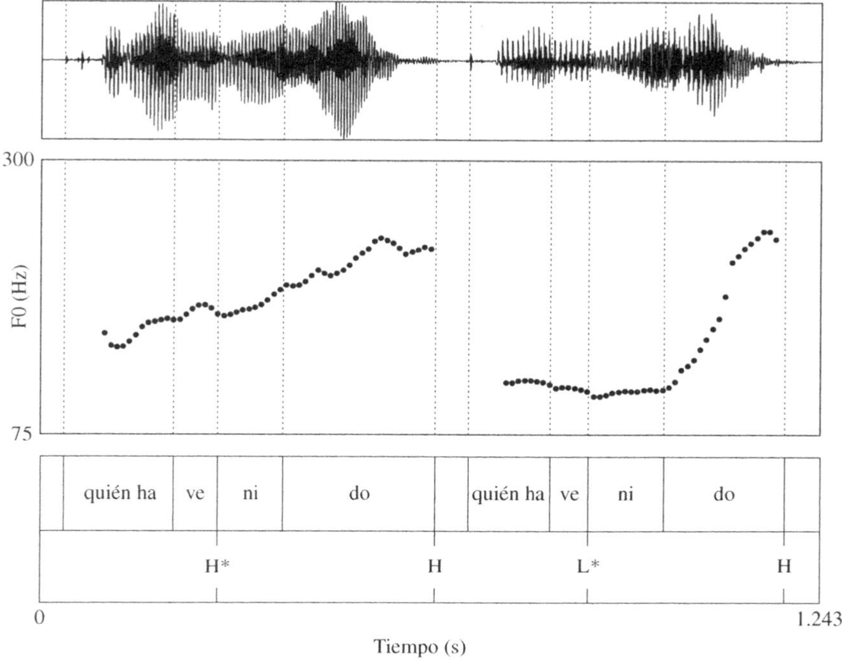

Fig. 13.11 *¿Quién ha venido?*: (C) Contorno ascendente (H* H%). (D) Contorno descendente-ascendente (L* H%)

español peninsular, en México y en muchas otras áreas geográficas, las preguntas de *sí* o *no* neutras tienen un contorno descendente-ascendente con una subida final que parte desde un punto bajo en la última sílaba tónica (L* H%). Sin embargo, en el Caribe, Canarias, Buenos Aires y varias otras zonas dialectales, estas preguntas tienen generalmente contorno circunflejo (H* L%) (véase Prieto y Roseano 2010). En dialectos como el de Madrid en que el contorno no marcado de las preguntas de *sí* o *no* (en la intuición de los hablantes) es de tipo L* H%, el circunflejo puede tener el valor de pregunta confirmatoria, en que el hablante quiere verificar la información (véase Quilis 1993: 441). Lo mismo que hemos visto para las interrogativas parciales, podemos tener también un contorno ascendente desde el principio de la oración en preguntas de tipo examen (Fernández Ramírez 1957–1959, Escandell-Vidal 1998, 1999).

En las figuras 13.12 y 13.13 se ofrecen dos producciones de *¿Miraban a Mariano?* con contorno descendente-ascendente y circunflejo, respectivamente. El análisis entonativo del contorno de la figura 13.12 sería el siguiente:

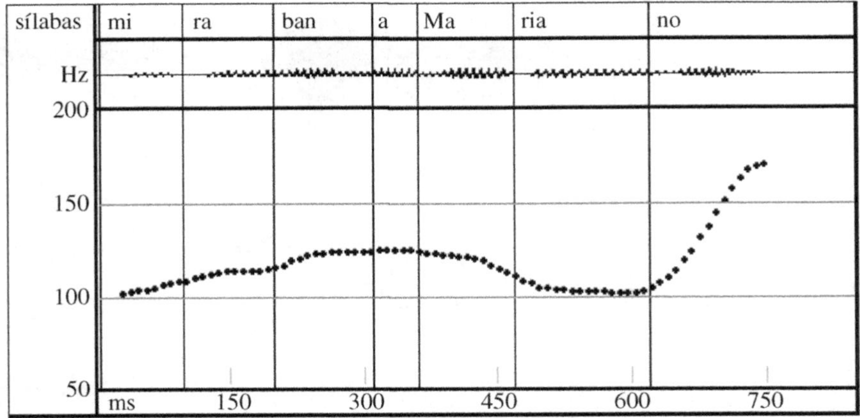

Fig. 13.12 *¿Miraban a Mariano?* Interrogativa total neutra

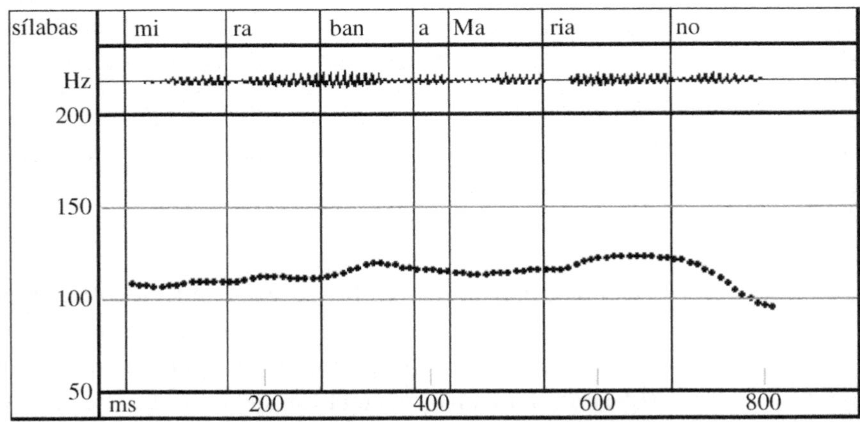

Fig. 13.13 *¿Miraban a Mariano?* Entonación circunfleja

(16) Miraban a MaRIAno.] (correspondiente a la fig. 13.12)
L>H* L* H%

En la figura 13.13 el acento alto nuclear está escalonado a más altura que el acento precedente; esto lo indicamos con el diacrítico (¡).

(17) Miraban a MaRIAno.] (correspondiente a la fig. 13.13)
L>H* L¡H* L%

Es importante tener en cuenta que no hay una relación fija entre contorno entonativo y significado pragmático. La relación es más bien probabilística. Por ejemplo, aunque el final L* H% caracteriza a las preguntas, podemos tener este contorno en una declarativa algo enfática como *¡Pues no sé muy bien hacia dónde tengo que ir!* (ejemplo tomado del corpus de Madrid del AIEE; véase la nota 1 de este capítulo). Si escucháramos solamente la oración subordinada de este ejemplo fuera de contexto casi seguramente la interpretaríamos como una pregunta, pero en su contexto discursivo está claro que no lo es. De igual manera, una oración como *Pero, Juan llega mañana* pronunciada con contorno característicamene declarativo (L* L%) puede interpretarse como acto comunicativo que requiere una respuesta de *sí* o *no* dentro de un diálogo (como si tuviera la terminación *¿verdad?* implícita).

13.7 Exclamativas

En la página escrita utilizamos los llamados signos de exclamación o admiración para indicar fuerza exclamativa con valores pragmáticos que pueden ser muy diferentes entre sí y que pueden ir desde el mandato (*¡Dame la llave!*) hasta la expresión de obviedad (*¡Pues claro que lo sé!*).

Las oraciones imperativas no se distinguen por su contorno entonativo de las declarativas. Es decir, oraciones como *Abre la ventana (él)* y *¡Abre la ventana! (tú)* suelen tener ambas contorno descendente (Willis 2002, Robles-Puente 2011). Es posible encontrar diferencias que tienen que ver con el grado de énfasis, como una mayor altura de los picos acentuales y una mayor duración de las sílabas tónicas, pero estas no deben confundirse con una diferencia entre el contorno declarativo y el imperativo. La elocución enfática puede ser más común en oraciones imperativas, pero es posible también tener declarativas enfáticas e imperativas poco enfáticas.

Como vimos en la sección 12.9.2, los mandatos consistentes en un solo verbo con pronombres enclíticos pueden presentar movimiento del acento tonal a la última sílaba, *¡Déjamel**o**!*, o recibir dos acentos, *¡D**é**jamel**o**!*, con dos cumbres tonales.

La exclamación puede indicar también, por ejemplo, matices como obviedad o sorpresa. En la figura 13.14 se ofrecen dos contornos exclamativos con el mismo texto. Ambos contornos tienen un acento LH* seguido de un tono de frontera complejo con bajada y subida, LH%. El primero de los dos contornos expresa obviedad, *¡Claro! ¡para Bárbara!*, mientras que el segundo indica sorpresa *¿¡Para Bárbara!?*, *¡no me lo esperaba!* Aunque el

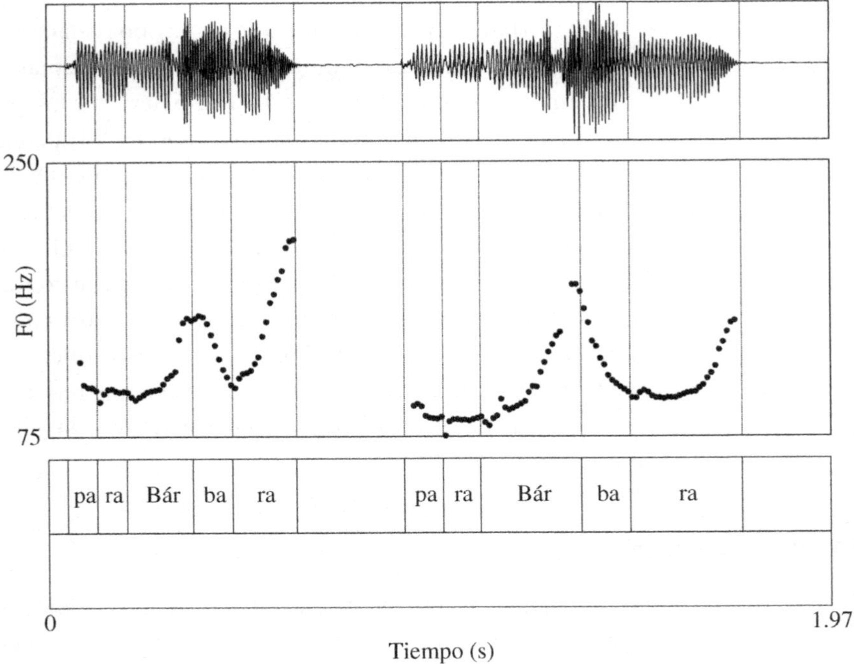

Fig. 13.14 *Para Bárbara*. El primer ejemplo expresa obviedad (*¡Claro!, ¡Para Bárbara!*), mientras que el segundo expresa sorpresa (*¡¿Para Bárbara?! No me lo esperaba*)

contorno entonativo es fundamentalmente idéntico en sus características generales, hay diferencias en otros aspectos, como la duración relativa de las sílabas, con más alargamiento tanto de la tónica como de la sílaba final en el segundo ejemplo.

13.8 Entonación y fraseo

Los límites de frase se pueden indicar por medio de tonos de frontera, además de por el alargamiento de la sílaba final y por la introducción de pausas. En español tenemos pares mínimos que se diferencian en su fraseo como los siguientes:[3]

(18) (a) Cuando llegó Manolo, me dio el dinero.
(b) Cuando llegó, Manolo me dio el dinero.

En estas oraciones, la coma indica ortográficamente la presencia de un límite de frase. En el habla, este límite de frase puede indicarse de varias

[3] Nótese que la palabra *cuando* aquí es átona y por tanto no se marca con un acento tonal.

maneras. Una posibilidad es realizarlo por medio de un tono de frontera alto H%, con lo cual podemos tener contornos similares a los que vimos antes para frases con una estructura de información conocida-información nueva. También podemos tener un tono de frontera complejo LH% (bajada y subida al final de la primera frase) y posiblemente una pausa. Una subida final puede indicar, pues, no solo interrogatividad sino también continuación o pensamiento no completo.

13.9 El ritmo

Además de presentar diferencias en su entonación y acentuación, dos lenguas como el inglés y el español también difieren en sus propiedades rítmicas. Se ha dicho que en inglés el ritmo se basa en la alternancia entre sílabas tónicas y átonas y se ha acuñado el término *stress-timed language* (lengua de ritmo acentual) para referirse a idiomas con esta propiedad. En estas lenguas la impresión auditiva es que la duración de los intervalos entre sílabas tónicas se mantiene relativamente estable mediante la mayor o menor reducción en la duración de las sílabas átonas. El español, por otra parte, sería un ejemplo de *syllable-timed language* (lengua de ritmo silábico). Estas lenguas producirían la impresión de que todas las sílabas, sean tónicas o átonas, tienen un duración semejante (véase Kohler 2009 para la historia del desarrollo de estos conceptos).

En cierta manera, las tradiciones poéticas del inglés y del español son consistentes con esta clasificación. Así, mientras que en español un soneto consiste de versos endecasílabos, en inglés cada verso en un soneto es un pentámetro yámbico (= cinco pies métricos con prominencia sobre la segunda sílaba). Esto es, mientras que en español se cuentan las sílabas, en inglés se toman en cuenta unidades acentuales.

Esta clasificación en tipos rítmicos está basada en la impresión auditiva que produce la lengua. La evidencia fonética es bastante más sutil que lo que sugieren las etiquetas de ritmo acentual y ritmo silábico. Claramente, no es el caso que todas las sílabas en español tengan la misma duración. Para empezar, como hemos mencionado ya en la sección 12.8, diferentes consonantes presentan diferencias en su duración intrínseca. Así, la vibrante simple es más breve que la múltiple y que una oclusiva sorda. También entre las vocales encontramos diferencias de duración intrínsecas, siendo las bajas más largas que las altas en igualdad de condiciones. En cualquier lengua, pues, la duración de una sílaba o secuencia de sílabas va a depender en gran parte de los segmentos que contiene. Además de estas diferencias intrínsecas, tanto el acento como la proximidad al final de una frase contribuyen a dar mayor duración a las sílabas.

Si consideramos los efectos del acento en la duración de sílabas con la misma composición segmental, tanto en inglés como en español las sílabas acentuadas tienen mayor duración que las átonas. En ambas lenguas, la duración es un correlato importante del acento. Estas diferencias entre sílabas tónicas y átonas son, sin embargo, mucho más grandes en inglés (o en portugués, por dar otro ejemplo) que en español.

Como vimos en la sección 12.8, los efectos del acento en la cualidad tanto de las vocales como de las consonantes son también mucho más llamativos en inglés que en español. En inglés hay, por tanto, una diferencia más notable entre sílabas tónicas y átonas que en español. Esto contribuye a una diferencia de percepción entre las dos lenguas que se puede interpretar en términos rítmicos. El hecho de que el inglés tenga grupos consonánticos más complejos que los del español también tiene un efecto en la percepción de una diferencia en ritmo (véase Dauer 1983, Ramus et al. 1999, Grabe y Low 2002, Nolan y Asu 2009, Toledo 1988, Arvaniti 2009, entre otros).

13.10 Variación geográfica en la entonación

Para cualquiera que haya viajado por diferentes países hispanohablantes o haya conversado con hablantes de zonas diferentes, es evidente que las diferencias prosódicas, de entonación y de ritmo, son a menudo suficientes para identificar el origen del hablante. Esto puede deberse, en parte, a que en dialectos diferentes se utilizan contornos entonativos diferentes (véase Quilis 1987, Sosa 1999, Prieto y Roseano 2010). Por ejemplo, en el Caribe y las Islas Canarias se utiliza un contorno circunflejo característico en las interrogativas absolutas (véase Armstrong 2010, 2012). En México encontramos contornos claramente distinguibles incluyendo un contorno también circunflejo, pero con características muy diferentes del interrogativo caribeño, en ciertas declarativas, sujeto a variación sociolingüística (Martín Butragueño 2004). Por dar un último ejemplo, Kaisse (2001) describe un contorno nuclear típico en el español de Argentina que incluye un prolongado descenso tonal a partir de un pico contenido completamente en la sílaba tónica. Estas diferencias en la entonación están empezando a ser objeto de estudio detallado (véase Willis 2003, Prieto y Roseano 2010, O'Rourke 2012), aunque todavía falta mucho por hacer.

Además de las diferencias que tienen que ver con el uso de contornos entonativos diferentes, la reducción vocálica en sílabas átonas, como en el español de México y de la zona andina, también contribuye a producir un efecto rítmico diferente.

EJERCICIOS

1 Describa y analice los contornos con que se podría producir la interrogativa *¿Quiere agua o limonada?* en los siguientes tres contextos:

(a) Interrogativa absoluta: *¿Quiere agua o limonada?*
Respuesta posible: "Sí, quiero beber algo, agua, limonada o cualquier otra bebida".

(b) Pregunta disyuntiva completa (una o la otra): *¿Quiere agua? ¿o limonada?*
Respuesta posible: "Prefiero agua".

(c) Pregunta disyuntiva incompleta (puede haber otras opciones): *¿Quiere agua? ¿o limonada?...*
Respuesta posible: "Té, por favor, si hay".

2 Considere un par mínimo como *sábana* y *sabana*. ¿Qué diferencias acústicas esperaríamos encontrar entre estas dos palabras pronunciadas aisladas? ¿Y en posición final en una frase como *No me gusta la sábana/sabana*? ¿Habría alguna diferencia si la palabra se encuentra en posición prenuclear como en *La sábana/sabana estaba seca*? Finalmente, ¿cuál sería su hipótesis para el caso en que la palabra en cuestión se encuentre en posición postfocal, como, p.ej., en el siguiente diálogo?:

– ¿Has dicho que quieres oler la sábana/sabana otra vez?
– No, que quiero VER la sábana/sabana otra vez.

3 Grabe el enunciado *De mi hermano* con dos significados discursivos diferentes, primero como exclamativa que expresa obviedad: *¡De mi hermano! (por supuesto)*, y después como exclamación de sorpresa: *¿¡De mi hermano!? (me sorprende mucho)*. ¿Qué diferencias y semejanzas encuentra entre los dos contornos?

4 La entonación es un sistema productivo porque podemos aplicar el mismo contorno entonativo a textos con números de sílabas y palabras diferentes y con distintos esquemas acentuales. Grabe las siguientes preguntas con el mismo contorno y describa después el contorno en términos de la teoría métrica-autosegmental: *¿Para Mariana?, ¿Para Bárbara?, ¿De la hermana de Mariana?, ¿Del amigo de la hermana de Mariana?, ¿Ana?*

5 Grabe las cinco vocales del español en serie (*a*, *e*, *i*, *o*, *u*), sin ningún tipo de énfasis, como si contestara a la instrucción *Dígame las cinco vocales de español*. Analice el contorno tonal de las cinco vocales. ¿Cuál tiene una entonación más claramente diferente? ¿Qué piensa que ha querido expresar usted con la entonación de las otras cuatro? ¿Era usted consciente de que estaba utilizando ese contorno tonal?

14 Variación en la pronunciación del español

14.1 Variación en la pronunciación: dialectos, sociolectos, estilos

En este capítulo final resumimos las principales diferencias dialectales que se han ido presentando en otros capítulos, centrándonos ahora en las características fonológicas que definen al español de las diversas zonas geográficas donde se habla.

En todas las lenguas hay variación entre hablantes en algunas de las palabras que usan, las construcciones gramaticales que emplean y, especialmente, en su pronunciación. A menudo podemos saber de dónde es una persona por su forma de hablar. La manera en que habla una persona también nos informa sobre otros aspectos de su identidad como pueden ser su clase socioeconómica, edad, género y etnicidad.

Las distintas formas que presenta una lengua en diferentes regiones o países se conocen como variedades geográficas o **dialectos**. Por ejemplo, en el caso del español, podemos hablar del dialecto mexicano, el caribeño, el chileno, el andaluz, y el peninsular centro-norteño, entre otros ejemplos, para referirnos, respectivamente, a las diferentes maneras en que se habla el español en México, el Caribe, Chile, Andalucía y el centro y norte de España. Es importante tener en cuenta que los dialectos de una lengua no son entidades discretas con fronteras geográficas fijas, como las que puede haber entre países o provincias. Por el contrario, términos como *dialecto andaluz* o *dialecto mexicano* son solo etiquetas que pueden ser útiles si nuestro objetivo es tratar de dar cuenta de la diversidad dentro de una lengua que asociamos con lugares diferentes. Dentro de cada dialecto, podemos siempre distinguir subdialectos. Así, podemos referirnos a las hablas de Madrid y Zaragoza como pertenecientes a subdialectos diferentes del dialecto peninsular centro-norteño, por ejemplo. Volveremos al tema de la clasificación dialectal en la sección siguiente.

También es importante tener en cuenta que, como término técnico utilizado en el campo de la lingüística, la palabra *dialecto* no implica ninguna connotación negativa. Es un término completamente neutral que simplemente hace referencia a una variedad de una lengua definida en función de la geografía. El estudio científico de este tipo de variación se conoce como *dialectología*. Así, la *dialectología española* es el estudio de la variación geográfica en español y un *dialectólogo* es una persona que se dedica profesionalmente a tal estudio. Aunque la variación dialectal afecta a todos los aspectos del idioma, desde la sintaxis y la morfología hasta el léxico, en este libro nos hemos concentrado únicamente en aspectos de variación dialectal referidos a la pronunciación, que resumiremos y organizaremos en este capítulo.

Pero la geografía no es la única fuente de variación en un idioma. Dentro de la misma región o incluso en una misma ciudad también encontramos variación entre hablantes. Las variedades socialmente definidas que podemos encontrar dentro de una comunidad lingüística se conocen como **sociolectos**. Estos incluyen la forma de hablar de diferentes grupos sociales definidos por su edad, etnicidad, ocupación, nivel educativo, etc. Por ejemplo, hoy en día en algunas partes de España y de Colombia (entre otros lugares) la distinción consistente entre <*y*> /ʝ/ y <*ll*> /ʎ/ en la pronunciación es a menudo una variante sociolectal asociada con los grupos de mayor edad, y que ya no se encuentra en las generaciones más jovenes del mismo pueblo o ciudad. Por paralelismo con sociolecto, se usa también el término **geolecto** o topolecto para referirse más claramente a lo que en el párrafo anterior hemos llamado dialecto (variedad geográfica).

Además del hecho de que diferentes hablantes tienen distintos hábitos lingüísticos, todos sabemos que no hablamos de la misma manera siempre. Ciertas formas de hablar son más coloquiales y ciertas otras más formales. Por dar un ejemplo, muchos hispanohablantes tienden a pronunciar la <*-d*> final en palabras como *ciudad*, *verdad*, etc., cuando están leyendo y en otras situaciones formales (estilo formal), pero no cuando están charlando con sus amigos (estilo informal). Todos los hablantes nativos de un idioma tienen control sobre un abanico de estilos. Aprender el uso estilísticamente apropiado de diferentes pronunciaciones es de hecho una de las dificultades mayores para los que aprenden una segunda lengua de adultos. En el caso del español, el asunto se ve complicado por el hecho de que hay pronunciaciones que son aceptables en discurso formal en algunos países, pero se consideran coloquiales o incluso "vulgares" en otros. Por ejemplo, no pronunciar la <*-d-*> en participios como *hablado*, *cantado*, etc., se considera mucho más aceptable en situaciones formales en España que en México o en Argentina. De manera similar, la mayoría de los mexicanos pronuncian la <*-s*> siempre que se escribe, pero este tipo de pronunciación se da solo en los estilos más formales en otros países como Venezuela o Puerto Rico. Es decir, lo que sería una pronunciación perfectamente coloquial para un mexicano puede considerarse demasiado formal en, por ejemplo, Venezuela.

En las próximas secciones examinaremos algunos rasgos de pronunciación que caracterizan al español de las principales áreas geográficas donde se habla. Consideraremos primero el español de España, es decir, de la Península Ibérica y las Islas Canarias. A continuación, presentaremos los rasgos fonológicos más destacados de las principales variedades del español de Latinoamérica.

14.2 Principales variedades geográficas del español en España

Simplificando mucho, podemos distinguir dos grandes dialectos del español en la Península Ibérica: el español centro-septentrional y el español meridional o "andaluz" en un sentido amplio (que incluiría no solo Andalucía, sino también Murcia y la parte sur de Extremadura y La Mancha). Sin embargo, como ya hemos indicado, debemos tener en cuenta que los dialectos no tienen fronteras bien definidas, como los estados o las provincias. No tiene mucho sentido preguntar, por ejemplo, cuál es la frontera del dialecto andaluz o en qué medida coincide con la de Andalucía. De hecho, por lo que respecta al español peninsular, es más correcto hablar de rasgos septentrionales y rasgos meridionales, cada uno de los cuales puede tener una extensión diferente, que de dos zonas dialectales distintas con una frontera clara. Otros autores reconocen una zona de transición entre un dialecto septentrional y otro meridional, pero, de nuevo, esta zona de transición tampoco parece tener límites precisos.

14.2.1 Español peninsular septentrional

La variante estándar o normativa de España se basa en la pronunciación de los hablantes con un nivel educativo alto de la zona norte y centro de la Península. Esto no significa, sin embargo, que todos los rasgos de pronunciación que se encuentran en esta área se acepten como parte de la norma formal.

Un rasgo del español del norte y centro de España es el contraste fonológico entre /s/ y /θ/, como en *rosa* /r̄ósa/, *roza* /r̄óθa/. En la variante peninsular estándar, /θ/ ocurre donde la escritura tiene *<z>* (como en *zona, zurdo, izquierda*) y *<c>* en las secuencias *<ce>*, *<ci>* (como en *centro, cine, piscina*).

En parte de esta zona, sin embargo, hay muchos hablantes que tienen también [θ] en otros dos contextos: en el grupo *<ct>*, como en *recta* [r̄éθta], *dictar* [diθtár], y también correspondiendo a *<d>* final de sílaba o de palabra, como en *admirar* [aθmiɾár], *red* [r̄éθ] (véase la sección 7.2.4). Estas pronunciaciones, aunque son comunes en partes de Castilla incluso entre profesionales y otras personas con un nivel educativo elevado, no son parte de la norma y son evitadas por otros hablantes del mismo dialecto.

Otros dos rasgos del dialecto peninsular septentrional que a oídos latinoamericanos son muy llamativos son la pronunciación postvelar estridente (ruidosa) de /x/ (como en *ajo*, *mujer*) y también una pronunciación más posterior de /s/ que en la mayoría de Latinoamérica (véase la sección 2.2.2).

Hasta hace poco, la distinción entre /ʎ/ y /ʝ/ se encontraba en la mayor parte del norte y centro de la Península, así como en puntos aislados del sur (y de Canarias), y se consideraba parte de la norma peninsular. Hoy en día, sin embargo, muy pocos hablantes de las generaciones más jóvenes conservan este contraste de manera consistente.

Aunque el español del norte de Castilla y otras partes del norte de la Península se considera frecuentemente una variedad conservadora, la elisión de /-d-/ en participios en *-ado* (*canta(d)o*, *habla(d)o*) y en algunas otras palabras (como *lado*) es común en esta área incluso entre hablantes educados en situaciones semiformales. También es común la simplificación de grupos consonánticos, como en *texto* [tésto], *excusa* [eskúsa], *construir* [kostruír], etc.

14.2.2 Español peninsular meridional

El español de Andalucía y otras áreas del sur de la Península suele ser considerado más innovador o radical en su pronunciación que el del norte y centro. Lo que esto quiere decir, en términos simples, es que muestra una mayor reducción o debilitamiento de ciertas consonantes, desviándose más de la pronunciación que sugiere la ortografía estándar. Algunos rasgos de pronunciación de las variedades meridionales de la Península Ibérica son los que se indican a continuación. No todos estos rasgos tienen la misma extensión geográfica o la misma consideración social:

(a) Carencia de contraste entre /s/ y /θ/. Por ejemplo, *rosa* y *roza* se pronuncian igual (véase la sección 2.6). Aunque característico de gran parte de Andalucía (no de las regiones más norteñas), este es un rasgo en retroceso en zonas urbanas. En ciudades como Cádiz y Granada, por ejemplo, se está introduciendo el contraste en las generaciones más jóvenes.

(b) Aspiración (pronunciación como [h]) y pérdida de /s/ ante consonante y en final de palabra, como en *este* [éhte], *las casas* [lahkása]. La aspiración de /s/ tiene una extensión bastante amplia en la Península: se documenta en Andalucía, Murcia, La Mancha y Extremadura. Aunque con menor intensidad que en las regiones meridionales, se encuentra también en

Madrid y en otras áreas del centro en contextos informales. Hay islas de aspiración aún más al norte, por ejemplo, en zonas rurales de Cantabria.

(c) Pronunciación débil de /x/, como aspiración laríngea: *mujer* [muhé] ~ [muɦé].

(d) Velarización de /n/ final de palabra, como en *pan* [páŋ], o pérdida total, con nasalización de la vocal precedente, [pã]. La velarización de /n/ no se da en la parte oriental y central de España, pero por el oeste se encuentra desde Galicia y Asturias hasta Andalucía, pasando por León y Extremadura. Es decir, este es un rasgo occidental, más que meridional.

(e) Neutralización o falta de contraste entre lateral y vibrante ante otra consonante: *e*[ɾ] *niño*; y neutralización o pérdida de estas consonantes en posición final de palabra: *cantar* [kantá], *comer* [komé], *hospital* [ohpitá]. Este es un rasgo extendido geográficamente, pero estigmatizado y evitado en estilos formales.

(f) Elisión de /d/ intervocálica: *comido* [komío], *cadena* [kaéna], *cansada* [kansá]. Como hemos mencionado ya, la elisión de /d/ en *-ado* es común en toda España. Lo característico del español meridional (pero también de las hablas rurales de Asturias y Cantabria, por ejemplo) es la extensión de esta elisión a otros contextos. Así, mientras que un hablante de Burgos frecuentemente elidirá la /d/ en *asado*, pero no en *asada* o *comido*, un hablante de Sevilla, por ejemplo, puede elidir esta consonante en los tres ejemplos.

(g) Debilitamiento de /ʧ/, *muchacho* [muʃáʃo]. Este rasgo se da solo en una pequeña parte del sur de Andalucía.

14.2.3 Español canario

El español hablado en las Islas Canarias presenta los rasgos (a)-(f) mencionados en la sección anterior. Esto es algo que se entiende perfectamente si tenemos en cuenta que las Islas fueron colonizadas desde Sevilla y, durante siglos, mantuvieron más contacto con el sur que con el norte de España. Frente a lo que ocurre en Andalucía, donde muchos hablantes cultos de las generaciones más jóvenes tienden a establecer el contraste entre /s/ y /θ/ incluso en zonas donde esta distinción no ha existido históricamente, la norma canaria es el seseo.

Además de estos rasgos, el fonema /ʧ/ tiene una realización [c] más palatal que en español peninsular (Catalán 1960, Almeida y Díaz Alayón 1989: 36–37, Martín Gómez 2010). La llamada *ch-adherente* es una pronunciación que se da también en Cuba y otras áreas del Caribe (véase la sección 8.1). Otro rasgo canario es la fuerte tendencia a sonorizar /p t k/ y la africada /ʧ/ (realizada como [ɟ]) entre vocales (véase la sección 7.2.2).

En Gran Canaria, /b d g/ se realizan como oclusivas tensas tras /s/ aspirada (véase la sección 8.2.5.2)

La impresión auditiva general del español de Canarias, para hablantes de otros dialectos, es bastante similar a la que producen las variedades caribeñas. Esto se debe a la existencia de muchos rasgos comunes tanto en el ámbito segmental como en el de la entonación.

14.3 Principales variedades geográficas de la lengua española en Latinoamérica

En las Américas, el español se ha hablado nativamente durante siglos desde el suroeste de los Estados Unidos hasta la Tierra del Fuego. Como es de esperar, a través de estos vastos territorios la lengua no es completamente uniforme. Las diferencias son, sin embargo, relativamente pequeñas; más pequeñas, por ejemplo, que las que se encuentran en el reducido territorio donde se habla la lengua vasca. Sin duda, esta escasa diferenciación se debe a la existencia de contacto lingüístico durante la época colonial, lo que permitió que innovaciones como el ensordecimiento de las sibilantes y la pronunciación moderna de la "jota" (véase la sección 8.2.4) se extendieran por todo el territorio. En épocas más recientes, el trabajo de la Real Academia Española con sus correspondientes en todos los países de habla hispana ha contribuido a mantener también una cierta unidad de norma.

Un rasgo fonológico común importante, ya mencionado, es el seseo. En toda Latinoamérica hay un único fonema /s/ en lugar de los dos fonemas /s/ y /θ/ de la norma peninsular. No hay apenas nada más en la pronunciación del español latinoamericano que lo oponga conjuntamente al español peninsular.[1]

Hemos indicado en diversos lugares que algunas diferencias entre España y Latinoamérica tienen que ver con la consideración social de ciertos fenómenos de variación y, consecuentemente, la frecuencia con la que aparecen en los estilos más formales. Pronunciaciones como *cantao* y *hablao* (en lugar de *cantado* y *hablado*) son muy frecuentes en España y se encuentran en el habla de políticos y profesores universitarios (aunque son todavía evitadas por los locutores de radio). En Latinoamérica, por otra parte, esta pronunciación se considera generalmente "vulgar" o "no educada". Inversamente, mientras que en muchos países latinoamericanos la reducción del hiato en, por ejemplo, *golpear*, *golpeó* (pronunciadas como si se escribieran *golpiar*, *golpió*) es común en hablantes de

[1] Un rasgo morfológico común a toda Latinoamérica es el uso de *ustedes* (y sus formas verbales correspondientes) como única segunda persona del plural, con exclusión de *vosotros*, que se utiliza únicamente en España.

todos los niveles educativos, en España se considera a menudo como un rasgo "vulgar" o "rural".

En lo que atañe a la variación geográfica dentro del español latinoamericano, lo que dijimos antes sobre la dificultad de establecer fronteras dialectales se aplica aquí también. De nuevo, tiene más sentido hablar de la extensión geográfica de diferentes rasgos.

Aunque la mayoría de los rasgos segmentales que se encuentran en el español de Latinoamérica se dan también en el de España, hay algunos que no. Además, varias regiones de Latinoamérica se caracterizan por patrones entonativos que no tienen paralelo en la Península Ibérica. Las principales variables fonológicas (es decir, aspectos de variación en la pronunciación) dentro del español latinoamericano son las siguientes:

(a) Aspiración de /s/. La /s/ final de sílaba y palabra se conserva consistentemente en las tierras altas de México y Guatemala, en el Valle Central de Costa Rica y en la región andina de Colombia, Ecuador, Perú y Bolivia. En el resto de Latinoamérica esta consonante se debilita (mediante su aspiración y pérdida) en mayor o menor medida. El fenómeno alcanza frecuencias particularmente altas en el Caribe.
(b) Velarización de /n/. La /n/ en posición final se pronuncia [n] alveolar en México, la mayor parte de Colombia, Chile y Argentina. En casi todo el resto de Latinoamérica se pronuncia como velar: [ŋ]. En Yucatán (México), Tucumán (Argentina) y el Valle del Cauca (Colombia), por otra parte, encontramos [m] final: *pan* [pám].
(c) Neutralización de líquidas finales de sílaba. En Latinoamérica este fenómeno se da fundamentalmente en el Caribe (Cuba, Puerto Rico, República Dominicana y Venezuela): *mejor* [mehól]. En posición preconsonántica, también encontramos debilitamiento de líquidas en Chile.
(d) Elisión de /d/ intervocálica. Como ya hemos dicho, este fenómeno se halla más estigmatizado en Latinoamérica que en España en los participios en /-ado/. La pérdida de /d/ intervocálica es común, sin embargo, en zonas como Chile, Perú y el Caribe.
(e) Contraste entre /ʎ/ y /j/. Este contraste fonológico, que está en retroceso, se da solo en la zona andina de Colombia, Ecuador, Perú y Bolivia, así como en Paraguay.
(f) Pronunciación de /j/. La pronunciación de este fonema muestra una variación considerable, desde una semivocal (como en inglés *y̲es*), que encontramos en el norte de México y partes de Centroamérica, a sonidos con mayor constricción, incluyendo fricativas, africadas y oclusivas. Quizá

la pronunciación auditivamente más divergente es la prepalatal estridente sonora [ʒ] o sorda [ʃ] característica de Argentina y Uruguay, pero que se da también en otras regiones de Latinoamérica.

(g) Pronunciación de la /r̄/. En varias zonas de Latinoamérica, incluyendo el Caribe, Guatemala, Costa Rica y la región andina, encontramos tipos de /r̄/ que son diferentes de los normalmente descritos como la pronunciación normativa en español (véase la sección 10.3.3).

(h) Pronunciación de /x/. En Latinoamérica el fonema /x/ no recibe una pronunciación tan estridente como en el norte de España. Su pronunciación varía desde una fricativa glotal suave similar a la [h] del inglés, que se encuentra en el Caribe, Centroamérica y Colombia, entre otras áreas, a una realización más fuerte, velar, en el centro de México, Argentina, Perú y Chile, que es, de todas maneras, menos estridente que la variante peninsular septentrional.

(i) Pronunciación de /ʧ/. Este fonema se debilita en [ʃ] en el norte de México, Panamá y partes de Chile. Otras variantes son una realización adelantada [ʦ] en Chile y una realización muy palatalizada (como en Canarias) en partes de Cuba y Puerto Rico.

Por motivos prácticos, pero teniendo en cuenta lo dicho antes sobre el carácter idealizado de las divisiones en dialectos y la imposibilidad de identificar sus límites, es útil reconocer un pequeño número de grandes áreas dialectales en Latinoamérica. Podemos distinguir las siguientes regiones: México (incluyendo el suroeste de los Estados Unidos), Centroamérica, el Caribe, la región andina, Chile, Paraguay y los países del Río de la Plata (Argentina y Uruguay). Esta es solo una entre varias posibles divisiones dialectales (véase, por ejemplo, Dalbor 1997: 22–23, Lipski 1994: 3–33). De nuevo, estas no son regiones con fronteras claramente delimitables. Si decimos, por ejemplo, que el español de México tiene el rasgo "X", lo que queremos decir es que este rasgo es "típico" del español de México. Pero esto no implica que el rasgo se dé en todo el país ni tampoco que no se encuentre en otras partes. Algunos autores, para evitar los problemas implícitos en la definición de áreas dialectales, optan por descripciones país por país, como en Canfield (1981), Lipski (1994) y, con agrupaciones limitadas, Alvar (1996c, vol. 2).

14.3.1 México (y los Estados Unidos)

El español de México, frente a lo que pasa en la mayoría de las variedades latinoamericanas, se caracteriza por la pronunciación consistente de la /s/ final de palabra o sílaba y de otras consonantes en estas posiciones (excepto en Veracruz y otras pequeñas áreas costeñas y septentrionales).

Como en otras partes de Latinoamérica, los hablantes de nivel educativo medio o alto pronuncian las consonantes finales de sílaba con mayor fidelidad a la representación ortográfica que los hablantes peninsulares del mismo nivel de educación. Así, grupos como los que encontramos en *texto* [téksto], *construir* [konstɾuír], etc., se pronuncian sin simplificación (Lope Blanch 1996: 81).

Por otra parte, las vocales átonas tienden a reducirse en duración en registros coloquiales, sobre todo ante /s/: *p's no, buenas noch's.*

El español mexicano ha tomado un gran número de préstamos del náhuatl, la lengua dominante del centro de México, y con ellos ha adquirido el grupo /tl/, que aparece no solo en topónimos como *Tlaxcala*, sino también en palabras del léxico común como *tlapalería, tlecuil, tlacuache*, etc. Este grupo resulta bastante difícil de pronunciar a los hablantes de español peninsular, pero es perfectamente normal en español mexicano.

Como en muchas otras partes de Latinoamérica, las secuencias vocálicas del tipo /ea/, /eo/, etc., normalmente tienden a pronunciarse como diptongos: *golpear* [golpi̯ár], poeta [pu̯éta]. En un par de casos se ha creado una diferencia semántica, que depende de si la secuencia original se mantiene inalterada o ha sido reanalizada como diptongo. Así, en México se distingue *cohete* [koéte] 'nave espacial' de [ku̯éte] 'fuegos artificiales'. Un caso similar, aunque no idéntico, es el de *maestro* [maéstɾo] frente a *maistro* [mái̯stɾo] 'albañil'. Como vemos por estos ejemplos, la pronunciación más cuidadosa o conservadora se ha mantenido con el significado más culto, técnico o relacionado con la escuela, mientras que la pronunciación más avanzada se da en significados más alejados de lo técnico o lo escolar.

Un rasgo regional característico del norte de México es el debilitamiento de /ʧ/ en [ʃ], *mucho* [múʃo]. Otro rasgo, más local, característico de ciertas zonas rurales y fuertemente estigmatizado, es la elevación de las vocales medias finales a altas, *poco* [póku], *noche* [nóʧi]. El interés de este fenómeno dialectal es la coincidencia que muestra con fenómenos similares en áreas del este y del sur de España (además de algunas variedades judeoespañolas), ya tengan un origen común o se trate de una evolución convergente.

Con relación a la ortografía de topónimos y otras palabras de origen náhuatl, maya y otras lenguas indígenas, es relevante notar que el valor de la letra <*x*> en estas palabras es muy ambiguo. Puede representar el fonema /x/, como en *México* y *Oaxaca*. Puede también tener el valor que tenía en castellano antiguo, es decir, /ʃ/, como en *Xola*. Por último, en algunos topónimos se pronuncia simplemente como /s/, como en *Xochimilco* /soʧimílko/ y *Tlaxcala*.

En cuanto al español hablado en los Estados Unidos, la presencia hoy en día de la lengua española en este país es en gran medida el resultado de una emigración más o menos reciente y, por tanto, tiene las características de las variedades habladas en las áreas originarias de los emigrantes. Así pues, el español de California o Texas se relaciona con el de México, mientras que el de Miami es fundamentalmente de origen cubano, y en Nueva York encontramos una fuerte presencia de hablantes de origen puertorriqueño y dominicano. Sin embargo, es importante recordar que una amplia zona del suroeste de los Estados Unidos fue antes parte de México. De hecho, en partes del estado de Nuevo México y en el sur del estado de Colorado hay hispanohablantes que han recibido el español como lengua materna de manera continuada, generación tras generación, desde la época colonial. El español tradicional de esta región representa una continuación del español del norte de México, pero ha desarrollado también rasgos propios, como consecuencia de su relativo aislamiento. Un rasgo que el español tradicional de Nuevo México comparte con las variedades del norte de México es una articulación muy suave del fonema representado ortográficamente como <*y*>, <*ll*>, con tendencia a la elisión entre vocal anterior /i/ o /e/ y otra vocal: *anillo* [anío], *silla* [sía], *cabello* [kaβéo] (Canfield 1981: 80, Alvar 1996a: 93).

Un rasgo local que claramente distingue al español de Nuevo México (y algunas zonas del norte de México; véase Brown y Torres Cacoullos 2003) de la norma del centro de México es la aspiración de /s/, no solo a final de sílaba sino también a principio de sílaba: *la semana* [lahemána].

Naturalmente, los hablantes bilingües en los Estados Unidos muestran muchas veces alguna influencia de la fonética del inglés, en mayor o menor medida según el hablante.

14.3.2 Centroamérica

La región centroamericana tiene una unidad dialectal muy cuestionable. Como mucho, es posible hablar del español centroamericano por oposición, por una parte, al español de México y, por otra, al español caribeño; es decir, como un conjunto de variedades que difieren tanto del español de México como del caribeño en algunos rasgos específicos. Así definido, este grupo dialectal incluiría casi toda Centroamérica al sur de México (aunque el español de Guatemala presenta continuidad con el mexicano en muchos rasgos), excepto Panamá, cuya habla es más claramente caribeña. Un rasgo no fonológico del español centroamericano es el uso de las tres formas de segunda persona del singular *tú*, *vos* y *usted*, con normas sociolingüísticas para su distribución bastante complejas.

En casi toda Centroamérica /x/ tiene una pronunciación glotal [h], diferente de la [x] velar del centro de México, pero similar a la pronunciación caribeña de este fonema. También como en el Caribe, pero frente al mexicano central, en gran parte de Centroamérica hay aspiración de /s/. No se aspira la /s/, sin embargo, en las tierras altas de Guatemala ni en el Valle Central de Costa Rica. Como en el español tradicional de Nuevo México, la aspiración afecta a la /s/ inicial de sílaba en Honduras y El Salvador. Otra diferencia con la norma mexicana es que la /n/ final es velar en toda Centroamérica. Un rasgo típico del español de Costa Rica es un tipo de /r̄/ retrofleja [ɹ] que recuerda a la del inglés americano. En Costa Rica el grupo /tɾ/, como en *atrás*, *tres*, etc., se pronuncia con coarticulación, resultando también en una pronunciación semejante a la que encontramos en el inglés *tree*. La coarticulación también se da en el grupo /dɾ/, como en *vendrás*. Estas pronunciaciones de las vibrantes en Costa Rica son fenómenos variables, incluso en el habla del mismo individuo.

En partes de Centroamérica (así como en gran parte de Colombia), las consonantes /b d ɡ/ tienden a ser pronunciadas como oclusivas después de todas las consonantes, a diferencia de lo que encontramos en la mayoría de las variedades geográficas del español (véase la sección 7.2.3).

14.3.3 Español caribeño

El español caribeño, que incluye las variedades habladas en Puerto Rico, la República Dominicana, Cuba, Panamá y casi toda Venezuela y las zonas costeras de Colombia, es generalmente considerado como el más "innovador" o "radical" de los dialectos geográficos del español de Latinoamérica. Los fenómenos de debilitamiento consonántico mencionados ya para las variedades andaluzas y canarias alcanzan una mayor intensidad en esta región que en otras partes de Latinoamérica. Además de estos fenómenos compartidos con el español peninsular meridional, hay también algunos desarrollos específicamente caribeños.

La mayor parte de los fenómenos de debilitamiento consonántico que se encuentran en español caribeño están sujetos a variación sociolingüística, de manera que un mayor grado y frecuencia de debilitamiento se asocia con estilos más coloquiales. Así, aunque todos los hablantes de español caribeño aspiran la /s/ preconsonántica y final de palabra en alguna medida (quizá excepto algún locutor de radio), este es un proceso con una gran variabilidad. El mismo hablante puede pronunciar, por ejemplo, *los animales* como [lohanimále] en una ocasión y [losanimáleh] o [losanimáles] en otras. Cuantas más [s] se pronuncien en estas posiciones, mayor será el grado de formalidad que se perciba (véase la sección 8.2.5.2).

La neutralización de /ɾ/ y /l/ ante consonante y final de palabra es otro fenómeno con gran difusión en esta área dialectal. En la región de El Cibao, en la República Dominicana, estas consonantes se vocalizan en posición preconsonántica: *parte* [pái̯te].

La elisión de /-d-/ intervocálica, como en *pescado* [pehkáo], aunque se encuentra en estilos coloquiales, está más estigmatizada como "vulgar" que en España y se evita en estilos más formales.

La pronunciación velar de la /n/ final es general y no se corrige en el habla formal. A veces el debilitamiento va más lejos, resultando en una vocal nasalizada, *pan* [pã], como ocurre también en Andalucía y en las Islas Canarias.

El fonema /x/ se realiza como [h], frecuentemente sonorizada en posición intervocálica. De hecho, uno podría hablar de un fonema /h/ en lugar de /x/ para el español caribeño (y centroamericano).

La pronunciación de la vibrante múltiple tiene algunas variantes características. Un alófono difundido es una vibrante preaspirada [ɦr̄] (con preaspiración sonora; véase Willis 2007). Otro alófono digno de mención en el español de Puerto Rico es una vibrante dorsal, similar a la del francés parisino. La consideración de esta variante no es uniforme entre los puertorriqueños. Mientras que algunos opinan que esta es una pronunciación rural, que debe evitarse en el habla educada, otros la ven como una característica local del habla puertorriqueña, con connotaciones positivas, como señal de autenticidad (véase la sección 10.3.3).

El debilitamiento de /ʧ/ en [ʃ] parece estar extendiéndose en Panamá, mientras que en Cuba no es extraño encontrar una [c] palatal como en Canarias, y en Puerto Rico coexisten diversas pronunciaciones de este fonema.

La entonación del español caribeño incluye un contorno circunflejo empleado en interrogativas totales pragmáticamente no marcadas. Este es también un rasgo compartido con el español de las Canarias.

14.3.4 Español andino

El habla de las tierras altas de Colombia, Ecuador, Perú y Bolivia se caracteriza por dos rasgos conservadores: la falta de debilitamiento de /s/ (como en México y Costa Rica) y el mantenimiento del contraste fonológico entre /ʎ/ y /ʝ/, aunque este segundo rasgo se está perdiendo en muchos sitios en el habla de las generaciones más jóvenes. Estos rasgos conservadores se encuentran en las regiones montañosas del interior de estos países. En la zona costera de Colombia, Ecuador y Perú encontramos, por el contrario, un cierto grado de aspiración de /s/ y no distinción entre /ʎ/ y /ʝ/. En las zonas bajas del este de Bolivia el fenómeno de la aspiración de /s/ vuelve a reaparecer.

A parte de compartir los dos rasgos conservadores mencionados, hay bastante diversidad dentro del área andina. El español del altiplano boliviano y los Andes de Perú y Ecuador, en contacto con el quechua y el aimara, difiere claramente del español del interior de Colombia en su ritmo y entonación.

Un hecho interesante es que la elisión de vocales átonas ante /s/, que señalamos para el centro de México, se encuentra también en la zona andina de Ecuador, Perú y Bolivia. En esta misma área encontramos una pronunciación asibilada de la vibrante múltiple, frecuentemente estigmatizada como marca de origen rural.

En partes de Ecuador, la sonorización de /s/ final de palabra ante vocal es un fenómeno regular: *los Andes* [lozándes].

Como mínimo, pues, en el territorio que incluye los países de Colombia, Ecuador, Perú y Bolivia, podemos distinguir cuatro subáreas dialectales: (a) las regiones costeras, (b) el interior de Colombia, (c) las tierras altas ecuatorianas, peruanas y bolivianas y (d) las tierras bajas del este de Bolivia, cuya habla es más cercana a la del Paraguay.

14.3.5 Español paraguayo

Paraguay es único entre los países latinoamericanos por su bilingüismo nacional. Además del español, una lengua indígena, el guaraní, tiene un alto grado de uso y es respetado como símbolo de identidad nacional. En la medida en que los rasgos del español paraguayo pueden ser debidos a contacto con el guaraní, algunos dialectólogos prefieren hablar, como término más apropiado, de una región guaranítica que incluiría, además de Paraguay, una zona colindante de la República Argentina (Corrientes) y del este de Bolivia. Un rasgo del español de esta zona que ha sido atribuido a influencia del guaraní es la presencia de una oclusiva glotal entre vocales en hiato, *para uno* [paɾaʔúno], o incluso en posición inicial absoluta ante vocal.

El español del Paraguay preserva el contraste entre /ʎ/ y /ʝ/ con incluso más vitalidad que el español andino. El fonema /ʝ/ generalmente recibe una pronunciación prepalatal africada [ʤ] en cualquier contexto.

En Paraguay la /s/ se aspira, a diferencia del español andino, pero como en los otros países del Cono Sur (Argentina, Uruguay y Chile).

14.3.6 Español chileno

El español de Chile presenta varias características propias. La /s/ final de sílaba y palabra frecuentemente se aspira. El grupo /tɾ/ recibe una pronunciación asibilada como la que encontramos en Costa Rica. Ante las vocales anteriores, las consonantes velares /k ɡ x/ se palatalizan notablemente, resultando en el caso de la fricativa en una palatal [ç]: *mujer* [muçér]. El fonema /ʧ/ se realiza, de manera variable, como [ʃ] en parte de Chile, mientras que en otras partes de Chile avanza su punto de articulación a [ʦ].

En Chile está bastante extendida un pronunciación labiodental aproximante [ʋ] o fricativa [v] de /b/ en contextos de espirantización, independientemente de la ortografía como <*b*> o como <*v*>, p.ej. *cabeza* [kaʋésa] (Sadowsky 2010). Quizá el alófono fricativo sea más común después de /s/ aspirada o elidida, *las bocas* [lavóka]. La pérdida de /d/ intervocálica es también frecuente, p.ej. *asada* [asá:].

14.3.7 Español rioplatense

La variedad del español hablada en un área que incluye las ciudades de Buenos Aires y Montevideo recibe el nombre de porteño o rioplatense (por el Río de la Plata, ancho estuario que separa Argentina de Uruguay). Para otros hispanohablantes, el rasgo más distintivo de esta variedad tiene que ver con la pronunciación de la consonante escrita <*y*> o <*ll*>, realizada como fricativa prepalatal sonora o, cada vez más frecuentemente, sorda.

En Buenos Aires el fonema /s/ se aspira con regularidad antes de otra consonante, *mismo* [míhmo], *este* [éhte], pero no en otros contextos. En otras partes de Argentina, pero no en la norma bonaerense, se aspira también ante vocal o pausa.

Hay una tendencia fuerte a neutralizar la nasal palatal /ɲ/ con el grupo /ni/ ante vocal.

Fuera del campo de la fonología, un rasgo llamativo del español de la Argentina es el uso de *vos* en lugar de *tú*, con formas verbales asociadas (*vos cantás, vos sos*). El voseo no es de ninguna manera un rasgo exclusivamente argentino. Se encuentra, de hecho, en casi toda Centroamérica y en grandes partes de Sudamérica (parte de Colombia, parte de Venezuela, Ecuador, Bolivia, Paraguay, Chile, etc.). Lo que es diferente es su consideración social. En muchas áreas de voseo, *vos* se remplaza por *tú* en situaciones más formales y hablando con gente de fuera. En Argentina, por el contrario, el uso de *tú* ha desaparecido del habla cotidiana. Esto viene a confirmar la valoración altamente positiva que la norma nacional, basada en el habla de las clases medias de Buenos Aires, recibe entre los argentinos. (En Montevideo, el pronombre *tú* se conserva como tratamiento intermedio entre el *vos* informal y el *usted* formal, pero generalmente con formas verbales de voseo: *tú podés.*)

14.4 Más sobre las limitaciones de la clasificación dialectal

La clasificación de las variedades geográficas del español en grandes áreas dialectales que hemos visto en las secciones precedentes esconde la existencia de variación tanto social como geográfica, dentro de cada una de ellas, que puede ser importante. Los hablantes de cada zona suelen ser muy conscientes de estas diferencias internas. Así, mientras que para muchos usuarios del idioma más familiarizados con las variedades de Latinoamérica, el español del norte y centro de la Península presenta un aspecto muy unitario, para los hablantes nativos de esta región las diferencias entre el español hablado en Madrid, Pamplona, Burgos y Zaragoza, para poner algún ejemplo, suelen ser bastante obvias. De la misma manera, para muchos andaluces es difícil concebir que se pueda hablar de un dialecto andaluz, dado que perciben diferencias considerables en la forma en que la lengua se pronuncia en las diversas provincias de Andalucía. Igualmente, en Colombia, Venezuela, Argentina, México, Perú, la República Dominicana, etc., existe frecuentemente una conciencia muy clara de diferencias regionales dentro de cada país.

En algunas áreas, los hablantes nativos son de hecho capaces de distinguir el habla de un pueblo o aldea de la del pueblo de al lado. En el caso de pronunciaciones que son extrañas dentro de una región, a veces esto se refleja en dichos populares. Tomemos un par de ejemplos referidos a Extremadura, en el suroeste de España. El pueblo de Fuente del Maestre es una isla de seseo dentro de una zona de España donde se practica la distinción entre /s/ y /θ/. Esta peculiaridad fonética regional se recoge en el dicho *Todoh loh de la Fuente / son conosidoh / porque disen aseite / sebá y tosino* (Álvarez Martínez 1996). Asimismo, en áreas de Extremadura donde se aspira aún la /h/ procedente de /f/ latina usan el dicho *Quien no diga jierro, jumo, jacha, jigo y jiguera no es de mi tierra* (donde <*j*> representa [h]). Sin embargo, es importante tener presente, al mismo tiempo, que muchos hablantes, si no todos, adoptan una pronunciación más conforme con la norma de cada país (en este caso, la norma peninsular) en situaciones formales y hablando con gente de fuera de la región. Lo mismo que hemos ilustrado para España lo encontramos también en Latinoamérica. Los hablantes usan pronunciaciones y variantes locales para mostrar solidaridad dentro del grupo, pero son conscientes también de una norma regional o nacional, e incluso de una norma general latinoamericana.

Nos gustaría terminar con otra advertencia: las clasificaciones dialectales tradicionales se basan en el habla de zonas rurales. En las grandes urbes del mundo hispánico suele haber bastante más variación interna que en zonas rurales, debido a la emigración. En metrópolis como Lima o la Ciudad de México, pongamos por caso, se encuentran muchos habitantes llegados de otras partes de cada país. Del mismo modo, en ciudades como Madrid o Barcelona no resulta extraño escuchar variedades andaluzas y, debido a una inmigración más reciente, el visitante puede escuchar variedades latinoamericanas, más o menos influenciadas por el habla de la ciudad de residencia.

14.5 Otras variedades del español

Aunque, por motivos prácticos, la descripción en este libro se limita a las variedades socialmente más importantes de España y Latinoamérica, existen variedades fuera de estas dos zonas geográficas que solo podemos mencionar brevemente aquí.

En primer lugar, fuera de España y los países latinoamericanos, el español es también una de las lenguas oficiales de Guinea Ecuatorial, una antigua colonia española. Guinea Ecuatorial es el único país africano que es oficialmente hispanohablante. En este país el español se habla fundamentalmente como segunda lengua por hablantes que suelen ser multilingües (véase Casado Fresnillo 1995). Lipski (1985b) nota como hecho fonológico destacado una tendencia generalizada a neutralizar el contraste entre vibrante simple y múltiple. La influencia del sistema tonal de las lenguas bantúes que le sirven de sustrato suele ser también clara en el español de los ecuatoguineanos.

En las Filipinas, también una antigua colonia española, el español no es ya lengua oficial y solo es hablado por alrededor del 3% de la población, normalmente en una situación de bi- o multilingüismo. Es interesante notar que muchos de estos hispanohablantes filipinos mantienen la distinción entre /ʝ/ y /ʎ/ y algunos de ellos también distinguen entre /s/ y /θ/ (véase Quilis 1995).

Un caso muy especial es el del judeoespañol o español sefardita, hablado por los descendientes lingüísticos de los judíos españoles que se vieron forzados a abandonar su país a partir del Edicto de Expulsión de 1492, para establecerse en el norte de Africa, los Balcanes y otros territorios del Imperio Otomano (véase T. Harris 1994, Penny 2000: 174–193, Quintana Rodríguez 2006). Después de haber sido transmitida a lo largo de cinco siglos, esta lengua se encuentra hoy en día en una situación de declive general. El mayor número de hablantes se halla en Israel y hay también una comunidad importante en Estambul, pero la lengua ha dejado de transmitirse a las generaciones más jóvenes. Hay motivos para clasificar el judeoespañol no como variedad dialectal del español moderno, sino como una lengua diferente, aunque estrechamente relacionada. Un motivo es que, ya en sus orígenes en la diáspora, en las comunidades judeoespañolas se produjo un proceso de fusión de variedades iberorrománicas, dentro de un fondo común castellano, al encontrarse en estas comunidades personas procedentes de todas las regiones de España. En segundo lugar, y crucialmente, desde su establecimento en el Imperio Otomano el judeoespañol se ha desarrollado de manera totalmente independiente de las otras variedades del español. Así, el judeoespañol mantiene el contraste entre /s/ y /z/ del español del siglo XV, como en *pasa* y *kaza* 'casa' y, en correspondencia con /x/ en español moderno, encontramos tres fonemas: /ʃ/, como en *dishites* 'dijiste'; /ʒ/, como en *ojo*, y /ʤ/, como en *djente* 'gente' (véase la sección 8.2.4), mientras que todas las variedades de España y Latinoamérica han evolucionado de manera uniforme en estos aspectos fonológicos al haberse mantenido en contacto. Una descripción de la fonología y fonética del judeoespañol de Estambul puede encontrarse en Hualde y Şaul 2011.

Tampoco son propiamente dialectos del español las lenguas **criollas** conocidas como *papiamento*, *palenquero* y *chabacano*. Las lenguas criollas tienen su origen en un *pidgin* o variedad de contacto simplificada que, en algún momento, pasa a ser la lengua nativa de una comunidad de hablantes, un punto a partir del cual sigue desarrollándose como cualquier otra lengua. Las tres lenguas criollas que hemos mencionado tienen un léxico derivado sobre todo – pero no únicamente – del español, pero en su morfología y sintaxis son lenguas bastante diferentes del español. El papiamento o papiamentu se habla en las Antillas Holandesas (islas de Aruba, Bonaire y Curaçao). El palenquero es la lengua propia de San Basilio del Palenque (o Palenque de San Basilio), cerca de Cartagena, Colombia. Tanto el palenquero como el papiamento tienen sus orígenes en el transporte forzoso de africanos a las Américas para trabajar en condiciones de esclavitud. En concreto, la comunidad de San Basilio del Palenque fue fundada por un grupo de africanos que lograron escaparse del puerto de Cartagena, haciéndose fuertes en un asentamiento fortificado o palenque donde se defendieron con éxito de los ataques de las autoridades coloniales. Por último chabacano o chavacano es el nombre que se da en conjunto a una serie de variedades criollas habladas en las Filipinas, que incluyen el zamboangueño, el caviteño, el ternateño y el ermiteño. En obras lingüísticas se utilizan términos como lenguas criollas españolas de las Filipinas para referirse a estas varidades. La única que mantiene vitalidad es la de la ciudad de Zamboanga.

14.6 Las lenguas iberorrománicas

En el panorama de las variedades geográficas del español que hemos presentado en las secciones precedentes no hemos hecho mención de variedades lingüísticas habladas en España, como puedan ser el asturiano, el aragonés, el gallego o el catalán. Esto es así porque estas no son dialectos de la lengua española. Por el contrario, se trata de lenguas hermanas, estrechamente emparentadas con el español (sobre todo el asturiano y el aragonés), pero que representan evoluciones independientes a partir del latín en sus respectivas regiones, mientras que el mexicano, el argentino, el andaluz, etc., tienen todos su origen en la evolución específica del latín en el Reino de Castilla en la edad media. Esta variedad es la que luego se extendió por la Península Ibérica y las colonias del Nuevo Mundo, al incrementar su territorio y área de influencia el antiguo Reino de Castilla.

Apéndices

APÉNDICE A. ¿POR QUÉ NO ES COMPLETAMENTE FONÉMICA LA ORTOGRAFÍA DEL ESPAÑOL?

Vimos en el capítulo 1 que, aunque la ortografía del español observa el principio fonémico en gran medida, ciertamente mucho más que la del inglés o del francés, no es tampoco completamente fonémica. Podemos preguntarnos por qué esto es así.

Para empezar, el alfabeto que usamos para escribir tanto en inglés como en español (así como en vasco, francés, sueco, swahili y muchísimas otras lenguas) es una adaptación de un sistema de escritura que se creó para escribir en latín (a partir de sistemas de escritura anteriores, como el del griego y del etrusco). Para el latín clásico este alfabeto era razonablemente adecuado como método para reflejar los sonidos contrastivos de la lengua. Sin embargo, incluso en latín clásico la ortografía no era totalmente fonémica. La correspondencia entre letras y fonemas era imperfecta incluso entonces. Esto no debe tomarse, sin embargo, como imperfección de la ortografía latina, dado que la adherencia estricta al principio fonémico no lleva necesariamente a un sistema ortográfico más eficiente (véase Coulmas 2003). La ortografía del latín, como todas las ortografías, fue creada para lectores que conocían la lengua nativamente. Quien conoce una lengua no necesita que todo contraste fonológico esté representado en el texto para poder interpretar su significado correctamente. Por ejemplo, el latín clásico tenía un contraste entre fonemas vocálicos largos y breves que no se representaba en la ortografía. Sabemos que, para dar un ejemplo, la palabra 'libre' en el masculino singular y caso nominativo era /liːber/ con vocal larga, mientras que /liber/ con vocal breve era 'libro, tratado'. Pero las dos palabras se escribían igual, *liber*.[1] El contexto normalmente sería

[1] Hoy en día es común representar las vocales largas del latín con un diacrítico en libros de texto, pero este diacrítico no se usaba cuando el latín era una lengua nativa.

suficiente para que el lector romano, hablante nativo de latín, supiera si tenía que leer la palabra con vocal larga o breve.

La distancia entre ortografía y pronunciación siguió aumentando según la pronunciación del latín evolucionó con el tiempo. Así, por ejemplo, el fonema /h/ se perdió en época bastante temprana y el resultado fue que pares como *hora* y *ora* pasaron a ser pronunciados de igual manera, /o:ra/. A partir de este momento, quienes escribían en latín simplemente tenían que memorizar qué palabras debían escribirse con <*h*>.

Para dar otro ejemplo, originalmente la letra <*c*> representaba el fonema /k/ tanto en *casa* /kasa/ como en *cena* /kena/. La palatalización de /k/ ante vocal anterior hizo que la letra <*c*> llegara a ser utilizada para representar dos fonemas muy diferentes, como vemos en la pronunciación moderna de estas palabras, *casa* y *cena*, en español.

Obviamente, el latín carecía de letras para representar sonidos que no tenía (aunque algunos como <*y*> y <*z*> y combinaciones como <*ph*>, <*th*> y <*ch*> se crearon para representar sonidos en préstamos del griego). En concreto, el latín no tenía consonantes palatales y, por tanto, el alfabeto latino no tiene letras para representar estos sonidos. Al crearse fonemas palatales en la evolución del latín a las diferentes lenguas románicas, se establecieron convenciones para representar estos sonidos. A veces estas convenciones coinciden con el origen etimológico. Así en latín <*ll*> representaba una geminada, como todavía en italiano *gallo* /gál.lo/, *cavallo* /kavál.lo/. En castellano la /l.l/ geminada evolucionó dando lugar a un lateral palatal, pero se mantuvo la ortografía, con lo cual ahora en español <*ll*> representa /ʎ/ o /ɟ/. La misma representación ortográfica se extendió a otras palabras en que este fonema tiene orígenes diferentes. De manera similar, la letra <*ñ*> era en su origen una manera abreviada de representar la geminada <*nn*>, que por evolución histórica dio lugar a la nasal palatal /ɲ/, como en *año* de ANNU(M), etc. De nuevo, la convención ortográfica se extendió a otras palabras en que el mismo fonema tiene orígenes diferentes como *viña* de VĪNEA y *puño* de PUGNU(M).

En diferentes momentos históricos la ortografía del español ha sido reformada para acomodarla a cambios importantes en la pronunciación del idioma. En el proceso de unificación ortográfica la obra del rey Alfonso X de Castilla y León (1252–1284), conocido como El Sabio, desempeñó un papel muy importante. Con el paso de los siglos y la evolución de la pronunciación, sin embargo, la ortografía alfonsina se hizo difícil de usar.

Desde su fundación en 1713, la Real Academia Española se ha ocupado constantemente de reformar la ortografía. La reforma ortográfica, sin embargo, no ha ido tan lejos como se requeriría si el objetivo fuera producir un sistema de escritura totalmente fonémico. Se ha llegado a un cierto compromiso entre escritura fonémica y etimología.

Consideremos tres de las faltas de acuerdo entre fonología y ortografía que crean inseguridad para los usuarios del español: la distribución léxica de <*b*> y <*v*>, la distribución de <*g*> y <*j*> ante vocal anterior, con valor de /x/, y el origen de la <*h*> ortográfica.

(1) El castellano medieval tenía un contraste fonémico entre una oclusiva bilabial sonora, que se escribía con <*b*>, y otro fonema, escrito <*v*> (o <*u*>, dado que en un principio <*u*> y <*v*> eran dos variantes de la misma letra), que probablemente era una fricativa o aproximante bilabial sonora /β/ en la zona originaria del castellano (Penny 2002).

El fonema escrito <*v*> ocurría en palabras en que el latín tenía <*v*> como en *lavar* (< LAVĀRE) y *vaca* (< VACCA) y también en palabras en que el latín tenía <*b*> intervocálica, como en cast. med. *dever* (< DEBĒRE), cast. med. *cavallo* (< CABALLU), cast. med. *aver* (< HABĒRE) y cast. med. *cantavas* (< CANTĀBĀS). La neutralización entre estos dos fonemas del latín en posición intervocálica es un fenómeno muy temprano y se encuentra en todas las lenguas románicas. Por otra parte, entre vocales la <*b*> del castellano medieval generalmente correspondía a la <*p*> del latín en palabras patrimoniales, como en cast. med. *saber* (< SAPĒRE), cast. med. *lobo* (< LUPU), etc. Esto es consecuencia de la sonorización regular de /p t k/ intervocálicas que se dio en las lenguas románicas occidentales.

A diferencia del portugués, francés e italiano (donde hay también una diferencia de punto de articulación entre /b/ y /v/), el castellano perdió más tarde este contraste, debido a la espirantización de /b/. La ortografía que emplean Nebrija (1946 [1492], 1977 [1517]) y Valdés (1928 [1535]) muestra indicios claros de un contraste fonémico ente <*b*> y <*v*>. Incluso más tarde el (fracasado) reformador ortográfico Gonzalo Korreas (1630) obviamente tenía también este contraste fonémico en su pronunciación, aunque para entonces parece que se había perdido ya en muchas zonas.

Una vez neutralizada la oposición entre estos dos fonemas, los hispanohablantes no tenían ya ninguna guía para saber qué palabras se debía escribir con <*b*> y cuáles con <*v*>, lo que resultó en una gran inseguridad e inconsistencia ortográfica.

La única solución consistente con el principio fonémico habría sido eliminar el contraste ortográfico entre las letras <*v*> y <*b*>. La Real Academia decidió, sin embargo, mantener ambas letras y utilizar la etimología latina para determinar qué palabras escribir con <*v*>. El resultado es que muchas palabras que se escribían generalmente con <*v*> (intervocálica) en castellano medieval (y se escriben con esta letra también en las otras lenguas románicas) pasaron a ser escritas con <*b*>, como en latín: lat. CABALLU(M) > cast. med. *cavallo* > *caballo* (cf. port. *cavalo*, it. *cavallo*, fr. *cheval*), lat. HABĒRE > cast. med *aver* > *haber* (cf. it. *avere*, fr. *avoir*), lat. CANTĀBAT > cast. med. *cantava* > *cantaba* (cf. port. *cantava*, it. *cantava*).

En las primeras ediciones de sus normas ortográficas la Real Academia recomendaba ajustar la pronunciación a la ortografía que estaba estableciendo, procurando hacer una distinción en la pronunciación según la palabra se escribiera con <*b*> o con <*v*> (RAE 1792: 30–31). En ediciones posteriores, la RAE dio marcha atrás y cambió su recomendación al respecto. Todavía, sin embargo, hay hablantes que siguen la antigua recomendación de la Academia y tratan de dar a la <*v*> ortográfica el valor fónico que tiene en lenguas como el francés o el inglés, estableciendo una distinción de pronunciación con <*b*>. Como hemos explicado, el español no ha tenido nunca un contraste en pronunciación con la distribución que sugiere la ortografía moderna. El castellano medieval tenía un contraste entre /b/ y otro fonema, probablemente realizado como /β/, pero muchas palabras que hoy en día se escriben con /b/ intervocálica no se escribían con esta letra cuando el contraste estaba presente en la pronunciación de los hablantes.

(2) Como vimos en la sección 8.2.4, en castellano medieval había un contraste entre un fonema /ʒ/ (o /ʤ/) en palabras como *joven*, *mujer*, con realización africada después de pausa y fricativa entre vocales, y otro fonema /ʃ/ en palabras como *dixo, baxo*. Uno de los orígenes de este segundo fonema es el grupo latino /ks/, lo que explica su ortografía, DĪXĪ /di:ksi:/ > cast. med. *dixe* /díʃe/, AXE /akse/ > cast. med. *exe* /éʃe/.

La distinción entre los fonemas /ʒ/ y /ʃ/ se perdió hacia los siglos XV o XVI en favor de la fricativa sorda y algo después este fonema adquirió el valor que tiene en español moderno.

Después de estos cambios, la ortografía española incluía tres maneras de escribir el fonema /x/ ante vocal anterior (como en *dixe, gente, Jesús*) y dos maneras de escribirlo en otros contextos (como en *baxo, ojo*). Dejando aparte otras consideraciones, la reforma ortográfica más racional habría dejado solo una de esas tres consonantes con valor de /x/. De nuevo, la Real Academia adoptó una solución intermedia entre simplicidad ortográfica y tradición, eliminando la letra <*x*> con este valor, pero manteniendo la elección entre <*g*> y <*j*> ante vocal anterior según criterios generalmente etimológicos. Las únicas palabras en que <*x*> tiene valor de /x/ son topónimos como *México* y *Oaxaca*, en que los mexicanos decidieron mantener la ortografía tradicional.[2]

[2] Hasta hace unas décadas la ortografía *Méjico, mejicano*, según las normas que había dado la RAE, era común en España, pero en obras más recientes la RAE ya no la recomienda (RAE 1999: 29; 2005, s.v. 'Mexico').

(3) Otra causa de problemas ortográficos para los usuarios del español es el uso de la letra <*h*>, dado que esta es siempre una letra muda. Hay varias fuentes de <*h*> ortográficas. Para empezar, la ortografía moderna del español (al contrario que la del italiano), ha preservado o restaurado la <*h*> en palabras que tenían esta letra en latín, como en *hora* (HŌRA), *haber* (HABĒRE) y *hombre* (HOMINE), aunque, como sabemos, la /h/ dejó de pronunciarse ya en época romana.

En segundo lugar, tenemos <*h*> en muchas palabras que tenían <*f*> en latín como en *hacer* (FACERE), *hormiga* (FORMĪCA), *hija* (FĪLIA), etc. La <*h*> de estas palabras se pronunciaba como /h/ en castellano medieval. Después se perdió esta aspiración, aunque se mantiene todavía en algunas de estas palabras en ciertas zonas tanto de España como de Latinoamérica.

Terceramente, hay también casos de <*h*> ortográficas que no han correspondido nunca a aspiración, ni en latín clásico ni en español medieval. Su motivación es puramente ortográfica: No podemos tener palabras que empiecen con <*ue-*> sin <*h*>. Observemos la alternancia ortográfica entre *oler* y *huele*, *oquedad* y *hueco*, *orfanato* y *huérfano*, *osario* y *hueso*. Las palabras que, de otra manera, tendrían un diptongo inicial llevan una <*h*> añadida. Esta práctica ortográfica era muy útil antes de que <*u*> y <*v*> pasaran a ser letras diferentes. Algo escrito *uelo*, por ejemplo, podría ser interpretado como 'velo' o como 'huelo'. La <*h*> indica que la letra que sigue no puede ser una consonante. Encontramos la misma estrategia ortográfica en francés, como en *huître* 'ostra' (OSTRA), *huile* 'aceite' (OLEU), *huit* 'ocho' (OCTO). Hoy en día no habría confusión, dado que <*u*> y <*v*> son ahora letras diferentes, pero la convención se ha mantenido.

Vemos pues que la ortografía del español representa un compromiso adoptado por la Real Academia Española entre un sistema ortográfico racional y el bagaje histórico de la lengua.

APÉNDICE B. METAFONÍA EN VARIEDADES ASTURIANAS Y CÁNTABRAS

En algunas variedades habladas en zonas rurales de Asturias y Cantabria, en el norte de España, se dan varios procesos vocálicos interesantes. Conviene recordar que, como dijimos en el capítulo 14, técnicamente, estas variedades no son dialectos del español, sino codialectos, ya que evolucionaron independientemente a partir del latín, a pesar de que posteriormente hayan sufrido el influjo del castellano estándar. Se pueden distinguir dos tipos principales de **asimilación** y **armonía vocálicas** en esta zona: (1) **metafonía**, la elevación (y a veces centralización) de la vocal tónica (y también otras vocales) en palabras terminadas en vocal alta y (2) la elevación de vocales medias pretónicas en palabras en las que la vocal tónica es alta. Los hechos concretos varían algo en cada dialecto local. La elevación pretónica es especialmente prevalente en los dialectos cántabros, como el pasiego, en el que se observa una compleja interacción de la misma con la metafonía.

Como se acaba de mencionar, la metafonía viene desencadenada por vocales finales altas átonas. Las variedades locales de la zona central de Asturias (del mismo modo que el asturiano normativo, que está basado en los dialectos de esta zona) exhiben un contraste entre vocales medias y altas en posición final átona (en las terminaciones flexivas) mucho más robusto que el del español estándar (donde el inventario en terminaciones flexivas no acentuadas básicamente está restringido a /e a o/). Los dialectos de Asturias oriental y de Cantabria también cuentan con un contraste entre las vocales medias y altas en posición final, que en estas zonas se puede observar aún más claramente debido a la presencia simultánea de la metafonía. Este es un contraste, en parte heredado del latín y, en parte, resultante de extensión analógica (véase Neira Martínez 1991). La terminación no marcada para el masculino singular es *-u*, pero para el plural es *-os*, lo que refleja una diferencia heredada del latín que se perdió en castellano: *llobu* (< LUPU(M)) vs. *llobos* (< LUPOS) (ejemplos tomados de un dialecto con contraste en las sílabas finales, pero sin metafonía).[3] Existen, sin embargo, ciertas excepciones en nombres que se usan sobre todo en singular y terminan en *-o*: *agosto*, *ganao*, *oso* (esto es una innovación en asturiano). En algunas palabras que pueden funcionar como contables o incontables se dan dos formas en asturiano central: una contable en *-u* y otra incontable en *-o*, p.ej., *pelu* 'un pelo' (contable) vs. *pelo* (no contable). Los adjetivos que tienen dos formas en español, p.ej., *blanco/blanca*, tienen tres en asturiano central: *blancu/blanca/blanco*, usándose la tercera forma para concordar con los nombres no contables, independientemente del género (esto también es una innovación): *el gatu blancu*, *la casa blanca* frente a *el ganao blanco*, *la farina blanco* 'la harina blanca'.

La *-u* final es por consiguiente un rasgo del singular de los nombres masculinos contables y de los modificadores y pronombres que concuerdan con ellos. En algunas partes de la zona donde se da este contraste entre *-u* y *-o*, las formas en *-u* se caracterizan además por metafonía de la vocal tónica, y, en algunas variedades, también de otras vocales en la palabra. Finalmente,

[3] El asturiano normativo adoptado por la Academia de la Llingua Asturiana no tiene metafonía y exhibe formas como las que se mencionan en el texto. Desde un punto de vista histórico, parece que estos dialectos han perdido el proceso metafónico, que aparentemente es muy antiguo y está relacionado con fenómenos parecidos en portugués y en dialectos italianos (Menéndez Pidal 1954, Alonso 1962, Blaylock 1965, Penny 1994, 2000: 98–102).

Tabla B.1 Metafonía en asturiano de Lena

Sustantivos		
masc. sg. contable	masc. pl.	fem. sg.
/gétu/	/gátos/	/gáta/
/pélu/	/pálos/	
/benténu/	/bentános/	/bentána/
/sébanu/	/sábanos/	/sábana/
/péʃaɾu/	/páʃaɾos/	/páʃaɾa/
/nínu/	/nénos/	/néna/
/píɾ̄u/	/péɾ̄os/	/péɾ̄a/
/koɾdíɾu/	/koɾdéɾos/	/koɾdéɾa/
/ʦúbu/	/ʦóbos/	/ʦóba/
/kúbu/	/kúbos/	
/kabɾítu/	/kabɾítos/	/kabɾíta/
Adjetivos		
masc. sg.	fem. sg.	incontable
/blénku/	/blánka/	/blánko/
/éltu/	/álta/	/álto/
/síku/	/séka/	/séko/
/túntu/	/tónta/	/tónto/
/ísti/	/ésta/	/ésto/

Con referentes inanimados el masculino generalmente hace referencia a un objeto de menor tamaño, como en /benténu/ 'ventanuco, ventana pequeña'. La palabra /tsúbu/ es el castellano 'lobo'.

también existe metafonía en palabras que terminan en la otra vocal alta, *-i*, aunque el contraste entre *-i* y *-e* en posición final es menos robusto.

Dado que los detalles concretos varían ligeramente en los diferentes dialectos locales, consideramos estos dialectos por separado.

B.1 Metafonía en Lena (asturiano central)

En Lena la metafonía consiste en la elevación de las vocales en un grado y afecta a las vocales medias y baja: las vocales medias se hacen altas y la vocal baja /a/ se hace /e/. Las vocales altas no se ven afectadas por la metafonía en Lena. Se dan ejemplos en la tabla B.1 (datos de Neira Martínez 1955).[4]

[4] El primer autor en describir estos hechos fue Menéndez Pidal 1899, 1906. Trabajos más recientes como Hualde 1989a y Martínez-Gil 2006 se basan fundamentalmente en la descripción de Neira Martínez 1955 y otras publicaciones de este mismo autor.

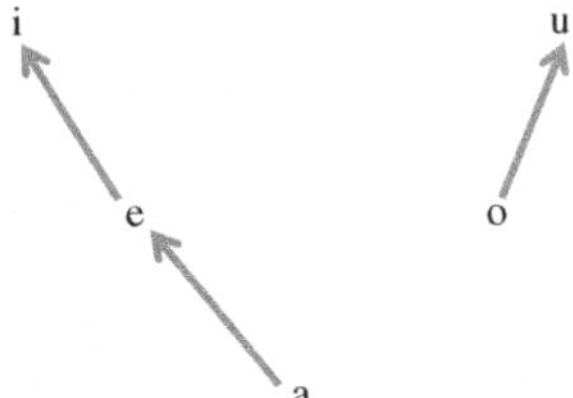

Fig. B.1 Elevación de las vocales tónicas en contextos metafónicos en asturiano de Lena: /a/ pasa a /e/; /e/ pasa a /i/; /o/ se convierte en /u/

Si comparamos las formas que terminan en una vocal alta con otras formas en su paradigma flexivo (o con sus cognados en castellano), se puede comprobar que hay una elevación por pasos de la vocal tónica, como se muestra en el esquema en la figura B.1.

B.2 Metafonía en otros dialectos asturianos: Alto Aller y el Valle del Nalón

Como hemos mencionado, la metafonía en el dialecto de Lena se puede caracterizar por la sustitución en contextos metafónicos de un fonema vocálico por otro, más alto.[5] En otras zonas, la elevación metafónica va acompañada por la centralización de las vocales terminadas en *-u*, que es en sí una vocal centralizada. Mientras que Menéndez Pidal, en su descripción del dialecto de Lena, dice que en esta variedad la forma *palo* del castellano se pronuncia *pelu* y, por otra parte, *pelo* es *pilu* en Lena, Rodríguez-Castellano (1952) describe las vocales del Alto Aller en contextos metafónicos como "abiertas y mixtas", diferentes de las vocales claras de las palabras sin metafonía y también diferentes de las vocales del castellano: "las vocales resultantes de esta inflexión no son sonidos de timbre claro y preciso, a la manera castellana, sino que presentan en todos los casos un matiz oscuro y mixto muy característico" (Rodríguez-Castellano 1952). Enfatiza este autor que para los hablantes nativos de este dialecto la vocal tónica de una palabra como [pɛ̈́lü] 'palo' (pl. [pálos]) no se confunde con la [e] de, por ejemplo, el nombre incontable [pélo] 'pelo' (la diéresis es el diacrítico usado en el AFI para indicar centralización).

En el Valle del Nalón también se centralizan las vocales finales tónicas de palabras con metafonía, al menos en el habla de las generaciones de los

[5] Según la descripción de Menéndez Pidal y posteriormente la de Neira Martínez, hablante nativo de este dialecto.

Tabla B.2 Elevación de /a/ tónica en contextos de metafonía en asturiano

Lena	Nalón	Castellano
[bléŋku]	[blɔ́ŋku]	*blanco* (masc. sg.)
[pélu]	[pɔ́lu]	*palo*
[gétu]	[gɔ́tu]	*gato*
[péʃaɾu]	[pɔ́ʃaɾu]	*pájaro*

Tabla B.3 Metafonía y elevación de vocales pretónicas en pasiego

Pasiego	Castellano
[pülkämḯnü]	*por el camino*
[ïlküɾðḯɾü]	*el cordero*
[küntḯntü]	*contento* (masc. sg.)
[r̄ïðǘndü]	*redondo* (masc. sg.)

hablantes de mayor edad en el estudio de García Álvarez (1960), de forma que, por ejemplo, para la palabra castellana *caldero* estos hablantes pronunciaron [kaldḯɾü], con elevación y centralización de la vocal tónica. Una diferencia tanto con el asturiano de Lena como con el del Alto Aller, es que en el Valle del Nalón la elevación de la vocal tónica baja tiene como resultado una vocal posterior, como vemos en la tabla B.2.[6]

B.3 Elevación de las vocales pretónicas y metafonía en pasiego (Cantabria)

En el dialecto cántabro de Montes de Pas (descrito y analizado en Penny 1969a, 1969b),[7] existe un proceso de armonía que afecta a las vocales pretónicas e interacciona con la metafonía. En palabras donde la vocal tónica es alta, las medias que la preceden también se convierten en altas. Por ejemplo, [koxeɾé], [koxeɾás], etc., contrasta con [kuxiɾía] 'cogería', [kuxi̯éɾa], etc., donde la sílaba tónica contiene una vocal alta o una

[6] La isoglosa o línea de separación entre las zonas con elevación anterior y posterior de /a/ aparece en Rodríguez-Castellano (1955).

[7] Penny (1978) describe otro dialecto cántabro, el de Tudanca, en el que los datos referentes a la armonía son algo diferentes. Hualde (1989a, 1998) compara estos dos dialectos entre sí y con otras variedades asturianas.

deslizante prevocálica alta. Del mismo modo, [melokompɾó] 'me lo compró', contrasta con [miluðj̯ó] 'me lo dio'.

En palabras que acaban en /-u/, que es centralizada, la centralización afecta a todas las vocales en el dominio de la palabra, incluidos los proclíticos. Además, las vocales medias pretónicas se convierten en altas cuando la vocal acentuada es alta, por naturaleza o como resultado de un proceso de metafonía, como se muestra en los ejemplos en la tabla B.3.

En un ejemplo como [küntḯntü] 'contento (masc. sg.)' (fem. sg. [konténta]) la metafonía crea las condiciones necesarias para la aplicación de la elevación pretónica: /konténtü/ → /köntḯntü/ → [küntḯntü], tanto si se considera como un proceso (morfo-)fonológico sincrónico con dos pasos, como en términos diacrónicos.

Es lamentable que no se hayan publicado estudios instrumentales sobre estos fenómenos de armonía vocálica, dado el gran interés que presentan.

Glosario de términos técnicos

Los términos que son esencialmente adjetivos se dan con el género del sustantivo al que generalmente acompañan (o se sobreentiende). Así, por ejemplo, (*consonante*) *africada*.

ACENTO Prominencia que recibe una sílaba sobre las demás de la palabra o la frase. Si hay más de una sílaba que se percibe como prominente, se distingue entre *acento* primario (el que se percibe como más prominente) y *acento* secundario (prominencia menor que la de la sílaba con *acento* primario, pero mayor que la de otras sílabas). Véase el capítulo 12.

ACENTO COLUMNAR *Acento* que recae sobre la misma sílaba de un *morfema* en todas las formas de un paradigma. Por ejemplo, en español encontramos *acento columnar* sobre la sílaba que contiene la *vocal temática* en el paradigma del imperfecto de indicativo.

ACENTO MORFOLÓGICO Propiedad *léxica* de un *morfema* de atraer o rechazar el *acento*.

ACENTO NUCLEAR *Acento* más importante en una frase *prosódica*. Véase la sección 13.3.

ACENTO PRENUCLEAR *Acento* que ocurre antes del *acento nuclear* en la misma frase *prosódica*. Véase la sección 13.3.

ACENTO PROSÓDICO Prominencia que se da a una sílaba. Se emplea a veces este término complejo para evitar la confusión con el acento ortográfico.

ACENTO TONAL Evento melódico asociado fonológicamente con una sílaba acentuada.

ACÚSTICA (*fonética*) Estudio de las ondas sonoras que se producen en el habla por la actividad de los articuladores. Véase el capítulo 3.

ADUCTO Traducción del inglés *input*. En la teoría de la *optimidad* es un término técnico que equivale al concepto de representación *subyacente* en la teoría *generativa* clásica.

AFRICADA Consonante producida con oclusión seguida de fricción. El español tiene solo un *fonema africado*, /ʧ/ como en <u>ch</u>*ico*. Véase la sección 8.1.

ALÓFONO Variante de un *fonema*. Por ejemplo, en español el fonema /s/ tiene un *alófono sonoro* [z] que ocurre frecuentemente ante consonante *sonora*.

ALOMORFO Variante de un *morfema*. Por ejemplo, la raíz del verbo *poder* tiene tres *alomorfos*, /pod-/, /pud-/ y /pued-/. Para dar otro ejemplo, /-s/ y /-es/ son *alomorfos* del sufijo de plural.

ALVEOLAR Consonante producida con contacto del ápice o de la lámina de la lengua en la zona ligeramente elevada detrás de los dientes superiores donde estos se insertan.

APROXIMANTE Consonante en cuya producción los articuladores solo se acercan sin suficiente constricción como para que se produzca fricción. En español los *alófonos continuantes* [β ð ɣ] de /b d g/ son generalmente *aproximantes*.

ARCHIFONEMA En estructuralismo europeo o de la Escuela de Praga, es el resultado fonológico de la *neutralización* de dos o más *fonemas* en un contexto determinado. Por ejemplo, dado que en español /p/ y /b/ no contrastan en posición de *coda* silábica, se postula un *archifonema* /B/ en la representación fonológica de palabras como *apto* /áBto/, *obtiene* /oBtiéne/. Véase la sección 5.2.1.

ARMONÍA VOCÁLICA Fenómeno por el cual todas las vocales en la palabra u otro dominio fonológico concuerdan en algún rasgo, como puede ser la altura, el redondeamiento de los labios o el carácter tenso o laxo. Véase la sección 6.4 sobre fenómenos de *armonía* en *dialectos* del español.

ARTICULATORIA (*fonética*) Estudio de los movimientos que realizan los órganos articulatorios tales como la lengua y los labios en la producción de los sonidos del habla. Véase la sección 1.5.

ASIBILADA Consonante que adquiere el carácter de *sibilante*.

ASIMILACIÓN Proceso por el que un segmento se hace más similar a otro cercano. Véase la sección 5.3.

ASPIRACIÓN En dialectología hispánica generalmente se refiere a la realización de /s/ u otros *fonemas* como [h].

ATAQUE Consonante o grupo de consonantes que precede al *núcleo silábico*.

ÁTONO Sin *acento*.

BANDA O BARRA DE SONORIDAD Energía visible en la parte más baja del espectrograma de la voz humana. Indica la presencia de energía periódica, producida por la vibración de las cuerdas vocales.

BILABIAL Sonido producido con los dos labios como articuladores. Ejemplos son [p b β m].

CECEO En dialectología hispánica, pronunciación en la que una *fricativa* que se asemeja auditivamente a la /θ/ castellana se usa tanto para la /θ/ como para la /s/ de la norma de Castilla (es decir, correspondiendo tanto a *c(e,i)*, *z* como a *s* ortográficas). Como en el *seseo*, hay un único *fonema* en lugar de los dos fonemas /s/ y /θ/ del español peninsular centro-norteño. El *ceceo* se encuentra en partes de Andalucía y también como fenómeno variable en partes de Centroamérica.

CIRCUNFLEJO (*tonema*) Contorno *entonativo* ascendente-descendente sobre las últimas sílabas de la frase.

CLÍTICO Palabra *átona* que se apoya *prosódicamente* en otra palabra. Por ejemplo, los pronombres de objeto (*me*, *lo*, etc.), los artículos definidos y casi todas las preposiciones son elementos *clíticos*. Según su posición antes o después de la palabra en que se apoyan, se distingue entre *proclíticos* (como en *me lo das*) y *enclíticos* (como en *dámelo*).

COARTICULACIÓN Modificación en la pronunciación de una consonante o vocal bajo la influencia de otros segmentos cercanos. Los procesos fonológicos de *asimilación* suelen tener su origen en la fonologización de efectos de *coarticulación* fonética.

CODA Consonante o grupo de consonantes que siguen al *núcleo* dentro de la sílaba.

CONTINUANTE Segmento producido sin que se interrumpa totalmente el paso del aire por la cavidad oral. Las vocales, *deslizantes*, *aproximantes* y *fricativas* son *continuantes*. Las *oclusivas*, *africadas* y *nasales* son no *continuantes*. En su comportamiento fonológico, las *vibrantes* del español se asocian a las consonantes *continuantes*, mientras que las *laterales* se comportan como no *continuantes*.

CONTINUUM DIALECTAL Grupo de variedades lingüísticas habladas en una región geográfica que se van diferenciando progresivamente de un extremo de la región al otro sin que haya nunca diferencias abruptas entre las variedades de dos lugares colindantes.

CORONAL Consonante producida con el ápice o la lámina de la lengua. Esta clase incluye a las *interdentales*, *dentales* y *alveolares*.

CRIOLLO Idioma que tiene su origen en un *pidgin* o lengua comercial simplificada que en algún momento pasa a ser lengua nativa de una comunidad de hablantes. Cuando se da un proceso de criollización, la lengua expande sus estructuras lingüísticas, desarrollando todo el poder expresivo de cualquier otra lengua natural.

CULMINATIVO Se dice de un rasgo fonológico que puede ocurrir solo una vez dentro de un dominio morfológico, sintáctico o *prosódico*. La *culminatividad* es un rasgo definitorio del acento. Dentro de una palabra puede haber solo una sílaba con *acento* primario.

CULTISMO Palabra que ha pasado del latín clásico al español por vía escrita. Para explicar los cambios del latín al español es importante distinguir estas palabras de las palabras patrimoniales, que son las transmitidas oralmente de generación a generación. Por ejemplo, *hijo* es una palabra patrimonial que deriva del lat. FĪLIU(M) por transmisión oral y ha sufrido importantes cambios de pronunciación, mientras que el adjetivo *filial* es un *cultismo* a partir de FĪLIALE(M), sin otros cambios que los necesarios para acomodarlo a la morfología del español.

DEMARCATIVO Se dice de un rasgo fonológico que sirve para establecer límites entre palabras en el discurso.

DENTAL Consonante producida con una obstrucción creada entre los dientes superiores y el ápice o lámina de la lengua. En español /t/ y /d/ son consonantes *dentales*.

DERIVACIÓN Proceso morfológico que consiste en la creación de palabras a partir de otras palabras, añadiendo afijos o cambiando su clase gramatical. Por ejemplo el verbo *gotear deriva* del sustantivo *gota*.

DESLIZANTE Segmento vocálico que precede o sigue inmediatamente a una vocal *nuclear* con la que forma un *diptongo* o *triptongo*. Este término es traducción del inglés *glide*. Se utiliza también *deslizada*. En este libro las *deslizantes* se transcriben con un diacrítico de media luna debajo de símbolos de vocales, como en *pie* [pi̯é] (*deslizante* prevocálica o semiconsonante), *ley* [léi̯] (*deslizante* postvocálica o semivocal). Véanse las secciones 1.6 y 4.4.

DIALECTO Variedad geográfica de un lengua o *geolecto*. En lingüística este es un término neutro, sin ninguna connotación negativa. La variedad estándar o normativa de una lengua es también un *dialecto*. Véase *sociolecto*.

DIPTONGO Secuencia que incluye una vocal y una *deslizante* dentro de la misma sílaba. Si la deslizante ocurre antes de la vocal, como en [i̯a], se llama *diptongo* creciente (porque hay un aumento en la *sonoridad* o apertura de la secuencia). Si la deslizante ocurre después de la vocal, como en [ai̯], tenemos un *diptongo* decreciente. Véase la sección 4.4.

DISIMILACIÓN Proceso fonológico, sincrónico o diacrónico, por el que dos segmentos se hacen más diferentes. Por ejemplo, el latín ROTUNDU debería haber dado el esp. ***rodondo* (compárese el cat. *rodó*). La forma *redonda* muestra *disimilación* de la primera vocal. Véase la sección 5.4.

DISTINTIVO Se dice de un rasgo fonológico que sirve para establecer contrastes entre palabras.

DISTRIBUCIÓN COMPLEMENTARIA Dos o más *alófonos* de un *fonema* están en *distribución complementaria* si cada uno de los alófonos ocurre en contextos en los que no ocurre ninguno de los otros. Por ejemplo, para los alófonos *oclusivo* y *aproximante* del fonema /d/ en español se ha descrito una *distribución complementaria*. Véase la sección 7.1.

DISTRIBUCIÓN DEFECTIVA Situación en que un *fonema* está excluido de una posición en la que en principio debería poder ocurrir. Por ejemplo, en español la *vibrante* simple /ɾ/ tiene una *distribución defectiva*, dado que es el único fonema consonántico que no ocurre a principio de palabra.

DORSAL Segmento producido con el dorso de la lengua como articulador activo. Tanto las consonantes *palatales* como las *velares* son segmentos *dorsales*.

EDUCTO Traducción del inglés *input*. En la teoría de la *optimidad* es un término técnico que hace referencia a la forma superficial que emerge del análisis fonológico.

ELISIÓN Pérdida de un segmento. Por ejemplo, en algunas variedades del español la /s/ se puede elidir totalmente al final de palabra.

ENCLÍTICO Véase *clítico*.

ENSORDECIMIENTO Pérdida de la *sonoridad*. El *ensordecimiento* final es un proceso frecuente. Por ejemplo, /d/ a final de palabra puede realizarse como [t] por *ensordecimiento*. El *ensordecimiento* de las *fricativas sonoras* en cualquier posición es también frecuente. Por ejemplo, en español de Buenos Aires [ʒ] está sufriendo hoy en día un proceso de *ensordecimiento*. Las antiguas *sibilantes* sonoras del español también sufrieron *ensordecimiento*, como en cast. ant. [káza] > esp. mod. [kása].

ENTONACIÓN Uso de la *frecuencia fundamental* de la voz con efectos pragmáticos.

ENTONATIVA (*lengua*) Lengua en la que el uso lingüístico del *tono* o *frecuencia fundamental* de la voz tiene únicamente valor pragmático. Lengua que carece de tono *léxico*. Tanto el español como el inglés son *lenguas entonativas*. Se opone a *lengua tonal*.

EPÉNTESIS Inserción de un segmento. Por ejemplo, en español hay *epéntesis* de la vocal /e/ antes de grupos /sC/ inciales de palabra, tanto como proceso diacrónico, SPATHA > *espada*, como en la adaptación de préstamos, *standard* > *estándar*. Véase la sección 5.7.

ESPIRANTIZACIÓN Proceso por el cual una *oclusiva* se debilita en *fricativa* o *aproximante*.

ESTRIDENTE *Fricativa* o *africada* producida con mucho *ruido*. Un aspecto de variación en dialectología hispánica es el uso de las fricativas *estridentes* [ʃ] and [ʒ] en lugar de la no *estridente* [j] de otros *dialectos*. La *estridencia* puede usarse como noción relativa. Así, podemos decir que el *fonema* /x/ tiene una realización más *estridente* en el norte de España que en Argentina, pero, a su vez, este *fonema* es más *estridente* en Argentina que en español del Caribe.

FLAP Véase *percusiva*.

FLEXIÓN Modificación en la forma de una palabra para expresar nociones gramaticales tales como número, género y caso, en sustantivos, adjetivos y pronombres y persona, tiempo, aspecto y modo en verbos.

FLEXIVO Perteneciente a la *flexión*.

FOCO Mayor prominencia que podemos dar a una palabra para indicar su importancia en el discurso. Podemos tener varios tipos de *focalización*. El *foco* de información nueva recae sobre la palabra o sintagma que responde a una pregunta real o imaginada; p.ej. en *El libro lo trajo Mariana* (posible respuesta a *¿Quién trajo el libro?*) la palabra *Mariana* está *focalizada*. El *foco* contrastivo establece un contraste directo. Tenemos *foco* contrastivo (de corrección) sobre la palabra *Mariana* en la oración *No, el libro lo trajo Mariana, no Juan*. Puede ocurrir también que toda la oración constituya información nueva, en cuyo caso hablamos de *foco* ancho o amplio.

FONEMA Segmento contrastivo en una lengua. Mínima unidad de sonido con valor contrastivo.

FONÉTICA Estudio de los sonidos empleados en las lenguas humanas. Véase *acústica (fonética)* y *articulatoria (fonética)*.

FONOLOGÍA Estudio de la estructura fónica de las lenguas.

FORMANTE Concentración de energía acústica en ciertas frecuencias, visible en el espectrograma de la voz humana como banda horizontal oscura. La posición de los dos primeros formantes, F1 y F2, puede utilizarse para identificar las cinco vocales del español. En otras lenguas F3 también juega un papel identificador importante. En inglés, por ejemplo, F3 sirve para caracterizar las vocales *róticas*.

FRASE INTERMEDIA En algunos modelos teóricos de análisis de la *entonación* se utiliza este término para definir una unidad superior a la palabra *prosódica* y menor que la frase *entonativa*.

FRECUENCIA FUNDAMENTAL Frecuencia básica a la que vibran las cuerdas vocales en la producción de sonidos *sonoros*. El *tono* con el que se percibe una sílaba depende de su *frecuencia fundamental*.

FRICATIVA Consonante producida con estrechamiento del canal articulatorio de manera que se produce turbulencia o *ruido* al pasar el aire. Las consonantes *fricativas* pueden ser *sordas* como [f θ s ʃ x] o *sonoras* como [v z ʒ]. En español, tradicionalmente se ha utilizado este término con referencia a los *alófonos continuantes* de /b d g/, pero generalmente estos alófonos no son *fricativos* sino *aproximantes*. Véase el capítulo 8.

GEMINACIÓN Proceso fonológico que da como resultado una *geminada*.

GEMINADA Consonante producida con constricción más prolongada que la de una consonante simple. Generalmente las *geminadas* aparecen divididas entre dos sílabas, como en el it. *fatto* [fát.to].

GENERATIVA (*fonología*) Escuela de análisis fonológico que tiene sus raíces en el modelo téorico de Chomsky y Halle (1968), con varios desarrollos posteriores. Véanse las secciones 1.7, 4.9 y 11.10.2. La teoría de la *optimidad* es una evolución de la fonología *generativa*, aunque con cambios importantes en el modelo.

GEOLECTO Variedad de una lengua hablada en un lugar determinado. Se conoce también como *dialecto geográfico* o *topolecto.*

GLOTAL *(oclusiva)* Consonante producida con oclusión en la glotis (cuerdas vocales). En algunas variedades del inglés ocurre como *alófono* de /t/ (p.ej. en *cotton* [ˈkɑʔn̩] 'algodón'). Hay lenguas como el árabe o el hawaiano en que es un *fonema* independiente. También se encuentra en muchas lenguas de Mesoamérica, en las que se conoce como *saltillo.* En español solo ocurre muy ocasionalmente separando secuencias de vocales entre palabras. Su símbolo en el AFI es [ʔ].

HETEROSILÁBICO Perteneciente a sílabas diferentes; p.ej., las consonantes /l/ y /p/ son *heterosilábicas* o forman una secuencia *heterosilábica* en la palabra *culpa.* Se opone a *tautosilábico.*

HIATO Secuencia de dos vocales que pertenecen a sílabas diferentes. La palabra *María* [ma.ɾí.a] tiene un *hiato;* mientras que *Mario* [má.ɾi̯o], tiene un *diptongo.* Véase la sección 4.4.

HOMORGÁNICO Que comparte el mismo *punto de articulación.* En español una *nasal* es siempre *homorgánica* con la consonante siguiente, excepto en la secuencia /mn/.

INTERDENTAL Consonante producida situando el ápice o punta de la lengua entre los dientes superiores e inferiores. El español de gran parte de la Península difiere de otras variedades en tener una *fricativa interdental* /θ/ en contraste con /s/. En inglés /θ/ (*think*) y /ð/ (*this*) pueden ser *interdentales* o *dentales.* En español la *aproximante* [ð] (*cada*) puede definirse como dento-*interdental,* más que totalmente *interdental.*

LABIAL Consonante producida con el labio inferior como articulador activo. Incluye a las *bilabiales* (en que el articulador pasivo es el labio superior) y las *labiodentales* (en que el articulador pasivo son los incisivos superiores).

LABIODENTAL Consonante producida con el labio inferior como articulador activo y los incisivos superiores como articulador pasivo; p.ej: [f v].

LARÍNGEA Consonante producida con obstrucción primaria en la *laringe,* incluyendo la *fricativa* [h] y la *oclusiva glotal* [ʔ]. Los términos *laríngeo* (o *laringal*) y glotal se usan a menudo como sinónimos, aunque glotal tiene un valor más específico.

LATERAL Consonante producida con oclusión central y paso del aire por uno o ambos lados de la lengua, p.ej [l ʎ]. Véase el capítulo 10.

LENICIÓN Fenómeno de debilitamiento consonántico.

LÉXICO Como adjetivo, hace referencia a un rasgo o propiedad que caracteriza a las palabras y puede servir para distinguir una palabra de otras.

LIAISON Término del francés que hace referencia a la silabificación de una consonante final de palabra con la vocal inicial de la palabra siguiente.

LIGERA (*sílaba*) Sílaba que carece de prominencia inherente. Se opone a sílaba *pesada.*

LÍQUIDA Clase de consonantes que incluye las *laterales* y las *vibrantes* o *róticas.* Véase el capítulo 10.

LLEÍSMO Pronunciación conservadora en español que incluye un *fonema lateral palatal* /ʎ/ correspondiendo a la *ll* ortográfica. En la mayoría de las variedades del español contemporáneo este fonema ha desaparecido, confundiéndose con /j̞/. Se opone a *yeísmo.* Véase la sección 10.2.2.

METAFONÍA Elevación de la vocal *tónica* y a veces otras vocales bajo la influencia de una vocal alta en una sílaba *átona* final. Encontramos fenómenos de *metafonía* en variedades habladas en Asturias y Cantabria, así como en muchos *dialectos* italianos. Es un tipo de *asimilación* vocálica que es especialmente importante en la lingüística *románica*. Véase la sección 5.3.3. y el apéndice B.

METÁTESIS Intercambio en la posición de los segmentos dentro de una palabra. Tenemos este fenómeno por ejemplo en el cambio histórico del lat. CRUSTA al esp. *costra*. Véase la sección 5.8.

MODO DE ARTICULACIÓN Parámetro empleado en la clasificación de las consonantes que hace referencia al tipo de constricción. Véase la sección 2.2.1.

MORFEMA Unidad lingüística mínima que posee significado; p.ej. en la palabra *pies* tenemos dos *morfemas*, la raíz /pie/ y el sufijo de plural /-s/, mientras que la palabra *mes* contiene un solo *morfema* (es monomorfémica).

MORFOFONOLÓGICA (*regla*) Alternancia en los sonidos condicionada por el contexto morfológico. Véase la sección 11.1.

MOZÁRABE Conjunto de variedades *románicas* que se hablaban en la Edad Media en la parte de la Península Ibérica bajo dominio islámico. El mozárabe desapareció sustituido en parte por el árabe y, después, por la expansión hacia el sur de las lenguas románicas del norte de la península.

MUTA CUM LIQUIDA Grupo de *ataque* silábico consistente de *oclusiva* y *líquida*. Es un término latino tradicional.

NASAL Consonante en cuya producción el aire pasa solo por la cavidad nasal. Esto se consigue con descenso del velo. El velo o paladar blando es la parte posterior del paladar, que carece de hueso. Las consonantes *nasales*, como [m n ɲ], se articulan con oclusión completa en la cavidad oral y paso del aire por las fosas nasales. En las vocales nasalizadas (llamadas también a veces vocales *nasales*) el aire pasa por ambas cavidades. Véase el capítulo 9.

NEUTRALIZACIÓN Pérdida de un contraste entre *fonemas* en un contexto determinado. Por ejemplo, en español el contraste entre /p/ y /b/ se *neutraliza* en la *coda* de la sílaba. Un fenómeno de *neutralización* importante en español afecta a las *nasales* en posición de coda; véase la sección 9.2.

NÚCLEO (*silábico*) Componente obligatorio de una sílaba. En español puede ser una vocal o un *diptongo*.

OBLIGATORIO Se dice de un rasgo fonológico que ha de ocurrir necesariamente dentro de un cierto dominio. La *obligatoriedad* es un rasgo definitorio del acento. Toda palabra *prosódica* (que en español puede incluir artículos y otros elementos funcionales) ha de tener una sílaba acentuada o *tónica*.

OBSTRUYENTE Clase de consonantes producidas con mayor grado de constricción que las *deslizantes*. Esta clase incluye a las *oclusivas* (orales), *africadas* y *fricativas*. Se opone a *resonante*.

OCLUSIVA Consonante producida con interrupción completa del paso del aire tanto por la cavidad oral como por la nasal. Pueden ser *sordas* [p t k], o *sonoras* [b d g]. Véase el capítulo 7. En otra definición (diferente de la que usamos en este libro), el término *oclusiva* hace referencia exclusivamente a la interrupción del paso del aire por la cavidad oral, por lo que se incluirían en esta clase las *oclusivas nasales* como [m n ɲ], además de las oclusivas orales.

OPTIMIDAD (*teoría*) Evolución de la fonología *generativa* en que las reglas fonológicas se remplazan por jerarquías de restricciones que pueden estar en conflicto entre sí. Tiene su origen hacia 1993 en trabajos de Alan Prince, John McCarthy y Paul Smolensky. Véanse las secciones 1.8.1, 4.10 y 11.10.3.

OXÍTONA Palabra acentuada en la última sílaba, palabra aguda; p.ej.: *camión, lealtad.*

PALABRA PROSÓDICA Conjunto de sílabas que se pronuncian agrupadas y con un solo *acento*. No siempre corresponde a la palabra morfológica. Por ejemplo, el sintagma *con nuestros amigos* es una única *palabra prosódica*, pues contiene una única *sílaba tónica*.

PALATAL Segmento articulado con elevación de la parte anterior del dorso de la lengua hacia el paladar. Ejemplos de consonantes *palatales* son [j ʎ ɲ]. La *deslizante* [i̯] es también *palatal*. El término *palatal* se puede aplicar también a la vocal alta anterior [i].

PAR MÍNIMO Dos palabras que se diferencian en una única consonante o vocal y tienen significados diferentes. Los *pares mínimos* son útiles para establecer el inventario de *fonemas* de una lengua. Por ejemplo, el *par mínimo* [máta] - [náta] muestra que /m/ y /n/ son consonantes que contrastan en español. Los *pares mínimos* pueden usarse también para mostrar la existencia de contrastes *suprasegmentales* en *acento* (/páso/ - /pasó/) o en *tono* (en *lenguas tonales*).

PARADIGMA FLEXIVO Conjunto de formas relacionadas por flexión. Por ejemplo, *como, comiéramos, comiste*, etc. forman parte del *paradigma flexivo* del verbo *comer*.

PARAGOGE Inserción de un segmento al final de la palabra. *Epéntesis* final.

PAROXÍTONA Palabra acentuada en la penúltima sílaba, palabra llana o grave; p.ej.: *espuma, examen.*

PERCUSIVA Consonante con un único contacto apical muy breve.

PERIÓDICA (*onda*) Onda sonora que se repite regularmente. En el habla, la vibración de las cuerdas vocales produce una onda (cuasi-)periódica.

PESADA (*sílaba*) Sílaba que tiene prominencia inherente. En latín una sílaba era *pesada* si contenía una vocal larga o una consonante en la *coda*. Si la penúltima sílaba era *pesada* atraía el acento. Se opone a sílaba *ligera*. Véase la sección 12.7.

POSTVELAR Consonante cuyo *punto de articulación* es más posterior que el de una consonante *velar* típica. Puede usarse como sinónimo de *uvular*. En el español del norte de la Península el *fonema* /x/ se realiza generalmente como *postvelar*, sobre todo ante vocal posterior.

PREPALATAL Consonante en cuya articulación se produce una obstrucción creada por la parte anterior de la lengua y una región entre los alveolos y el paladar. Ejemplos son [ʃ ʒ ʧ ʤ].

PROCLÍTICO Véase *clítico*.

PROPAROXÍTONA Palabra acentuada en la antepenúltima sílaba, palabra esdrújula; p.ej. *apostólico*.

PROSÓDICO Véase *suprasegmental*; véase también *acento prosódico*.

PUNTO DE ARTICULACIÓN Lugar en el canal articulatorio en que se produce la mayor constricción de una consonante. Es uno de los tres parámetros empleados en la clasificación de las consonantes. Véase la sección 2.2.2.

REGLA MORFOFONOLÓGICA Véase *morfofonológica (regla)*.

REHILANTE Es sinónimo de *estridente*. *Fricativa* producida con mucho *ruido*.

RESONANTE Clase de consonantes que incluye a las *líquidas* y las *nasales*. Se opone a *obstruyente*.

RIMA Componente de la sílaba que incluye al *núcleo* y a la *coda*.

RIZOTÓNICO Forma *léxica* con acento en la raíz. En los pretéritos irregulares del español, la primera y tercera personas del singular son *rizotónicas*.

ROMÁNICA (*lengua*) Lengua originada por la evolución histórica del latín en una región geográfica concreta. Las lenguas *románicas* con mayor número de hablantes son el español, el portugués, el francés, el italiano, el rumano y el catalán. La palabra *romance* se utiliza como sinónimo.

RÓTICO Relacionado con el fonema /r/. Toma este nombre del de la letra griega *ro* (o *rho*).

RP Iniciales de *received pronunciation*. Pronunciación normativa del inglés británico.

RUIDO Energía no *periódica* producida al salir el aire de los pulmones cuando se acercan mucho los articuladores dejando un canal estrecho en la cavidad oral. Los sonidos *fricativos* y *africados* contienen *ruido*. Las consonantes producidas con mayor cantidad de energía no periódica se denominan *estridentes*.

SEMICONSONANTE *Deslizante* postvocálica, como en *neutro*.

SEMIVOCAL *Deslizante* prevocálica, como en *puedo*.

SESEO En dialectología hispánica, pronunciación en que un único *fonema* /s/ corresponde a los dos fonema /s/ y /θ/ del español del norte y centro de la Península Ibérica (y, por tanto, para *c(e,i)*, z, *s* ortográficas). El *seseo* caracteriza a todo el español de Latinoamérica, así como al de las Islas Canarias y parte de Andalucía. Se opone a distinción /s/ - /θ/. Véase *ceceo* y la sección 8.2.1.

SIBILANTE Sonido parecido a la /s/ en su timbre.

SINALEFA Reducción a una sola sílaba de secuencias vocálicas entre palabras; p.ej. *tu amigo* → *tua-mi-go*.

SÍNCOPA Pérdida de un *fonema* (especialmente una vocal *átona*) en posición interior de palabra. Un ejemplo lo tenemos en la evolución del lat. TABULA al esp. *tabla*.

SINÉRESIS Reducción a una sola sílaba de secuencias vocálicas interiores de palabras que son pronunciadas en sílabas diferentes en el habla cuidada; p.ej. *po-e-ma* → *poe-ma*.

SOCIOLECTO Variedad de un idioma que se define por un rasgo social y no geográfico, como puede ser el nivel de educación, la ocupación, la clase social, el género, la edad o la etnicidad. *Dialecto* social.

SONORANTE Véase *resonante*.

SONORIDAD (a) Grado de apertura. Los segmentos se pueden ordenar a lo largo de una escala de *sonoridad* en que las vocales bajas tienen el mayor grado de *sonoridad* y las *oclusivas sordas* el menor. Véase la sección 4.2. (b) Cualidad de *sonoro*.

SONORIZACIÓN Fenómeno por el que un segmento *sordo* se hace *sonoro* en un contexto determinado. Por ejemplo, en muchos *dialectos* del español la consonante /s/ se *sonoriza* habitualmente ante consonante sonora, como en *desde*. Véase la sección 8.2.5.1.

SONORO Segmento producido con vibración de las cuerdas vocales. Se opone a *sordo*.

SORDO Segmento producido sin vibración de las cuerdas vocales. Se opone a *sonoro*.

SUBESPECIFICACIÓN Traducción del inglés *underspecification*. Propuesta específica en el marco de la teoría *generativa* según la cual los rasgos redundantes de los segmentos no aparecen especificados en las entradas *léxicas* o forma *subyacente* de las palabras.

SUBYACENTE (*representación*) Forma básica o *léxica* de una palabra o *morfema*.

SUPLECIÓN Uso de dos o más formas de la raíz en el paradigma. Por ejemplo el verbo *ir* muestra *supleción* (*voy, fui, iré*).

SUPRASEGMENTAL Rasgos como el *acento* y el *tono* que pueden considerarse como sobrepuestos a los segmentos consonánticos y vocálicos y separables analíticamente de estos.

SVARABHAKTI Vocal epentética (véase *epéntesis*) insertada entre dos consonantes.

TAUTOSILÁBICO Perteneciente a la misma sílaba. Por ejemplo, las consonantes /p/ y /l/ son *tautosilábicas* en *copla*. Se opone a *heterosilábico*.

TIEMPO ACENTUAL (*lengua de*) Traducción del inglés *stress-timed*. En la clasificación de las lenguas por sus propiedades rítmicas, lengua en que los intervalos entre sílabas acentuadas tienden a tener la misma duración, de modo que si ocurren más sílabas entre dos acentos, su duración se reduce proporcionalmente. Se opone a *lengua de tiempo silábico* o *syllable-timed*.

TIEMPO SILÁBICO (*lengua de*) Traducción del inglés *syllable-timed*. En la clasificación de las lenguas por sus propiedades *prosódicas*, una lengua en que todas las sílabas tienden a tener la misma duración. Se opone a *lengua de tiempo acentual* o *stress-timed*.

TONAL (*lengua*) Lengua en la que las diferencias en *tono* se usan de manera contrastiva a nivel *léxico*, para distinguir entre palabras.

TONEMA En algunas tradiciones de análisis *prosódico* este término hace referencia a la configuración tonal desde la última sílaba tónica al final de la frase *entonativa*. Incluye el *acento nuclear* y el tono o *tonos de frontera* siguientes en el análisis métrico-autosegmental. Véase la sección 13.2.

TÓNICA (*sílaba*) Sílaba con acento *léxico*. Se opone a *átona*.

TONO Uso de la *frecuencia fundamental* a nivel *léxico*.

TONOS DE FRONTERA En la teoría métrico-autosegmental de análisis de la *entonación*, *tonos* que ocurren al principio o, más comúnmente, al final de una frase *prosódica*. Por ejemplo las interrogativas totales neutras suelen acabar con un *tono de frontera* alto (H%) en muchas lenguas.

TRANSCRIPCIÓN FONÉMICA Transcripción en que solo se indican los elementos contrastivos. Transcripción en términos de *fonemas* (y *archifonemas*).

TRANSCRIPCIÓN FONÉTICA ANCHA Transcripción de un enunciado en que solo se indican algunos detalles *alofónicos* (no contrastivos).

TRANSCRIPCIÓN FONÉTICA ESTRECHA Transcripción de una producción oral que contiene muchos detalles no contrastivos.

TRIPTONGO Secuencia de tres *vocoides* pronunciados en la misma sílaba.

UVULAR Consonante producida con constricción en la úvula o campanilla. La /r/ del francés es *uvular* en su pronunciación estándar.

VARIACIÓN ESTILÍSTICA Variabilidad en la pronunciación o en otro aspecto lingüístico que está condicionada por la formalidad u otros aspectos sociales de la interacción. En cuanto a la fonología, generalmente significa que ciertas pronunciaciones son más frecuentes en habla informal o relajada que en habla cuidada.

VARIACIÓN LIBRE Se dice que dos o más *alófonos* de un *fonema* están en *variación libre* si pueden aparecer en el mismo contexto. Por ejemplo, en algunos *dialectos* del español [s] y [h] están en *variación libre* como alófonos de /s/ en posición preconsonántica. Muy frecuentemente esta variación está correlacionada con el estilo o formalidad (véase *variación estilística*).

VELAR Segmento producido por elevación del dorso hacia el velo. Las consonantes [k g x] son *velares*. La *deslizante* [u̯] es labio-velar. A veces el término *velar* se utiliza también con referencia a las vocales posteriores [o u].

VELARIZACIÓN En dialectología hispánica este término hace referencia a la realización de las *nasales* en la *coda* como *velares*, como en *pan* [páŋ]. Véase la sección 9.2.2.

VENTANA DE TRES SÍLABAS Restricción en la posición del *acento* a las tres últimas sílabas de la palabra, como encontramos en español.

VIBRANTE Consonante producida con contacto completo pero muy breve entre los articuladores. El español tiene dos *fonemas* vibrantes /ɾ/ y /r̄/. Véase la sección 10.3.

VOCAL TEMÁTICA Vocal (o *diptongo*) que sigue inmediatamente a la raíz del verbo y puede variar según la conjugación. Por ejemplo, en *soñamos* la *vocal temática* es /a/ y en *podemos* es /e/.

VOCOIDE Clase de sonidos que incluye a las vocales y las *deslizantes*.

VOSEO Uso de *vos* como pronombre de segunda persona del singular, con formas verbales asociadas. El *voseo* se encuentra en muchas partes de Centroamérica y Sudamérica. En Argentina, el *voseo* ha remplazado totalmente al uso de *tú* (tuteo). En algunos otros países latinoamericanos se usan tanto *tú* como *vos*, con variación social.

VOT Abreviatura del inglés *voice onset time*. Tiempo que transcurre entre la apertura de la oclusión de una consonante *oclusiva* y el comienzo de la vibración de las cuerdas vocales. En el caso de las oclusivas *sonoras* puede haber *sonoridad* durante la oclusión, por lo que el valor de *VOT* puede ser negativo.

YÁMBICO Relacionado con yambo, pie métrico binario con prominencia en la segunda sílaba, o.ó. El otro pie binario posible, con prominencia en la primera sílaba, ó.o, se conoce como *troqueo*.

YEÍSMO Pronunciación hoy en día mayoritaria tanto en español peninsular como latinoamericano en que el *fonema lateral palatal* /ʎ/ se ha confundido con /j/, de manera que la *ll* y la *y* ortográfica corresponden al mismo fonema. Cuando el resultado de esta fusión de fonemas es una *prepalatal* /ʒ/, como en porteño, el fenómeno se conoce como *yeísmo rehilado* o *žeísmo*. Véase *lleísmo*.

YOD Término usado sobre todo en lingüística histórica para referirse a una *deslizante palatal*.

Bibliografía

Aguilar, Lourdes. 1997. *De la vocal a la consonante*. Santiago de Compostela: Universidade de Santiago de Compostela (Colección Lucus-Lingua 3).

1999. "Hiatus and diphthong: acoustic cues and speech situation differences". *Speech Communication* 28: 57–74.

2010. *Vocales en grupo*. Madrid: Arco/Libros.

Alarcos Llorach, Emilio. 1958. "Fonología y fonética: a propósito de las vocales andaluzas". *Archivum* 8: 191–203.

1965. *Fonología española*, 4ª edn. Madrid: Gredos.

1983. "Más sobre las vocales andaluzas". En: *Philologica hispaniensia in honorem Manuel Alvar*, vol. 1: 49–55. Madrid: Gredos.

Alba, Orlando. 1979. "Análisis fonológico de /r/ y /l/ implosivas en un dialecto rural dominicano". *Boletín de la Academia Puertorriqueña de la lengua española* 7: 1–18.

1982. "Función del acento en el proceso de elisión de la /s/ en la República Dominicana". En: Orlando Alba, edn., *El español del Caribe: Ponencias del VI Simposio de Dialectología*: 15–26. Santiago, Rep. Dominicana: Universidad Católica Madre y Maestra.

Almeida, Manuel y Carmen Díaz Alayón. 1989. *El español de Canarias*. Santa Cruz de Tenerife: Romero.

Alonso, Amado. 1930. "Problemas de dialectología hispanoamericana". *Biblioteca de dialectología hispanoamericana* 1: 314–472. Buenos Aires: Universidad de Buenos Aires.

1945. "Una ley fonológica del español: variabilidad de las consonantes en la tensión y distensión de la sílaba". *Hispanic Review* 13: 91–101.

Alonso, Dámaso. 1962. "Metafonía, neutro de materia y colonización suditaliana en la península hispánica". En: Manuel Alvar, Antoni Badia, R. de Balbín y L. F. Lindley Cintra, eds., *Enciclopedia lingüística hispánica*, vol. 1, suplemento, *La fragmentación fonética peninsular*: 105–154. Madrid: Consejo Superior de Investigaciones Científicas.

Alonso, Dámaso, María Josefa Canellada y Alonso Zamora Vicente. 1950. "Vocales andaluzas". *Nueva revista de filología hispánica* 4: 209–230.

Alvar, Manuel. 1955. "Las encuestas del atlas lingüístico y etnográfico de Andalucía". *Revista de dialectología y tradiciones populares* 11: 231–274.

1991. *Estudios de geografía lingüística*. Madrid: Paraninfo.

1996a. "Los Estados Unidos". En: Alvar 1996c, vol. 2: 90–100.

1996b. "Paraguay". En: Alvar 1996c, vol. 2: 196–208.

Alvar, Manuel (edn.). 1996c. *Manual de dialectología hispánica*, vol. 1, *El español de España*, vol. 2, *El español de América*. Barcelona: Ariel.

Álvarez Martínez, María Angeles. 1996. "Extremeño". En: Alvar 1996c, vol. 1: 171–182.

Amastae, John. 1989. "The intersection of s-aspiration/deletion and spirantization in Honduran Spanish". *Language Variation and Change* 1: 169–183.

1995. "Variable spirantization: constraint weighting in three dialects". *Hispanic Linguistics* 6/7: 267–285.

Argüello, Fanny Mercedes. 1978. *El dialecto žeísta del español en el Ecuador: un estudio fonético y fonológico*. Tesis doctoral, The Pennsylvania State University.

Ariza, Manuel. 1992. "/b/ oclusiva y /ƀ/ fricativa en Serradilla, Cáceres". *Anuario de letras* 30: 173–176. Reimpreso en Manuel Ariza 1994, *Sobre fonética histórica del español*: 65–70. Madrid: Arco/Libros.

Armstrong, Meghan. 2010. "Puerto Rican Spanish intonation". En: Prieto y Roseano 2010: 55–189.

2012. *The Development of Yes-No Questions in Puerto Rican Spanish*. Tesis doctoral, Ohio State University.

Arvaniti, Amalia. 2009. "Rhythm, timing and the timing of rhythm". *Phonetica* 66: 46–63.

Aske, Jon. 1990. "Disembodied rules versus patterns in the lexicon". *Berkeley Linguistics Society* 16: 30–45.

Baković, Eric. 2009. "Abstractness and motivation in phonological theory". *Studies in Hispanic and Lusophone Linguistics* 2.1: 183–198.

Bárkányi, Zsuzsanna. 2002. "A fresh look at quantity sensitivity in Spanish". *Linguistics* 40: 375–394.

Becerra, Servio. 1985. *Fonología de las consonantes implosivas en el español urbano de Cartagena de Indias (Colombia)*. Bogotá: Instituto Caro y Cuervo.

Beckman, Mary, Manuel Díaz-Campos, Julia T. McGory y Terrell Morgan. 2002. "Intonation across Spanish in the tones and break indices framework". *Probus* 14: 9–36.

Beckman, Mary y Janet Pierrehumbert. 1986. "Intonational structure in English and Japanese". *Phonology Yearbook* 3: 255–310.

Beddor, Patrice S. 2009. "A coarticulatory path to sound change". *Language* 85.4: 785–821.

Bermúdez-Otero, Ricardo. 2006. "Morphological structure and phonological domains in Spanish denominal derivation". En: Martínez-Gil y Colina 2006: 278–311.

Blaylock, Curtis. 1965. "Hispanic metaphony". *Romance Philology* 18: 253–271.

Blecua, Beatriz. 2001. *Las vibrantes del español: manifestaciones acústicas y procesos fonéticos*. Tesis doctoral, Universitat Autònoma de Barcelona.

Blecua, Beatriz y Assumpció Rost. 2011. "Las fricativas labiodentales del español: variación y percepción". Presentado en V Congreso Internacional de Fonética Experimental, octubre 2011, Cáceres.

Boersma, Paul. 2001. "Praat, a system for doing phonetics by computer". *Glot International* 5(9/10): 341–345.

Bolinger, Dwight. 1954. "English prosodic stress and Spanish sentence order". *Hispania* 37: 152–156.

Bonet, Eulàlia y Joan Mascaró. 1997. "On the representation of contrasting rhotics". En: Alfonso Morales-Front y Fernando Martinez-Gil, eds., *Issues in the Phonology and Morphology of the Major Iberian Languages*: 103–126. Washington, DC: Georgetown University Press.

Bosque, Ignacio y Violeta Demonte (eds.). 1999. *Gramática descriptiva de la lengua española*, 3 v. Madrid: Espasa-Calpe.

Bradley, Travis G. 2001. "A typology of rhotic duration contrast and neutralization". En: M. J. Kim y U. Strauss, eds., *Proceedings of the 31st North East Linguistics Society*: 79–97. Amherst, MA: GSLA Publications.

2004. "Gestural timing and rhotic variation in Spanish codas". En: Timothy L. Face, edn., *Laboratory Approaches to Spanish Phonology*: 197–224. Berlín: Mouton de Gruyter.

Bradlow, Ann. 1995. "A comparative acoustic study of English and Spanish vowels". *Journal of the Acoustic Society of America* 97: 1916–1924.

Browman, Catherine y Louis Goldstein. 1986. "Towards an articulatory phonology". *Phonology Yearbook* 3: 219–252.

1991. "Gestural structures: distinctiveness, phonological processes, and historical change". En: Ignatius Mattingly y Michael Studdert-Kennedy, eds., *Modularity and the Motor Theory of Speech Perception: Proceedings of a Conference to Honor Alvin M. Liberman*: 313–338. Hillsdale, NJ: Lawrence Erlbaum.

1992. "Articulatory phonology: an overview". *Phonetica* 49: 155–180.

Brown, Esther y Rena Torres Cacoullos. 2003. "Spanish /s/: a different story from beginning (initial) to end (final)". En: Rafael Núñez-Cedeño, Luis López y Richard Cameron, eds., *A Romance Perspective on Language Knowledge and Use*: 21–38. Amsterdam: Benjamins.

Butt, John y Carmen Benjamin. 2000. *A New Reference Grammar of Modern Spanish*, 3ª edn. Lincolnwood, IL: NTC Publishing Group.

Bybee, Joan. 2000. "Lexicalization of sound change and alternating environments". En: Michael B. Broe y Janet B. Pierrehumbert, eds., *Papers in Laboratory Phonology V: Acquisition and the Lexicon*: 250–268. Cambridge: Cambridge University Press.

2001. *Phonology and Language Use*. Cambridge: Cambridge University Press.

Cabré, Teresa y María Ohannesian. 2009. "Stem boundary and stress effects on syllabification in Spanish". En: Marina Vigário, Sónia Frota y Maria J. Freitas, eds., *Phonetics and Phonology: Interactions and Interrelations*: 159–180. Amsterdam: Benjamins.

Cabré, Teresa y Pilar Prieto. 2006. "Exceptional hiatuses in Spanish". En: Martínez-Gil y Colina 2006: 205–238.

Campos, Héctor y Fernando Martínez-Gil (eds.). 1992. *Current Studies in Spanish Linguistics*. Washington, DC: Georgetown University Press.

Canellada, María Josefa y John Kuhlmann Madsen. 1987. *Pronunciación del español: lengua hablada y literaria*. Madrid: Editorial Castalia.

Canellada, María Josefa y Alonso Zamora Vicente. 1960. "Vocales caducas en el español mexicano". *Nueva revista de filología hispánica* 14: 221–224.

Canfield, D. Lincoln. 1962. *La pronunciación del español en América: ensayo histórico-descriptivo*. Bogotá: Publicaciones del Instituto Caro y Cuervo 17.

1981. *Spanish Pronunciation in the Americas*. Chicago: University of Chicago Press.

Caravedo, Rocío. 1992. "¿Restos de la distinción /s/ y /θ/ en el español del Perú?". *Revista de filología española* 72: 639–654.

Carlson, Matthew y Chip Gerfen. 2011. "Productivity is the key: morphophonology and the riddle of alternating diphthongs in Spanish". *Language* 87: 510–538.

Carrasco, Patricio, José I. Hualde y Miquel Simonet. 2012. "Dialectal differences in Spanish voiced obstruent allophony: Costa Rican vs. Iberian Spanish". *Phonetica* 69: 149–179.

Carreira, María. 1991. "The alternating diphthongs of Spanish: a paradox revisited". En: Campos y Martínez Gil 1991: 407–445.

Carricaburo, Norma. 1997. *Las fórmulas de tratamiento en el español actual.* Madrid: Arco/Libros.

Casado-Fresnillo, Celia. 1995. "Resultados del contacto del español con el árabe y con las lenguas autóctonas de Guinea Ecuatorial". En: Carmen Silva-Corvalán, edn., *Studies in Language Contact and Bilingualism*: 279–292. Washington, DC: Georgetown University Press.

Castañeda, María L. 1986. "El VOT de las oclusivas sordas y sonoras españolas". *Estudios de fonética experimental* 2: 91–110.

Catalán, Diego. 1954. "Concepto lingüístico del dialecto 'chinato' en una chinato-hablante". *Revista de dialectología y tradiciones populares* 10: 10–28. Reimpreso en Catalán 1989: 105–118.

1960. "El español canario. Entre Europa y América". *Boletim de filologia* 19: 317–337. Reimpreso en Catalán 1989: 127–144.

1989. *El español: orígenes de su diversidad.* Madrid: Paraninfo.

Chitoran, Ioana y José I. Hualde. 2007. "From hiatus to diphthong: the evolution of vowel sequences in Romance". *Phonology* 24: 37–75.

Chládková, Kateřina y Paola Escudero. 2012. "Comparing vowel perception and production in Spanish and Portuguese: European versus Latin American dialects". *Journal of the Acoustical Society of America*, 131, 2: EL119–EL125.

Chomsky, Noam y Morris Halle. 1968. *The Sound Pattern of English.* Cambridge, MA: MIT Press.

Clements, G. N. 1990. "The role of the sonority cycle in core syllabification". En: John Kingston y Mary Beckman, eds., *Papers in Laboratory Phonology I: Between the Grammar and Physics of Speech*: 283–333. Cambridge: Cambridge University Press.

Colantoni, Laura. 2012. "Reseña de RAE (2011) *Nueva gramática de la lengua española: fonética y fonología*, Madrid: Espasa-Calpe". *Estudios de fonética experimental* 21: 243–251.

Colantoni, Laura y Jefferey Steele. 2005. "Phonetically-driven epenthesis asymmetries in French and Spanish obstruent-liquid clusters". En: Randall S. Gess y Edward J. Rubin, eds., *Theoretical and Experimental Approaches to Romance Linguistics*: 77–96. Amsterdam: Benjamins.

Cole, Jennifer, José I. Hualde y Khalil Iskarous. 1998. "Effects of prosodic context on /g/-lenition in Spanish". En: Osamu Fujimura, edn., *Proceedings of LP98*: 575–589. Prague: The Karolinium Press.

Colina, Sonia. 2002. "Interdialectal variation in Spanish /s/ aspiration". En: James Lee, Kimberly Geeslin y Clancy Clements, eds., *Structure, Meaning and Acquisition in Spanish*: 230–243. Somerville, MA: Cascadilla Press.

2006. "Optimality-theoretic advances in our understanding of Spanish syllabic structure". En: Martínez-Gil y Colina 2006: 172–204.

2009. *Spanish Phonology: A Syllabic Perspective.* Washington, DC: Georgetown University Press.

Contreras, Heles. 1977. "Spanish epenthesis and stress". *Working Papers in Linguistics* 3: 9–33. Seattle: University of Washington.

Corominas, Joan y José Antonio Pascual. 1980. *Diccionario crítico etimológico castellano e hispánico*. Madrid: Gredos.

Coulmas, Florian. 2003. *Writing Systems: An Introduction to their Linguistic Analysis*. Cambridge: Cambridge University Press.

Dalbor, John. 1997. *Spanish Pronunciation*, 3ª edn [1ª edn. 1969]. Fort Worth, TX: Holt, Rinehart y Winston.

Dauer, R. M. 1983. "Stress-timing and syllable-timing re-analyzed". *Journal of Phonetics* 11: 51–62.

de Jonge, Bob y Dorien Niewenhuijsen. 2012. "Forms of address". En: Hualde, Olarrea y O'Rourke 2012: 245–262.

D'Introno, Francesco, Enrique del Teso y Rosemary Weston. 1995. *Fonética y fonología actual del español*. Madrid: Cátedra.

Disner, Sandra F. 1984. "Insights on vowel spacing". En: Maddieson 1984: 136–155.

Dorta, Josefa y Juana Herrera Santana. 1993. "Experimento sobre la discriminación auditiva de las oclusivas tensas grancanarias". *Estudios de fonética experimental* 5: 163–188.

Eddington, David. 1990. "Distancing as a causal factor in the development of /θ/ and /x/ in Spanish". *Journal of Hispanic Philology* 14: 239–245.

1996. "Diphthongization in Spanish derivational morphology: an empirical investigation". *Hispanic Linguistics* 8.1: 1–13.

1998. "Spanish diphthongization as a non-derivational phenomenon". *Rivista di linguistica* 8.2: 335–354.

2011. "What are the contextual phonetic variants of /β ð ɣ/ in colloquial Spanish?". *Probus* 23: 1–19.

Elvira, Javier. 1998. *El cambio analógico*. Madrid: Gredos.

Escandell-Vidal, Victoria, 1998. "Intonation and procedural encoding: the case of Spanish interrogatives". En: Villy Rouchota y Andras Jucker, eds., *Current Issues in Relevance Theory*: 163–203. Amsterdam: John Benjamins.

1999. "Los enunciados interrogativos. Aspectos semánticos y pragmáticos". En: Bosque y Demonte 1999, vol. 3: 3929–3991.

2011. "Prosodia y pragmática". *Studies in Hispanic and Luso-Brazilian Linguistics* 4.1: 193–207.

Espinosa, Aurelio. 1930. *Estudios sobre el español de Nuevo Méjico*. Ed. Amado Alonso y Angel Rosenblat. Buenos Aires: Universidad de Buenos Aires. [*Biblioteca de dialectología hispanoamericana 1*].

Face, Timothy. 2001. "Focus and early peak alignment in Spanish intonation". *Probus* 13: 223–346.

2002a. "Local intonational marking in Spanish contrastive focus". *Probus* 14: 71–92.

2002b. *Intonational Marking of Contrastive Focus in Madrid Spanish*. Munich: Lincom Europa.

Fernandez, Joseph. 1982. "The allophones of /b, d, g/ in Costa Rican Spanish". *Orbis* 31: 121–146.

Fernández Ramírez, Salvador. 1957–1959. "Oraciones interrogativas españolas". *Boletín de la Real Academia Española* 39: 243–276.

Flórez, Luis. 1951. *La pronunciación del español en Bogotá*. Bogotá: Instituto Caro y Cuervo.

García Álvarez, M. Teresa. 1960. "La inflexión vocálica en el bable de Bimenes". *Boletín del Instituto de Estudios Asturianos* 41: 471–487.

Gerfen, Chip. 2002. "Andalusian codas". *Probus* 14: 247–277.

Gómez Asencio, José J. 1977. "Vocales andaluzas y fonología generativa". *Studia philologica salmanticensia* 1: 116–130.

González, Carolina. 2008. "Assimilation and dissimilation of syllable-final /k/ in North-Central Spanish". En: Joyce Bruhn de Garavito y Elena Valenzuela, eds., *Selected Proceedings of the 10th Hispanic Linguistics Symposium*: 170–183. Somerville, MA: Cascadilla Proceedings Project.

Grabe, Esther y Ee Ling Low. 2003. "Durational variability in speech and the rhythm class hypothesis". En: Carlos Gussenhoven y Natasha Warner, eds., *Laboratory Phonology* 7: 515–543. Berlín: Mouton de Gruyter.

Guitart, Jorge. 1976. *Markedness and a Cuban Dialect of Spanish*. Washington, DC: Georgetown University Press.

Gutiérrez-Rexach, Javier y Fernando Martínez-Gil (eds.). 1999. *Advances in Hispanic Linguistics: Papers from the 2nd Hispanic Linguistics Symposium*, vol. 1. Somerville, MA: Cascadilla Press.

Hammond, Robert. 1999. "On the non-occurrence of the phone [r̄] in the Spanish sound system". En: Gutiérrez-Rexach y Martínez-Gil 1999: 290–304.

Harrington, Jonathan, Felicitas Kleber y Ulrich Reubold. 2008. "Compensation for coarticulation, /u/-fronting, and sound change in standard southern British: an acoustic and perceptual study". *Journal of the Acoustical Society of America* 123: 2825–2835.

2011. "The contributions of the lips and the tongue to the diachronic fronting of high back vowels in standard British English". *Journal of the International Phonetic Association* 41: 137–156.

Harris, James. 1969. *Spanish Phonology*. Cambridge, MA: MIT Press.

1983. *Syllable Structure and Stress in Spanish*. Cambridge, MA: MIT Press.

1984. "Theories of phonological representation and nasal consonants in Spanish". En: Philip Baldi, edn., *Papers from the 12th Linguistic Symposium on Romance Languages*: 153–168. Amsterdam: Benjamins.

1995. "Projection and edge marking in the computation of stress in Spanish". En: John Goldsmith, edn., *The Handbook of Phonological Theory*: 867–887. Oxford: Blackwell.

Harris, James y Ellen Kaisse. 1999. "Palatal vowels, glides and obstruents in Argentinian Spanish". *Phonology* 16: 117–190.

Harris, Tracy. 1994. *Death of a Language: The History of Judeo-Spanish*. Newark, NJ: University of Delaware Press.

Hayward, Katrina. 2000. *Experimental Phonetics*. Harlow, England: Longman.

Hernández-Campoy, Juan Manuel y Peter Trudgill. 2002. "Functional compensation and southern peninsular Spanish /s/ loss". *Folia linguistica historica* 23: 31–57.

Hillenbrand, James, Laura A. Getty, Michael J. Clark y Kimberlee Wheeler. 1995. "Acoustic characteristics of American English vowels". *Journal of the Acoustical Society of America* 97: 3099–3111.

Hocket, Charles F. 1960. "The origin of speech". *Scientific American* 203: 89–97.

Hooper, Joan Bybee y Tracy Terrell. 1976. "Stress assignment in Spanish: a natural generative approach". *Glossa* 10.1: 64–110.

Hualde, José I. 1989a. "Autosegmental and metrical spreading in the vowel-harmony systems of northwestern Spain". *Linguistics* 27: 773–805.

1989b. "Silabeo y estructura morfémica en español". *Hispania* 72: 821–831.
1991a. "Aspiration and resyllabification in Chinato Spanish". *Probus* 3: 55–76.
1991b. *Basque Phonology*. London: Routledge.
1992. "On Spanish syllabification". En: Campos y Martínez-Gil 1992: 475–493.
1997. "Spanish /i/ and related sounds: an exercise in phonemic analysis". *Studies in the Linguistic Sciences* 27: 61–79.
1998. "Asturian and Cantabrian metaphony". *Rivista di linguistica* 10.1: 99–108.
1999. "Patterns in the lexicon: hiatus with unstressed high vowels in Spanish". En: Gutiérrez-Rexach y Martínez-Gil 1999: 182–197.
2002. "Intonation in Spanish and the other Ibero-Romance languages: overview and status quaestionis". En: Caroline Wiltshire y Joaquim Camps, eds., *Romance Phonology and Variation*: 101–116. Amsterdam: Benjamins.
2003a. "El modelo métrico y autosegmental". En: Prieto 2003: 155–184.
2003b. "Segmental phonology". En: José I. Hualde y Jon Ortiz de Urbina, eds., *A Grammar of Basque*: 15–65. Berlín: Mouton de Gruyter.
2004. "Quasi-phonemic contrasts in Spanish". En: Vineeta Chand, Ann Kelleher, Angelo J. Rodríguez y Benjamin Schmeiser, eds., *WCCFL 23: Proceedings of the 23rd West Coast Conference on Formal Linguistics*: 374–398. Somerville, MA: Cascadilla Press.
2006/7. "Stress removal and stress addition in Spanish". *Journal of Portuguese Linguistics* 5.2/6.1: 59–89.
2009. "Unstressed words in Spanish". *Language Sciences* 31: 199–212.
2012. "Stress and rhythm". En: Hualde, Olarrea y O'Rourke 2012: 153–171.
Hualde, José I. y Ioana Chitoran. 2003. "Explaining the distribution of hiatus in Spanish and Romanian". En: Solé, Recasens y Romero 2003: 67–70.
Hualde, José I. y Marianna Nadeu. En prensa. "Rhetorical stress in Spanish". En: Harry van der Hulst, ed., *Word Stress. Theoretical and Typological Issues*. Cambridge: Cambridge University Press.
Hualde, José I., Antxon Olarrea y Erin O'Rourke (eds.). 2012. *Handbook of Hispanic Linguistics*. Malden, MA y Oxford: Wiley-Blackwell.
Hualde, José I. y Mónica Prieto. 2002. "On the diphthong/hiatus contrast in Spanish: some experimental results". *Linguistics* 40: 217–234.
Hualde, José I. y Benjamin Sanders. 1995. "A new hypothesis on the origin of the Eastern Andalusian vowel system". En: Jocelyn Ahlers, edn., *General Session and Parasession on Historical Issues in Sociolinguistics, Social Issues in Historical Linguistics: February 17–20, 1995*: 426–437. Vol. 21 de *Proceedings of the Annual Meeting of the Berkeley Linguistics Society*.
Hualde, José I. y Mahir Şaul. 2011. "Istanbul Judeo-Spanish". *Journal of the International Phonetic Association* 41.1: 89–110.
Hualde, José I., Miquel Simonet y Marianna Nadeu. 2011. "Consonant lenition and phonological recategorization". *Laboratory Phonology* 2: 275–300.
Hyman, Larry. 2006. "Word-prosodic typology". *Phonology* 23: 225–257.
Hyman, Ruth. 1956. "[ŋ] as an allophone denoting open juncture in several Spanish American dialects". *Hispania* 39: 293–299.
Johnson, Keith. 2003. *Acoustic and Auditory Phonetics*, 2ª edn. Oxford: Blackwell.
Kaisse, Ellen M. 1997. "Aspiration and resyllabification in Argentinian Spanish". *University of Washington Working Papers in Linguistics* 15: 199–209.

1998. "Resyllabification: Evidence from Argentinian Spanish". En: J.-Marc Authier, Barbara E. Bullock y Lisa A. Reed, eds., *Formal Perspectives on Romance Linguistics*: 197–210. Amsterdam y Filadelfia: John Benjamins.

2001. "The long fall: an intonational melody of Argentinian Spanish". En: Julia Herschensohn, Enrique Mallén y Karen Zagona, eds., *Features and Interfaces in Romance*: 147–160. Filadelfia: John Benjamins.

Keating, Patricia. 1984. "Phonetic and phonological representation of stop consonant voicing". *Language* 60: 286–319.

Kenyon, John y Thomas Knott. 1953. *A Pronouncing Dictionary of American English*. Springfield, MA: Merriam-Webster.

Kimura, Takuya. 2006. "Mismatch of stress and accent in spoken Spanish". En: Yuyi Kawaguchi, Iván Fonágy y Tsunikazu Moriguchi, eds., *Prosody and Syntax: Cross-linguistic perspectives*: 141–155. Amsterdam: Benjamins.

Kochetov, Alexei y Laura Colantoni. 2011. "Coronal place contrasts in Argentine and Cuban Spanish: an electropalatographic study". *Journal of International Phonetic Association* 41: 313–342.

Kohler, Klaus. 2009. "Rhythm in speech and language: a new research paradigm". *Phonetica* 66: 29–45.

Korreas, Gonzalo. 1630. *Ortografia kastellana nueva i perfeta*. Salamanca: Tabernier. Reproducida en facsímil, 1971, Madrid: Espasa-Calpe.

Ladd, D. Robert. 2008. *Intonational Phonology*, 2ª edn. Cambridge: Cambridge University Press.

Ladefoged, Peter. 1992. *A Course in Phonetics*, 2ª edn. Nueva York: Harcourt Brace Jovanovich.

1996. *Elements of Acoustic Phonetics*, 2ª edn. Chicago: University of Chicago Press.

2001. *Vowels and Consonants: An Introduction to the Sounds of Languages*. Oxford: Blackwell.

Ladefoged, Peter y Ian Maddieson. 1996. *The Sounds of the World's Languages*. Oxford: Blackwell.

Larramendi, Manuel de. 1729. *El impossible vencido: arte de la lengua bascongada*. Salamanca: Joseph Villagordo Alcaraz. Reimpreso 1979, Donostia: Hordago.

Laver, John. 1994. *Principles of Phonetics*. Cambridge: Cambridge University Press.

Lewis, Anthony. 2001. *Weakening of Intervocalic /p, t, k/ in Two Spanish Dialects: Toward the Quantification of Lenition Processes*. Tesis doctoral, University of Illinois at Urbana-Champaign.

Lipski, John. 1983. "Reducción de /s/ en el español de Honduras". *Nueva revista de filología hispánica* 32: 273–288.

1984. "On the weakening of /s/ in Latin American Spanish". *Zeitschrift für Dialektologie und Linguistik* 51: 31–43.

1985a. "/s/ in Central American Spanish". *Hispania* 68: 143–149.

1985b. "The Spanish of Equatorial Guinea: the dialect of Malabo and its implications for Spanish dialectology". *Beihefte der Zeitschrift für romanische Philologie*: 209.

1986. "Reduction of Spanish word-final /s/ and /n/". *Canadian Journal of Linguistics* 31: 139–156.

1990. "Spanish taps and trills: phonological structure of an isolated opposition". *Folia linguistica* 24: 153–174.

1994. *Latin American Spanish*. London: Longman.

Lisker, Leigh y Arthur Abramson. 1964. "A cross-language study of voicing in initial stops: acoustic measurements". *Word* 20: 348–422.

Llorente, Antonio. 1962. "Fonética y fonología andaluza: formas y estructuras". *Revista de filología española* 45: 217–240.

Lloret, Maria-Rosa y Jesús Jiménez. 2009. "Un análisis *óptimo* de la armonía vocálica del andaluz". *Verba* 36: 293–325.

Lloyd, Paul. 1987. *From Latin to Spanish*. Filadelfia: American Philosophical Society.

Lope Blanch, Juan. 1966. "En torno a las vocales caedizas del español mexicano". *Nueva revista de filología hispánica* 17: 1–19.

1996. "México". En: Manuel Alvar, edn., *Manual de dialectología hispánica*, vol.2, *El español de América*: 81–89. Barcelona: Ariel.

López Morales, Humberto. 1979. "Velarización de /rr/ en el español de Puerto Rico: indices de actitudes y creencias". *Homenaje a Fernando Antonio Martínez*: 193–214. Bogotá: Instituto Caro y Cuervo.

1983. *Estratificación social del español de San Juan de Puerto Rico*. México: Universidad Nacional Autónoma de México.

1984. "Desdoblamiento fonológico de las vocales en el andaluz oriental: reexamen de la cuestión". *Revista de la Sociedad Española de Lingüística* 14: 85–97.

Lorenzo, Emilio. 1972. "Vocales y consonantes geminadas". *Studia hispanica in honorem R. Lapesa*, vol. 1: 401–412. Madrid: Gredos.

Machuca Ayuso, María Jesús. 1997. *Las obstruyentes no continuas del español: relación entre las categorías fonéticas y fonológicas en el habla espontánea*. Tesis doctoral, Universitat Autònoma de Barcelona.

Mack, Molly. 1982. "Voicing-dependent vowel duration in English and French: monolingual and bilingual production". *Journal of the Acoustical Society of America* 71: 173–178.

Maddieson, Ian. 1984. *Patterns of Sounds*. Cambridge: Cambridge University Press.

2011. "Vowel quality inventories". En: Matthew S. Dryer y Martin Haspelmath, eds., *The World Atlas of Language Structures Online*. Munich: Max Planck Digital Library: capítulo 2. http://wals.info/chapter/2.

Marrero, Victoria. 1988. *Fonética estática y fonética dinámica en el habla de las Islas Canarias*. Tesis doctoral, Universidad Complutense de Madrid.

1990. "Estudio acústico de la aspiración en español". *Revista de filología española* 70: 345–397.

Martín Butragueño, Pedro. 2004. "Configuraciones circunflejas en la entonación del español mexicano". *Revista de filología española* 84.2: 347–373.

Martín Gómez, José Antonio. 2010. "Estudio acústico de las variantes de *ch* en Tenerife en comparación con la alveolopalatal castellana". *Estudios de fonética experimental* 19: 165–203.

Martín Vegas, Rosa Ana. 2007. *Morfología histórica del español: estudio de las alternancias /jé/ - /e/, /wé/ - /o/ y /θ/ - /g/* Munich: Lincom Europa.

Martínez Celdrán, Eugenio. 1984. *Fonética (con especial referencia a la lengua castellana)*. Barcelona: Teide.

1991a. "Sobre la naturaleza fonética de los alófonos de /b, d, g/ en español y sus distintas denominaciones". *Verba* 18: 235–253.

1991b. "Duración y tensión en las oclusivas no iniciales del español: un estudio perceptivo". *Revista argentina de lingüística* 7: 51–71.

1995. "En torno a las vocales del español: análisis y reconocimiento". *Estudios de fonética experimental* 7: 195–218.

1998. *Análisis espectrográfico de los sonidos del habla*. Barcelona: Ariel.

Martínez Celdrán, Eugenio y Ana M. Fernández Planas. 2007. *Manual de fonética española*. Barcelona: Ariel.

Martínez Celdrán, Eugenio, Ana M. Fernández Planas y Josefina Carrera Sabaté. 2003. "Castilian Spanish". *Journal of the International Phonetic Association* 33: 255–259.

Martínez-Gil, Fernando. 2006. "Upstepping vowel height: a constraint-based account of metaphony in Proto-Spanish and Lena Asturian." En: Martínez-Gil y Colina 2006: 99–145.

Martínez-Gil, Fernando y Sonia Colina (eds.). 2006. *Optimality-theoretic Studies in Spanish Phonology*. Amsterdam y Filadelfia: John Benjamins.

Martínez Martín, Francisco M. 1983. *Fonética y sociolingüística en la ciudad de Burgos*. Madrid: Consejo Superior de Investigaciones Científicas.

Martínez Melgar, Antonia. 1986. "Estudio experimental sobre un muestreo de vocalismo andaluz". *Estudios de fonética experimental* 2: 197–248.

1994. "El vocalismo del andaluz oriental". *Estudios de fonética experimental* 6: 11–64.

Mas, Sinibaldo de. 2001. *Sistema musical de la lengua castellana*. Ed. José Domínguez Caparrós, basado en la 5ª edn., 1852 [1ª edn. 1832]. Madrid: Consejo Superior de Investigaciones Científicas.

Mazzaro, Natalia. 2010. "Changing perceptions: the sociophonetic motivations of the labial velar alternation in Spanish". En: Marta Ortega-Llebaria, edn., *Selected Proceedings of the 4th Conference on Laboratory Approaches to Spanish Phonology*: 128–145. Somerville, MA: Cascadilla Proceedings Project.

McCarthy, John y Alan Prince. 1993. *Prosodic Morphology: Constraint Interaction and Satisfaction*. New Brunswick, NJ: Rutgers University Center for Cognitive Science. http://roa.rutgers.edu.

McGurk, Harry y John MacDonald. 1976. "Hearing lips and seeing voices: a new illusion". *Nature* 264: 746–748.

Méndez Dosuna, Julián. 1996. "Can weakening processes start in initial position? The case of aspiration of /s/ and /f/". En: Bernhard Hurch y Richard Rhodes, eds., *Natural Phonology: The State of the Art*: 97–106. Berlín: Mouton de Gruyter.

Menéndez Pidal, Ramón. 1899. "Notas acerca del bable de Lena". En: Octavio Bellmunt y F. Canella, eds., *Asturias*, vol. 2: 332–340. Reimpreso en Menéndez Pidal 1962.

1906. "El dialecto leonés". *Revista de archivos, bibliotecas y museos*. Reimpreso en Menéndez Pidal 1962.

1954. "Pasiegos y vaqueiros: dos cuestiones de geografía lingüística". *Archivum* 4: 7–44.

1962. *El dialecto leonés*. Oviedo: Diputación de Oviedo.

1973 [1ª edn. 1904]. *Manual de gramática histórica del español*, 14ª edn. Madrid: Espasa-Calpe.

Monroy Casas, Rafael. 1980. *Aspectos fonéticos de las vocales españolas*. Madrid: Sociedad General Española de Librería.

Montes, José Joaquín. 1979. "Un rasgo dialectal del occidente de Colombia: -n > -m". *Homenaje a Fernando Antonio Martínez*: 215–220. Bogotá: Instituto Caro y Cuervo.

1996. "Colombia". En: Alvar 1996c, vol. 2: 134–145.

Morales-Front, Alfonso. 1999. "El acento". En: Núñez-Cedeño y Morales-Front 1999: 203–230.

Moreno de Alba, José G. 1994. *La pronunciación del español en México*. México: El Colegio de México.

Morgan, Raleigh. 1975. *The Regional French of County Beauce, Quebec*. La Haya: Mouton.

Morillo-Velarde, Ramón. 1985. "Sistemas y estructuras de las hablas andaluzas". *Alfinge* 3: 29–60.

Muljačić, Žarko. 1972. *Fonologia della lingua italiana*. Bologna: Il Mulino.

Nadeu, Marianna. 2012. "Effects of stress and speech rate on vowel quality in Catalan and Spanish". En: *Proceedings of the 13th Annual Conference of the International Speech Communication Association (InterSpeech)*. Portland, OR.

Nadeu, Marianna y José I. Hualde. 2012. "Acoustic correlates of emphatic stress in Central Catalan". *Language and Speech* 55.4: 517–542.

Navarro Tomás, Tomás. 1939. "Desdoblamiento de fonemas vocálicos". *Revista de filología hispánica* 1: 165–167.

1977. *Manual de pronunciación española, 19ª edn*. Publicaciones de la *Revista de filología española*. Madrid: Consejo Superior de Investigaciones Científicas.

Nebrija, Antonio de. 1946 [1492]. *Gramática castellana*. Edn. crítica de Pascual Galindo Romeo y Luis Ortiz Muñoz. Madrid: Junta del Centenario.

1977 [1517]. *Reglas de orthographia en la lengua castellana*. Edn. crítica de Antonio Quilis. Bogotá: Instituto Caro y Cuervo.

Neira Martínez, Jesús. 1955. *El habla de Lena*. Oviedo: Diputación de Oviedo.

1991. "Función y origen de la alternancia -u/-o en los bables centrales de Asturias". *Boletín de la Real Academia Española* 71: 433–454.

Nolan, Francis y Eva L. Asu. 2009. "The pairwise variability index and coexisting rhythms in language". *Phonetica* 66: 64–77.

Núñez-Cedeño, Rafael. 1987. "Intervocalic /d/ rhotacism in Dominican Spanish: a non-linear analysis". *Hispania* 70: 363–368

Núñez-Cedeño, Rafael, Sonia Colina y Travis Bradley (eds.) En prensa. *Fonología generativa contemporánea de la lengua española*, 2ª edn. Washington, DC: Georgetown University Press.

Núñez-Cedeño, Rafael y Alfonso Morales-Front (eds.). 1999. *Fonología generativa contemporánea de la lengua española*. Washington, DC: Georgetown University Press.

Nuño Álvarez, María del Pilar. 1996. "Cantabria". En: Alvar 1996c, vol. 1: 183–196.

Oftedal, Magne. 1985. *Lenition in Celtic and Insular Spanish: The Secondary Voicing of Stops in Gran Canaria*. Oslo: Monographs in Celtic Studies from the University of Oslo, vol. 2.

Ohala, John. 1974. "Experimental historical phonology". En: John M. Anderson y Charles Jones, eds., *Historical Linguistics*, vol. 2: 353–389. Amsterdam: North-Holland.

Olive, Joseph, Alice Greenwood y John Coleman. 1993. *Acoustics of American English Speech: A Dynamic Approach*. Nueva York: Springer-Verlag.

O'Rourke, Erin. 2012. "Intonation in Spanish". En: Hualde, Olarrea y O'Rourke 2012: 173–191.

Ortega-Llebaria, Marta. 2003. "Effects of phonetic and inventory constraints in the spirantization of intervocalic voiced stops: comparing two different measurements of energy change". En: Solé, Recasens y Romero 2003: 2817–2820.

Ortega-Llebaria, Marta y Pilar Prieto. 2007. "Disentangling stress from accent in Spanish: production patterns of the stress contrast in deaccented syllables". En

Pilar Prieto, Joan Mascaró y Maria-Josep Solé, eds., *Segmental and Prosodic issues in Romance Phonology*: 155–175. Amsterdam: Benjamins.

Ortiz-Lira, Héctor. 1994. *A Contrastive Analysis of English and Spanish Sentence Accentuation*. Tesis doctoral, University of Manchester.

Ortiz-Lira, Héctor, Marcela Fuentes y Lluïsa Astruc. 2010. "Chilean Spanish intonation". En: Prieto y Roseano 2010: 255–283.

Parrell, Benjamin. 2011. "Dynamical account of how /b, d, g/ differ from /p, t, k/ in Spanish: evidence from labials". *Laboratory Phonology* 2: 423–449.

Penny, Ralph. 1969a. *El habla pasiega: ensayo de dialectología montañesa*. Londres: Tamesis.

1969b. "Vowel harmony in the speech of the Montes de Pas (Santander)". *Orbis* 18: 148–166.

1978. *Estudio estructural del habla de Tudanca. Beihefte der Zeitschrift für romanische Philologie* 167. Tübingen: Niemeyer.

1994. "Continuity and innovation in Romance: metaphony and mass noun reference in Spain and Italy". *Modern Language Review* 89: 273–281.

2000. *Variation and Change in Spanish*. Cambridge: Cambridge University Press.

2002. *A History of the Spanish Language*, 2ª edn. Cambridge: Cambridge University Press.

Pensado, Carmen. 1989. "How do unnatural syllabifications arise? The case of consonant + glide in Vulgar Latin". *Folia linguistica historica* 8.1–2: 115–142.

1999. "Morfología y fonología: fenómenos morfofonológicos". En: Bosque y Demonte, vol. 3: 4423–4504.

Perini, Mário. 2004. *Talking Brazilian: A Brazilian Portuguese Pronunciation Workbook*. New Haven, CT: Yale University Press.

Pharies, David. 2002. *Diccionario etimológico de los sufijos españoles*. Madrid: Gredos.

Pierrehumbert, Janet. 1980. *The Phonology and Phonetics of English Intonation*. Tesis doctoral, MIT.

Pierrehumbert, Janet, Mary E. Beckman y D. Robert Ladd. 2001. "Conceptual foundations of phonology as a laboratory science". En: Noel Burton-Roberts, Philip Carry y Gerard Docherty, eds., *Phonological Knowledge*: 273–304. Oxford: Oxford University Press.

Prieto, Pilar. 1992. "Morphophonology of the Spanish diminutive formation: a case for prosodic sensitivity". *Hispanic Linguistics* 5: 169–205.

Prieto, Pilar (ed.). 2003. *Teorías de la entonación*. Barcelona: Ariel.

Prieto, Pilar y Paolo Roseano (coords.). 2009–2013. *Atlas interactivo de la entonación del español*. http://prosodia.upf.edu/atlasentonacion/.

Prieto, Pilar y Paolo Roseano (eds.). 2010. *Transcription of Intonation of the Spanish Language*. Munich: Lincom Europa.

Prieto, Pilar, Jan van Santen y Julia Hirschberg. 1995. "Tonal alignment patterns in Spanish". *Journal of Phonetics* 23: 429–451.

Prieto, Pilar, Chilin Shi y Holly Nibert. 1996. "Pitch downtrend in Spanish". *Journal of Phonetics* 24: 445–473.

Prince, Alan y Paul Smolensky. 1993. *Optimality Theory: Constraint Interaction in Generative Grammar*. New Brunswick, NJ: Rutgers University Center for Cognitive Science. http://roa.rutgers.edu.

Proctor, Michael. 2011. "Towards a gestural characterization of liquids: evidence from Spanish and Russian". *Laboratory Phonology* 2: 451–485.

Quilis, Antonio. 1965. "Description phonétique du parler madrilène actuel". *Phonetica* 12: 19–24.
1981. *Fonética acústica de la lengua española*. Madrid: Gredos.
1987. "Entonación dialectal hispánica". En: Humberto López Morales y María Vaquero, eds., *Actas del I Congreso Internacional sobre el Español de América*: 117–164. Puerto Rico: Academia Puertorriqueña de la Lengua Española.
1993. *Tratado de fonología y fonética españolas*. Madrid: Gredos.
1995. "El español en Filipinas". En: Carmen Silva-Corvalán, edn., *Studies in Language Contact and Bilingualism*: 293–301. Washington, DC: Georgetown University Press.
Quilis, Antonio y Manuel Esgueva. 1983. "Realización de los fonemas vocálicos españoles en posición fonética normal". En: Manuel Esgueva y Margarita Cantarero, eds., *Estudios de fonética*, vol. 1: 159–252. Madrid: Centro Superior de Investigaciones Científicas.
Quilis, Antonio y Joseph A. Fernández. 1985. *Curso de fonética y fonología españolas para estudiantes angloamericanos*, 11ª edn. Madrid: Consejo Superior de Investigaciones Científicas.
Quintana Rodríguez, Aldina. 2006. *Geografía lingüística del judeoespañol: estudio sincrónico y diacrónico*. Bern: Peter Lang.
Ramus, Franck, Marina Nespor y Jacques Mehler. 1999. "Correlates of linguistic rhythm in the speech signal". *Cognition* 73: 265–292.
Real Academia Española. 1792. *Ortografía de la lengua castellana*, 7ª edn. Madrid: Imprenta de la Viuda de Ibarra.
1973. *Esbozo de una nueva gramática de la lengua española*. Madrid: Espasa-Calpe.
1999. *Ortografía de la lengua española*. Madrid: Espasa-Calpe.
2001. *Diccionario de la lengua española*, 22ª edn. Madrid: Espasa- Calpe. [avance de la 23ª edn., 2012–, en www.rae.es].
2005. *Diccionario panhispánico de dudas*. Madrid: Santillana.
2010. *Ortografía de la lengua española*. Madrid: Espasa.
2011. *Nueva gramática de la lengua española: fonética y fonología*. Madrid: Espasa-Calpe.
Recasens, Daniel. 1991. "On the production characteristics of apicoalveolar taps and trills". *Journal of Phonetics* 19: 267–280.
Recasens, Daniel, Edda Farnetani, Jordi Fontdevila y Maria Dolors Pallarès. 1993. "An electropalatographic study of alveolar and palatal consonants in Catalan and Italian". *Language and Speech* 36: 213–234.
Recasens, Daniel y Maria Dolors Pallarès. 1999. "A study of /ɾ/ and /r/ in the light of the 'DAC' coarticulation model". *Journal of Phonetics* 27: 143–169.
Roach, Peter. 2000. *English Phonetics and Phonology: A Practical Course*, 3ª edn. Cambridge: Cambridge University Press.
Robles-Puente, Sergio. 2011. "Looking for the Spanish imperative intonation: combination of global and pitch-accent level strategies. En: Scott M. Alvord, edn., *Selected Proceedings of the 5th Conference on Laboratory Approaches to Romance Phonology*: 153–164. Somerville, MA: Cascadilla Proceedings Project.
Roca, Iggy. 1990. "Diachrony and synchrony in Spanish stress". *Journal of Linguistics* 26: 133–164.

1999. "Stress in the Romance languages". En: Harry van der Hulst, edn., *Word Prosodic Systems in the Languages of Europe*: 659–811. Berlín: Mouton de Gruyter.

2006. "The Spanish stress window." En: Martínez-Gil y Colina 2006: 239–277.

Rodríguez-Castellano, Lorenzo. 1952. *La variedad dialectal del Alto Aller*. Oviedo: Diputación de Oviedo.

1955. "Más datos sobre la inflexión vocálica en la zona centro-sur de Asturias". *Boletín del Instituto de Estudios Asturianos* 24: 123–146.

Rodríguez-Castellano, Lorenzo y Adela Palacio. 1948. "Contribución al estudio del dialecto andaluz: el habla de Cabra". *Revista de dialectología y tradiciones populares* 4: 378–418, 570–599.

Rosner, Burton, Luis E. López-Bascuas, José E. García-Albea y Richard P. Fahey. 2000. "Voice-onset times for Castilian Spanish initial stops". *Journal of Phonetics* 28: 217–224.

Sadowsky, Scott. 2010. "El alófono labiodental sonoro [v] del fonema /b/ en el castellano de Concepción (Chile): una investigación exploratoria". *Estudios de fonética experimental* 19: 231–261.

Salvador, Gregorio. 1957–1958. "El habla de Cúllar-Baza". *Revista de filología española* 41: 161–252 y 42: 37–89.

1977. "Unidades fonológicas vocálicas en el andaluz oriental". *Revista de filología española* 7: 1–23.

Sanders, Benjamin. 1998. "The Eastern Andalusian vowel system: form and structure". *Rivista italiana di linguistica* 10.1: 109–135.

Sephiha, Haïm Vidal. 1979. *Le ladino (judéo-espagnol calque): structure et évolution d'une langue liturgique*, 2 v. Paris: Université de la Sorbonne Nouvelle (Paris III).

Shelton, Michael. 2013. "Spanish rhotics: more evidence for gradience in the system". *Hispania* 96: 135–152.

Shelton, Michael, Chip Gerfen y Nicolás Gutiérrez Palma. 2009. "Proscriptions... gaps... and something in between: an experimental examination of Spanish phonotactics". En: Pascual Masullo, Erin O'Rourke y C. Huang, eds., *Romance Linguistics 2007*: 261–275. Amsterdam: Benjamins.

2011. "The interaction of subsyllabic encoding and stress assignment: a new examination of an old problem in Spanish". *Language and Cognitive Processes* 27.10: 1459–1478.

Simonet, Miquel. 2005. "Prosody and syllabification intuitions of [CiV] sequences in Catalan and Spanish". En: Sónia Frota, Maria J. Freitas y Marina Vigario, eds., *Prosodies*: 247–267. Berlín: Mouton de Gruyter.

Simonet, Miquel, José I. Hualde y Marianna Nadeu. 2012. "Lenition of /d/ in spontaneous Spanish and Catalan". En: *Proceedings of the 13th Annual Conference of the International Speech Communication Association (InterSpeech)*: 1416–1419. Portland, OR.

Solé, Maria-Josep. 2002. "Assimilatory processes and aerodynamic factors". En: Carlos Gussenhoven y Natasha Warner, eds., *Papers in Laboratory Phonology* 7: 351–386. Berlín: Mouton de Gruyter.

2010. "Effects of syllable position on sound change: an aerodynamic study of final fricative weakening". *Journal of Phonetics* 38: 289–305.

Solé, Maria-Josep, Patrice Speeter Beddor y Manjari Ohala. 2007. *Experimental Approaches to Phonology*. Oxford: Oxford University Press.

Solé, Maria Josep, Daniel Recasens y Joaquín Romero (eds.). 2003. *Proceedings of 15th International Congress on the Phonetic Sciences Barcelona 3–9 August 2003*. CD-Rom publicado por Causal Productions.

Sosa, Juan M. 1999. *La entonación del español: su estructura fónica, variabilidad y dialectología*. Madrid: Cátedra.

2003. "La notación tonal del español en el modelo Sp-ToBI". En: Prieto 2003: 185–208. Barcelona: Ariel.

Sproat, Richard y Osamu Fujimura. 1993. "Allophonic variation in English /l/ and its implications for phonetic implementation". *Journal of Phonetics* 21: 291–311.

Stockwell, Robert y J. Donald Bowen. 1965. *The Sounds of English and Spanish*. Chicago: University of Chicago Press.

Terrell, Tracy. 1977. "Constraints on the aspiration and deletion of final /s/ in Cuban and Puerto Rican Spanish". *The Bilingual Review* 4: 35–51.

1978. "La aspiración and elisión de /s/ en el español porteño". *Anuario de letras* 16: 41–66.

1979. "Final /s/ in Cuban Spanish". *Hispania* 62: 599–612.

1986. "La desaparición de /s/ posnuclear a nivel léxico en el habla dominicana". En: Rafael Núñez-Cedeño, Iraset Páez Urdaneta y Jorge Guitart, eds., *Estudios sobre la fonología del español del Caribe*: 117–163. Caracas: Ediciones La Casa de Bello.

Toledo, Guillermo A. 1988. *El ritmo en el español: estudio fonético con base computacional*. Madrid: Gredos.

Torreblanca, Máximo. 1976. "La sonorización de las oclusivas sordas en el habla toledana". *Boletín de la Real Academia Española* 56: 117–145.

1978. "El fonema /s/ en la lengua española". *Hispania* 61: 498–503.

1986. "La 's' sonora prevocálica en el español moderno". *Thesaurus* 41: 59–69

Torreira, Francisco. 2012. "Investigating the nature of aspirated stops in Western Andalusian Spanish". *Journal of the International Phonetic Association* 42: 49–63.

Torreira, Francisco y Mirjam Ernestus. 2011. "Realization of voiceless stops and vowels in conversational French and Spanish". *Laboratory Phonology* 2: 331–351.

2012. "Weakening of intervocalic /s/ in the Nijmegen Corpus of Casual Spanish". *Phonetica* 69: 124–148.

Torreira, Francisco, Miquel Simonet y José I. Hualde. 2012. "Phrase-medial deaccenting in Spanish wh-questions". Presentado en *Laboratory Approaches to Romance Phonology / Aproximaciones de Laboratorio a la Fonología Románica* 6. México, El Colegio de México.

Trask, R. L. 1996. *A Dictionary of Phonetics and Phonology*. Londres: Routledge.

Trubetzkoy, Nikolai. 1939. *Grundzüge der Phonologie*. Travaux du cercle de linguistique de Prague, vol. 7. Traducción española, *Principios de fonología*, 1973, Madrid: Cincel.

Trujillo, Ramón. 1980. "Sonorización de las sordas en Canarias". *Anuario de letras de la Universidad Autónoma de México* 18: 247–254.

1981. "¿Fonologización de alófonos en el habla de Las Palmas?". *Actas del I Simposio Internacional de la Lengua Española*: 161–174. Cabildo Insular de Gran Canaria: Las Palmas de Gran Canaria.

Val Álvaro, José Francisco. 1999. "La composición". En: Bosque y Demonte 1999, vol. 3: 4759–4841.

Valdés, Juan de. 1928 [1535]. *Diálogo de la lengua*. 1535. Madrid: Espasa-Calpe.

Vallduví, Enric. 1992. *The Information Component*. Nueva York: Garland.

Varela, Soledad. 2012. "Derivation and compounding". En: Hualde, Olarrea y O'Rourke 2012: 209–226.

Villena Ponsoda, Juan A. 1987. *Forma, sustancia y redundancia contextual: el caso del vocalismo del español andaluz.* Málaga: Universidad de Málaga.

Whitley, M. Stanley. 1995. "Spanish glides, hiatus, and conjunction lowering". *Hispanic Linguistics* 6/7: 355–385.

2003. "Rhotic representation: problems and proposals". *Journal of the International Phonetic Association* 33: 81–86.

Widdison, Kirk. 1993. "Hacia los orígenes de la *s* aspirada en español". *Estudios de fonética experimental* 5: 33–60.

Williams, Lee. 1977. "The voicing contrast in Spanish". *Journal of Phonetics* 5: 169–184.

Willis, Erik W. 2002. "Is there a Spanish imperative intonation revisited: local considerations". *Linguistics* 40: 347–374.

2003. *The Intonational System of Dominican Spanish: Findings and analysis.* Tesis doctoral, University of Illinois at Urbana-Champaign.

2007. "An acoustic study of the 'preaspirated trill' in narrative Cibaeño Dominican Spanish". *Journal of the International Phonetic Association* 37: 33–49.

Willis, Erik W., Gibran Delgado-Díaz e Iraida Galarza. 2012. "Contextualized voicing of the voiceless velar fricative /x/ in Puerto Rican Spanish". Presentado en *Laboratory Approaches to Romance Phonology / Aproximaciones de Laboratorio a la Fonología Románica* 6. México, El Colegio de México.

Wiltshire, Caroline. 2006. "Prefix boundaries in Spanish varieties: a non-derivational OT account". En: Martínez-Gil y Colina 2006: 358–377.

Zamora Munné, Juan C. y Jorge Guitart. 1982. *Dialectología hispanoamericana: teoría, descripción, historia.* Salamanca: Almar.

Zampini, Mary y Kerry Green. 2001. "The voicing contrast in English and Spanish: the relationship between perception and production". En: Janet Nicol, edn., *One Mind, Two Languages: Bilingual Language Processing*: 23–48. Oxford: Blackwell.

Índice alfabético

Made in the USA
Coppell, TX
25 August 2022